# ENCYCLOPÉDIE

### DES

# JUGES DE PAIX.

IMPRIMERIE DE PLASSAN
rue de Vaugirard, n° 15.

# ENCYCLOPÉDIE

## DES

# JUGES DE PAIX.

OU

## Traités, par ordre alphabétique,

SUR TOUTES LES MATIÈRES QUI ENTRENT DANS LEURS ATTRIBUTIONS;

## PAR M. VICTOR AUGIER.

Avocat à la Cour royale de Paris, membre de la Société Philotechnique.

### TOME CINQUIÈME.

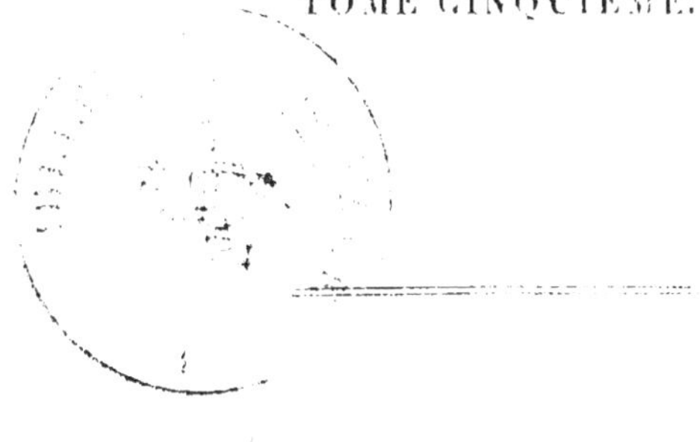

## PARIS.

AU BUREAU DU JOURNAL *LE JUGE DE PAIX*,
RUE DE VAUGIRARD, N° 15.

**1835.**

# ENCYCLOPÉDIE

DES

# JUGES DE PAIX.

## S

**SAISIE-ARRÊT** ou **Opposition**. C'est un acte par lequel un créancier arrête, dans les mains d'un tiers, les sommes et effets appartenant à son débiteur, jusqu'à ce que la justice en ait ordonné la disposition. Le créancier s'appelle *saisissant*, le débiteur *saisi*, et l'individu entre les mains duquel les deniers sont frappés d'opposition, *tiers saisi*.

I. L'art. 558 du Code de Procédure porte que, s'il n'y a pas de titre, le juge du domicile du débiteur, et même celui du domicile du tiers saisi, pourront, sur requête, permettre la saisie-arrêt.

De là est sortie la question fort controversée de savoir si le juge de paix était compris, dans les limites de sa compétence, au nombre des magistrats qui ont le droit d'autoriser une saisie-arrêt en l'absence de titre. Nous avons établi l'affirmative dans le second volume de notre journal, page 85 ; et comme le projet de loi sur l'organisation judiciaire, dont la Chambre des Députés n'a pu s'occuper à la dernière session, a complétement admis notre doctrine (voy. l'*Encyclopédie*, vᵇˢ *Justice de Paix*, p. 47), nous réservons pour le supplément de cet ouvrage le développement des principes relatifs à cette matière.

**SAISIE D'ANIMAUX.** Lorsque des animaux ou des ustensiles servant à l'exploitation des terres ont été frappés de saisie, le juge de paix peut, sur la demande du saisissant, après avoir entendu le propriétaire et le saisi, ou s'être assuré qu'ils ont été régulièrement appelés, établir un gérant à l'exploitation (*Code de Proc.*, art. 594). Cette mesure a pour but de prévenir le préjudice que le propriétaire du fonds exploité pourrait éprouver par le résultat de la saisie.

I. Quoique l'art. 594 ne parle que des ustensiles servant à l'exploitation des terres, le même motif en étend la disposition aux ustensiles dont on fait usage dans les moulins, usines et pressoirs. Telle est l'opinion de M. Carré, *Droit français*, t. 3, n° 2357, que nous partageons entièrement.

II. Le gérant doit non-seulement offrir toutes les garanties que l'on exige d'un gardien, mais encore, autant que possible, il faut qu'il ait l'intelligence et l'habitude de l'exploitation des terres, puisqu'il est commis à cette gestion.

III. M. Carré pense que la demande du saisissant doit être en forme de requête adressée au juge de paix du canton dans lequel la saisie a été faite. Il nous semble plus naturel de procéder par une citation aux parties, puisqu'elles doivent être entendues ou du moins appelées. Voici la formule de cet acte :

L'an mil huit cent trente         et le         , à la requête du sieur Guillaume B...., rentier, habitant et domicilié à     , je soussigné, huissier, etc., ai cité 1° le sieur Jacques, fermier de la ferme des Moulins, située à Bollène, département de Vaucluse, ledit Jacques demeurant à ladite ferme, 2° et le sieur Ponsard, propriétaire de cette ferme, demeurant à Lapalud, même département, à comparaître lundi prochain, 3o du présent mois, à deux heures de relevée, devant M. le juge de paix de Bollène, en son hôtel sis rue de l'Horloge, n° 4, pour, en vertu de l'art. 594 du Code de Procédure, voir nommer un gérant à l'exploitation de la ferme ci-dessus désignée, attendu la saisie qui a été faite par le requérant des animaux et ustensiles servant à cette exploitation ; déclarant aux susnommés qu'il sera procédé à ladite nomination tant en absence qu'en présence. Et, pour qu'ils n'en prétendent cause d'ignorance, je leur ai laissé à chacun séparément copie du présent exploit, en parlant, savoir, etc.

IV. Comme la nomination du gérant, qui peut être débattue par les parties, constitue une espèce de jugement, il semble que le greffier devrait assister le juge. (*Carré*, n° 2359.)

**SAISIE-EXÉCUTION.** C'est une voie d'exécution forcée, une *main-mise* faite au nom de la justice sur les meubles d'un débiteur, pour les faire vendre et en distribuer le prix aux créanciers. On lui donne également le nom de *Saisie mobilière*. (*Voy. Saisie d'animaux.*)

I. Lors d'une saisie-exécution, si les portes sont fermées ou si l'ouverture en est refusée, l'huissier pourra établir gardien aux portes, pour empêcher le divertissement. Il se retirera sur-le-champ, sans assignation, devant le juge de paix, ou, à son défaut, devant le commissaire de police, et dans les communes où il n'y en a pas, devant le maire, et, à son défaut, devant l'adjoint, en présence desquels l'ouverture des portes, même celle des meubles fermants, sera faite au fur et à mesure de la saisie. L'officier qui se transportera, ne dressera point de procès-verbal, mais il signera celui de l'huissier, lequel ne pourra dresser du tout qu'un seul et même procès-verbal. (*Code de Procéd., art.* 587.)

II. Le juge de paix ou le fonctionnaire désigné pour le remplacer, qui refuserait, sans motif légitime, de déférer à la réquisition de l'huissier, pourrait être condamné à des dommages-intérêts envers le saisissant. (Favard de Langlade, *Répert.*, v° *Saisie-Exécution*, § 2, n° 4.)

III. Une saisie-exécution ne peut être déclarée nulle par le motif que l'officier de police, appelé pour assister à l'ouverture des portes, serait parent du saisissant au degré de cousin germain. (*Cour royale de Metz, 20 novembre* 1818.)

IV. L'officier qui se transporte pour ouvrir les portes, doit rester avec l'huissier jusqu'à la fin de la saisie, puisque l'ouverture des portes doit être faite en sa présence, et qu'il doit en signer le procès-verbal.

V. Quoique aucune des formalités pour les procès-verbaux de saisie-exécution ne soit prescrite à peine de nullité, la cour royale de Poitiers a décidé, le 7 mai 1818, que lorsque l'huissier ne trouve personne au domicile du saisi, et que les portes sont fermées, s'il les ouvre pour s'y introduire, sans être assisté d'un officier public, la saisie est nulle, bien que l'ouverture ait été faite sans fracture ni effort, parce qu'il y a violation de domicile.

VI. Si le saisi est absent, et qu'il y ait refus d'ouvrir aucune pièce ou meuble, l'huissier en requerra l'ouverture ; et s'il se trouve des papiers, il requerra l'apposition du scellé par l'officier appelé pour l'ouverture (*Code de Proc., art.* 591). Cet officier dressera un procès-verbal séparé de l'apposition des scellés, afin de pouvoir les lever sans description, à la réquisition de la partie saisie, sans être obligé d'appeler l'huissier. Les frais d'apposition et de levée sont à la charge du saisi (*Pigeau, Carré, Favard de Langlade*).

**SAISIE-FORAINE. Voy.** *Forain.*

**SAISIE-GAGERIE.** Voie d'exécution forcée par laquelle un propriétaire saisit les meubles, effets et fruits appartenant à son locataire ou fermier, pour les faire vendre, et sur le prix en provenant être payé de ce qui lui est dû.

Nous entrerons dans quelques développements sur cette matière lorsque le projet de loi qui permet au juge de paix d'autoriser en certain cas une saisie-gagerie, aura été adopté par les Chambres. (Voir *le Supplément.*)

**SAISIE IMMOBILIÈRE.** C'est l'acte par lequel les immeubles d'un débiteur sont mis entre les mains de la justice pour être vendus dans l'intérêt de ses créanciers.

I. Lorsqu'une saisie de ce genre a été effectuée, copie entière du procès-verbal doit être laissée, avant l'enregistrement, aux greffiers des juges de paix et aux maires ou adjoints des communes de la situation de l'immeuble saisi, si c'est une maison ; si ce sont des biens ruraux, à ceux de la situation du bâtiment, s'il y en a ; et s'il n'y en a pas, à ceux de la situation de la partie des biens à laquelle la matrice du rôle de la contribution foncière attribue le plus de revenus. Les maires ou adjoints et greffiers visent l'original du procès-verbal, lequel fait mention des copies qui ont été laissées. (*Code de Procéd.*, art. 676.)

II. Dans les communes où il y a plusieurs mairies et justices de paix, la copie du procès-verbal ne doit être remise qu'au maire et au greffier de la justice de paix de l'arrondissement ou canton où sont situés les biens. (*Cour de Bruxelles*, 13 *juin* 1809.)

III. En cas d'empêchement du greffier, le commis-greffier assermenté peut recevoir la copie et viser l'original, « attendu que les juges de paix, obligés de suppléer fréquemment à l'absence ou à l'empêchement des greffiers, ne peuvent rester dans l'inactivité, et sont forcés de confier temporairement à des commis-greffiers celles des fonctions qui ne peuvent être remplies par leurs greffiers, ce qui n'est prohibé par aucune loi. » (*Cour de cass.*, 6 *novembre* 1817.)

IV. Y aurait-il nullité, si le greffier qui a visé le procès-verbal et reçu la copie, était proche parent du saisissant ou du saisi ?

Un arrêt de la cour royale de Besançon, du 18 juillet 1811, a résolu affirmativement cette question ; mais la doctrine qu'il consacre est au moins fort contestable. D'abord, la loi ne prononce point la nullité ; elle n'autorise pas même à récuser le greffier parent de l'une des parties. Ce fonctionnaire n'exerce aucune juridiction. Quel inconvénient y a-t-il à lui permettre un acte qui n'est qu'une simple formalité ? M. Favard de Langlade, *Répertoire*, vⁱˢ *Saisie immobilière*, § 1ᵉʳ, n° 3, se prononce dans le même sens que nous.

V. Il n'est pas nécessaire, à peine de nullité, de laisser copie du procès-verbal de saisie au greffier de la justice de paix du canton où se trouve une pièce de terre qui fait partie du chef-lieu d'habitation situé dans un autre canton. (*Cour de Rouen*, 22 *mars* 1834.)

VI. Le *visa* de l'original du procès-verbal de la saisie immobilière, par le maire et le greffier de la justice de paix, doit, à peine de nullité, être apposé avant l'enregistrement de la saisie (*cour de Caen*, 13 *octobre* 1828). Mais la remise de ce procès-verbal, ainsi que le *visa*, peuvent avoir lieu le lendemain du procès-verbal, pourvu toutefois que ce soit avant l'enregistrement (*cour de Rouen*, 19 *mars* 1815). Si la saisie a exigé plusieurs vacations, c'est seulement avant l'enregistrement de la dernière que doivent avoir lieu la remise et le *visa* prescrits par l'art. 676 (*cour de Toulouse*, 14 *décembre* 1829).

VII. La mention au procès-verbal, que les copies ont été laissées au greffier de la justice de paix et au maire ou à son adjoint, doit être faite par l'huissier exploitant. Il y aurait nullité, si cette mention n'était faite que par le greffier ou par le maire. (*Cour de Bruxelles*, 9 *juillet* 1811.)

VIII. Est nulle une saisie immobilière, lorsque les affiches et placards contiennent seulement les *qualités* sans *les noms* des maires et greffiers de justices de paix à qui les copies de la saisie ont été remises. (*Cour de Liége*, 5 *mai* 1808; *cour de Riom*, 23 *décembre* 1809.)

**SALAIRE.** Voy. *Domestiques*, § 3, et *Ouvriers*.

**SALUBRITÉ PUBLIQUE.** Voy. *Autorité municipale*, sect. 2, § 1er.

**SAUF-CONDUIT.** On appelle ainsi la permission qu'accorde le juge à un individu soumis à la contrainte par corps, d'aller en quelque endroit, d'y séjourner un certain temps, et de retourner librement, sans crainte d'être arrêté.

L'art. 8 de la loi du 15 germinal an 6 attribuait au juge de paix, comme au président du tribunal et au directeur du jury, le droit d'accorder un sauf-conduit. Mais « l'art. 782 du Code de Procédure, afin de restreindre un pouvoir trop étendu dont on pouvait craindre l'abus, n'a pas voulu que les juges de paix pussent à l'avenir accorder de sauf-conduit, puisqu'ils ne sont pas dénommés dans cet article, comme ils l'étaient dans la loi du 15 germinal, et que, d'ailleurs, ils n'ont point de ministère public. Les témoins en état de contrainte par corps, ou les parties elles-mêmes, doivent s'adresser au président du tribunal civil de l'arrondissement, qui, sur la présentation du jugement d'enquête, et sur les conclusions du ministère public, délivrera, s'il y a lieu, le sauf-conduit nécessaire ». (*Avis du conseil-d'état approuvé le* 30 *mai* 1807.)

**SCELLÉ.** Apposition d'un sceau sur cire rouge et ardente, aux deux bouts d'une bande de papier, adaptée aux portes, armoires, commodes et autres meubles, pour en empêcher l'ouverture, et sur laquelle sont écrits ces mots : *Respect à la loi*, avec la date et la signature du juge de paix.

Les scellés ont été connus des Romains. Voy. *L. ult. ff.*, *de Adm. tut. ; L. scimus, Cod.*, *de Jur. delib.* Ils furent adoptés par plusieurs coutumes. Voy. les *ordonnances*.

De diverses dispositions combinées du Code civil, du Code de Procédure, du Code d'Instruction criminelle, et du Code de Commerce, il résulte que l'apposition des scellés a lieu :

1° En matière civile;

2° En matière criminelle;

3° En matière commerciale.

Nous allons nous occuper seulement des deux premières parties. La troisième sera traitée dans le supplément, lorsque la loi *sur les faillites* aura été promulguée.

### PREMIÈRE PARTIE.

#### Section I<sup>re</sup>. — *Du scellé en matière civile.*

En matière civile, les scellés sont apposés par le juge de paix, qui procède *d'office* ou sur *réquisition*.

En général, et sauf les exceptions qui seront indiquées, le juge de paix procède d'office :

1° Pour les mineurs;

2° Pour les absents;

3° Pour les interdits;

4° Pour les femmes, en cas de séparation de biens et de corps;

5° Pour l'état, en cas de décès de dépositaires publics, de militaires d'un grade supérieur, et de titulaires dans certaines cures.

Il procède, après décès, sur réquisition, dans l'intérêt:

1° Des prétendants droit à la succession ou à la communauté;

2° Des créanciers ;

3°. Des personnes demeurant avec le défunt, même de ses serviteurs et domestiques, en cas d'absence du conjoint ou de quelqu'un des héritiers;

4° Des officiers ministériels, à la suite de certaines saisies.

Après avoir développé ces divers points, on parlera ·

1° De l'époque de l'apposition;

2° De la forme du scellé;

3° Des oppositions;

4° Des formalités de la levée.

**Chapitre I<sup>er</sup>.** — *Les scellés sont apposés par le juge de paix.*

Loi du 16-24 août 1790, tit. 3, art. 11 ; — Code civ., art. 819; — Code de Procéd., art. 907, 908, 912.

I. L'apposition des scellés est exclusivement dévolue au juge de paix du lieu où sont les effets ou à ses suppléants.

II. Le Code de Procédure, conforme en cela à l'art. 7 de la loi du 6 mars 1791,·a fait cesser le *droit de suite*, en vertu duquel les officiers du Châtelet apposaient dans toute la France les scellés sur les effets des personnes qui, au moment de leur décès, avaient leur principal domicile à Paris.

III. Par le mot *lieu*, on entend non celui où la succession est ouverte, mais celui où se trouvent des effets de la succession ; de sorte que, si le défunt a laissé des maisons ou d'autres locaux garnis d'effets mobiliers, dans plusieurs cantons différents, l'apposition doit être faite dans chacun par le juge local. Si une maison limitrophe du canton a des dépendances sur le canton voisin, les deux juges cantonnaux doivent concourir aux scellés chacun dans sa limite.

IV. Les juges de paix et les suppléants se servent d'un sceau particulier qui reste en leurs mains, et dont l'empreinte est déposée au greffe du tribunal civil.

V. La loi alloue au juge de paix et aux suppléants des vacations pour les appositions du scellé. On en trouvera le détail au mot *Honoraires*.

**Chap. II.** — *Scellés apposés d'office.*

Code de Procédure, art. 911.

I. Conservateur des intérêts des mineurs, des absents, des interdits, des femmes, de l'état, le juge de paix appose les scellés *d'office*, sauf quelques exceptions qui seront indiquées ; et il agit, ou de son chef, ou à la diligence du procureur du roi, ou sur la déclaration du maire ou adjoint du maire de la commune, ou sur un avis donné par simple lettre ou verbalement.

**§ I<sup>er</sup>. *Mineurs.***

II. Toutes les fois que le mineur est sans tuteur, ou que le tuteur et le subrogé tuteur sont absents, le juge de paix peut apposer d'office les scellés dans son intérêt, si d'ailleurs il n'est requis par aucun parent ou allié.

**III.** Mais lorsque le mineur est pourvu d'un tuteur, et que ce tuteur est présent, c'est à lui à requérir le scellé.

C'est ce qui résulte du rapprochement des dispositions de l'art. 819 du Code civil, et de celles de l'art. 911 du Code de Procédure, dont on trouve l'explication dans le Répertoire de M. Merlin, en ces termes :

« Il faut convenir que de la manière dont cet article (819) est rédigé, il semble résulter que, toutes les fois que, dans une succession, il y a un mineur, un interdit pourvu de tuteur ou non, il y a nécessairement lieu à l'apposition des scellés. Et c'est ainsi qu'un grand nombre de juges de paix l'ont entendu dans le principe. Croyant y trouver ( m'écrivait le ministre de la justice le 5 novembre 1808 ) une dérogation à l'art. 6 de la loi du 6 mars 1791, ils faisaient des appositions de scellés d'office, lors même que les mineurs se trouvaient, par la mort de leurs ascendants, sous la tutelle légale du survivant. Je reçus des réclamations à cet égard de presque toutes les parties de la France. On paraissait voir avec peine qu'au moment où une famille était plongée dans le deuil le plus profond, on vînt encore en aggraver les douleurs par une formalité qui était souvent sans objet. Je crus la question assez importante pour la mettre sous les yeux de sa majesté. Le rapport que j'eus l'honneur de lui présenter fut envoyé au conseil-d'état, qui entra parfaitement dans nos vues à cet égard. M. le président de la section de législation me fit, le 18 mars 1806, la réponse suivante : « Sa majesté ayant, sur votre proposition, renvoyé à la section de législation votre rapport tendant à ce que le conseil-d'état donnât son avis sur la question de savoir si les scellés d'office sont nécessaires quand les mineurs sont sous la tutelle de leur père ou de leur mère, la section pense, avec vous, qu'il n'a point été dans l'intention du Code civil de donner au juge de paix cette mission, et qu'il ne présente aucun texte assez précis pour qu'on doive en tirer l'induction. Il a paru qu'il était convenable de faire cesser toute difficulté par une disposition du Code de Procédure civile, qui portera que le scellé pourra être apposé d'office, *si le mineur est sans tuteur, et que le scellé ne soit pas requis par un parent.* La tutelle appartenant de droit au père ou à la mère survivante, le mineur n'est point sans tuteur, au décès du premier mourant. » Voilà, monsieur, les motifs de l'article 911 du Code de Procédure, qui éclaircit ce que le Code civil pouvait avoir de douteux, et qui doit être par conséquent la règle invariable des juges de paix. Ces motifs sont encore très-bien expliqués dans le discours que fit M. le conseiller-d'état Siméon, en présentant au Corps législatif cette partie du Code judiciaire. « Les tuteurs, dit-il entre autres choses, qui souvent sont les pères ou les mères, et qui toujours doivent en avoir les sentiments, sont investis comme les juges de paix, de la confiance de la loi. Les juges de paix, à cet égard, ne sont tuteurs que de ceux qui n'en ont point. »

## § II. *Absents.*

IV. Dans le langage vulgaire, on dit qu'une personne est absente pour dire qu'elle n'est pas actuellement dans le lieu de sa demeure habituelle. Mais, en droit, l'absent est celui qui a disparu de son domicile ou de sa résidence, et dont on n'a plus de nouvelles. (*Code civ., art.* 115 ; voy. *Absent.*)

La vie et la mort de l'absent proprement dit sont incertaines jusqu'au plus long terme de la vie. Si l'héritier légitime de l'absent veut lui succéder, il faut qu'il établisse son décès. Celui qui veut succéder à un autre du chef de l'absent est obligé de prouver l'existence de celui-ci, au moment où le droit s'est ouvert en sa faveur.

En matière de scellé, peu importe que le conjoint survivant, les héritiers ou l'un d'eux soient absents ou simplement non présents. Le juge de paix, dans tous les cas, a droit d'apposer les scellés d'office, dans leur intérêt, pour prévenir les soustractions; mais il doit user de ce droit avec beaucoup de prudence, et éviter qu'une mesure, salutaire par elle-même, ne devienne nuisible.

V. Si l'absent est représenté par un mandataire, le juge de paix doit s'abstenir et attendre une réquisition de ce mandataire.

Si l'absence est déclarée, et qu'il y ait des envoyés en possession *présents*, c'est également à eux à faire la réquisition du scellé.

## § III. *Interdits.*

Code civil, art. 489.

VI. En cette matière, la question la plus embarrassante pour le juge de paix est de savoir s'il doit agir d'office ou s'il doit attendre une réquisition.

Lorsque la demande en interdiction est formée, le demandeur doit prendre conseil des circonstances. S'il a. lieu de craindre la soustraction du mobilier, il doit requérir le scellé. Supposer, avec M. Pigeau, qu'il n'y a personne auprès du défendeur pour veiller à la conservation de ses biens, c'est se créer une illusion. S'il existe un conjoint, un parent quelconque, il a qualité pour demander l'interdiction. Si l'époux ou les parents manquent, le procureur du roi y pourvoit (*Code civ., art.* 491). Dans ces deux cas, c'est à la réquisition du demandeur ou du ministère public que le juge de paix doit apposer le scellé. Le défendeur ne peut pas être comparé à un homme qui a disparu, car il est représenté par le parent, ou par l'époux demandeur, ou par le ministère public.

VII. Si, au moment où la demande est formée, l'époux ou le parent demandeur ne trouve pas utile de faire apposer le scellé, rien n'empêche de le faire apposer plus tard, lorsqu'il y a nécessité.

VIII. Faute par eux d'avoir usé de cette mesure, l'administrateur provisoire dont il est parlé à l'art. 497 du Code civil peut l'employer, s'il la trouve utile. Et dans ce cas encore, le juge de paix n'a pas besoin de prendre l'initiative, parce que le défendeur a un représentant spécial dont les fonctions durent jusqu'à la nomination du tuteur qui le remplace en vertu de l'art. 505.

IX. Enfin, aux termes de l'article suivant, le mari, se trouvant de droit tuteur de sa femme interdite, n'a pas même besoin de requérir le scellé ; parce que, si le mariage a eu lieu sous le régime dotal, il ne fait que continuer une jouissance qui lui est acquise et dont il n'a pas à rendre compte ; et s'il y a communauté, il suit encore le cours d'une administration qui lui est confiée par la loi. (*Code civil, art.* 1421.)

### § IV. *Femmes demanderesses en séparation de biens.*

Code de Procédure, art. 869.

X. Les actes conservatoires dont il est parlé à l'art. 869 du Code de Procédure peuvent être de deux sortes :

1°. Autrefois, dans certaines coutumes, la femme, en assignant le mari en séparation de biens, pouvait saisir, arrêter et gager les meubles et effets de la communauté. Aujourd'hui, dit M. Merlin, cette jurisprudence est étendue par le Code de Procédure civile (*art.* 869) dans toute la France. (Voy. *Sirey*, 23, 2, 195 ; 27, 2, 47.)

2°. Elle peut également faire apposer les scellés sur les effets mobiliers de la communauté ; mais nous pensons que, pour employer cette mesure, une simple réquisition de la femme ne suffit point. Dans ce cas, il nous semble que le juge de paix ne doit procéder qu'en vertu d'un jugement rendu par le tribunal devant lequel la demande est portée, ou tout

au moins d'une permission du président, accordée sur pied
de requête.

§ V. *Femmes demanderesses ou défenderesses en séparation
de corps.*

Code civil, art. 270.

XI. Il est certain que, quoique abrogées, les dispositions
du Code civil relatives au divorce reçoivent leur application
pour les demandes en séparation de corps, en tout ce qui concerne les mesures conservatoires. Ainsi, la femme *commune
en biens*, demanderesse ou défenderesse en séparation de corps,
peut, en vertu des art. 270 et 307 du Code civil, requérir, en
tout état de cause, l'apposition des scellés sur les effets mobiliers de la communauté. Aux termes du premier de ces articles, les scellés ne peuvent être levés qu'en faisant inventaire, avec prisée, et à la charge par le mari de représenter
les choses inventoriées, ou de répondre de leur valeur, comme
gardien judiciaire.

§ VI. *Dépositaires publics.*

XII. Lorsque le défunt est dépositaire public, il faut distinguer si le dépôt consiste en papiers et autres objets ou en
deniers.

1°. A l'égard des papiers, comme, par exemple, lorsqu'il
s'agit d'un notaire, d'un greffier, ou de tout autre officier dépositaire de minutes, le scellé ne doit être apposé que sur les
papiers. La loi du 25 ventôse an 11 est formelle.

*Art.* 61. « Immédiatement après le décès du notaire, ou
autre possesseur de minutes, les minutes et répertoires seront
mis sous les scellés par le juge de paix de la résidence, jusqu'à ce qu'un autre notaire en ait été provisoirement chargé
par ordonnance du président du tribunal de la résidence. »

2°. S'il s'agit de deniers, on ne pourra apposer les scellés
que sur la caisse et les papiers qui en sont la suite.

XIII. M. Pigeau, que nous avons déjà cité, pense que, si
le receveur, payeur ou caissier décédé est débiteur ou présumé tel, comme il l'est ordinairement, le scellé peut être apposé non-seulement sur la caisse, comme dépositaire, mais
sur toute la succession. Quel que soit notre respect pour les
opinions de ce savant professeur, nous ne pouvons nous dissimuler que les dispositions restrictives de l'art. 911, n° 3, ré-
pugnent à cette interprétation, qui nous paraît forcée. En ef-

let, sur la simple présomption qu'en sa qualité de comptable, le défunt est débiteur de la caisse, il nous semble qu'il serait arbitraire de frapper sa succession d'un scellé. En pareil cas, on peut se borner à mettre le scellé sur la caisse et sur les livres, et attendre une réquisition expresse du receveur particulier de l'arrondissement, ou de tout autre, pour l'apposer sur les effets mobiliers de la succession.

### § VII. *Militaires d'un grade supérieur.*

Arrêté du 13 nivôse an 10.

XIV. Voy. *Militaire*, n°° 1 et 2.

### § VIII. *Titulaires dans certaines cures.*

Décret du 6 novembre 1813.

XV. Voy. *Biens des cures.*

### Chap. III. — *Scellé apposé sur réquisition.*

Code de Procédure, art. 909-910.

I. L'intérêt étant le mobile de nos actions et la source de nos droits, il va sans dire que, pour requérir l'apposition des scellés, il faut y avoir un intérêt quelconque.

L'art. 909 désigne tous ceux qui prétendent droit à la succession ou à la communauté, les créanciers, et en cas d'absence, les personnes qui demeuraient avec le défunt, et même ses serviteurs et domestiques.

### § Ier. *Les héritiers.*

II. La loi distingue plusieurs héritiers qui tous ont droit de requérir le scellé, savoir : 1° l'héritier légitime; 2° l'héritier à réserve; 3° l'héritier collatéral; 4° l'enfant naturel reconnu; 5° l'héritier irrégulier.

III. *L'héritier légitime*, dit M. Pigeau, soit direct, soit collatéral, grevé ou non de restitution, a le droit de requérir le scellé, même quand il ne succède qu'à un objet particulier des biens du défunt, comme l'ascendant donateur qui succède, exclusivement à tous autres, à son descendant donataire décédé sans postérité, à l'objet donné qui se trouve en nature, ou au prix dû de l'aliénation de cet objet, ou à l'action en reprise. (*Code civ., art.* 747.)

IV. *L'héritier à réserve* a incontestablement le droit de faire apposer le scellé, alors même que le défunt aurait institué un légataire universel, parce qu'il est saisi d'une quote-part dans la succession.

V. *L'héritier collatéral* étant présumé avoir un intérêt dans la succession, peut également requérir le scellé comme mesure conservatoire, alors même qu'il existe un testament qui institue des légataires même universels. Pourquoi cela ? Parce que ce testament peut être nul en la forme ; parce qu'il peut se faire qu'il soit révoqué par un testament encore inconnu. Mais si, à fin de cause, et d'après le résultat des dispositions testamentaires, l'héritier collatéral se trouve sans droit dans l'hérédité, il est obligé de payer personnellement les frais exposés, comme frustratoires, et peut même être passible de dommages, si, par suite des longueurs des scellés et des référés, quelques-uns des objets de la succession ont dépéri. Il ne doit donc pas agir trop légèrement. (Voy. Grenier, *Traité des Donat. et Test.*, t. 1, p. 584, édit. de 1812, et *trois arrêts cités par cet auteur, deux de la cour de Bruxelles, des 28 novembre 1810 et 9 mars 1811, et l'autre de la cour de Nîmes, du 22 décembre 1810.*)

VI. *L'enfant naturel reconnu*, lorsqu'il se trouve en concurrence avec des héritiers légitimes, a le tiers, la moitié, ou les trois quarts de la portion héréditaire qu'il aurait eue, s'il eût été légitime. (*Code civ.*, art. 757.)

Le *tiers*, lorsque le défunt laisse des descendants légitimes.

La *moitié*, lorsque le défunt est décédé sans postérité, mais laisse seulement des ascendants, des frères ou des sœurs.

Les *trois quarts*, lorsque le défunt ne laisse, dans sa famille légitime, ni descendants, ni ascendants, ni frères, ni sœurs.

Ainsi, investi d'un droit dans la succession, il a certainement qualité pour requérir le scellé. S'il était décédé lui-même, ses descendants auraient également qualité, puisqu'ils peuvent réclamer les droits qui lui sont attribués. (*Code civ.*, art. 759.)

VII. Lorsque l'enfant naturel se trouve en concurrence, soit avec un légataire universel, soit avec un donataire universel, il peut demander, pour la fixation de ses droits, les mêmes rapports que l'enfant légitime, parce qu'il a comme ceux-ci une réserve légale sur les biens de ses père et mère. Conséquemment, il a le droit de requérir l'apposition des scellés.

VIII. Il y a pourtant deux cas où l'enfant naturel, quoique légalement reconnu, n'a aucun droit sur les biens qui se trouvent dans la succession *ab intestat* de ses père et mère.

*Premier cas.* — Si, pendant le mariage, l'un des époux re connaît l'enfant naturel qu'il a eu antérieurement d'un autre que de son conjoint, cet enfant n'a aucun droit à exercer sur ses biens, ni contre l'époux qui a survécu, ni contre les enfants et descendants issus de ce mariage (*Code civ.*, art. 337). Dans ce cas, il n'y a pas lieu au scellé.

Mais si les enfants et descendants issus de ce mariage étaient prédécédés, ou ne succédaient pas, ou s'il n'en avait jamais existé, alors l'enfant naturel exercerait son droit contre tous les autres parents, et même contre tous enfants issus d'autres mariages que celui pendant lequel la reconnaissance aurait été faite, et il pourrait requérir le scellé.

*Second cas.* — Lorsque, d'après l'art. 761 du Code civil, l'enfant naturel a reçu, du vivant de son père ou de sa mère, la moitié de ce qui lui est attribué par la loi, avec déclaration expresse de la part de ces derniers que leur intention est de le réduire à la portion qui lui est assignée, il n'a plus à s'immiscer dans la succession de ses père ou mère, ni par conséquent à requérir le scellé après décès.

**IX.** *L'héritier irrégulier.* 1° Lorsque le défunt ne laisse pas de parents au degré successible, l'enfant naturel a droit à la totalité des biens (*Code civ.*, art. 758) ; 2° en cas de prédécès de l'enfant naturel, ses enfants ou descendants peuvent réclamer ses droits (*idem*) ; 3° lorsque le défunt ne laisse ni parents au degré successible, ni enfants naturels, ses biens passent à son conjoint (*art.* 767) ; 4° à défaut de conjoint survivant, la succession est acquise à l'état (*art.* 758).

Dans ces divers cas, l'enfant naturel, ses descendants, le conjoint survivant et l'état, sont rigoureusement obligés de faire apposer les scellés et de faire faire inventaire dans les formes prescrites pour l'acceptation des successions sous bénéfice d'inventaire ; parce que si, dans la suite, il se présente des héritiers réguliers ou des légataires, ils leur doivent la restitution de l'hérédité ; et si ces formalités ne sont pas remplies, ils peuvent être actionnés en dommages et intérêts pour ne s'être pas conformés à la loi. (*Code civ.*, art. 769 et 773.)

### § II. *Les donataires et légataires.*

**X.** La loi distingue trois espèces de donataires et de légataires :

1°. *Les donataires et légataires universels* : ce sont ceux que le défunt gratifie de l'universalité de ses biens meubles et immeubles. (*Code civ.*, art. 1003.)

Ils peuvent avoir intérêt à l'apposition du scellé, savoir : le donataire, lorsque le donateur est resté comme usufruitier en possession des biens meubles ; et le légataire, lorsqu'il est en concurrence avec des héritiers à réserve, des légataires particuliers, ou des créanciers, soit pour la conservation des titres et du mobilier, soit pour constater la valeur du mobilier, afin de déterminer la quotité pour laquelle chacun est tenu de contribuer aux dettes.

2°. *Les donataires et les légataires à titre universel* sont ceux que le défunt gratifie d'une quote-part de tous ses biens meubles et immeubles, comme la moitié, le tiers, les trois quarts, ou de tous ses immeubles, ou de tout son mobilier, ou d'une quotité fixe de tous ses immeubles ou de tout son mobilier (*art.* 1010). Ils ont également le droit de requérir le scellé.

3°. Tout autre don ou legs, quels que soient les biens qu'il comprenne, n'est qu'un don ou qu'un legs à titre particulier ; mais il confère encore le droit de faire apposer le scellé. (*Idem*).

### § III. *L'exécuteur testamentaire.*

XI. L'exécuteur testamentaire est principalement institué par la loi pour assurer l'exécution des volontés du testateur et pour acquitter les legs. C'est pour cela qu'il est dit, dans l'article 1026 du Code civil, que le testateur peut lui donner la saisine de tout, ou seulement d'une partie du mobilier, pendant l'an et jour à compter du décès.

XII. « Les exécuteurs testamentaires, dit l'art. 1031, feront apposer les scellés, s'il y a des héritiers mineurs, interdits ou absents. »

En combinant les dispositions de cet article avec celles des art. 910 et 911 du Code de Procédure, on peut dire que l'obligation de requérir le scellé cesse pour l'exécuteur testamentaire, lorsque les héritiers mineurs ou interdits ont des tuteurs ou des curateurs *présents*, parce que ceux-ci peuvent et doivent agir eux-mêmes.

Néanmoins nous ne saurions admettre toutes les conséquences que tirent quelques auteurs du rapprochement de ces textes. En théorie tout est facile ; mais en pratique on ne doit adopter que ce qui est possible. Lorsque l'héritier est absent, l'exécuteur testamentaire qui a le premier connaissance et du décès, et du testament, et de l'état de l'hérédité, est plutôt dans l'obligation d'agir que le ministère public et le juge de paix, qui peuvent long-temps ignorer toutes ces choses. Il doit tout au moins aviser, soit le ministère public, soit le juge de paix, ou les tuteurs et curateurs des héritiers et des légataires mineurs ou interdits, sauf à eux à faire ensuite toutes les démarches analogues aux intérêts des parties.

**XIII.** Il est un cas où l'exécuteur testamentaire est dispensé de requérir le scellé ; c'est lorsqu'on offre de lui remettre somme suffisante pour le paiement des legs mobiliers, ou en justifiant de ce paiement, puisque alors la saisine cesse. (*Art.* 1027.)

### § IV. *Prétendant-droit dans la communauté.*

**XIV.** Soit que le mariage ait été contracté sous le régime dotal, soit qu'il ait eu lieu sous le régime de la communauté, avec telles modifications que les époux jugent à propos de stipuler, il arrive le plus souvent qu'à la dissolution, l'époux survivant a des intérêts à discuter avec des tiers. S'il trouve son compte à faire apposer les scellés, ou si l'état de la communauté l'exige, il a le droit de les requérir, ne fût-ce même que comme créancier.

**XV.** Le même droit existe en faveur de tous les successeurs et ayant-cause de l'époux prédécédé, à quelque titre que ce soit, et même de son exécuteur testamentaire.

### § V. *Les créanciers.*

**XVI.** En permettant aux créanciers, par mesure purement conservatoire, de faire apposer les scellés sur la succession du défunt, la loi, toujours prudente, exige, à titre de garantie, que le créancier soit porteur d'un titre exécutoire ou d'une permission soit du président du tribunal, soit du juge de paix du canton. (*Code civ.*, *art.* 820 ; *de Procéd.*, *art.* 606.)

Cette permission est demandée par une requête dans laquelle le demandeur expose la nature et le montant de sa créance et l'opportunité de la mesure requise. (*Tarif, art.* 78.)

**XVII.** On peut même remplacer la requête par un réquisitoire de la partie en tête du procès-verbal du juge de paix, quelle que soit d'ailleurs la nature de la créance, qu'il y ait ou qu'il n'y ait pas de titre, que la dette soit ou ne soit pas échue, qu'elle soit enfin pure et simple ou conditionnelle, et même encore non liquide.

**XVIII.** Mais il faut bien remarquer que la loi ne permet la mesure du scellé qu'aux créanciers de la succession. Un créancier personnel d'un co-héritier ne serait pas reçu à faire apposer les scellés. Il pourrait seulement faire opposition à la levée. (*Cour royale de Nancy,* 19 *janvier* 1807.)

## § VI. *Personnes demeurant avec le défunt, ses serviteurs et domestiques.*

XIX. Lorsque le décès arrive en l'absence soit du conjoint, soit des héritiers ou de l'un d'eux, les personnes qui demeu raient avec le défunt, et même ses serviteurs et domestiques, peuvent requérir l'apposition du scellé.

Ici, la loi laisse la plus grande latitude, puisqu'elle appelle indistinctement toutes les personnes qui demeuraient avec le défunt ; mais, pour les autoriser à agir, elle veut qu'il y ait tout à la fois absence du conjoint et des héritiers. Si le con-- joint est présent, il agit d'après ses intérêts ou ses affections : les héritiers en font autant : les autres doivent s'abstenir.

## § VII. *Officiers ministériels à la suite de certaines saisies.*

XX. «Si le saisi est absent, est-il dit dans l'art. 591 du Code de Procédure, et qu'il y ait refus d'ouvrir aucune pièce ou meuble, l'huissier en requerra l'ouverture ; et s'il se trouve des pa-- piers, il requerra l'apposition des scellés par l'officier appelé pour l'ouverture. »

Cet officier peut être le juge de paix ; mais dans les com-- munes où il n'y en a pas, le scellé peut être apposé par le maire, et à défaut du maire par l'adjoint. (*Code de Procéd.*, art. 587.)

XXI. Si le saisi est présent, observe M. Pigeau, il n'y a pas lieu à l'apposition des scellés. Cela est très-vrai ; et il ajoute : « à moins que le débiteur ne soit en faillite ; parce que, dit-il, les créanciers n'ont pas le droit de pénétrer dans ses papiers.» Mais il est certain que, lorsque le débiteur est en faillite, toute saisie-exécution est impossible, parce que les scellés, s'ils ne sont apposés d'office par le juge de paix avant la déclaration de la faillite, et sur la simple notoriété publique, le sont aussitôt qu'elle est déclarée, à la réquisition des agents ; et dès lors le saisi est de plein droit dessaisi de l'administration de ses biens. (*Code de Commerce,* art. 442, 449, 450, 451.)

### Chap. IV. — *Époque de l'apposition.*

Code de Procédure, art. 907 et 913.

1. La loi n'indique pas d'époque fixe pour l'apposition du scellé. Elle peut avoir lieu immédiatement après le décès (*Code de Proc.*, art. 907), ou après l'inhumation (*art.* 913) Dans ce dernier cas, le juge de paix constate, dans son procé--

verbal, le moment où il a été requis et les causes qui ont retardé soit la réquisition, soit l'apposition (*art.* 913).

II. Le scellé peut être requis pendant toute la durée du temps accordé à l'héritier pour exercer ses droits dans la succession du défunt ; et comme, à son égard, la faculté d'accepter ou de répudier ne se prescrit que par le laps de temps requis pour la prescription la plus longue des droits immobiliers (*Code civ.*, *art.* 789), et que cette prescription est de trente ans (*art.* 2262), il a incontestablement tout ce délai pour requérir l'apposition du scellé.

III. Ici, nous ne sommes pas d'accord avec **M. Long-**champt. Ce jurisconsulte croit pouvoir s'autoriser de l'article 880 du Code civil pour admettre, comme un principe général et sans exception, que le scellé ne peut plus être requis ni apposé trois ans après l'ouverture de la succession. *Après ce laps de temps.* dit-il, *le droit est prescrit.*

Mais l'art. 880, uniquement relatif aux créanciers de la succession qui demandent la séparation du patrimoine du défunt d'avec le patrimoine de l'héritier, n'a rien de commun avec les héritiers eux-mêmes.

Sans doute, relativement aux meubles de la succession. les créanciers du défunt qui laissent passer trois ans sans demander la séparation du patrimoine ne sont plus recevables à la demander ; et, par suite, on peut dire qu'ils ne sont pas recevables non plus à requérir l'apposition du scellé sur ces meubles, trois ans après l'ouverture de la succession, par l'effet de la prescription admise, à leur égard, par l'article précité. Mais la même prescription n'est pas admise contre l'héritier proprement dit. La lui appliquer serait étendre l'effet d'une disposition pénale, ce qui est contraire à tous les principes. Ainsi, de même que les héritiers, les donataires et légataires conservent. pendant trente ans, les droits sur les meubles. comme sur les immeubles de l'hérédité, de même ils conservent, pendant tout ce temps, le droit de requérir le scellé. (*Code civ.*, *art.* 789 *et* 2262.)

On dira peut-être que le mobilier aura disparu dans le cours de cette longue période. S'il en est ainsi, il ne sera pas matériellement possible de le couvrir d'un scellé. Mais l'héritier peut se trouver dans quelqu'un de ces cas où la mise de scellé et l'inventaire sont indispensables (*Code civ.*, *art.* 791). Alors il fait dresser par le juge de paix un procès-verbal de carence (*Code de Procéd.*, *art.* 924).

IV. « Lorsque l'inventaire sera parachevé, dit l'art. 925 du Code de Procédure, les scellés ne pourront être apposés, à moins que l'inventaire ne soit attaqué, et qu'il en soit ainsi ordonné par le président du tribunal. »

Il y a, dans cet article, deux dispositions bien distinctes. En règle générale, le scellé n'est plus nécessaire lorsque l'inventaire est consommé: mais il peut se faire que l'inventaire soit infidèle, qu'il soit dressé en l'absence de quelqu'une des parties intéressées, et au préjudice de ses droits. Dans ces cas et une infinité d'autres qu'il serait oiseux de rechercher, la loi laisse un recours aux parties lésées. Elle leur accorde la faculté de requérir l'apposition du scellé sur les objets inventoriés. Mais pour cela, le requérant doit s'adresser au président du tribunal civil, lui exposer, dans une requête, les faits, et lui demander l'autorisation de faire apposer les scellés. Si le président juge l'apposition utile, il rend une ordonnance en vertu de laquelle le juge de paix procède au scellé, sur la réquisition et en présence de la partie ou de son mandataire.

V. Le même article 923 ajoute encore : « Si l'apposition des scellés est requise pendant le cours de l'inventaire, les scellés ne seront apposés que sur les objets non inventoriés.»

Cette seconde disposition n'a rien de contraire à la première. Ici, il ne s'agit plus d'un inventaire argué de nullité ou d'infidélité ; car, s'il en était ainsi, on pourrait, comme dans le cas précédent, et avec l'ordonnance du président, apposer le scellé sur tout le mobilier, même sur la partie inventoriée. Il s'agit seulement du cas où, sans avoir à élever, contre la partie de l'inventaire déjà terminée, le moindre reproche de fraude ou d'inexactitude, le requérant, soit qu'il croie la chose utile à ses intérêts, soit qu'il prétende que l'inventaire est inopportun, ou même nul par défaut de qualité de la part de celui qui le fait dresser, ou par tout autre motif, peut l'arrêter en faisant apposer le scellé sur les objets non encore inventoriés.

Pour cela, il n'a pas besoin de l'ordonnance du président. Sa qualité d'héritier, de donataire ou de légataire lui suffit. Seulement, et dans le cas où la partie qui fait procéder à l'inventaire s'opposerait au scellé, le juge de paix devrait en référer au président, en suivant la marche ordinaire. (Voy. *ci-après*, chap. 5, § 4.)

### CHAP. V. — *Forme du scellé.*

I. Douze articles du Code de Procédure déterminent la forme du scellé, qui embrasse :

1° Le contenu au procès-verbal ;

2° La remise des clés au greffier et la défense d'aller dans le lieu du scellé ;

3° Ce qu'il faut faire en cas de découverte d'un testament et autres papiers ;

4° Le référé ;

5° La carence ;

6° Le registre d'ordre.

### § I<sup>er</sup>. *Contenu du procès-verbal.*

Code de Procédure, art. 914.

**II.** Le procès-verbal contiendra *la date du mois, jour et heure.* De plus, le procès-verbal doit indiquer l'heure à laquelle chaque séance commence et finit (*décret du* 10 *brumaire an* 14, *art.* 1<sup>er</sup>) ; et toutes les fois qu'il y a interruption dans l'opération, avec renvoi à un autre jour ou à une autre heure de la même journée, il doit en être fait mention dans l'acte, qui doit être signé des parties, lorsqu'elles savent signer, du juge de paix et de son greffier, pour constater cette interruption. (*Idem, art.* 2.)

**III.** *Les motifs de l'apposition.* Ces motifs résultent le plus souvent de l'intérêt que la partie requérante a dans la succession ou dans la communauté. Alors on les exprime par la seule mention de sa qualité d'héritier, de légataire, de donataire ou de conjoint survivant. Si c'est un créancier, on désigne son titre. Si le juge de paix agit d'office, il indique la circonstance qui donne lieu à son action.

**IV.** *Les noms, profession et demeure du requérant,* s'il y en a, et son élection de domicile dans la commune où le scellé est apposé, s'il n'y demeure, afin que l'on puisse faire à ce domicile toutes les significations et oppositions nécessaires, sans être obligé d'aller au domicile réel, qui pourrait être fort éloigné.

**V.** S'il n'y a pas de partie requérante, le procès-verbal énonce que le scellé est apposé d'office, ou sur la réquisition du ministère public, ou sur la déclaration du maire ou de l'adjoint du maire. (*Code de Procéd., art.* 911.)

**VI.** *L'ordonnance* qui permet le scellé, s'il en a été rendu.

**VII.** *Les comparutions* et *dires* des parties.

**VIII.** *La désignation des lieux, bureaux, coffres et armoires* sur les ouvertures desquels le scellé est apposé. Ici le juge de paix doit agir avec autant de prudence que de sagacité, bien examiner toutes choses et établir partout les scellés de manière à rendre impossible tout accès dans l'intérieur des appartements et des meubles couverts du scellé. Lorsqu'il y a lieu, on peut faire placer, dans la pièce qui paraît la plus commode et la plus sûre, tout le mobilier susceptible d'être déplacé et les objets les plus précieux.

IX. *Une description sommaire* des objets qui ne sont pas mis sous le scellé, c'est-à-dire de tout ce qui peut être utile aux personnes qui restent dans les appartements.

X. *Le serment*, lors de la clôture de l'apposition, par ceux qui demeurent dans le lieu et qui ont la possession du mobilier, qu'ils n'ont rien détourné directement ni indirectement ; ce qui n'empêche pas que les parties ne puissent en déférer un autre, et ne conservent le droit de prouver le divertissement. (*Turin, 7 février 1807.*)

XI. *L'établissement du gardien présenté*, s'il a les qualités requises, sauf au juge de paix, s'il ne les a pas, ou s'il n'en est pas présenté, à en établir un d'office. La première des qualités à exiger du gardien, est qu'il ait une réputation de probité bien connue ; il faut ensuite, quel que soit d'ailleurs son sexe, qu'il soit solvable et capable de s'obliger. Il peut être pris parmi les personnes qui vivaient avec le défunt, sans en excepter les domestiques et les parents, alors même qu'ils auraient quelque intérêt dans la succession ou dans la communauté.

*Modèle du procès-verbal.*

L'an                et le             , à              heures après midi, devant nous              , juge de paix du canton de              . a comparu le sieur B...., agriculteur, domicilié à              , lequel nous a exposé que le sieur B...., son aïeul paternel, vient de décéder dans sa maison d'habitation, sise dans la présente ville, rue              ; qu'en sa qualité de cohéritier, du chef de son père également décédé, il a intérêt à ce que les meubles et effets qui garnissent l'habitation du défunt ne soient pas détournés ; et qu'en conséquence il nous invite et requiert au besoin de procéder à l'apposition du scellé sur les meubles et appartements dépendant de l'habitation du défunt, ainsi que sur ses magasins ; et il a signé, après lecture.

(Signature).

Nous, juge de paix, considérant que le requérant a des droits à la succession du défunt, et que sa réquisition est fondée, disons que nous nous transporterons pour procéder aux fins requises, dans la maison ci-dessus désignée, ce jourd'hui à        heures              , et avons signé.

(Signature).

NOTA *Si le requérant était étranger à la commune, il faudrait énoncer l'élection de domicile.*

Lorsque l'apposition est faite d'office, la rédaction a lieu dans ce sens :

Ce jourd'hui, etc., nous, etc., ayant appris que le sieur D..... (*prénoms, profession et domicile*), est décédé ce matin, laissant pour son héritier présomptif le sieur A..., son cousin-germain, demeurant à     , lequel est absent en ce moment ; (ou bien) le sieur B...., son fils mineur, lequel n'a pas encore de tuteur, nous nous sommes transporté d'office, avec notre greffier, dans la maison du défunt, située rue     , n°, à l'effet d'apposer le scellé sur les meubles et effets de la succession, pour la conservation des droits de l'héritier ;

Et étant entré dans        , s'est présenté le sieur P...., auquel nous avons fait connaître le sujet de notre transport ; et ledit nous a répondu ne pas s'opposer à la mise du scellé, mais se réserver tous et chacuns ses droits, offrant de nous faire toutes les indications et montrées nécessaires ; et il a signé.

(Signature.)

Et d'après cette déclaration, nous avons procédé ainsi qu'il suit :

Dans une pièce au rez-de-chaussée, servant de cuisine, nous avons décrit et laissé en évidence 1°, 2°.... nous avons encore apposé un scellé sur une armoire dont la clé a été remise à notre greffier.

Dans une autre pièce venant à la suite, etc.

Nota. *Après avoir tout décrit ou mis sous le scellé, on termine ainsi :*

Et tenant la déclaration du sieur P.... qu'il n'existe pas d'autres effets ayant appartenu au défunt, nous l'avons invité à nous présenter un gardien de nos scellés ; et il nous a proposé le sieur A...., que nous avons accepté, attendu qu'il paraît réunir les qualités requises ; et ledit sieur A.... ici présent ayant déclaré accepter lesdites fonctions de gardien, nous l'avons établi, et il a promis de représenter, lorsqu'il en sera requis, les scellés et les objets laissés en évidence, sains et entiers.

Cela fait, le sieur P.... a prêté en nos mains serment qu'il n'a rien détourné, vu ni su qu'il ait été rien détourné, directement ni indirectement, duquel serment lui avons donné acte. M...., notre greffier, a reçu dix clés qu'il gardera jusqu'à la levée du scellé.

Et de tout ce dessus nous avons fait le présent procès-verbal, auquel il a été vaqué jusqu'à      heures     , et ont signé avec nous et notre greffier, après lecture.

(Signatures.)

Nota. *Tous les procès-verbaux de scellés sont assujétis à la formalité de l'enregistrement.* Voy. *Enregistrement.*

### § II. *Remise des clés au greffier ; défense d'aller dans le lieu du scellé.*

Code de Procédure, art. 915.

XII. Les clés des serrures sur lesquelles le scellé a été apposé restent, jusqu'à la levée, entre les mains du greffier de la justice de paix. Le procès-verbal qui doit faire mention de cette remise, le charge de ce dépôt. Il arrive quelquefois que certaines portes, sur lesquelles le scellé devient nécessaire, manquent de serrures ou de toute autre chose. Alors le juge de paix requiert des ouvriers pour conditionner le tout, et leur accorde taxe aux frais de la succession ou du requérant.

Le sceau reste entre les mains du juge de paix.

XIII. Le juge de paix et le greffier ne peuvent, à peine d'interdiction, aller, jusqu'à la levée, dans la maison où est le scellé.

Cependant, si des circonstances pressantes nécessitent leur présence dans ce lieu, soit pour y faire la recherche d'un titre ou de tout autre objet, soit pour une infinité de causes qu'il est inutile de spécifier ici, ils peuvent s'y transporter; mais il faut ou une réquisition de la partie compétente, ou une ordonnance motivée qui est rendue par le juge de paix lui-même, à la suite de la réquisition faite par la partie, en tête du procès-verbal, et même d'office, si ce magistrat a des motifs péremptoires d'agir, dans un intérêt public ou pour des personnes incapables ou absentes.

XIV. Il peut également s'y transporter, en exécution d'un jugement qui ordonne la distraction d'un ou de plusieurs objets mis sous le scellé, ou toute autre mesure.

XV. Le juge de paix doit apprécier le motif et le mérite des réquisitions qui lui sont faites à l'effet de se transporter dans le lieu du scellé. S'il ne les trouve pas déterminantes, il peut s'y refuser. Dans le cas où l'on insisterait, il en référerait au président du tribunal, et agirait ensuite d'après la décision de ce magistrat.

## § III. *Testament ou paquets trouvés.*

Code de Procédure, art. 916, 917, 918, 919, 920.

XVI. Ces divers articles règlent la conduite que doit tenir le juge de paix lorsqu'il trouve un testament ou autres papiers cachetés.

Si, pendant l'apposition, il en est requis par quelque partie, il fait la recherche du testament dont l'existence lui est annoncée; et s'il le trouve, soit en se livrant à cette recherche, soit fortuitement en mettant le scellé, il procède de la manière suivante.

XVII. Si le testament est trouvé *ouvert*, il peut en donner lecture aux parties lorsqu'elles le demandent. Il en constate ensuite l'état, en fait la description, le couvre d'une enveloppe dont il scelle les bouts de manière à ce que le testament ne puisse en être extrait, paraphe cette enveloppe, la fait parapher par les personnes présentes, si elles le savent ou le peuvent, indique les jour et heure où le paquet est présenté au président du tribunal de première instance, et fait mention de toutes ces circonstances dans son procès-verbal.

XVIII. Si le testament est trouvé *cacheté*, ou s'il s'agit d'un paquet ou d'autres papiers également cachetés, le juge de paix ne doit pas en faire l'ouverture. Il constate la forme extérieure, le sceau et la suscription s'il y en a, paraphe l'enveloppe avec les parties présentes, si elles savent signer, indique, comme dans le premier cas, les jour et heure où le paquet est présenté au président, et fait également mention du tout dans son procès-verbal.

XIX. Mais est-ce au président du lieu où l'on procède, ou à celui du lieu dans lequel la succession s'est ouverte, que le juge de paix doit présenter le testament? Toute simple qu'elle est, cette question divise les auteurs.

MM. Pigeau et Carré, se fondant exclusivement sur l'article 1007 du Code civil, pensent que la présentation du testament doit être faite au président du lieu où la succession s'est ouverte. « Ainsi, dit le premier, dans ce cas, le juge de paix, après avoir constaté l'état extérieur du testament, comme porte l'art. 916, l'enverra au greffe de ce dernier tribunal pour être présenté au président. Argument de l'art. 202 du Code de Procédure qui veut, en matière de vérification, lorsqu'elle ne se fait pas dans le lieu où est la pièce de comparaison, que cette pièce soit envoyée au greffe. »

MM. Lepage et Hautefeuille pensent, au contraire, que le juge de paix doit présenter le testament au président du lieu où il procède; et nous adoptons cette opinion par les motifs exposés par ces auteurs, auxquels nous ajoutons les suivants :

L'art. 1007 du Code civil, invoqué par M. Pigeau, s'applique au cas où les testaments sont présentés au président, soit par les parties, soit par les notaires, soit par tous autres dépositaires de l'acte; mais le juge de paix qui découvre le testament, ne peut être assimilé ni aux parties, ni aux notaires, ni aux dépositaires. Ceux-là agissent volontairement. Quant au juge de paix, sa manière de procéder est réglée par les articles ci-dessus du Code de Procédure, dont il ne peut nullement s'écarter.

On dira peut-être que les articles 916 et 918 parlent seulement du président du tribunal de première instance, sans autre désignation. N'importe : dans aucun cas, le président ne peut être que celui du canton, hors duquel le juge de paix, n'ayant plus juridiction, ne peut pas exercer des actes de son ministère.

Les auteurs qui disent fort lestement que le juge de paix

n'a rien de mieux à faire que d'adresser, par la poste, au président du tribunal du lieu de l'ouverture de la succession, le testament découvert, se mettent peu en peine de considérer que le testament est un titre, qui, dans certaines circonstances, est d'un grand prix, et qu'en se chargeant de l'envoi, le juge de paix assume sur lui une grande responsabilité. S'ils étaient juges de paix, ils raisonneraient tout autrement. Ils s'apercevraient que, dans une matière aussi grave, il est prudent de ne pas aller au-delà de son devoir. Or, la présentation du testament étant purement et simplement une formalité de scellé, le juge de paix l'accomplit entièrement en déposant le testament au président du lieu, qui avise ensuite au moyen de le transmettre à qui de droit.

XX. Le même motif de prudence invite les juges de paix qui ont à transporter un testament, à requérir, toutes les fois que cette mesure leur paraît nécessaire, une escorte qui les accompagne du lieu du scellé au chef-lieu, afin de prévenir l'enlèvement du testament et les actes de violence qui peuvent en être la suite.

XXI. En général, l'apposition du scellé ne doit pas être retardée par la découverte du testament, quel qu'il soit. C'est après l'opération que le testament est présenté pour éviter le divertissement du mobilier. Cependant, il peut se faire que le testament assigne purement et simplement toute la succession à une partie. S'il n'est pas cacheté, cette partie, en connaissant cette disposition, peut s'opposer à la continuation du scellé. Dans ce cas, le juge de paix doit suspendre, en référer et établir garnison.

XXII. Lorsqu'aux jour et heure indiqués dans le procès-verbal de scellé, le juge de paix se trouve devant le président pour présenter le testament ou le paquet cacheté, il n'a rien autre chose à faire qu'à remettre l'acte ou le paquet à ce magistrat qui en fait l'ouverture, en constate l'état, en ordonne le dépôt, si le contenu concerne la succession, et dresse du tout procès-verbal.

XXIII. Si les paquets cachetés paraissent, par leur suscription, ou par quelque autre preuve écrite, appartenir à des tiers, le président ordonne que ces tiers seront appelés, dans un délai qu'il fixe, pour qu'ils puissent assister à l'ouverture. Il fait cette ouverture au jour indiqué, en leur présence ou leur défaut; et si les paquets sont étrangers à la succession, il les leur remet, sans en faire connaître le contenu, ou les cachète de nouveau pour leur être remis à la première réquisition.

XXIV. Ces dernières opérations s'effectuent sans l'assistance du juge de paix, qui n'a plus à s'occuper de ces détails après la remise du paquet. Et je ne puis m'expliquer pourquoi M. Pigeau dit : « Lorsque le paquet n'est point le testament du défunt, soit que les papiers qu'il contient appartiennent à la succession, soit qu'ils appartiennent à un tiers, la présentation, l'ouverture, l'état et l'ordonnance qui ordonne le dépôt, la remise des papiers ou d'autres choses, doivent être constatés par le procès-verbal du juge de paix et non par le procès-verbal séparé fait par le président » ; et il s'appuie des dispositions de l'art. 922, qui n'a rien de commun avec cela. Cet article s'applique seulement au cas où le juge de paix agit en référé; mais, aux termes des articles 916, 917, 918 et 919, il agit uniquement pour présenter l'acte ou le paquet trouvé, présentation après laquelle on peut dire : *Functus est.*

Dans le système de M. Pigeau, il faudrait la présence du juge de paix, lorsque le président fait appeler les parties intéressées pour assister à l'ouverture, lorsque les parties comparaissent, lorsque l'ouverture a lieu, lorsque l'état est constaté, lorsque le dépôt est ordonné, ou la remise des pièces effectuée; toutes choses qui sont dans les attributions exclusives du président, aux termes de l'art. 919.

XXV. On n'est pas peu surpris, d'autre part, d'entendre dire au même auteur et à M. Carré qui le répète, que si le paquet trouvé est l'*expédition* du testament, il n'est pas nécessaire d'en constater l'état..... Mais dans quel cas peut-on admettre la possibilité de la découverte d'une expédition du testament du défunt ? Le plus souvent, l'apposition du scellé a lieu aussitôt après le décès. Or, le testament, s'il est public, est encore en *minute* entre les mains du notaire ; car il n'est permis de le rendre *public* et de le faire enregistrer qu'après le décès du testateur, et il ne peut jamais être expédié avant l'enregistrement. Si l'apposition du scellé a lieu à une époque plus éloignée du décès, l'expédition peut bien être représentée, parce qu'on a eu le temps de mettre en règle le testament. Mais alors les droits des parties sont connus par cet acte, et, au lieu d'apposer le scellé, on fait procéder à l'inventaire, et le plus souvent on ne fait rien du tout.

## § IV. *Référé.*

Code de Procédure, art. 921, 922, 923.

XXVI. Lorsque l'apposition du scellé éprouve des obstacles, le juge de paix doit se pourvoir en référé devant le président du tribunal civil du canton, à moins qu'il n'y ait péril dans le retard, auquel cas il statue provisoirement et en réfère ensuite.

Le référé a lieu dans les cas suivants : 1° lorsqu'il y a refus de portes ; 2° lorsqu'il se rencontre des obstacles à l'apposition des scellés ; 3° lorsqu'il s'élève des difficultés entre les parties.

**XXVII.** *Refus de portes.* Si, lorsque le juge de paix se présente pour apposer les scellés d'office, ou sur réquisition, il trouve les portes fermées, il doit surseoir à l'opération et se pourvoir en référé devant le président ; mais, en attendant, il doit prendre toutes les précautions nécessaires pour prévenir le divertissement des meubles, des papiers, titres, espèces monnayées et autres objets. A cet effet, il établit garnison autour du logis et à toutes les issues.

Le président entend le juge de paix et les parties si elles comparaissent ; et il rend son ordonnance à la suite du procès-verbal.

S'il décide qu'il y a lieu de procéder au scellé, le juge de paix revient sur le lieu, lève la garnison, fait ouvrir les portes par des ouvriers requis *ad hoc*, fait son opération et dresse du tout procès-verbal.

S'il n'y a pas lieu à procéder au scellé, il se borne à faire retirer la garnison établie et à dresser procès-verbal.

Nous avons déjà dit que la loi laisse au juge de paix la faculté de statuer provisoirement, *lorsqu'il y a péril dans le retard.* Cette disposition est vague, et il devient difficile de tracer des règles de conduite, toujours défectueuses dans la pratique. Le magistrat doit prendre conseil des circonstances et agir avec prudence, en conciliant, autant que possible, les intérêts des parties avec ceux de sa propre responsabilité, s'abstenir toujours dans le doute, c'est-à-dire surseoir, et ne se décider à passer outre que dans les cas d'une nécessité bien reconnue.

**XXVIII.** *Obstacles.* Presque tous les auteurs s'escriment à présenter une série de cas et s'imaginent avoir prévu tous les obstacles que le juge de paix peut rencontrer. Rien n'est plus inutile. Il est rare que, dans la pratique, un seul des cas prévus se rencontre. Mieux vaut agir d'après les circonstances.

Il est bien certain que si, en arrivant, le juge de paix trouve un inventaire terminé, un acte de vente de tous les effets de la succession, à la faveur duquel la partie fait opposition au scellé, une saisie-exécution sur le mobilier, avec établissement d'un séquestre ; dans tous ces cas, il doit surseoir, exprimer, dans son procès-verbal, les circonstances du fait, et se retirer devant le président, qui statue en référé.

XXIX. *Difficultés entre les parties.* C'est là le grand champ de bataille. Dans les successions un peu importantes, il est rare de placer un scellé sans être obligé de recourir plusieurs fois au président, et le plus souvent pour des chicanes. Il faut le dire : dans la matière des scellés, le législateur a trop gêné l'action du juge de paix. Que résulte-t-il de là ? D'un côté, beaucoup plus de frais et de longueurs, et de l'autre, beaucoup d'aliments laissés à la mauvaise foi et à l'esprit de chicane, comme aussi une plus grande chance pour les soustractions.

Les difficultés peuvent naître d'un défaut de qualité, de l'absence d'un droit, d'une prétention. Il serait oiseux de se livrer à des hypothèses. (*Voyez ci-dessus*, chap. 4.) Dans tout cela, le rôle du juge est bien simple : un référé le tire toujours d'affaire.

XXX. Dans tous les cas où le référé devient nécessaire, le juge de paix doit fixer le jour et l'heure de la comparution devant le président, et les faire connaître aux parties, lorsqu'elles sont présentes, afin qu'elles puissent s'y trouver, si elles le jugent à propos. Le président, après avoir entendu le rapport du juge de paix, qui doit se borner à l'exposé du fait purement et simplement, et les observations des parties présentes, rend, à la suite du procès-verbal, l'ordonnance qui vide la difficulté.

XXXI. Si la question est grave et que le président ne trouve pas à propos de la décider, il en réfère à son tour au tribunal, qui statue dans la chambre du conseil, après avoir entendu les parties, si elles le demandent. Le jugement qui intervient est également couché à la suite du procès-verbal du juge de paix.

XXXII. Les ordonnances sur référé sont exécutoires par provision *ipso jure*, sans bail de caution, si le juge n'a pas ordonné qu'il en serait fourni une. Elles ne sont point susceptibles d'opposition. Dans les cas où la loi autorise l'appel, cet appel peut être interjeté, même avant le délai de huitaine, à dater du jugement : et il ne sera point recevable, s'il a été interjeté après la quinzaine, à dater du jour de la signification du jugement. L'appel est jugé sommairement et sans procédure. (*Code de Procéd.*, art. 809.)

### *Modèles.*

1° **Refus de portes.** L'an      , devant nous                , est comparu             (*Voy. ci-dessus le 1er modèle, chap. 5, § 1er.*) En conséquence, nous nous sommes transporté dans ladite maison, où, étant arrivé, avons trouvé la porte fermée. Notre greffier ayant frappé à plusieurs reprises, et personne n'ayant répondu, nous avons pensé que les personnes qui peuvent être dans l'intérieur, sont dans l'intention de nous refuser la porte. En conséquence, et après avoir fait appeler les sieurs........ que nous avons établis en garnison, autour de la maison et a toutes les issues, avec ordre de veiller à ce qu'il ne sorte personne, ni aucuns effets et papiers de ladite maison, nous avons ordonné qu'il serait sursis à l'apposition requise et qu'il en serait référé devant M. le président du tribunal civil de            ; auquel effet, nous avons invité la partie requérante ici présente, à se trouver le            , à heure         , devant mon dit sieur le président, si bon lui semble, et avons dressé le présent procès-verbal, auquel ont signé, etc.

2° Obstacles. L'an            (*comme ci-dessus*) ; et étant entré dans ladite maison, s'est présenté le sieur........ lequel nous a exposé que, depuis long-temps, le défunt se trouvait son débiteur; qu'en dernier lieu, et quelques jours avant son décès, il lui a fait vente non-seulement de sa maison, mais de tous les meubles et effets qu'elle renferme, à valoir sur sa créance; que le vendeur est tombé malade et est décédé, au moment où il allait prendre possession ; que, se trouvant ainsi propriétaire des objets mobiliers garnissant ladite maison, il s'oppose à l'apposition du scellé, sous toutes les réserves et protestations de fait et de droit, et il a signé.

A cela le sieur Paul, partie requérante, a répondu que l'acte de vente est feint et simulé, que le défunt n'a jamais été le débiteur dudit. .....; que cet acte n'a été imaginé que pour procurer un avantage indirect de plus à l'un des enfants du défunt, déjà gratifié de toute la quotité disponible. En conséquence, et sans s'arrêter audit acte, ledit Paul a de plus fort requis l'apposition du scellé, sous toutes les protestations contraires ; et il a signé.

Nous, juge de paix, considérant que la réclamation élevée a pour fondement un acte dont il ne nous appartient pas de juger le mérite, disons qu'il sera sursis à l'apposition du scellé, et qu'il en sera référé à M. le président du tribunal de première instance de            , auquel effet, avons invité les parties à comparaître devant ce magistrat le            ; et en attendant, et sur la demande du requérant, avons établi en garnison les sieurs........, auxquels nous avons enjoint de ne laisser sortir ni déplacer aucun des effets garnissant ladite maison, etc. (*Voir le précédent modèle.*)

3° Difficultés entre parties. L'an            (*voir les précédents modèles*) ; et étant entré dans la susdite maison, a comparu le sieur David...., lequel nous a exposé ce qui suit : Le défunt est décédé sans laisser de successibles en ligne directe. Parmi ses héritiers collatéraux, je suis à un degré plus rapproché que ledit sieur Paul requérant le scellé. En conséquence, celui-ci n'a aucun droit à la succession et se trouve sans qualité pour faire apposer les scellés ; et a le comparant signé.

Le sieur Paul a répondu, au contraire, qu'il se trouve au même degré que le sieur David, et il a présenté une généalogie à l'appui de sa prétention.

Mais comme il ne nous appartient pas de statuer sur les difficultés qui s'élèvent entre les susdites parties, nous juge de paix, etc. (*La suite comme au précédent.*)

### § V. *Carence.*

Code de Procéd., art. 924.

XXXIII. S'il n'y a aucun effet mobilier, le juge dresse un procès-verbal de carence, et reçoit le serment prescrit par l'art. 914, § 9 (Voy. *Carence.*)

### § VI. *Registre d'ordre.*

Code de Procéd., art. 925.

XXXIV. Dans les communes où la population est de vingt mille âmes et au-dessus, il est tenu, au greffe du tribunal de première instance, un registre d'ordre pour les scellés, sur lequel sont inscrits, d'après la déclaration que les juges de paix de l'arrondissement y font parvenir par leurs greffiers, dans les vingt-quatre heures de l'apposition : 1° les noms et demeures des personnes sur les effets desquelles le scellé a été apposé ; 2° le nom et la demeure du juge qui a fait l'apposition ; 3° le jour où elle a été faite.

### Chap. VI. — *Oppositions au scellé.*

Code de Procéd., art. 926, 927.

I. Ceux qui ne sont ni héritiers présomptifs, ni légataires, peuvent, s'ils ont des droits ou des prétentions à l'hérédité, ou seulement s'ils en sont créanciers, former opposition aux scellés, même sans titre exécutoire, et sans permission du juge.

II. Cette opposition est faite par une simple déclaration sur le procès-verbal du scellé, lorsque l'opposant se fait connaître dans le cours de l'opération, ou bien par un exploit signifié au greffier du juge de paix, s'il ne se fait connaître qu'après la clôture du procès-verbal.

III. La loi ne fixe aucun délai pour la signification de cette opposition. On conçoit qu'elle doit arriver assez à temps pour qu'il soit possible d'appeler l'opposant à la levée. Si elle est tardive, le greffier du juge de paix, en recevant la copie et en visant l'exploit (*Code de Procéd. civile, art.* 1039), doit constater le retard et indiquer la situation actuelle des opérations. Cette indication peut remplacer la sommation dont il est parlé à l'art. 931, § 3.

IV. Outre les formalités communes aux exploits, toutes les oppositions à scellé doivent contenir, à peine de nullité :

1° Élection de domicile dans la commune ou dans l'arrondissement de la justice de paix où le scellé est apposé, si l'exposant n'y demeure plus ;

2° L'énonciation précise de la cause de l'opposition. Si, par exemple, l'opposant est créancier, il énonce la date et la nature de son titre, le montant de sa créance, etc.

### *Modèles.*

1°. Opposition sur le procès-verbal. L'an       (avant de clôturer le procès-verbal, on énonce ce qui suit.) . . . . Et au présent procès-verbal est intervenu le sieur......, lequel nous a déclaré qu'en sa qualité de créancier de la succession, suivant un acte obligatoire en date du       , il s'oppose à ce que les scellés par nous apposés soient levés sans qu'il soit appelé à la levée ; et il a signé.

2°. Opposition par exploit. L'an       , à la requête de       , lequel fait élection de domicile à       , j'ai signifié et déclaré à M...., greffier de M. le juge de paix de       , que le requérant étant créancier du sieur Michel dans la maison duquel les scellés ont été apposés par procès-verbal du       , suivant un jugement rendu par le tribunal de commerce de       , en date du       , pour une somme de       , en principal et accessoires, il s'oppose à ce que lesdits scellés soient levés, sans qu'il soit appelé à la levée et reconnaissance desdits scellés, sous toutes les réserves et protestations de droit ; et aux fins que, etc.

### Chap. VII. — *Levée du scellé.*

I. Cette opération sera développée dans six paragraphes :

1° Délai à observer entre l'apposition et la levée ;
2° Parties qui peuvent requérir la levée ;
3° Parties qui peuvent ou ne peuvent y assister ;
4° Notaires et commissaires-priseurs ;
5° Sommation aux parties ;
6° Formalités de la levée.

### § Ier. *Délai pour la levée.*

Code de Procéd., art. 928, 929.

II. Pour donner aux parties le temps et la possibilité d'être présentes à la levée du scellé, la loi a fixé un délai avant lequel cette levée ne peut avoir lieu, à peine de nullité des procès-verbaux de levée, de l'inventaire, et de dommages-intérêts contre ceux qui les ont faits ou requis.

Ce délai est de trois jours après l'inhumation, si le scellé a été mis avant.

Il est également de trois jours après l'apposition, si le scellé est mis après l'inhumation.

Dans aucun de ces deux cas, il ne peut jamais être plus court : mais il peut être beaucoup plus long.

III. Ce délai de trois jours est *franc*; il ne comprend ni le jour de l'apposition, ni celui de la levée.

IV. Si les héritiers ou quelques-uns d'entre eux sont mineurs, non émancipés, il ne peut être procédé à la levée qu'après avoir pourvu les mineurs de tuteurs, ou les avoir émancipés.

Comme aussi, et s'il arrive que le tuteur se trouve en opposition d'intérêts avec le mineur, et que celui-ci n'ait pas de subrogé-tuteur, il faut, avant la levée, pourvoir le mineur d'un subrogé-tuteur.

V. Cependant, et pour des causes urgentes, le délai de trois jours peut être abrégé par une ordonnance du président du tribunal de première instance.

Dans ce cas, si les parties qui ont droit d'assister à la levée, ne sont pas présentes, il est appelé pour elles, tant à la levée qu'à l'inventaire, un notaire nommé d'office par la même ordonnance du président, qui doit toujours faire mention des causes de l'urgence.

Par cette expression, *les parties qui ont droit d'assister à la levée des scellés*, on peut entendre, en général, tous les intéressés, tels que les héritiers et légataires, les opposants et les mineurs, même non pourvus de tuteurs; car il ne peut y avoir exception pour personne dans les cas d'urgence.

VI. Lorsqu'il s'agit d'une apposition de scellés faite après le décès du titulaire d'un majorat, le juge de paix est tenu de se faire représenter, avant d'en faire la levée, un certificat constatant que le décès a été notifié au commissaire du sceau des titres, et de faire mention de ce certificat dans l'intitulé du procès-verbal de levée des scellés, à peine d'interdiction. (*Décret du 4 mai 1809, art. 12.*)

### § II. *Parties qui peuvent requérir la levée.*

Code de Procéd., art. 950.

VII. L'apposition et la levée du scellé sont deux actes dont les résultats sont tout-à-fait différents.

Le premier n'étant qu'une mesure conservatoire, il suffit du plus léger intérêt pour le provoquer. Il est donc permis à tous ceux qui prétendent droit, aux créanciers, aux personnes qui demeurent avec le défunt, aux serviteurs et domestiques.

au ministère public et d'office au juge de paix. Mais le second est plus important ; et la loi le permet seulement aux prétendants-droit dans la succession ou dans la communauté, à l'exécuteur testamentaire, au conjoint survivant, à l'usufruitier, aux tuteurs et curateurs des mineurs ou interdits, intéressés dans la succession, aux créanciers.

Mais les serviteurs et les domestiques du défunt, le parent, et même le juge de paix, soit qu'il ait agi d'office, soit qu'il ait été provoqué par le ministère public, par le maire ou par l'adjoint, ne peuvent ni requérir, ni faire d'office la levée du scellé.

De même les mineurs, les interdits et les émancipés qui, dans l'absence des tuteurs et des curateurs, peuvent faire apposer le scellé, n'ont plus qualité pour le faire lever, si ce n'est avec l'assistance de leurs représentants légaux.

VIII. Conformément à la loi du 11 ventôse an 2 (1<sup>er</sup> *mars* 1794) et à celle du 16 fructidor suivant (2 *septembre* 1794), le juge de paix, immédiatement après l'apposition des scellés, devait avertir les militaires absents, en instruire le ministre de la guerre, et copier le double de ses lettres à la suite de son procès-verbal. Si, après un mois, l'héritier ne donnait pas de ses nouvelles, et n'envoyait pas sa procuration, l'agent national de la commune convoquait, sans frais, devant le juge de paix, la famille, et à défaut les voisins et amis, à l'effet de nommer un curateur à l'absent. Ce curateur provoquait la levée des scellés, assistait à leur reconnaissance, faisait procéder à l'inventaire et à la vente des meubles, et en recevait le prix, à la charge d'en rendre compte. Il devait administrer les immeubles en bon père de famille.

Ces lois sont-elles encore en vigueur ? Il ne paraît pas qu'elles aient été abrogées par le Code civil ; et il résulte au contraire de deux décrets impériaux des 16 mars 1807, et 8 novembre 1810, rendus sur le rapport du grand-juge ministre de la justice, que, postérieurement à l'émission de ce Code, elles furent publiées dans les départements conquis au-delà des Alpes et même en Hollande.

Cependant, elles ont éprouvé des modifications. (Voy. *Militaires*, n° 4.)

Et d'abord, il n'existe plus d'agent national dans les communes. En conséquence, la convocation de la famille devra être faite à la diligence des parents, ou d'office par le juge de paix. (*Code civil, art.* 406.)

En second lieu, si le militaire absent n'est pas l'unique et le seul héritier du père, ou de la mère, ou des parents décédés ; si, par exemple, il se trouve en concours avec des frères présents, il n'est guère possible, dans l'intérêt de ceux-ci, de différer la levée du scellé jusqu'à l'accomplissement de ces formalités. Alors, il y a lieu de procéder comme l'indique l'art. 113 du Code civil, c'est-à-dire qu'il suffit de faire commettre un notaire pour représenter le militaire absent, lors de la levée du scellé et de l'inventaire.

Mais dans le cas où le militaire absent serait le seul héritier du défunt, il faudrait rigoureusement procéder conformément aux lois précitées; parce que, seul intéressé dans la succession, tout autre que lui est sans qualité pour provoquer la levée du scellé. De là, la nécessité de lui donner un curateur qui requiert la levée du scellé, l'inventaire, la vente des effets, etc., à moins que le militaire ne constitue un mandataire, lequel alors agit dans le sens du mandat.

**IX.** Lorsque le scellé est apposé d'office sur les effets mobiliers appartenant à un étranger décédé en France, il doit être levé à la réquisition du consul ou agent de la nation à laquelle cet étranger appartient, et la libre administration de la succession doit même lui être laissée, s'il n'existe pas des ayant-droit régnicoles, ou si les prétendant-droit, les parties intéressées et les créanciers sont satisfaits. ( *Déc. minist.*; *Journ. des Not.*, art. 6796.)

### § III. *Parties qui peuvent ou ne peuvent assister à la levée.*

Code de Procéd., art. 932, 933, 934.

**X.** Il est des parties qui assistent à toutes les opérations de la levée du scellé, d'autres qui n'assistent qu'à la première vacation, d'autres enfin qui en sont entièrement exclues.

**XI.** Peuvent assister en personne, ou par un mandataire, à toutes les vacations de la levée, 1° le conjoint; 2° l'exécuteur testamentaire; 3° les héritiers; 4° les donataires et les légataires universels, et ceux à titre universel; 5° l'enfant naturel. Pour représenter ces parties, il faut un pouvoir spécial, quelle que soit d'ailleurs la qualité du mandataire.

**XII.** Les opposants ne peuvent assister qu'à la première vacation, soit en personne, soit par mandataires.

Pour toutes les autres vacations, les opposants sont tenus de convenir d'un seul mandataire qui les représente tous; sinon, dit la loi (*art.* 932), il est nommé d'office *par le juge*, expression qui a suscité, parmi les auteurs, la question de savoir si le législateur a entendu désigner le juge de paix ou le président du tribunal civil; et il faut le dire, nous ne concevons pas que cette question ait pu être diversement résolue.

Si on considère en effet que, lorsqu'il est question de nommer le mandataire commun, les parties se trouvent dans le lieu même où est le scellé ; que la loi ne les oblige pas à s'accorder avant de s'y rendre ; qu'elle n'a pas voulu les réunir là pour les ramener ensuite devant le président ; que ce lieu peut être éloigné de la résidence de ce magistrat ; qu'au contraire, le juge de paix est là présent ; que rien, dans le texte de la loi, n'indique que l'opération doive être suspendue pour recourir au président, peut-on hésiter à dire qu'alors c'est le juge de paix seul qui nomme ?

XIII. Mais il doit distinguer si les opposants agissent par eux-mêmes ou par des mandataires, et si ces mandataires sont de simples particuliers ou des avoués du tribunal.

Lorsque les opposants agissent par eux-mêmes, le choix du juge de paix doit tomber sur celui qui paraît avoir le plus grand intérêt à l'opération.

Lorsque les mandataires sont de simples particuliers, ils doivent être porteurs d'un pouvoir. A leur égard, la représentation du titre ne suffit pas ; et, comme dans le cas précédent, le juge de paix choisit le plus favorable.

Lorsque les mandataires des opposants sont des avoués, ils n'ont pas besoin d'un pouvoir. A leur égard, le mandat se présume ; il résulte de la seule représentation du titre de la partie , et ce titre devient entre eux une cause de préférence. Ainsi, lorsque parmi les avoués les uns sont porteurs de titres authentiques et les autres de titres privés, le juge de paix doit choisir, pour représenter tous les opposants, l'avoué le plus ancien des porteurs de titres authentiques ; et si tous les avoués ne représentent que des titres privés, l'assistance est acquise au plus ancien avoué, en suivant l'ordre du tableau.

XIV. L'ancienneté est définitivement réglée à la première vacation respectivement aux avoués présents, sans jamais revenir sur ce point aux vacations suivantes dans tout le cours de la levée du scellé ; ce qui prouve de plus en plus que, sur toutes ces difficultés de forme et d'ordre, c'est le juge de paix seul qui statue par mesure de police, et comme présidant naturellement l'opération.

XV. Si l'un des opposants a des intérêts différents de ceux des autres, ou des intérêts contraires, il peut assister en personne, ou par un mandataire particulier, à toutes les vacations, mais à ses frais.

XVI. Celui qui a fait opposition en qualité de créancier du créancier du défunt, n'est admis ni à la première vacation, ni à concourir au choix du mandataire commun pour les vacations suivantes. Son intérêt est trop éloigné. Le législateur aurait embarrassé l'opération, s'il eût admis indistinctement tous les réclamants.

### § IV. *Notaires, commissaires-priseurs.*

Code de Procéd., art. 955.

**XVII.** Il est libre aux parties intéressées, c'est-à-dire au conjoint commun en biens, aux héritiers, à l'exécuteur testamentaire, aux légataires et donataires universels ou à titre universel, de s'accorder sur le choix d'un ou de deux notaires, d'un ou de deux commissaires priseurs ou experts, savoir : les notaires pour procéder à l'inventaire, et les commissaires priseurs ou experts pour estimer les objets inventoriés. Pour éviter des référés, le juge de paix, avant de fixer les jour et heure de la levée, fera bien de s'assurer si les parties sont d'accord sur ce point. S'il y a des difficultés, il doit chercher à les aplanir. S'il ne peut en venir à bout, il délivre son ordonnance indicative des jour et heure de la levée, et il attend.

Aux jour et heure indiqués, il se rend sur le lieu. Dans l'intervalle, les parties ont pu s'accorder ou se pourvoir devant le président du tribunal pour la nomination des notaires et des experts. Dans ce cas, il procède avec ceux qui sont choisis ou nommés. S'il n'y a eu ni accord ni nomination, le juge de paix prend le dire des parties et se retire en référé, en suivant les formes ordinaires, devant le président, qui nomme d'office les notaires et les experts priseurs avec lesquels l'opération a lieu, après néanmoins la prestation du serment par les commissaires ou experts-priseurs devant le juge de paix, qui fait mention de ce serment dans son procès-verbal.

### § V. *Sommation aux parties.*

Code de Procéd., art. 951.

**XVIII.** Pour que toutes les personnes intéressées puissent se trouver à la levée du scellé ou s'y faire représenter, il faut que le jour et l'heure de la levée soient connus de tous. A cet effet, la partie la plus diligente s'adresse au juge de paix qui délivre son ordonnance, en vertu de laquelle sommation est faite d'assister à la levée et à l'inventaire,

1° Au conjoint survivant, lorsqu'il a des droits à exercer ;

2° Aux présomptifs héritiers, ou aux tuteurs ou curateurs, s'il y a des mineurs ou des interdits ;

3° Aux enfants naturels reconnus, s'il en existe ; attendu

qu'on ne peut se dispenser de les considérer tout au moins comme des légataires à titre universel, puisqu'ils prennent une quotité déterminée;

4° A leurs héritiers légitimes dans le cas de prédécès;

5° A l'exécuteur testamentaire, s'il en a été institué;

6° Aux légataires universels et à titre universel, s'ils sont connus;

7° Aux opposants, aux domiciles élus, ou réels s'ils sont sur le lieu;

8° Au notaire qui a pu être nommé d'office pour représenter les absents.

Et ici, cette expression s'applique aux personnes qui résident hors la distance de cinq myriamètres; mais à l'égard des absents dont il est parlé à l'art. 113 du Code civil, il faut, pour les représenter, un notaire spécial auquel la sommation doit être également notifiée.

XIX. Il arrive souvent que le tuteur se trouve en opposition d'intérêts avec les mineurs. S'il requiert lui-même la levée, il doit faire la sommation dont il vient d'être parlé au subrogé tuteur; et *vice versa*, si la réquisition est faite au nom de celui-ci.

XX. On peut se dispenser d'appeler les légataires particuliers, à moins qu'ils ne se soient rendus opposants; auquel cas on les appelle comme tels.

XXI. La sommation n'est pas une formalité indispensable. Lorsque les parties ne sont pas nombreuses et qu'elles peuvent s'entendre, elles s'accordent sur les jour et heure de la levée, comparaissent volontairement, et l'opération est très-régulière.

## § VI. *Formalités de la levée.*

Code de Procéd., art. 936, 937, 938, 939, 940.

XXII. Aux jour et heure fixés, le juge de paix et son greffier se rendent au lieu du scellé. Après une heure de surséance, le juge de paix constate la présence ou l'absence des parties. Il procède avec celles qui sont présentes, et en défaut des absentes, pourvu qu'elles aient été préalablement sommées. Si plus tard, et pendant le cours de l'opération, celles-ci ou quelques-unes comparaissent, mention est faite de leur arrivée au fur et à mesure qu'elles se présentent.

XXIII. Le procès-verbal contient:

1° La date. Cette date, qui doit exprimer l'heure, est nécessaire non-seulement parce que tous les actes judiciaires doivent être datés, mais encore parce qu'elle aide à fixer, comme point de départ, le nombre des vacations, qui sont de trois heures chacune, et qu'il est utile de faire connaître, dans l'intérêt du juge de paix et du greffier, pour déterminer leurs émoluments, et dans l'intérêt du fisc, pour fixer les droits d'enregistrement ;

2° Les noms, profession, demeure et domicile du requérant ; d'après l'art. 914, l'élection de domicile n'est pas nécessaire, lorsque le requérant reste dans la commune où le scellé est apposé. Il en est de même pour la levée ;

3° L'énonciation de l'ordonnance délivrée pour la levée ;

4° L'énonciation de la sommation prescrite par l'art. 931, lorsqu'elle a été signifiée ;

5° Les comparutions et dires des parties. Le juge de paix ne doit jamais négliger de demander aux parties si elles ont des observations à faire, alors surtout qu'elles sont peu versées dans la connaissance des lois. En les consignant dans son procès-verbal, il doit surtout être attentif à ne pas leur prêter un langage qui puisse compromettre leurs droits.

6° La nomination et la présence des notaires, commissaires-priseurs et experts qui doivent opérer (voy. *les observations sur l'art.* 931 *ci-dessus,* § 4) ;

7° La reconnaissance des scellés. Le juge doit vérifier s'ils sont sains et entiers. S'ils ne le sont pas, il doit constater l'état des altérations, rechercher si elles ont été causées par accident, inadvertance, cas fortuit, ou si elles sont le fruit d'un crime. Dans l'un et l'autre cas, il entend les explications du gardien des scellés, qui doit être présent à la levée, et apprécie les circonstances du fait d'après lesquelles il agit. Si toutes les parties reconnaissent que l'altération est causée par accident, et s'il résulte de l'examen de la porte et des lieux, que bien évidemment personne n'a pu s'introduire dans l'appartement ou dans le meuble couvert par le scellé, et que rien n'a été détourné, il suffit de faire mention du fait, et l'on passe outre. Si, au contraire, l'altération décèle quelque entreprise criminelle, le juge de paix en fait, avant tout, le constat, dresse procès-verbal séparé et l'envoie au procureur du roi, comme dans tous les autres cas où il procède en qualité d'officier de police judiciaire (*Code pénal,* art. 249, 250, 251, 252, 253, 254, 255, 256) ;

8° Les réquisitions à fin de perquisition et le résultat desdites perquisitions. Ces perquisitions peuvent avoir pour objet un testament, un effet de commerce, du mobilier, de l'argent, un bijou, etc. Le requérant doit le désigner, et désigner en même temps le lieu où la perquisition doit être faite.

D'ordinaire cela termine l'opération ; et comme la levée du scellé a déjà mis en évidence tout ce que renfermaient les appartements et locaux de la succession, on pense bien que les perquisitions ont lieu le plus souvent dans le voisinage. Cependant le juge de paix ne peut s'introduire dans la maison d'un tiers, fût-il même l'un des cohéritiers, sans son consentement exprès. Dans le cas où le tiers s'opposerait à la perquisition, il doit donc surseoir, en référer au président du tribunal, et agir ensuite conformément à la décision de ce magistrat, et en vertu d'un ordre spécial émané de l'autorité publique.

En attendant, et si la partie le requiert, le juge de paix peut établir garnison aux portes ; mais il faut, pour employer cette mesure, comme l'observe M. Pigeau, des preuves ou du moins de violentes présomptions de divertissement ou de recélé ;

9°. Enfin, toutes les autres demandes des parties sur lesquelles il y a lieu de statuer, soit qu'elles approuvent, soit qu'elles contestent.

XXIV. Le juge de paix ne lève les scellés que successivement et au fur et à mesure de la confection de l'inventaire, et il les réappose à la fin de chaque vacation, mais seulement sur les objets non encore inventoriés.

XXV. S'il y a nécessité de réunir tous les objets de même nature pour les inventorier suivant leur ordre, on les place tous dans le même lieu, à mesure qu'ils se présentent, et à chaque séance, on les couvre d'un scellé, jusqu'à ce qu'il soit possible de les inventorier.

XXVI. S'il est trouvé des objets et papiers étrangers à la succession, et réclamés par des tiers, ils sont remis à qui ils appartiennent, à moins qu'il n'y ait opposition, auquel cas le juge en réfère à la fin de l'opération.

XXVII. Si ces papiers ne peuvent être remis à l'instant, et qu'il soit nécessaire d'en faire la description, elle est faite sur le procès-verbal des scellés et non sur l'inventaire. Il doit en être de même pour tout le contentieux de l'opération.

XXVIII. Lorsque la cause de l'apposition des scellés cesse avant qu'ils soient levés, ou pendant le cours de la levée, ils peuvent être levés sans description, c'est-à-dire sans inventaire.

Mais cette marche serait illégale, lorsque toutes les parties ne sont pas désintéressées et qu'il reste des opposants, ou lorsque quelqu'une se trouve dans la catégorie de celles qui ont à rendre compte de la succession, comme les tuteurs, les héritiers bénéficiaires, les usufruitiers non dispensés de l'inventaire, etc.

XXIX. En ce qui concerne la forme et les effets de l'inventaire, voyez *ce mot*.

## *Modèle.*

L'an　　　, devant nous　　　　, juge de paix du canton de　　　　, assisté de　　　　, notre greffier,

A comparu le sieur Paulin, lequel nous a exposé qu'il s'est écoulé plus de trois jours depuis l'apposition des scellés par nous faite après le décès du sieur....., et depuis son inhumation, et qu'il nous requiert en conséquence de lever ledit scellé et de lui délivrer à ces fins notre ordonnance indicative des jour et heure de la levée ; et il a signé.

Nous, juge de paix, déférant aux réquisitions ci-dessus, disons qu'il sera procédé à la levée du scellé dont il s'agit, le　　　, à　　　heure, en présence de toutes les parties intéressées ou elles dûment appelées. — Délivré à　　　, ce　　　.

--------

L'an　　　, nous, etc., assisté de　　　　, notre greffier, par suite de notre ordonnance en date du　　　, enregistrée, nous nous sommes transporté dans la maison où est décédé le sieur...... sise à　　　, rue　　　, où, étant arrivé, ont comparu

1°. Le sieur Paulin, domicilié à　　　, faisant élection de domicile dans la commune de　　　, en la demeure de　　　, lequel nous requiert de plus fort de faire la levée du scellé apposé sur sa demande, et en la qualité qu'il procède ; et il nous a représenté 1° une ordonnance de M. le président du tribunal de première instance de　　　, portant nomination de Me....., notaire, pour procéder à l'inventaire ; de M....., pour faire la prisée du mobilier, et de M......, notaire, pour représenter les sieurs........, absents ; 2° l'original d'un exploit de sommation signifié aux sieurs....... (*désigner les personnes sommées*), aux fins de comparaître à ces lieu, jour et heure, pour être présents à la reconnaissance et levée de nos scellés et à l'inventaire des titres et effets dépendant de la succession dudit......; et il a signé.

Nota. *Mentionner ici la comparution ou la non-présence des personnes sommées. S'il y a des opposants, et qu'il faille régler la préférence entre les avoués, procéder comme on l'a exposé chap. 6, § 3. — S'il s'élève des incidents, agir d'après ce qui a été dit ci-dessus. — Prendre le dire et les observations des parties ; s'il y en a d'absentes, attendre l'heure de surséance, et procéder ensuite avec les présentes.*

Nous, juge de paix, avons donné acte aux susdites parties de leurs comparution, dires, protestations et réserves, avons reçu le serment du sieur...... commissaire-priseur, lequel, ici présent, a promis et juré de remplir les fonctions à lui déférées, en son âme et conscience, et avons procédé ainsi qu'il suit :

Etant dans la chambre du défunt, où nous avions établi deux scellés, nous les avons reconnus sains et entiers, et comme tels, les avons levés l'un après l'autre ; et les deux armoires sur lesquelles ils étaient apposés ayant été ouvertes avec les clés qui se trouvaient au pouvoir de notre greffier et qu'il a rendues, Mᵉ..... notaire commis pour procéder à l'inventaire, a successivement inventorié les objets renfermés dans ces meubles, sur la prisée qui en a été faite par ledit sieur...., commissaire priseur. Ont été de même inventoriés les effets laissés en évidence dans la même chambre.

De là étant passé dans une autre pièce, (*procéder de la même manière*).

**Nota.** *Si, dans une séance, on ne peut terminer l'opération, on renvoie à la séance suivante, et même au lendemain et jours suivants. Mention est faite de ce renvoi. On termine le procès-verbal de la manière suivante :*

Nos scellés étant entièrement levés et l'inventaire étant parachevé, nous avons déchargé ledit.... gardien, de la garde desdits scellés et des objets laissés en évidence. Nous avons également déchargé notre greffier des susdites clés, et nous avons de tout ci-dessus fait et dressé le présent procès-verbal, qui a été signé par...... (*désigner les parties qui signent*), par nous et par notre greffier, et auquel il a été vaqué jusqu'à    heures.

## SECONDE PARTIE.

### Du scellé en matière criminelle.

I. En matière criminelle, le scellé n'est plus une attribution exclusive de la justice de paix. Il peut être apposé par tout officier de police judiciaire sur les effets par lui saisis comme pièces de conviction. (*Code d'Instr. crim.*, art. 16, 35, 57, 38, 89, 91.)

II. Le réglement du 18 juin 1811, relatif aux frais de justice criminelle, porte les dispositions suivantes :

*Art. 37.* « Dans les cas prévus par les art. 16, 35, 57, 58, 89, 91 du Code d'Instruction criminelle, il ne sera accordé de taxe pour la garde des scellés, que lorsque le juge instructeur n'aura pas jugé à propos de confier cette garde aux habitants de la maison où les scellés auront été apposés. Dans ce cas, il sera alloué, pour chaque jour, au gardien nommé d'office, savoir : à Paris, 2 fr. 50 c. ; dans les villes de quarante mille habitants et au-dessus, 2 fr., et dans les autres villes et communes, 1 fr. »

*Art. 38.* « En matière criminelle et correctionnelle, les femmes ne peuvent être constituées gardiennes de scellés, conformément à la loi du 6 vendémiaire an 3, qui recevra, quant à ce, son exécution. »

*Art. 39.* « Les animaux et tous les objets périssables, pour quelque cause qu'ils aient été saisis, ne pourront rester en fourrière ou sous le séquestre, plus de huit jours. Après ce délai, la main-levée provisoire pourra en être accordée. S'ils ne doivent ou ne peuvent être restitués, ils seront mis en vente, et les frais de fourrière seront prélevés sur le produit de la vente par privilége et préférence à tous autres. »

*Art.* 40. « La main-levée provisoire des animaux saisis et des objets périssables mis en séquestre, sera ordonnée par le juge de paix ou par le juge d'instruction, moyennant caution et le paiement des frais de fourrière et de séquestre. Si lesdits objets doivent être vendus, la vente sera ordonnée par les mêmes magistrats. Cette vente sera faite à l'enchère, au marché le plus voisin, à la diligence de l'administration de l'enregistrement. Le jour de la vente sera indiqué par affiches, vingt-quatre heures à l'avance, à moins que la modicité de l'objet ne détermine le magistrat à en ordonner la vente sans formalités, ce qu'il exprimera dans son ordonnance. Le produit de la vente sera versé dans la caisse de l'administration de l'enregistrement, pour en être disposé par le jugement définitif. »

III. Cette expression, *le juge instructeur*, qui se trouve dans l'art. 57, ne désigne pas seulement le juge d'instruction ; elle est commune à tous les officiers de police judiciaire ayant qualité pour verbaliser, à l'exception néanmoins des gardes champêtres, des gardes forestiers et autres de cette nature, qui peuvent seulement, comme le dit l'art. 16 du Code d'Instruction criminelle, suivre les choses enlevées dans les lieux où elles sont transportées et les mettre sous le séquestre, sans pouvoir s'introduire dans les maisons, ateliers, bâtiments, cours adjacentes et enclos, si ce n'est en présence soit du juge de paix, soit de son suppléant, soit du commissaire de police, soit du maire du lieu, soit de son adjoint. Et alors, ce sont ces derniers qui, en cas de besoin, apposent les scellés.

IV. Peut-on faire apposer les scellés *préventivement* pour assurer le remboursement des frais de justice ?

Sous l'empire de la loi du 18 germinal an 7, relative au remboursement des frais de justice criminelle, lorsque l'individu accusé d'un crime ou délit ne possédait pas de propriété immobilière de valeur suffisante pour assurer à la république le remboursement des frais de la procédure et les indemnités envers ceux qui avaient souffert quelque dommage de son délit, on pouvait apposer les scellés, sur la réquisition des agents du trésor, sur les effets mobiliers qui lui appartenaient, pour en prévenir la soustraction et assurer aux tiers et à l'état leurs droits éventuels. (*Circulaire de la régie de l'enregistrement, du*

*7 fructidor an 8; décision du ministre de la justice du 21 floréal an 8.)*

Mais il en a été tout autrement après la promulgation de la loi du 5 septembre 1807, qui a donné au trésor public un privilége sur les meubles et immeubles du condamné, pour le remboursement des frais de justice criminelle, correctionnelle et de police; loi à laquelle, sur ce point, il n'a pas été dérogé par les décrets successifs du 18 juin 1811, du 17 janvier 1813, par la loi des finances du 28 avril 1816, par l'ordonnance du 8 mai suivant, sur l'enregistrement et le timbre, ni par celle du 3 novembre 1819; de sorte que, depuis, le remboursement des frais de justice est assuré, au moyen du privilége accordé par cette loi, dont voici le texte :

*Art.* 1er. « En conséquence de l'art. 2098 du Code civil, le privilége du trésor public est réglé de la manière suivante, en ce qui concerne le remboursement des frais dont la condamnation est prononcée à son profit en matière criminelle, correctionnelle et de police. »

*Art.* 2. « Le privilége du trésor public sur les meubles et effets mobiliers des condamnés ne s'exercera qu'après les autres priviléges et droits ci-après mentionnés, savoir :

« 1° Les priviléges désignés aux articles 2101 et 2102 du Code civil;

» 2° Les sommes dues pour la défense personnelle du condamné, lesquelles, en cas de contestation de la part de l'administration des domaines, seront réglées, d'après la nature de l'affaire, par le tribunal qui aura prononcé la condamnation. »

*Art.* 3. « Le privilége du trésor public sur les biens immeubles des condamnés n'aura lieu qu'à la charge de l'inscription dans les deux mois à dater du jour du jugement de condamnation; passé lequel délai, les droits du trésor public ne pourront s'exercer qu'en conformité de l'art. 2113 du Code civil. »

*Art.* 4. « Le privilége mentionné dans l'art. 3 ci-dessus, ne s'exercera qu'après les autres priviléges et droits suivants :

» 1° Les priviléges désignés en l'art. 2101 du Code civil, dans le cas de l'art. 2105;

» 2° Les priviléges désignés en l'art. 2103 du Code civil, pourvu que les conditions prescrites pour leur conservation aient été accomplies;

» 3° Les hypothèques légales existantes indépendamment de l'inscription, pourvu toutefois qu'elles soient antérieures au mandat d'arrêt, dans le cas où il en aurait été décerné contre le condamné, et dans les autres cas, au jugement de condamnation;

» 4° Les autres hypothèques, pourvu que les créances aient

été inscrites au bureau des hypothèques, avant le privilége du trésor public, et qu'elles résultent d'actes qui aient une date certaine antérieure auxdits mandat d'arrêt ou jugement de condamnation;

» 5° Les sommes dues pour la défense personnelle du condamné, sauf le réglement, ainsi qu'il est dit en l'art. 2 ci-dessus. »

V. Au surplus, rien n'empêche que les agents du trésor public fassent apposer les scellés par le juge de paix sur les effets mobiliers du condamné, s'il vient à décéder, mais seulement après la condamnation, en vertu du jugement qui la prononce, par mesure conservatoire, ou de faire opposition à la levée du scellé, parce qu'alors l'état agit comme créancier.

VI. En cette même qualité de créancier, l'état peut requérir le scellé sur les biens mobiliers du condamné, si la condamnation est du nombre de celles qui emportent la mort civile, par l'effet de laquelle le condamné perd la propriété de tous ses biens, et sa succession s'ouvre au profit de ses héritiers, tout comme dans le cas de la mort naturelle (*Code civil, art. 23 et 25*), bien entendu, néanmoins, que l'apposition du scellé n'aurait lieu qu'après l'exécution du jugement, soit réelle, soit par effigie. (*Code civ., art. 26.*)

Leignadier, juge de paix d Béziers.

**SECONDES NOCES. Voy.** *Noces.*

**SECOURS, SERVICE.** D'après l'art. 475, n° 12, du Code pénal, sont passibles d'une amende de six à dix francs, ceux qui, le pouvant, ont négligé ou refusé de faire les travaux, le service, ou de prêter les secours dont ils auraient été requis dans les circonstances d'accidents, tumultes, naufrages, inondations, incendies ou autres calamités, ainsi que dans les cas de brigandages, pillages, flagrant délit, clameur publique, ou d'exécution judiciaire.

II. Cette disposition, étant générale, s'applique à ceux qui, désignés par le maire pour assister aux chasses et battues prescrites par l'arrêté du directoire du 19 pluviôse an 5, pour la destruction des loups, renards, blaireaux et autres animaux nuisibles, n'obtempéreraient pas à cette réquisition, car l'existence et la multiplication de ces animaux est une calamité pour les campagnes.

III. Il n'est pas absolument nécessaire que la réquisition soit écrite : il suffit qu'elle émane d'un officier public compétent. En effet, dans la plupart des circonstances prévues par l'article cité, l'officier public peut n'avoir ni le temps, ni les moyens de mettre sa réquisition par écrit. (Boucher d'Argis, *Code de simple Police*, p. 150.)

**SECRET.** Les convenances et la loi elle-même imposent à certaines personnes l'obligation de ne révéler aucun des secrets qui leur ont été confiés à raison de leur profession. Des peines correctionnelles sont prononcées par l'art. 578 du Code pénal contre l'infraction de cette sage disposition.

II. Faut-il conclure de là que les médecins, chirurgiens et autres officiers de santé, les pharmaciens, les sages-femmes, et toutes autres personnes, dépositaires, par état ou par profession, des secrets qu'on leur confie, comme les avocats, les avoués, les notaires, etc., puissent refuser de déclarer à la justice les faits dont ils ont reçu la confidence de leurs malades ou de leurs clients?

L'affirmative est hors de doute. Comment obliger un témoin à trahir la confiance que le prévenu a été forcé de placer en lui? « La loi, dit M. Carnot, *Commentaire sur le Code pénal*, ne peut exiger que l'on se rende coupable d'une *immoralité*, qu'elle-même a considérée comme un délit punissable. Aussi l'art. 578 n'a-t-il pas excepté ce cas de sa disposition. »

La jurisprudence s'est prononcée dans le même sens. (*Cour de Rouen*, 9 *juin* 1825; *de Montpellier*, 24 *septembre* 1827; *cour de cass.*, 20 *janvier*, 1826.)

III. On remarquera néanmoins que l'obligation du secret ne concerne que les confidences motivées par l'exercice de la profession. Quant aux faits dont le médecin, le notaire, l'avocat auraient eu la révélation comme hommes privés, ils appartiennent à la justice lorsqu'elle les réclame. L'avocat, le notaire, le médecin, ne sont plus, en ce cas, que des témoins ordinaires.

**SECRÉTAIRE.** Voy. *Domestiques*, § 3, n° 4.

**SENTENCE.** C'est le nom qu'on donnait autrefois aux décisions des juges inférieurs. (Voy. *Jugement*.)

**SENTIER.** Chemin étroit à travers les champs, les prairies, etc.

I. M. Carré place au nombre des dommages dont la connaissance appartient au juge de paix, ceux qui résultent d'un sentier ou passage frayé dans un fond par les hommes ou par les animaux.

II. Un arrêt de la cour de cassation, du 29 novembre 1814, a décidé que les sentiers d'exploitation étant moins une servitude discontinue que l'exécution d'une convention supposée entre les propriétaires voisins pour la desserte de leurs fonds respectifs, le trouble à la jouissance d'un sentier de ce genre peut servir de fondement à l'action possessoire. (Voy. *Chemins*, § 4, n° 3.)

**SÉPARATION DE BIENS.** La femme autorisée à plaider en séparation de biens, a le droit de faire tous les actes conservatoires qu'exigent ses intérêts (*Code de Procéd.*, art. 869). Elle peut donc faire apposer les scellés sur les effets de la communauté (Carré, *Lois de la Procédure*, t. 3, n° 2939; cour de Rennes, 22 *juillet* 1814).

**SÉPARATION DE CORPS.** La femme demanderesse ou défenderesse en séparation de corps a le droit (*art. 270 du Code civil*) de requérir l'apposition des scellés sur les effets mobiliers qui dépendent de la communauté (*cour royale de Paris*, 4 *août* 1825). Cet acte peut avoir lieu en tout état de cause, à partir de la première ordonnance de comparution des deux parties, délivrée par le président du tribunal, aux termes de l'art. 876 du Code de Procédure. Les scellés ne peuvent être levés qu'avec inventaire et prisée, et à la charge par le mari de représenter les choses inventoriées ou de répondre de leur valeur comme gardien judiciaire (*même art. 270*). Néanmoins la cour de Rennes a jugé, le 8 août 1810, que les créanciers munis d'un titre exécutoire ont le droit de provoquer la mainlevée des scellés, pour procéder à la saisie des meubles, sans qu'ils soient obligés de faire l'inventaire.

II. Si le mari s'opposait à l'apposition des scellés, le juge de paix aurait à apprécier les motifs de cette opposition; et s'il pensait qu'il y a urgence, il procéderait provisoirement à l'apposition. Dans le cas contraire, il devrait en référer au président du tribunal civil. (Carré, *Droit français*, t. 3, n° 2224.)

III. La faculté de faire apposer le scellé sur les effets de la communauté appartient exclusivement à la femme. Le mari, même demandeur en séparation de corps, ne saurait la revendiquer (*cour de Paris*, 9 *janvier* 1825). Cependant, lorsque la femme habite hors du domicile conjugal, par suite de la demande en séparation, s'il prétend qu'elle a soustrait quelques effets de la communauté, il peut, sans autorisation de justice, faire apposer les scellés chez elle. Il peut également faire lever tous les scellés apposés sur une succession échue à sa femme, s'il croit que, sous les scellés, sont des titres nécessaires à l'administration de la succession (*cour d'Angers*, 16 *juillet* 1817).

**IV**. Durant l'instance en séparation de corps, l'administration provisoire des enfants reste au mari défendeur ou demandeur, à moins qu'il n'en soit autrement ordonné par le tribunal, sur la demande soit de la mère, soit de la famille ou du ministère public, pour le plus grand avantage des enfants. (*Code civil, art.* 267.)

**V**. L'art. 302 du même Code dispose que les enfants seront confiés à l'époux qui aura obtenu la séparation de corps, à moins que le tribunal, sur la demande de la famille ou du ministère public, n'ordonne, pour le plus grand avantage des enfants, que tous ou quelques-uns d'entre eux soient confiés aux soins soit de l'autre époux, soit d'une tierce personne.

Les divers articles que nous venons de citer se rapportent au divorce; mais il est reçu en jurisprudence qu'ils sont également applicables à la séparation de corps.

**VI**. Dans les cas prévus par les art. 267 et 302, la demande de la famille ne peut être formée qu'en vertu d'une délibération des parents réunis en conseil, devant le juge de paix, après convocation dans les formes ordinaires, sur la réquisition du parent ou de l'allié le plus diligent, que la loi appellerait à faire partie du conseil de tutelle des enfants, s'ils étaient privés de tuteur légitime. (Carré, *Droit français*, t. 3, n° 1995.)

**VII**. L'insertion des motifs n'est pas nécessaire à peine de nullité, dans l'avis du conseil de famille, qui, dans le cas de séparation de corps, attribue à la mère, à l'exclusion du père, la garde des enfants. On ne peut appliquer ici l'art. 447, qui veut que toute délibération du conseil de famille prononçant l'exclusion ou la destitution d'un tuteur, soit motivée. (*Cour de Paris*, 11 *décembre* 1821.)

**SÉPULTURE**. Un décret impérial du 23 prairial an 12 (12 *juin* 1804), sur les sépultures et les lieux qui leur sont consacrés, contient les dispositions suivantes :

*Art.* 4. « Chaque inhumation aura lieu dans une fosse séparée. Chaque fosse qui sera ouverte, aura un mètre cinq décimètres à deux mètres de profondeur sur huit décimètres de largeur, et sera ensuite remplie de terre bien foulée. »

*Art.* 5. « Les fosses seront distantes les unes des autres de trois à quatre décimètres sur les côtés, et de trois à cinq décimètres à la tête et aux pieds. »

*Art.* 6. « Pour éviter le danger qu'entraîne le renouvellement trop rapproché des fosses, l'ouverture des fosses pour de nouvelles sépultures n'aura lieu que de cinq années en cinq années. En conséquence, les terrains destinés à former les lieux de sépulture seront cinq fois plus étendus que l'espace nécessaire pour y déposer le nombre présumé des morts qui peuvent y être enterrés chaque année. »

II. L'application de ce décret a été faite par un arrêt de la cour de cassation, en date du 21 décembre 1827, que nous croyons utile de rapporter :

« Attendu que François Bussy, fossoyeur, prévenu d'avoir contrevenu aux dispositions de l'art. 4 du décret sur les sépultures du 23 prairial an 12, en ne donnant point aux fosses pour l'inhumation des morts les dimensions prescrites par cet article, ayant été traduit devant le tribunal correctionnel de Sémur, ce tribunal, par jugement du 17 octobre 1827, se déclara incompétent, sur le motif que le décret du 23 prairial an 12 ne portant aucune peine en cas de contravention, il y avait lieu d'appliquer les peines de simple police déterminées par l'art. 606 du Code du 3 brumaire an 4, dont le *maximum* est de trois journées de travail et de trois jours d'emprisonnement ;

» Que ce jugement a passé en force de chose jugée ;

» Que l'affaire ayant été portée devant le tribunal de simple police du canton de Sémur, ce tribunal s'est aussi déclaré incompétent par jugement du 9 novembre suivant, sur le motif que le décret du 23 prairial an 12 ne portant aucune peine, il fallait appliquer celles établies par les lois antérieures non abrogées par l'art. 484 du Code pénal ; qu'ainsi il fallait appliquer l'art. 5 du titre 11 de la loi du 24 août 1790, qui prononce, pour contravention aux réglements de police, une amende pécuniaire ou un emprisonnement de trois jours dans les campagnes, et de huit jours dans les villes, ce qui excédait, dans l'espèce, la compétence des tribunaux de simple police ;

» Que ce jugement a aussi passé en force de chose jugée ;

» Que, dans cet état, le cours de la justice est interrompu, et qu'il importe de le rétablir ;

» Attendu que le décret du 23 prairial an 12 ne contenant aucune disposition pénale qui lui serve de sanction, il est du devoir des magistrats de réprimer, par l'application des peines portées par la loi contre les contraventions aux réglements de police, les contraventions à ce réglement, et qu'il y a lieu, dans l'espèce, à l'application des peines prononcées par l'article 606 du Code du 3 brumaire an 4, lesquelles n'excèdent point la compétence des tribunaux de simple police ;

» Par ces motifs, la cour, sans s'arrêter au jugement rendu par le tribunal de simple police du canton de Sémur, qui est considéré comme non avenu, renvoie François Bussy et les pièces de la procédure devant le tribunal de simple police du canton de Montbard, etc. »

III. Un autre décret du 4 thermidor an 13 (23 *juillet* 1805) porte :

« Il est défendu à tous maires, adjoints et membres d'administrations municipales, de souffrir le transport, présentation, dépôt, inhumation des corps, ni l'ouverture des lieux de sépulture ; à toutes fabriques d'églises et consistoires, ou autres ayant-droit, de faire les fournitures requises pour les funérailles, de livrer lesdites fournitures ; à tous curés, desservants et pasteurs, d'aller lever aucun corps, ou de les accompagner hors des églises et temples, qu'il ne leur apparaisse de l'autorisation donnée par l'officier de l'état civil pour l'inhumation, à peine d'être poursuivis comme contrevenant aux lois.»

IV. Ce décret a donné lieu à l'arrêt suivant :

« La cour, vu l'art. 1er du décret du 4 thermidor an 13, et l'art. 358 du Code pénal ; — Attendu que le décret précité, qui prohibe à tous curés, desservants et pasteurs, d'aller lever aucuns corps ou de les accompagner hors des églises et temples sans qu'il leur apparaisse de l'autorisation de l'officier de l'état civil, ne contient pas de sanction spéciale ; que cette sanction ne peut se trouver dans l'art. 358 du Code pénal, qui prévoit des faits différents, et qui, ne parlant que de ceux qui ont fait exhumer un individu décédé, n'a eu en vue que ceux qui ont quelque intérêt à l'inhumation, et ne s'applique pas aux curés, desservants et pasteurs, qui ne font que lever les corps et les accompagner hors des églises et temples ; que l'arrêt attaqué a donc justement interprété l'art. 358 du Code pénal ;

» Mais, attendu que le décret du 4 thermidor an 13, relatif à la police des sépultures, rentre dans les pouvoirs donnés par la loi à l'autorité administrative, et, à défaut de sanction spéciale, la trouve dans les dispositions générales des art. 600 et 606 du Code du 3 brumaire an 4, lesquelles s'appliquent à toutes les contraventions de police qui ne sont pas textuellement punies par les lois pénales ;

« Par ces motifs, casse. » (*Cour de cass.*, 27 *janvier* 1832.)

V. Toutes ces contraventions rentreraient aujourd'hui dans la disposition de l'art. 471, n° 15, du Code pénal modifié.

**SÉQUESTRE.** C'est une espèce de dépôt fait volontairement par plusieurs personnes, ou ordonné par la loi, d'une chose contentieuse entre les mains d'un tiers, qui s'oblige de la rendre à la personne en faveur de laquelle la contestation sera jugée. On donne aussi le nom de *séquestre* à celui qui est chargé du dépôt.

50                        SERMENT.

I. La justice peut ordonner le séquestre : 1° des meubles saisis sur un débiteur ; 2° d'un immeuble ou d'une chose mobilière
dont la propriété ou la possession est litigieuse entre deux ou
plusieurs personnes ; 3° des choses qu'un débiteur offre pour
sa libération. (*Code civ.*, art. 1961.)

II. Le séquestre judiciaire d'un immeuble peut être ordonné toutes les fois que les juges le trouvent convenable
pour la conservation des droits des parties. L'art. 1961 n'est
pas limitatif, en ce sens que le séquestre ne puisse être ordonné que dans les cas qu'il prévoit. (*Cour de Bourges*, 8 *mars*
1822.)

III. Lorsque la possession d'un immeuble est litigieuse
entre deux ou plusieurs parties, les juges peuvent bien ordonner le séquestre, mais ils ne sont pas tenus de l'ordonner.
Si donc ils recourent à toute autre mesure ; si, par exemple,
ils maintiennent provisoirement chaque partie en possession,
leur jugement n'est point susceptible d'être cassé de ce chef.
(*Cour de cass.*, 28 *avril* 1813.)

Voyez *Action possessoire*, p. 74, *note*, et *Fourrière*.

**SERMENT.** Ce mot vient du vieux mot français *serrement*,
lien ; c'est l'affirmation d'une chose en prenant Dieu à témoin.

Il y a deux sortes de serment ; celui que les jurisconsultes
appellent *promissorium* et celui qu'ils appellent *assertorium* :
en d'autres termes le serment *promissoire* et le serment *affirmatif*.

Section I<sup>re</sup>. — Du serment promissoire.

I. Le serment promissoire est la garantie d'une promesse
que l'on fait pour l'avenir. C'est celui que prêtent les fonctionnaires avant d'entrer en fonctions, les personnes qui ont
certains devoirs à remplir et celles qui sont tenues d'affirmer
la sincérité d'un acte pour en assurer l'efficacité.

II. Les fonctionnaires qui doivent prêter serment devant
les juges de paix sont :

1° Les greffiers des justices de paix (*loi du 24 août 1790,
tit. 9, art. 5 ; décision ministérielle du 13 novembre 1821*) ;

2° Les préposés des contributions indirectes (*décret du 1er
germinal an 13, art. 2*). Mais il convient, autant que faire se
peut, que ces préposés prêtent serment de préférence devant
les tribunaux civils (*instruction, n° 27, du 18 prairial an 13,
approuvée par le ministre de la justice le 8 du même mois*) ;

3° Les préposés de l'octroi, lorsqu'il n'existe pas de tribunal civil dans la ville où ils exercent. (*Ordonn. royale du 9 dé-cembre 1814, art. 58.*)

Sous l'empire de la loi de 1791, les juges de paix rece-vaient le serment des employés des douanes. Depuis la pro-mulgation de la loi du 21 avril 1818, ces employés prêtent serment devant le tribunal civil.

Quelques auteurs pensent que c'est devant le juge de paix que les huissiers attachés au service des justices de paix doi-vent prêter serment. Cette opinion était fondée sous la loi du 28 floréal an 10, qui autorisait les juges de paix à nommer des huissiers pour faire le service devant leur tribunal. Le droit de les nommer emportait celui de recevoir leur serment; mais il ne saurait plus en être ainsi aujourd'hui. L'art. 1ᵉʳ du décret du 14 juin 1813 attribue au souverain seul le droit de nommer des huissiers, et l'art. 11 veut qu'ils prêtent serment devant le tribunal de première instance.

III. Les personnes qui doivent prêter serment devant les juges de paix, *à raison de certains devoirs qu'elles ont à remplir*, sont :

1° *Les tuteurs, les curateurs*, et *les curateurs aux causes ou ad hoc*, avant d'entrer en fonctions. C'est ce que décide la loi dernière, § 4, *Cod. de administratione tutorum vel curatorum.*

On ne trouve, dans le Code civil, aucune disposition spé-ciale qui assujettisse les tuteurs, les curateurs et les curateurs *ad hoc* à prêter serment; cependant ils ne manquent jamais de le faire. C'est ordinairement l'acte même de leur nomina-tion qui constate la prestation du serment.

Pour soutenir la nécessité de ce serment, on peut dire avec d'Aguesseau que la tutelle est une sorte de charge publique qu'on ne peut se dispenser de remplir, si ce n'est dans cer-tains cas déterminés par la loi. Or toute charge publique oblige à la prestation du serment promissoire. D'ailleurs l'art. 11 de la loi du 24 août 1790, tit. 3, porte : « Il pourra (le juge de paix) recevoir *dans tous les cas* le serment des tuteurs et cu-rateurs »; et cette disposition ne nous paraît pas plus abrogée que celle de l'art. 10 de la même loi, même titre, qui déter-mine la compétence des juges de paix et leur sert chaque jour de règle. L'art. 7 de la loi du 30 ventôse an 12 abroge, il est vrai, les ordonnances, coutumes, statuts et réglements dans les matières qui sont l'objet des lois composant le Code civil; mais il n'est pas de loi dans le Code qui détermine les attri-butions des juges de paix. Dès lors, les lois spéciales qui avaient été promulguées sur cette matière n'ont pu être comprises dans cette abrogation; d'où il faut conclure que l'art. 11 de la loi du 24 août 1790, tit. 3, qui attribue aux juges de paix le droit de recevoir le serment des tuteurs et curateurs est encore en vigueur, et que par suite le serment est indispensable. (Voy. *Tuteur*.)

Un arrêt de la cour de Metz du 26 prairial an 13 a jugé qu'une instance peut être reprise par un subrogé-tuteur avant la prestation du serment, si toutefois elle a eu lieu après. Ainsi cette cour a décidé implicitement que les subrogés-tuteurs doivent prêter serment : *a fortiori* doit-il en être de même des tuteurs, des curateurs et des curateurs *ad hoc*.

2°. *Les subrogés-tuteurs.* L'arrêt que nous venons de citer en fait foi. La loi 28, § 4, *Cod., de A dministratione tutorum vel curatorum,* ne distingue pas entre le tuteur et le subrogé-tuteur. D'Aguesseau s'exprime ainsi à ce sujet : « Nulle différence entre le tuteur et le subrogé-tuteur, si ce n'est que la fonction de l'un dure long-temps et regarde la personne, au lieu que la fonction de l'autre n'a lieu que par intervalle et pour les biens ; mais, à cela près, il doit la même fidélité. »

3°. *Les experts nommés d'office par le juge de paix ou dont les parties ont fait choix devant lui.* Le Code de Procédure civile contient une lacune sur ce point au titre des justices de paix ; mais il est évident qu'il faut appliquer, dans ces deux cas, le principe établi par les art. 305 et 315 du même Code.

Si des experts refusaient de prêter serment, il y aurait lieu de se décider par la disposition de l'art. 316.

4°. *Les témoins* appelés à déposer judiciairement devant les juges de paix, et par suite les *interprètes* appelés pour traduire leurs dépositions.

Les matières civiles sont régies sur ce point, et en ce qui concerne les témoins, par les dispositions des art. 262 et 268 du Code de Procédure civile, et les matières criminelles par les dispositions des art. 155 et suivants du Code d'Instruction criminelle.

Quant aux interprètes, on doit se décider par la disposition des art. 332 et 333 du Code d'Instruction criminelle. Il est vrai que ces articles ne concernent que les matières criminelles, mais on ne peut douter que le juge de paix ne soit également apte à recevoir le serment des interprètes qui traduisent devant lui les dépositions des témoins en matière civile. Il y a là une force de nécessité qui ne saurait permettre aucune objection sérieuse.

IV. Les *personnes* qui sont tenues de prêter serment devant le juge de paix pour assurer l'efficacité d'un acte, sont, en premier lieu :

Les préposés des impôts indirects ;

Les employés de l'octroi ;

Les préposés des douanes;

Les gardes forestiers;

Les gardes champêtres;

Les fonctionnaires publics désignés en l'art. 2 de la loi du 29 floréal an 10;

Les gendarmes, dans les affaires spéciales où l'affirmation est de rigueur.

Tous ces préposés, employés et fonctionnaires doivent affirmer devant le juge de paix la sincérité de leurs procès-verbaux, pour que ces actes puissent faire foi en justice. (Voyez *Affirmation des procès-verbaux*, et le *Traité du contentieux des contributions indirectes*, par M. d'Agard, t. 1er, p. 415 et suivantes.)

En second lieu :

Les propriétaires des navires. L'art. 2 de la loi du 21 septembre 1793 veut que tout armateur, en présentant le congé et les titres de propriété du bâtiment, soit tenu de déclarer, en présence d'un juge de paix, qu'il est propriétaire du bâtiment et qu'aucun étranger n'y est intéressé directement ni indirectement. L'art. 13 du décret du 27 vendémiaire an 2 détermine la formule du serment. Sa prestation est le complément nécessaire de l'acte de francisation. (Voy. *Acte de francisation*.

En troisième lieu :

Les médecins, chirurgiens et officiers de santé. Ils affirment, devant le juge de paix de leur canton, la sincérité des certificats qu'ils dressent, à la réquisition du ministère public, pour attester la maladie des témoins cités en justice (*inst. min.*). Ils affirment également devant ce même magistrat la sincérité des certificats de maladie qu'ils délivrent à ceux qui sont appelés à faire partie du jury (*circulaire du ministre de la justice aux préfets, du 21 septembre* 1818.)

Nous parlerons à la fin de cet article du serment que doivent prêter ceux qui se trouvent dans la maison où le juge de paix appose les scellés.

### Sect. II. — *Du serment affirmatif.*

Le serment affirmatif a pour objet un fait présent ou passé.

Il équivaut à une preuve qui fait qu'on tient pour véritable le fait sur lequel une partie a juré. Il est *extrajudiciaire* ou *judiciaire*.

### § Ier. *Du serment affirmatif extrajudiciaire.*

I. Le serment affirmatif *extrajudiciaire* ne peut être déféré qu'en vertu d'une convention. Celui qui l'a promis est tenu de le prêter, puisque c'est là une condition des accords qu'il a consentis. Il ne saurait s'y refuser sans assumer sur lui les conséquences de la violation de ses engagements. Par la même raison, il ne saurait le référer à l'autre partie, parce qu'il ne dépendrait pas de lui de changer la condition de la convention. *Jusjurandum quod ex conventione extra judicium defertur, inferri non potest.* (*L.* 17, *D. de Jurejur.*, 12, 2.)

II. Au nombre des serments *extrajudiciaires* il faut mettre celui que le juge de paix est autorisé à recevoir en vertu de l'art. 55 du Code de Procédure civile.

Dans l'hypothèse de cet article, le juge de paix ne remplit que les fonctions de médiateur; il tente de concilier, mais il ne statue pas. La partie qui refuse de prêter le serment déféré n'encourt pas de condamnation, parce que son refus n'est en réalité qu'un refus de se concilier. (*Cour de cass.*, 17 *juillet* 1810.)

Le sort de la contestation ne dépend de ce serment que lorsqu'il est prêté par la partie à laquelle il est déféré, parce que, dans ce cas, il y a accomplissement de la condition à laquelle les parties s'en sont rapportées pour vider leurs différends. Ainsi, et sous tous les rapports, ce serment ne peut être considéré que comme extrajudiciaire.

Le juge de paix en constate la prestation dans son procès-verbal, et les obligations qui naissent de ce titre ont force d'obligations privées. (*Art.* 54 *du Code de Procédure.*)

### § II. *Du serment affirmatif judiciaire.*

I. Le Code civil l'appelle simplement *judiciaire*; l'art. 1316 de ce Code le classe au rang des manières de prouver les faits qui sont contestés en justice. Le sort du procès dépend de sa prestation ou du refus de le prêter.

II. Il est de deux espèces, *décisoire* ou *supplétoire.*

Le *serment décisoire* est celui qu'une partie défère à l'autre pour en faire dépendre le jugement de la cause (*art.* 1357 *du Code civil*). Il peut être déféré sur quelque espèce de contestation que ce soit, en tout état de cause, et encore qu'il n'existe aucun commencement de preuve de la demande ou de l'exception sur laquelle il est provoqué (*art.* 1358 1360). Ainsi, soit qu'il s'agisse de plus de 150 fr., soit qu'il s'agisse d'ébranler la foi due à un acte public, on est habile à proposer le serment décisoire. *In omni causa et actione juratur* (*L.* 3, *D. de Jurejurando*). Toutefois, ce serait une erreur de penser qu'il peut être admis contre un jugement ayant acquis l'autorité de la chose jugée (*cour de Turin*, 5 *juillet* 1806).

III. Il ne peut être déféré que sur un fait personnel à la partie à laquelle on le défère (*art.* 1359). Néanmoins l'héritier peut y être soumis pour déclarer s'il ne sait pas que son auteur devait ou était obligé à faire telle chose : cette connaissance, en effet, constitue, quant à lui, un fait personnel.

IV. Le serment décisoire peut-il être déféré par forme de moyen subsidiaire ? Nous ne le pensons pas, parce qu'alors il rentrerait dans la classe des serments supplétifs (*cour de cass.*, 30 *octobre* 1810 ; *Merlin*, v° *Serment*, § 2, *art.* 2, n° 7). Il existe cependant un arrêt contraire de la cour de Pau, rapporté par Sirey, t. 3, p. 107.

V. Celui auquel ce serment est déféré est tenu de le prêter ou de le référer à son adversaire. S'il ne le prête pas ou s'il ne le réfère pas, il doit succomber dans sa demande ou dans son exception. L'adversaire à qui le serment a été référé, doit pareillement succomber dans sa demande ou dans son exception s'il refuse de le prêter. (*Code civ.*, *art.* 1361.)

VI. Cette règle souffre quelques modifications. La partie à qui un serment décisoire est déféré n'a point, sans doute, la faculté et de se refuser à le prêter et de ne pas le référer à son adversaire ; mais les juges peuvent, selon les circonstances, exonérer cette partie de l'obligation de le prêter ou de le référer. (*Cour de Bordeaux*, 19 *et* 27 *janvier* 1830.)

VII. Le serment ne peut être référé si le fait qui en est l'objet est purement personnel à celui auquel le serment est déféré. (*Code civ.*, *art.* 1362.)

VIII. La partie qui a déféré ou référé le serment ne peut plus se rétracter lorsque l'adversaire a déclaré qu'il était prêt à faire ce serment (*art.* 1364) ; mais elle peut se rétracter avant que l'autre ait déclaré l'accepter (*L.* 11, *Cod. de Reb. credend.*) Cette même loi porte que la partie qui a rétracté la délation du serment ne peut plus le déférer (Pothier, *des Obligations*, n° 822) ; et lorsque, déféré ou référé, le serment a été fait, l'adversaire de la partie qui l'a prêté n'est point recevable à en prouver la fausseté (*art.* 1363). Cette décision ne s'applique pas au serment supplétoire, comme on le verra ci-après.

IX. Il est essentiel de faire observer que si la loi dénie à l'adversaire de celui qui a prêté le serment, le droit d'en prouver la fausseté, le ministère public, dans l'intérêt de la société, n'en est pas moins habile à fournir cette preuve. L'art. 366 du Code pénal punit de la dégradation civique *celui à qui le serment aura été déféré ou référé en matière civile, et qui aura fait un faux serment.*

X. Si c'est par un dol personnel qu'on a été engagé à déférer un serment, on peut se faire restituer contre l'acte par lequel on l'a déféré. (**Pothier.** *des Obligations*, n° 823.)

**XI.** La délation du serment décisoire et son acceptation formant une véritable transaction sous la condition de ce serment, il s'ensuit qu'il ne peut être déféré qu'autant que le droit que l'on fait dépendre de sa prestation est au nombre de ceux dont la partie qui le défère et celle qui l'accepte peuvent disposer librement.

De là le mineur, l'interdit, le mandataire et le procureur *ad lites*, ne peuvent le déférer ; l'interdit, pourvu d'un conseil judiciaire, ne le peut qu'avec l'avis du conseil de famille ; la femme mariée qu'avec le consentement de son mari (*vide infra*) ; le tuteur qu'en suivant les formes prescrites pour les transactions.

Mais le mineur émancipé, la femme séparée de biens, l'individu pourvu d'un conseil judiciaire, peuvent le déférer à raison des droits dont ils ont la libre disposition. En un mot, pour déférer un serment, il faut pouvoir transiger sur la contestation dont il va régler le sort.

**XII.** Il est à observer que le majeur qui l'aurait déféré à un incapable ne pourrait, en excipant de l'incapacité de celui-ci, le faire annuler. (*Art.* 1125 *du Code civ.*)

**XIII.** Celui qui l'a déféré peut dispenser son adversaire de le prêter. La dispense a le même effet qu'aurait eu la prestation. (Pothier, *des Obligations*, nº 822.)

**XIV.** Le serment fait ne forme preuve qu'au profit de celui qui l'a déféré ou contre lui, et au profit de ses héritiers ou ayant-cause, ou contre eux (*art.* 1365) ; *jusjurandum alteri neque nocet neque prodest.*

Néanmoins le serment déféré par l'un des créanciers solidaires au débiteur, ne libère celui-ci que pour la part de ce créancier (*ibid.*). C'est la conséquence de l'art. 1198.

Celui déféré à l'un des débiteurs solidaires profite aux co-débiteurs, et celui déféré à la caution profite au débiteur principal (*ibid.*). La raison en est que le serment prêté tient lieu de paiement. Mais, dans ces deux derniers cas, le serment du co-débiteur solidaire ou de la caution ne profite aux autres co-débiteurs ou au débiteur principal que lorsqu'il a été déféré sur la dette et non sur le fait de la solidarité ou du cautionnement (*ibid.*).

**XV.** L'art. 1365 ne dit rien du serment déféré par l'un des débiteurs solidaires au créancier. Il faut chercher la solution de cette question dans la loi 28, D. *de Jurejurando.* Elle décide que si le créancier avoue le paiement, le serment profite à l'autre débiteur ; mais si le créancier nie, cette dénégation ne peut pas nuire à ce dernier.

**XVI.** On s'est demandé si le serment décisoire pouvait être déféré sur un fait qui pourrait exposer aux poursuites du ministère public celui qui en ferait l'aveu? Des arrêts ont décidé l'affirmative. La négative a été soutenue dans *le Juge de Paix*, t. 3, p. 257.

XVII. L'autorisation d'ester en jugement, donnée à la femme par son mari, n'emporte pas autorisation de prêter le serment décisoire à elle déféré dans le cours d'une contestation. Pour prêter ce serment, il lui faut une autorisation spéciale (*cour d'Angers*, 28 *janvier* 1825). Cette cour a jugé en même temps que le serment décisoire ne pouvait être déféré au mari qui n'était partie en cause que pour assister sa femme, bien que le fait fût personnel au mari et à la femme.

XVIII. Le *serment supplétoire* est celui qui est déféré par le juge pour en faire dépendre le jugement de la cause, ou seulement pour déterminer le montant de la condamnation. (*Code civ., art.* 1366).

Dans le premier cas, il s'appelle *juramentum judiciale* ; dans le second, *juramentum in litem, serment à plaids*.

XIX. Pour que le juge puisse déférer ce serment, soit sur la demande, soit sur l'exception qui lui est opposée, il faut que la demande ou l'exception ne soit pas pleinement justifiée, et qu'elle ne soit pas totalement dénuée de preuves. (*Art.* 1367.)

Cette règle est l'explication de la loi 31, *de Jurejur.*, et de la loi 3, au Code, *de Reb. credend.*, où il est dit : *In bonæ fidei contractibus, nec non in cæteris causis, inopia probationum per judicem jurejurando, causa cognita, rem decideri oportet.*

Ainsi ce serment ne peut être déféré lorsque la demande ou l'exception est pleinement justifiée; il ne peut l'être que *in rebus dubiis.* (*Cour de Paris*, 12 *fructidor an* 13.)

Ainsi encore, il faut que la demande ne soit pas absolument sans preuve. S'il n'y avait aucune sorte de preuve, elle devrait être rejetée purement et simplement. La cour de cassation, par son arrêt du 2 mai 1810, cassa un jugement du tribunal de Marseille qui avait déféré le serment supplétoire à une partie, sur la simple exhibition de son livre de raison, par le motif que personne ne peut se créer un titre à soi-même. (*Sirey*, 1810, p. 426.)

On conçoit, du reste, toutes les difficultés que doit faire naître dans la pratique l'application de l'art. 1367. Tous les recueils d'arrêts sont remplis de décisions sur cette matière. Chaque espèce, se présentant devant les magistrats avec des circonstances particulières, appelle une solution différente, et il nous semble peu logique d'argumenter sur ce terrain d'un cas à un autre.

En général, des faits constants, des présomptions résultant

des déclarations et aveux des parties, suffisent pour faire déférer ce serment, quand ils jettent un certain degré de lumière sur la cause, et qu'il ne reste que des doutes à éclair-
cir. Il n'est pas absolument nécessaire qu'il existe un commencement de preuve par écrit. C'est dans ce sens qu'il faut
entendre M. Toullier, t. 10, n°⁸ 407 et 408. Ce célèbre jurisconsulte pose d'abord en principe que « dans le cas où la
preuve testimoniale n'est pas admissible, le serment supplétif ne peut être déféré sans un commencement de preuve par
écrit » ; et il ajoute immédiatement : « Mais les déclarations
faites par l'une des parties à l'audience, en présence des juges et du public, ont à cet égard autant de force qu'un acte
écrit émané d'elle. »

Nous ajouterons que les réponses catégoriques prêtées
devant un seul magistrat (*art. 324 du Code de Procéd.*) peuvent également servir de commencement de preuve par
écrit (*cour de cass.*, 18 *juillet et* 11 *janvier* 1827).

Les magistrats, étant libres de déférer ce serment à l'une ou
à l'autre des parties, doivent aussi interroger le degré de confiance que chacune d'elles peut leur inspirer : *Inspectis per-
sonarum et causæ circonstanciis.*

XX. Dans les cas du serment *in litem*, le juge doit déterminer la somme jusqu'à concurrence de laquelle le demandeur en sera cru sur son serment, et il ne peut le déférer que
lorsqu'il est d'ailleurs impossible de constater autrement la
valeur de la chose demandée (*art.* 1369). Cette limitation
est une modification aux principes du droit romain, qui lais-
saient la faculté aux magistrats de déterminer ou de ne pas
déterminer la somme.

XXI. Le serment supplétif n'étant pas la suite d'une convention comme le serment décisoire, peut être attaqué par
la partie à laquelle il a porté préjudice, si elle rapporte des
preuves de sa fausseté (*Domat*, t. 2, l. 3 ; t. 6, sect. 3). Un
arrêt de Turin a même admis contre ce serment l'inscription
du faux incident (*Journal du Palais*, 5ᵉ *volume*, 1812, p. 538).
M. Faure, conseiller d'état, en présentant au corps législatif
l'exposé des motifs du Code pénal, disait, sur l'art. 366, que
« dans le cas du serment supplétoire, la partie pouvait être
admise à prouver la fausseté de la déclaration. »

XXII. L'art. 1368 du Code civil ne veut pas qu'une partie réfère à son adversaire le serment qui lui est déféré par
les magistrats. Tel était aussi notre ancien usage, attesté par
Pothier.

Mais les magistrats ne sont pas liés, d'une manière absolue, par le jugement qui a ordonné ce serment. Lorsque, par

voie indubitable, ils acquièrent la certitude que le fait sur lequel l'affirmation était ordonnée, est contraire à la vérité, ils peuvent rétracter leur jugement sans contrevenir à la chose jugée (*cour de cass.*, 10 *décembre* 1825). Un tel jugement est réputé simplement préparatoire (*cour de Limoges, 25 mars* 1825; *cour de Toulouse, 3 juillet* 1827).

XXIII. Que le serment soit décisoire ou supplétoire, le jugement qui l'ordonne doit énoncer les faits sur lesquels il sera reçu (*art.* 120 *du Code de Procéd.*). L'article suivant détermine le lieu où il doit être reçu et la personne en présence de laquelle il doit être fait.

XXIV. Il a été jugé qu'un juif soumis au serment n'est pas tenu de jurer *more judaïco;* qu'il peut ne prêter que le serment ordinaire, tel que la loi le prescrit à tout Français (*cour de Nîmes,* 10 *janvier et* 7 *juin* 1827; *cour d'Aix,* 13 *août* 1829). La cour de Colmar a néanmoins jugé le contraire le 18 janvier 1828, du moins à l'égard des juifs de l'Alsace.

XXV. Celui à qui le serment a été déféré ou référé par son adversaire, ou à qui le serment supplétif a été déféré par les magistrats, peut venir à décéder avant de l'avoir prêté : quelle est la conséquence de cet état de choses?

Les jurisconsultes distinguent : ils pensent que, dans le cas où celui qui était admis au serment a retardé de le prêter *sans motifs légitimes,* le serment doit être tenu pour non prêté. S'il s'agit d'un serment décisoire, sa délation est comme non avenue, et les choses sont remises dans l'état où elles se trouvaient avant qu'il eût été déféré. S'il s'agit d'un serment supplétif déféré au demandeur, les sommes qui lui avaient été adjugées doivent être déclarées ne lui être pas dues. Le juge ne peut admettre les héritiers à jurer; il peut seulement déférer au défendeur le serment qu'il avait d'abord déféré au demandeur; et lorsque c'est le défendeur qui décède sans l'avoir prêté, sa succession doit être condamnée à payer les sommes demandées, à la charge néanmoins par le demandeur de prêter ce même serment. Mais si celui qui avait été admis au serment avait retardé de le prêter *par des motifs légitimes,* il serait censé l'avoir prêté. (*Toullier,* t. 10, n° 385.)

XXVI. Les serments décisoire et supplétoire tenant de la nature des aveux judiciaires, on doit leur appliquer la disposition de l'art. 1350 du Code civil sur l'indivisibilité de l'aveu.

XXVII. Dans les matières qui sont du ressort des juges de paix, ces magistrats appliquent tous les principes que nous avons développés relativement aux serments affirmatifs judiciaires.

XXVIII. Ils reçoivent pareillement, en leur qualité, le

serment des personnes qui se trouvent dans la maison en laquelle ils apposent les scellés (*art. 943 du Code de Procéd.*). Ce serment est affirmatif en ce qu'il a pour objet un fait passé, à savoir que celui qui le prête n'a détourné aucun meuble de la succession. Mais il n'emporte pas les effets des serments affirmatifs extrajudiciaires ou judiciaires, tels que nous les avons expliqués. Les héritiers, légataires ou autres intéressés, n'en conservent pas moins le droit de prouver ensuite que des effets de la succession ont été détournés. La cour de Turin a même jugé, le 7 février 1807, que les héritiers, légataires ou autres intéressés pouvaient déférer un nouveau serment après celui qui avait été déféré par le juge de paix, et qu'après ce nouveau serment, ils conservaient encore le droit de prouver que des effets avaient été détournés. Nous pensons que cette cour a été trop loin; que le serment déféré par ces héritiers, légataires ou autres intéressés, ne pourrait être qu'un serment affirmatif judiciaire, et qu'alors il ne serait plus possible de prouver l'enlèvement des effets, parce que ce serait prouver implicitement la fausseté du serment.

Quant au serment en matière criminelle, voyez *Témoin*.

AUDIFFRET, avocat à Marseille.

**SERVICES ÉVENTUELS.** M. Henrion de Pansey qualifie ainsi l'obligation où seraient un ou plusieurs particuliers de faire telles ou telles réparations à des maisons, moulins ou autres usines, d'en réparer les écluses, d'en curer les biez, d'entretenir les fossés, etc.

II. Si ces particuliers, dit-il, sommés de remplir leurs obligations, s'y refusent, il y a lieu contre eux à la complainte possessoire.

Nous ne saurions admettre cette opinion. Les services dont il s'agit nous paraissent, comme à M. Carré, n'avoir aucun caractère de *droit réel.* Ce sont de simples obligations *de faire,* dont l'inexécution entraîne des dommages-intérêts, et desquelles il ne peut dériver qu'une action personnelle.

**SERVITEURS.** Voy. *Domestiques.*

**SERVITUDES.** Elles constituent des droits réels susceptibles d'être acquis par la possession; elles rentrent donc, en tant qu'elles peuvent être l'objet d'actions possessoires, dans la compétence des juges de paix. On trouvera, sous les mots *Actions possessoires, Chemins, Eaux, Haie, Fossé, Bornage, Vaine Pâture,* etc., une grande partie des règles, soit générales, soit spéciales, qui régissent la complainte en matière de servitudes. Cet article n'est destiné qu'à servir de complément aux autres.

Il importe d'ailleurs de bien apprécier les caractères essentiels des servitudes. Autrement on s'exposerait à les confondre, soit avec des droits personnels qui, se manifestant par des faits semblables, ne peuvent cependant pas servir de base à l'action possessoire, soit avec des droits de propriété exclusive ou commune qui autorisent toujours la complainte en cas de trouble, tandis que les servitudes analogues n'établissent le plus souvent qu'une possession purement précaire.

Il ne suffit pas de distinguer les servitudes de tout ce qui n'est pas elles, il faut encore les distinguer entre elles, cár il en est de plusieurs sortes, et l'application des principes dépend beaucoup de leurs différences.

SECTION I<sup>re</sup>. — *Caractères généraux des servitudes.*

L'art. 637 du Code civil définit la servitude, *une charge imposée sur un héritage pour l'usage et l'utilité d'un héritage appartenant à un autre propriétaire.*

I. La servitude est *une charge imposée sur un héritage.* Elle n'est donc pas un droit dans la propriété de cet héritage; elle ne constitue pas une co-propriété dans l'immeuble asservi. Cette distinction entre la co-propriété et la servitude peut être fort utile lorsqu'il s'agit de faits qui, suivant qu'on les considère sous l'un ou sous l'autre rapport, sont ou ne sont pas susceptibles de justifier l'exercice de l'action possessoire. Ainsi, des faits de passage ne sauraient être, en général, considérés comme des actes de possession suffisants pour prescrire ou pour fonder la complainte. Il est cependant possible que ces faits, même isolés, ne soient autre chose que l'exercice d'un droit de propriété, de communauté, et dans cette hypothèse, la complainte est recevable. C'est ainsi que, comme on l'a vu aux mots *Actions possessoires* et *Chemins,* le trouble dans la jouissance d'un sentier d'exploitation autorise la complainte de la part des propriétaires des fonds contigus à ce sentier, parce que l'usage en est considéré, dans ce cas, plutôt comme l'exercice d'un droit de co-propriété que comme une servitude. On suppose qu'il a été fait une convention primitive de communauté entre tous ceux dont les propriétés aboutissent au chemin. Il en est de même de la jouissance d'une cour commune, d'un puits, d'un escalier communs. C'est au juge du possessoire à explorer les titres, à apprécier toutes les circonstances de fait pour savoir si la possession alléguée devant lui a eu lieu à titre de propriété ou à titre de servitude. « Le plus souvent, dit M. Pardessus, *Traité des Servitudes*, p. 13, les titres produits par l'une ou l'autre des parties donneront le moyen de lever les incertitudes. Dans leur silence, les principes généraux doivent être sévèrement appliqués. Le droit de propriété assure le libre exercice de tous les usages auxquels une chose peut être consacrée ; et, quoique la disposition particulière des lieux puisse y apporter quelque restriction, l'exercice de ce droit est toujours plus varié et plus étendu que celui d'une servitude. »

M. Pardessus prend pour exemple une contestation élevée sur la possession d'un puits. « Si, dit-il, l'un avait la jouissance utile et corporelle de tout le terrain qui environne le puits, tandis que l'autre se bornerait à y passer pour venir y puiser ; s'il entretenait la couverture, les murs, les bords de ce puits, en un mot, s'il supportait tout ce que la propriété peut avoir d'onéreux, tandis que l'autre en tirerait certains avantages, sans supporter rien de plus que les dépenses purement relatives à son usage, et si légères d'ailleurs qu'on pourrait ne les considérer que comme une simple charge de la jouissance, le premier devrait être réputé propriétaire et le second n'avoir exercé qu'une servitude. Si toutefois il existait une incertitude absolue, les tribunaux pourraient admettre la communauté et se décider par la preuve d'une possession trentenaire, sans violer les principes d'après lesquels le droit réclamé, s'il était considéré comme servitude, ne serait pas susceptible d'être prouvé par témoins. »

Les règles indiquées par M. Pardessus doivent servir de guide au juge de paix dans tous les cas analogues, c'est-à-dire toutes les fois qu'il s'agit d'actes qui seraient, au possessoire, utiles ou inefficaces, selon qu'ils se rattacheraient à l'exercice d'un droit de propriété ou ne manifesteraient qu'une prétention à l'usage d'une servitude. Outre les arrêts relatifs aux sentiers d'exploitation, qui sont rapportés v° *Chemins*, on peut voir aussi pour exemple l'arrêt de la cour de cassation du 26 *août* 1829 dans l'affaire de *Rudepont*, cité au même endroit.

Il s'agissait de la possession d'une avenue qui traversait la propriété des époux Fleury, et qu'un sieur de Rudepont, propriétaire du château auquel aboutissait cette avenue, avait revendiquée comme sienne par voie de complainte.

Le tribunal des Andelys, jugeant sur appel de la sentence du juge de paix, avait déclaré l'action du demandeur non recevable, attendu que, s'agissant d'un chemin ou passage, la possession même immémoriale ne pouvait être d'aucune considération. Son jugement fut cassé par le motif qu'il avait confondu une réclamation de possession d'un chemin exercée par le propriétaire, avec la prétention d'un droit de passage qui est une servitude discontinue.

Celui qui aurait *ouvert une porte*, et établi un *chemin pavé* sur l'héritage voisin, serait-il, après une année de possession, fondé, en cas de trouble, à exercer la complainte ? Cette question est d'une solution difficile. Malgré les travaux exécutés sur le fond d'autrui, et qui constituent une véritable occupation partielle de ce fonds, doit-on ne voir, dans le fait du passage, que l'exercice d'une servitude discontinue ? L'ouverture de la porte, l'établissement du chemin pavé, sont des faits patents, continus, qui, à chaque instant et indépendamment du fait actuel du voisin, témoignent hautement de sa possession. Celui qui ouvre une fenêtre sur le fonds contigu ne fait certes pas un acte de possession mieux caractérisé. Il fait même moins, car ses travaux ne s'étendent pas jusque sur le fonds d'autrui. Les actes *personnels* sont des deux côtés les mêmes, ou plutôt entre celui qui traverse la propriété voisine et celui qui se contente d'y jeter la vue, l'avantage est évidemment au premier. Cependant, quand par le seul fait de l'ouverture d'une fenêtre, la servitude de vue peut être possessoirement acquise, faudra-t-il dire que, dans l'espèce posée, le droit de passage ne saurait être maintenu ?

La difficulté vient, comme on doit le voir, non pas du fond même des choses et d'une différence réelle entre les deux faits que nous venons de supposer, mais des dispositions de la loi qui, sans distinction, réputent le droit de passage, *servitude discontinue*. C'est par application de ces dispositions rigoureuses de la loi que la cour de cassation a jugé, le 21 octobre 1807 (voir *Actions possessoires*, t. 1ᵉʳ, p. 95), que le fait de puisage constituait l'exercice d'une servitude discontinue, alors même que des travaux apparents auraient été faits sur le fonds assujetti. Néanmoins nous ne saurions adopter cette solution en *thèse générale*. Les termes de la loi, dans l'article 688, nous paraissent plutôt démonstratifs que limitatifs. Nous croyons que le droit de passage auquel ils s'appliquent est celui-là seulement qui s'annonce par de simples faits de passage. C'est alors qu'il est vrai de dire que la servitude a besoin, pour être exercée, du fait actuel de l'homme, qu'elle est *discontinue ;* mais quand la prétention au passage se manifeste à tout moment et sans interruption par des ouvrages exécutés sur le fonds voisin, alors la servitude nous paraît tout aussi *continue* que celle qui résulte de l'établissement d'une fenêtre. L'arrêt précité de la cour de cassation peut avoir été déterminé par cette circonstance que les travaux destinés à faciliter le puisage étaient fort peu importants, en égard aux conséquences de la servitude réclamée. Il s'agissait de quelques pierres placées au bord de l'eau, et avant d'arriver là, il fallait traverser le fonds voisin. Au surplus (et cette observation rattache la question actuelle à la distinction qu'on doit établir entre le fait qui constitue l'exercice d'un droit de propriété et celui qui se réduit à la prétention d'une servitude), nous n'hésiterions pas à considérer, dans l'espèce posée, le passage sur le fonds d'autrui, comme un véritable acte de possession à *titre de propriétaire.*

II. La servitude est imposée *sur un héritage* pour l'usage et l'utilité d'*un autre héritage.*

A cette définition il faut ajouter la disposition de l'art. 686, laquelle porte : « Il est permis aux propriétaires d'établir sur leurs propriétés, ou en faveur de leurs propriétés, telles servitudes que bon leur semble, pourvu néanmoins que les services établis ne soient imposés ni à la personne ni en faveur de la personne, mais seulement à un fonds et pour un fonds, et pourvu que ces services n'aient d'ailleurs rien de contraire à l'ordre public. »

Le but principal de cette disposition a été, comme on sait, de rendre impossibles les stipulations relatives à ces servitudes personnelles désignées sous le nom de droits féodaux. Il faut d'abord que la servitude soit imposée *sur un héritage. Ea est servitutum natura,* dit la loi romaine, *non ut aliquis quid faciat, sed ut patietur.* L'obligation qui serait imposée à la personne, ne constituerait pas un *droit réel,* et ne donnerait pas lieu à l'action possessoire. Ainsi, la stipulation qui obligerait les propriétaires de tel héritage, les habitants de telle maison, de venir moudre leurs grains à tel moulin, faire leur vin à tel pressoir, ne pourrait être considérée comme une servitude. Elle ne vaudrait pas même comme droit personnel, car elle ne serait autre chose que la reconstitution d'un droit féodal, d'une banalité.

Au surplus, ce n'est pas principalement sous ce dernier rapport que son exécution ne pourrait être réclamée par voie d'action possessoire ; c'est surtout parce qu'elle n'aurait pas le caractère d'un droit sur un immeuble, d'un *droit réel.* Ainsi, il est hors de doute que certaines obligations de faire peuvent être légitimement imposées, pour l'exercice de la servitude, au propriétaire du fonds assujetti. L'art. 698 autorise expressément ces sortes de stipulations. Ce qui les distingue des obligations purement personnelles, c'est que le propriétaire du fonds assujetti peut s'en affranchir en délaissant le fonds (*art.* 699); et ce qui les différencie des *servitudes personnelles,* c'est qu'elles n'obligent pas principalement la personne, elles ne l'obligent qu'accessoirement à une servitude légitimement établie. Cependant ces stipulations, toutes licites qu'elles sont, ne sauraient donner naissance à l'action possessoire. Si le propriétaire du fonds assujetti refusait de remplir les obligations qui lui sont imposées, et par cette résistance d'inertie, mettait obstacle à l'exercice de la servitude, la voie de la complainte ne serait pas ouverte au propriétaire du fonds dominant. Le droit de celui-ci se réduirait à obtenir des dommages-intérêts, avec l'autorisation de faire lui-même, aux frais de son voisin, les travaux nécessaires à l'exercice de la servitude. L'action, comme le droit sur lequel elle serait fondée, n'aurait rien que de *personnel.*

Il ne suffit pas, pour constituer une servitude, que la charge soit imposée à un héritage et non à une personne ; il faut encore qu'elle soit établie pour l'utilité d'un héritage et non d'une personne.

C'est là ce qui différencie la servitude des droits réels d'usufruit et d'usage, qui sont toujours concédés à la personne. Notre distinction serait sans importance, si les droits de servitude pouvaient toujours être, aussi bien que les droits d'usufruit et d'usage, l'objet d'une action possessoire ; mais les principes dans l'un et l'autre cas diffèrent essentiellement. Un exemple va le démontrer.

Les propriétaires de telle maison, de tel immeuble, les habitants de tel village, de telle commune, vont, depuis plusieurs années, faire du vin à un pressoir, moudre à un moulin, cueillir certaines portions ou certaines espèces de fruits dans un héritage. Ils sont troublés dans leur possession. Leur complainte ne sera pas recevable, à moins qu'ils ne produisent un titre, car leur prétention constituerait non pas un *droit d'usage,* mais *une servitude d'usage,* laquelle, étant *discontinue,* n'est pas susceptible de devenir l'objet d'une action possessoire.

Il en serait tout autrement si, à raison des circonstances de fait, il n'était pas possible de supposer que la possession du complaignant n'a eu lieu que par suite de sa qualité de détenteur de tel immeuble. Dans ce cas, sa jouissance étant purement personnelle, il serait fondé à s'y faire maintenir, car il n'aurait exercé en réalité qu'un *droit d'usage.*

« Les droits qui peuvent être accordés à un fonds et qui, dans ce cas, se nomment servitudes, dit M. Pardessus, peuvent aussi l'être à des personnes. Mais quoique souvent leur exercice extérieur et l'utilité qu'ils procurent soient semblables, ce sont de simples concessions personnelles. Cette différence n'est pas seulement dans les mots ; elle est absolue principalement dans le mode d'acquisition, de conservation et d'extinction du droit, et *dans les effets qu'il peut produire, lorsque celui à qui il est accordé éprouve des obstacles dans sa jouissance.* Il est donc nécessaire de donner des règles précises qui servent à les distinguer. »

Les règles indiquées par l'auteur que nous citons se résument ainsi : si l'acte garde le silence sur la nature du droit concédé, il faut examiner si le droit améliore et rend plus précieux l'héritage en lui-même, ou s'il a pour seul effet d'assurer un agrément personnel à celui à qui la concession est faite.

Pour exemple du premier cas, M. Pardessus cite le droit de disposer et laisser sur l'héritage de son voisin les terres, pierres et cailloux qu'on extrait de son propre fonds ou qu'on destine à l'améliorer, et le droit de tirer du sable, de la marne, dans le fonds d'autrui. Il y ajoute, quoique au premier aspect, dit-il, cela pût paraître moins évident, la stipulation qu'un particulier ne fera jamais de feu ou n'en fera point en telle saison, dans telle cheminée de son logis.

Pour exemple du second cas, il donne la prohibition d'exercer, dans le voisinage d'une habitation, une profession rivale ou un métier bruyant. Suivant lui, quand même on aurait déclaré que cette concession est en faveur de tout propriétaire ou possesseur de l'héritage, la nature des choses ne permettrait pas d'y voir une servitude. Nous ajouterons qu'on ne pourrait pas y voir davantage un droit d'usage, et que, par conséquent, dans le cas d'infraction à la stipulation, les tribunaux ne seraient saisis que d'une action purement personnelle. Il faut donc bien distinguer des servitudes, *droits réels* en faveur des *fonds*, l'usage et l'usufruit, *droits réels* en faveur des *personnes*, et les concessions purement personnelles, qui ne rentrent ni dans l'une ni dans l'autre de ces catégories.

III. L'indivisibilité forme-t-elle un des caractères distinctifs des servitudes, et quel peut être, au possessoire, l'effet de cette indivisibilité ? Nous n'avons à cet égard que de fort courtes observations à présenter.

Comme le fait remarquer M. Pardessus, la servitude, considérée en elle-même, n'est pas essentiellement indivisible. Elle est ou elle n'est pas divisible, suivant que le fait qui en constitue l'exercice est ou n'est pas susceptible de division. S'il s'agit, par exemple, du droit de tirer telle quantité de marne du fonds voisin, comme chacun des co-propriétaires du fonds dominant peut en extraire sa part, la servitude est divisible. Si la servitude consiste dans un droit de passage, elle est indivisible, car le passage ne peut être exercé partiellement.

Les servitudes, considérées sous un point de vue général, ne sont réellement indivisibles que dans l'obligation qu'elles imposent au fonds assujetti, et dans le droit qu'elles établissent au profit du fonds dominant. *Est tota in toto, et tota in qualibet parte.*

Au surplus, que la servitude soit indivisible ou qu'elle ne le soit pas, ses effets au possessoire nous paraissent devoir être les mêmes. Le seul fait qui puisse avoir quelque influence est celui de l'indivision ou du partage du fonds auquel la servitude est due. Si ce fonds est indivis, chacun de ses co-propriétaires le possède pour la totalité. Un simple acte de jouissance, fait par un seul des co-propriétaires, profite donc au fonds tout entier. Peu importe l'inaction des autres ayant-droit, car la servitude est due au fonds lui-même et non aux personnes. Or, dès que la servitude est en tout ou partie conservée pour le fonds, elle profite pour tout ou partie à tous les co-propriétaires, qui ne sont, si l'on peut s'exprimer ainsi, que les instruments du fonds. Si donc, soit avant, soit immédiatement et avant le délai d'une année après le partage, l'un des co-propriétaires ou des co-partageants qui n'aurait aucun acte de possession personnelle à invoquer antérieurement, était troublé dans sa jouissance présente, il aurait incontestablement le droit d'invoquer la possession annale antérieure à la sienne. (*Argum. de l'art.* 709.)

Toute l'utilité de la distinction entre les servitudes divisibles et celles qui sont indivisibles nous semble donc se réduire au plus ou moins d'efficacité des faits de possession. Si le fait qui constitue l'exercice de la servitude est divisible, la servitude ne sera conservée que dans la mesure exacte de la possession établie. S'il est indivisible, un seul acte maintiendra intégralement la servitude.

L'art. 710 du Code civil porte : « Si, parmi les co-propriétaires, il s'en trouve un contre lequel la prescription n'ait pu courir, comme un mineur, il conservera le droit de tous les autres. »

Cette disposition serait-elle applicable à la possession annale ? Au premier aperçu, l'affirmative paraît être fondée. Il semble que la possession d'une année ne puisse être régie par d'autres règles que la possession trentenaire, et que le privilége de la minorité doive être tout autant protégé dans un cas

que dans l'autre. Toutefois nous pensons que la minorité de
l'un des co-propriétaires ne relèverait pas les majeurs des conséquences du défaut de possession annale, et que le vieil
adage *in individuis minor relevat majorem* ne serait pas applicable à la prescription de l'action possessoire.

Les règles sur la prescription consacrent une exception formelle en faveur des mineurs, et cette exception est le principe
de la disposition de l'art. 710. Mais, dans les dispositions du
Code de Procédure, qui seules déterminent les conditions de
l'action possessoire, nulle exception n'est introduite au profit
de la minorité. Ajoutons, ce qui, à nos yeux, est bien plus dé-
cisif, que le système contraire ne serait compatible ni avec la
nature et le but des actions possessoires, ni avec la simplicité
des moyens d'instruction que la loi met à la disposition des
juges de paix.

**SECT. II. — *Des caractères qui distinguent les servitudes
entre elles.***

Les servitudes sont ou naturelles, ou légales, ou conventionnelles.

**§ I. *Servitudes naturelles.***

Ce sont celles qui dérivent de la situation naturelle des
lieux. Elles comprennent les obligations respectives des fonds
inférieur et supérieur, relativement à l'écoulement des eaux,
l'usage des eaux de source et des cours d'eau, l'obligation du
bornage entre propriétaires voisins, le droit de se clore et ses
effets relativement à la vaine pâture. On trouvera sous les
mots *Eaux, Bornage, Vaine Pâture,* les règles qui concernent
chacune de ces servitudes en particulier.

**§ II. *Servitudes légales.***

Les servitudes *établies par la loi* ont pour objet l'utilité publique ou communale, ou l'utilité des particuliers. (*Art.* 649.)

Celles établies pour l'utilité publique ou communale ont
pour objet le marche-pied le long des rivières navigables ou
flottables, la construction ou réparation des chemins ou autres ouvrages publics ou communaux. (*Art.* 650.)

Les obligations imposées aux propriétaires, dans un intérêt
privé, sont relatives au mur et au fossé mitoyen, aux cas où il
y a lieu à contre-mur, aux vues sur la propriété du voisin, à
l'égout des toits, au droit de passage. (*Art.* 652.)

Les articles *Chemins, Eaux, Fossés,* donnent, sur la plupart de ces servitudes, des notions suffisantes. Nous ne nous occuperons ici que du mur mitoyen et de la servitude légale de vue.

### Art. Ier. — *Du mur mitoyen.*

I. A proprement parler, la servitude de mitoyenneté se borne, relativement aux murs, à l'obligation soit de souffrir l'acquisition par le voisin de la moitié de tout ou partie d'un mur dont on a été jusque là seul propriétaire, soit de contribuer dans certains cas aux constructions et réparations d'une clôture commune ou mitoyenne.

« Tout propriétaire joignant un mur, porte l'art. 661, a de même la faculté de le rendre mitoyen en tout ou en partie, en remboursant au maître du mur la moitié de sa valeur, ou la moitié de la valeur de la portion qu'il veut rendre mitoyenne, et moitié de la valeur du sol sur lequel le mur est bâti. »

II. Le même droit existe, aux termes de l'art. 660, au profit du voisin qui n'a pas contribué à l'exhaussement d'un mur mitoyen. Il peut devenir propriétaire de la partie exhaussée, en payant la moitié de la dépense qu'elle a coûté et la valeur de la moitié du sol fourni pour l'excédant d'épaisseur, s'il y en a.

III. Enfin, d'après l'art. 663, chacun peut contraindre son voisin, dans les villes et faubourgs, à contribuer aux constructions et réparations de la clôture faisant séparation de leurs maisons, cours et jardins assis ès-dites villes et faubourgs, etc.

Ce sont là des obligations imposées par la loi à un fonds et pour un fonds ; ce sont de véritables servitudes légales ; mais une fois la mitoyenneté établie, soit par suite d'une construction commune, soit par suite de l'acquisition faite par l'un des voisins, on ne peut plus voir, dans les obligations imposées par la loi à chacun des co-propriétaires, que le réglement des droits de chacun dans la propriété commune.

IV. L'un des propriétaires du mur mitoyen a sans contredit, comme tout communiste, le droit d'agir en cas de trouble par voie d'action possessoire contre l'autre propriétaire, soit que celui-ci veuille usurper la possession exclusive du mur, soit même qu'il se permette d'en jouir au-delà des limites déterminées par la loi. C'est là une conséquence nécessaire du droit de propriété. Il en est d'un mur mitoyen comme d'une cour commune, comme d'un puits, d'un passage, dont la propriété est indivise entre plusieurs. Mais avant d'indiquer les principaux faits qui sont de nature à être pris par l'un des propriétaires pour trouble à sa possession, voyons de quelle manière la preuve de cette possession devra être faite.

V. A défaut de titres, la loi fait dériver la présomption de mitoyenneté de certains faits. « Dans les villes et les campagnes, dit l'art. 653, tout mur servant de séparation entre bâtiments jusqu'à l'héberge, ou entre cours et jardins, ou même entre enclos dans les champs, est présumé mitoyen s'il n'y a titre ou marque du contraire. »

*Art.* 654. « Il y a marque de non-mitoyenneté, lorsque la sommité du mur est droite et à plomb de son parement d'un côté, et présente de l'autre un plan incliné; lors encore qu'il n'y a que d'un côté ou un chaperon, ou des filets et corbeaux de pierre qui y auraient été mis en bâtissant le mur. Dans ces cas, le mur est censé appartenir exclusivement au propriétaire du côté duquel sont l'égout ou les corbeaux et filets de pierre. »

VI. Le juge de paix pourra-t-il voir, dans ces circonstances diversement combinées, la preuve d'une possession mitoyenne ou celle du contraire? Déjà nous avons examiné cette question aux articles *Fossé* et *Haie*, et nous avons émis cette opinion, que les faits indiqués par la loi comme établissant une présomption, soit pour, soit contre la mitoyenneté, ne pouvaient tenir lieu au possessoire d'actes positifs de jouissance. Nous renvoyons aux motifs que nous avons donnés. Le juge de paix ne peut admettre d'autres faits de possession de la part du complaignant que ceux qui constituent une main-mise réelle, effective, dans l'année antérieure au trouble. Ainsi, la réparation du mur, le placement d'un égout, l'adossement d'une construction, l'établissement de poutres, et tous autres faits analogues établiront seuls la preuve d'une possession mitoyenne ou exclusive, selon qu'ils seront communs aux deux parties ou propres à l'une d'elles. Le juge ne devra consulter les présomptions légales de mitoyenneté que de la même manière qu'il consulterait les titres, c'est-à-dire pour s'éclairer sur le véritable caractère d'une possession d'ailleurs constante au procès. On conçoit, en effet, que certains actes de jouissance qui, s'ils étaient seuls, devraient être écartés comme insignifiants ou incomplets, puissent être considérés comme probants s'ils sont appuyés d'un titre ou de présomptions équivalant à un titre.

Quand nous disons que le demandeur doit justifier d'actes de possession faits dans l'année du trouble, il est bien entendu que si les derniers actes remontent à plus d'une année, ils ont eu pour effet de continuer la possession jusqu'au jour où elle a été interrompue. On ne répare pas nécessairement un mur tous les ans. Nous avons, à l'article *Actions possessoires*, expliqué que lorsqu'il s'agit de choses qui ne sont pas susceptibles d'être possédées chaque année par de nouveaux actes, le juge du possessoire peut étendre ses investigations au-delà de l'année du trouble.

VII. Si des faits dont la présomption légale de mitoyenneté dérive, le juge de paix ne peut pas *directement* induire la possession, il peut cependant, dans certaines circonstances, et quand il n'existe aucun acte de jouissance contraire, arriver, à l'aide des faits dont nous venons de parler, à la preuve de la possession. Celui qui possède une maison, un jardin, possède par cela même le mur qui fait la clôture de la maison, du jardin. Il suffira donc au demandeur, pour prouver qu'il est en possession du mur, d'établir que ce mur fait partie de l'héritage qu'il possède, et cette preuve, il la fera soit à l'aide d'un titre, soit au moyen de la présomption légale. Dans ce cas, le juge de paix ne remplace pas la possession par le titre, il ne cumule pas le possessoire et le pétitoire ; il ne fait que s'éclairer sur l'étendue et l'efficacité d'une possession établie.

VIII. Si l'un des co-propriétaires du mur mitoyen veut en jouir contrairement au droit de l'autre, si, par un acte quelconque, il anticipe sur la jouissance réservée au voisin, s'il enfreint dans l'une de ses prescriptions le réglement des droits communs qui résulte des dispositions de la loi, nul doute qu'il n'y ait trouble de nature à motiver la complainte.

IX. Quoique le juge de paix ne soit pas juge du fond du droit, il nous paraît difficile qu'il n'entre pas dans son examen, car il est l'appréciateur nécessaire du fait de trouble, et là où il y a exercice d'un droit, le trouble ne saurait exister. Ceci, pour être sainement compris, a besoin d'être entendu dans un sens restrictif. En effet, en thèse générale, le juge de paix doit s'interdire toute recherche du droit, toute excursion dans le pétitoire ; mais en matière de propriété commune, la possession de l'un est le plus souvent tellement confondue avec celle de l'autre, la jouissance qu'on prétendrait avoir été exclusive a besoin d'être si évidemment établie, que le parti le plus sage, le plus conforme à la loi, est de considérer chacun des ayant-droit comme pourvu d'une possession égale à celle de l'autre, et par conséquent comme fondé à se plaindre au possessoire si le réglement des droits communs vient à être méconnu et violé. Il faut donc nécessairement apprécier ce réglement dans son rapport avec tel ou tel état de choses. Il faut explorer le droit.

X. Il nous reste à parcourir les dispositions de la loi qui règlent, entre propriétaires, l'usage du mur mitoyen. Ces dispositions sont contenues dans les articles 657, 658, 659, 662, 674 et 675 du Code civil.

*Art.* 657. « Tout co-propriétaire peut faire bâtir contre un mur mitoyen, et y faire placer des poutres ou solives dans toute l'épaisseur du mur, à cinquante-quatre millimètres (*deux pouces*) près, sans préjudice du droit qu'a le voisin de faire réduire à l'ébauchoir la poutre jusqu'à la moitié du mur, dans le cas où il voudrait lui-même asseoir des poutres dans le même lieu, ou y adosser une cheminée. »

Cette disposition doit être conciliée avec celle de l'art. 662, qui porte : « L'un des voisins ne peut pratiquer dans le corps d'un mur mitoyen aucun enfoncement, ni y appliquer ou appuyer aucun ouvrage sans le consentement de l'autre, ou sans avoir, à son refus, fait régler par experts les moyens nécessaires pour que le nouvel ouvrage ne soit pas nuisible aux droits de l'autre. »

L'art. 657 établit le droit, et l'art. 662 règle le mode de son exercice. Leur donner un autre sens, ce serait les rendre inconciliables.

Les art. 658 et 659 confèrent à l'un des propriétaires du mur le droit de l'exhausser, et déterminent les conditions de cet exhaussement.

« Celui qui fait creuser un puits ou une fosse d'aisances, porte l'art. 674, près d'un mur mitoyen ou non; celui qui veut y construire cheminée ou âtre, forge, four ou fourneau; y adosser une étable, ou établir contre ce mur un magasin de sels ou amas de matières corrosives, est obligé à laisser la distance prescrite par les réglements et usages particuliers sur ces objets, ou à faire les ouvrages prescrits par les mêmes réglements et usages, pour éviter de nuire au voisin. »

*Art.* 675. « L'un des voisins ne peut, sans le consentement de l'autre, pratiquer dans le mur mitoyen aucune fenêtre ou ouverture en quelque manière que ce soit, même à verre dormant. »

Il est incontestable que, dans ces différents cas, l'infraction par l'un des propriétaires du mur aux dispositions réglementaires de la loi constituerait un trouble, et autoriserait l'exercice de l'action possessoire.

XI. En serait-il de même dans le cas d'inexécution, par l'un des voisins, des prescriptions établies par la loi pour la réparation ou reconstruction du mur? Nous ne le pensons pas. Si l'un des voisins veut jouir du mur au-delà des limites de sa possession, qui, jusqu'à preuve bien positive du contraire, doit être considérée comme restreinte dans les termes de son droit, on conçoit le trouble et l'action destinée à le faire cesser. Il y a, de la part de l'usurpateur, un fait actif, un empiétement qui trouve naturellement sa répression dans l'exercice et les suites de la complainte; mais quand il s'agit de l'inexécution d'une obligation de faire, d'un empêchement purement inerte, on ne saurait voir, dans cette omission, dans cette résistance passive, un trouble de nature à nécessiter la complainte. Nous croyons donc que l'action civile ordinaire serait seule ouverte au demandeur. Peut-être encore pourrait-on donner cette raison de différence entre les deux cas, que, dans le premier, la possession de l'usurpateur, si elle était soufferte, le conduirait à la prescription; tandis que, dans le second, elle n'aurait pas et ne pourrait avoir cet effet. Ce motif, s'il était seul, ne nous paraîtrait pas très-concluant; car nous avons vu, à l'article *Actions possessoires*, qu'un fait inefficace quant à la prescription pourrait cependant constituer un trouble.

XII. L'art. 665 contient une disposition dont il nous paraît utile d'indiquer les conséquences au possessoire. Il porte : « Lorsqu'on reconstruit un mur mitoyen ou une maison, les servitudes actives ou passives se continuent à l'égard du nouveau mur ou de la nouvelle maison, sans toutefois qu'elles puissent être aggravées, et pourvu que la reconstruction se fasse avant que la prescription soit acquise. »

Il faut conclure de là : 1° que le nouveau mur est légalement la représentation ou plutôt la continuation de l'ancien ; que par conséquent, si la construction du nouveau mur date de moins d'une année, le possesseur pourra, à l'effet de compléter sa jouissance annale avant le trouble, invoquer la possession qu'il avait de l'ancien mur, *pourvu que* la reconstruction ait été faite avant l'expiration de l'année ; 2° que, de cette dernière condition, dépendra également le maintien des servitudes actives et passives, si toutefois elles n'ont pas été rétablies sur le nouveau mur, ou en sa faveur depuis plus d'une année.

### Art. II. — *Des vues sur la propriété du voisin.*

I. La loi assujettit celui qui veut ouvrir des jours ou pratiquer des vues sur l'héritage voisin, à certaines règles auxquelles les parties intéressées peuvent déroger par des conventions. Ces conventions ont le plus souvent pour effet non-seulement d'affranchir l'héritage dans lequel existent les vues des obligations imposées par la loi, mais encore de grever le fonds voisin d'une servitude plus ou moins étendue. Il y a donc, entre les servitudes légales et les servitudes conventionnelles de *vues*, des rapports qui nous obligent à les réunir dans une même section, bien que les unes diffèrent essentiellement des autres.

II. La servitude légale consiste dans l'obligation imposée au fonds qui jouit de certaines vues. La servitude conventionnelle, au contraire, réside dans l'assujettissement du fonds sur lequel les vues sont ouvertes. Cette distinction est importante. Elle sert à résoudre des questions qui, au premier aspect, présentent de graves difficultés. Nous en ferons plus loin l'application.

III. Les prescriptions de la loi en matière de *vues*, varient suivant la nature et la destination de ces mêmes *vues*.

On en distingue de deux sortes : celles qui n'ont pour but que de procurer le jour, la lumière, et qu'on nomme simplement *jours* ; et celles qui permettent de voir, de regarder sur le fonds voisin, et qui reçoivent plus particulièrement la dénomination de *vues*.

IV. Voici quelles sont, quant aux *jours*, les règles établies par le Code civil :

« Le propriétaire d'un mur non mitoyen joignant *immédiatement* l'héritage d'autrui, peut pratiquer dans ce mur des jours ou fenêtres à fer maillé et verre dormant. — Ces fenêtres doivent être garnies d'un treillis de fer dont les mailles auront un décimètre (environ trois pouces huit lignes) d'ouverture au plus, et d'un châssis à verre dormant. » (*Art.* 676.)

« Ces fenêtres ou jours ne peuvent être établis qu'à vingt-six décimètres (huit pieds) au-dessus du plancher ou sol de la chambre qu'on veut éclairer, si c'est à rez-de-chaussée, et à dix-neuf décimètres (6 pieds) au-dessus du plancher pour les étages supérieurs. » (*Art.* 677.)

V. Si le propriétaire du mur dans lequel les jours sont ouverts, ne se conformait pas aux dispositions qui précèdent, ou bien encore si le possesseur de l'héritage voisin portait atteinte à l'existence des jours, il y aurait de part et d'autre lieu à complainte. Cela ne peut être l'objet d'un doute. Mais le premier pourrait-il prendre pour trouble à sa jouissance des jours la suppression qu'en ferait le second après avoir acquis la mitoyenneté du mur? Nous ne le pensons pas.

Aux termes de l'art. 675. « l'un des voisins ne peut, sans le consentement de l'autre, pratiquer dans le mur mitoyen aucune fenêtre ou ouverture, en quelque manière que ce soit, même à verre dormant. »

La suppression des jours par le voisin acquéreur de la mitoyenneté ne serait donc que la conséquence de son droit de propriété. Il n'appartiendrait pas à celui qui aurait vendu cette mitoyenneté d'en venir contester les effets La possession de la moitié du mur aurait passé dans les mains de l'acquéreur, l'action possessoire manquerait donc de base du côté du vendeur.

En vain opposerait-on les termes de l'article précité, qui paraissent s'appliquer à des jours ouverts dans un mur déjà mitoyen avant leur ouverture, et non à des jours pratiqués avant l'acquisition de la mitoyenneté. La disposition de la loi n'est autre chose que l'application du principe de co-propriété, qui ne permet pas à l'un des communistes de jouir au détriment des droits de l'autre. On ne saurait donc tirer aucune conséquence de la limitation apparente des termes employés par le législateur. Pour restreindre les effets du principe, il faudrait une disposition formelle.

Nous croyons même que, dans notre hypothèse, l'action possessoire ne serait pas recevable, si, depuis l'acquisition de la mitoyenneté, les jours avaient subsisté pendant une année. La nature de ces jours, l'absence de tout préjudice pour le voisin, qui, jusque là, n'aurait pas eu besoin de construire contre le mur mitoyen, devraient en faire considérer la possession comme précaire et de pure tolérance.

On voit que la solution de la question qui nous occupe dépend entièrement de celle de savoir si, malgré l'existence des jours, le voisin peut acquérir la mitoyenneté, car une fois la mitoyenneté acquise, le droit de supprimer les jours suit. comme conséquence nécessaire. Or, les principes et la jurisprudence bien constante, ne permettent pas d'élever un seul doute sur le droit du voisin, relativement à l'acquisition de la mitoyenneté. Si l'existence des jours constituait une *servitude sur le fonds voisin*, le propriétaire de ce fonds ne pourrait s'en affranchir indirectement en exigeant qu'on lui vendît la mitoyenneté du mur. En effet. aux termes de l'art. 701 du Code civil, le propriétaire du fonds débiteur de la servitude ne peut rien faire qui tende à en diminuer l'usage ou à le rendre plus incommode, à plus forte raison à détruire la servitude elle-même. Mais, comme nous l'avons fait observer, les dispositions de la loi n'établissent aucune servitude de *jours* sur l'héritage voisin. Elles ne font qu'imposer une servitude à celui qui veut ouvrir des jours donnant immédiatement sur le fonds d'autrui ; elles restreignent l'usage de son droit de propriété, et ne lui confèrent nullement, sur l'héritage voisin. un droit qui mette obstacle à l'acquisition de la mitoyenneté. C'est, au surplus, ce qui a été jugé par arrêts de la cour de cassation des 1<sup>er</sup> décembre 1813 et 5 décembre 1814. (Voir Merlin, *Répertoire*, v° *Servitudes*, § 4.)

Il en serait autrement, si le propriétaire des jours ne s'était pas conformé aux prescriptions de la loi. Nous en dirons les motifs un peu plus loin.

VI. Des principes que nous venons d'établir résulte cette conséquence, que, si le propriétaire de l'héritage sur lequel les *jours légaux* sont ouverts, interceptait en tout ou partie la lumière qu'ils procurent, en bâtissant sur son terrain, l'action possessoire formée par le propriétaire de ces jours ne serait pas admissible.

« Considérant, porte un arrêt du tribunal de cassation du 26 germinal an 12, que Caron, en laissant des jours dans son mur, avait usé du droit de propriété, et *non d'un droit de servitude;* que le défendeur avait lui-même la faculté de bâtir contre le mur et de masquer les jours qui y auraient été pratiqués, etc. »

Cet arrêt a été rendu, à la vérité, sous l'empire de la jurisprudence adoptée dans la ci-devant province de Franche-Comté, mais les principes du Code civil sont entièrement les mêmes.

VII. Lorsqu'il s'agit, non plus de simples jours, mais de véritables vues sur l'héritage voisin, les obligations du propriétaire de ces vues sont tracées dans les art. 678, 679 et 680 du Code civil. Voici leurs dispositions :

*Art.* 678. « On ne peut avoir des vues droites ou fenêtres d'aspect, ni balcons ou autres semblables saillies sur l'héritage clos ou non clos de son voisin, s'il n'y a dix-neuf décimètres (six pieds) de distance entre le mur où on les pratique et ledit héritage. »

*Art.* 679. « On ne peut avoir des vues par côté, ou obliques sur le même héritage, s'il n'y a six décimètres (deux pieds) de distance. »

*Art.* 680. « La distance dont il est parlé dans les deux articles précédents, se compte depuis le parement extérieur du mur où l'ouverture se fait, et, s'il y a balcon ou autres semblables saillies, depuis leur ligne extérieure jusqu'à la ligne de séparation des deux propriétés. »

Nous reproduisons, sur ces dispositions, l'observation que déjà nous avons faite pour les *jours*. La complainte pourrait être formée soit par le possesseur des *vues*, soit contre lui, en cas de trouble par le voisin, ou d'infraction aux prescriptions légales par celui auquel appartiendraient les vues.

VIII. La manière de déterminer la distance légale pour

les vues de côté peut offrir quelques difficultés. Si l'on s'en tient rigoureusement à l'art. 680, la distance doit être comptée depuis le parement extérieur du mur dans lequel l'ouverture se fait. Ainsi, l'on pourrait croire que tout propriétaire qui n'a pas, entre l'extrémité de son mur et la ligne séparative de l'héritage du voisin, un espace de six décimètres, n'a droit d'avoir aucune vue de côté, à quelque distance que l'ouverture soit de la propriété de ce voisin. Telle n'a point été sans doute l'intention du législateur. La manière dont l'art. 680 veut que la distance soit calculée, ne s'applique évidemment qu'aux vues droites. Quant aux vues de côté, la nature des choses exige qu'on suive, dans la fixation de leur distance, les règles que l'usage et les coutumes avaient introduites, et que les six décimètres se comptent à partir de l'arête du jambage de la croisée jusqu'à la ligne séparative des deux héritages. S'il en était autrement, toutes vues de côté seraient interdites ; car, à quelque distance de la propriété voisine qu'elles fussent pratiquées, elles se trouveraient souvent l'être dans un mur qui toucherait immédiatement l'héritage du voisin.

IX. Un propriétaire pourrait essayer d'éluder ces prohibitions en construisant dans son mur, et seulement à la distance requise pour les vues de côté, un balcon dont l'avancement lui procurerait des vues directes sur l'héritage de son voisin. L'intention de la loi ne pouvant être qu'on abuse de son texte pour contrarier son esprit, le voisin serait fondé à exiger que ce balcon fût éloigné de la ligne séparative des deux propriétés, à la même distance que celle qui est requise pour les vues droites. (Pardessus, *Traité des Servitudes*, n° 207.)

X. Nous ne saurions partager l'opinion exprimée par cet auteur (*ibid*, n° 204) que, si la vue n'était pas sur l'héritage du voisin, mais seulement sur son mur ; si, par exemple, ce mur était plus élevé que les vues, les dispositions de la loi cesseraient d'être obligatoires, par suite d'un défaut d'intérêt de la part du demandeur.

Sans doute le demandeur n'éprouverait aucune gêne ; mais serait-il à l'abri de la prescription ? Pourrait-on réputer précaire la possession des vues ? C'est là une question que M. Pardessus ne résout pas d'une manière positive, car il pense qu'il serait plus sûr d'interrompre la prescription. Quant à nous, nous ne voyons pas pourquoi la possession des vues ne serait pas considérée comme utile, et ce motif suffit pour nous faire penser que l'action possessoire serait recevable de la part du propriétaire sur le mur duquel donneraient les vues.

Si l'on admettait l'opinion de M. Pardessus, il faudrait entrer dans une foule de distinctions, admettre mille appréciations particulières, toujours dangereuses et contraires aux termes généraux et absolus dont s'est servi le législateur. Ainsi, par exemple, on pourrait dire que le propriétaire d'une pièce de terre ouverte de toutes parts, serait sans intérêt pour exiger la suppression de jours ouverts sur lui, et cependant nul doute que, dans ce cas, sa négligence donnerait un titre à son voisin.

XI. Si l'espace qui sépare les deux héritages est une rue ou un terrain public, les distances prescrites par la loi doivent-elles être observées?

M. Pardessus décide négativement cette question, et son opinion nous paraît fondée. « Les rues et voies publiques, quelle qu'en soit la largeur, sont, dit-il, offertes à l'usage de tous les citoyens. Non-seulement on peut, mais on doit y avoir des fenêtres. Sans cela, l'aspect des villes ferait horreur, et l'on serait sans cesse entre des murs qui ne présenteraient qu'un spectacle hideux, et des maisons presque inhabitables. Celui qui ouvre sur la rue ou passage public, ne peut, d'ailleurs, être réputé ouvrir que sur ce qui est public; et à vrai dire, ce n'est plus l'héritage situé au-delà de cette rue ou passage qu'on peut appeler l'héritage voisin, mais ce passage ou cette rue même. »

XII. Ces motifs ne s'appliquent pas aux *vues obliques*. Elles ne peuvent être ouvertes qu'à la distance de deux pieds, calculée de la manière ci-dessus indiquée. Ils ne s'appliqueraient pas davantage aux vues directes qu'un voisin se procurerait sur l'héritage situé à côté du sien en construisant un balcon. Mais lorsqu'un arrêté administratif a autorisé un individu à construire un balcon dans toute l'étendue de la façade de sa maison donnant sur la rue, le propriétaire voisin ne peut se pourvoir devant les tribunaux en opposition à cet établissement, ou du moins pour faire ordonner que l'extrémité du balcon sera fixée à six décimètres (deux pieds) de distance de la ligne séparative des deux maisons, conformément à l'article 679 du Code civil. L'exercice de cette action se réduit à faire interpréter ou modifier l'arrêté par le pouvoir qui l'a rendu, et l'arrêt qui renvoie devant l'autorité administrative fait une juste application des lois de compétence. (*Cour de cass.*, 31 *janvier* 1826.)

Si donc, dans les circonstances de fait qui ont donné lieu à cet arrêt, une action possessoire était portée devant un juge de paix, celui-ci devrait se borner à déclarer la possession du demandeur, sans rien ordonner qui contrariât l'exécution de l'arrêté administratif, sauf au complaignant à se pourvoir devant qui de droit pour en obtenir la réformation ou le redressement.

XIII. Tous propriétaires ont, avons-nous dit, la faculté d'ouvrir des vues sur les rues et places publiques. Si une rue ou une place venait à être supprimée et se trouvait convertie en propriété privée, les propriétaires des maisons bordant cette rue ou cette place seraient-ils fondés à demander la conservation de leurs vues?

La difficulté vient de ce que les rues et places publiques, tant qu'elles conservent cette destination, sont mises hors du commerce et par conséquent hors des atteintes de la prescription. La rigueur des principes semble donc rendre légalement impossible l'acquisition par la possession de toutes servitudes sur ces rues et places. (*Arrêt de la cour de cassation du 13 février 1828.*)

Cependant, par des considérations d'équité, la doctrine contraire a prévalu. Si, par suite de travaux ordonnés dans un intérêt public, une maison est en tout ou partie rendue inhabitable, quoique ce ne soit pas là le cas d'expropriation pour cause d'utilité publique, l'administration doit cependant des dommages-intérêts au propriétaire; c'est ce que la cour de Rennes a jugé dans une espèce où il s'agissait d'un exhaussement de rue opéré par le maire de Nantes, par l'effet duquel une maison était devenue inhabitable.

Il a été également jugé, par arrêt du conseil-d'état du 25 avril 1835, que les servitudes de vues et d'égout subsistaient, même après l'aliénation par l'état des rues et places publiques, au profit de particuliers, qui restaient chargés de les conserver. L'action possessoire serait donc ouverte, dans les cas analogues à l'espèce jugée par la cour de Rennes, pour faire déclarer la possession du complaignant, et assurer ainsi son droit à une indemnité, et dans les cas d'aliénation au profit de particuliers, pour se faire maintenir contre eux en possession de la servitude.

XIV. Nous avons vu, à l'article *Actions possessoires*, que le non-exercice d'une faculté naturelle et légale n'entraînait pas, par lui-même, la prescription contre celui à qui appartenait cette faculté; qu'on devait considérer celui-ci comme en étant en possession, tant que, faute d'opposition de la part du voisin, il demeurait, en fait, libre d'en jouir. Cette observation s'applique au droit de chacun d'avoir des jours et d'ouvrir des vues dans sa propriété en se conformant aux conditions voulues par la loi. Quand même, pendant plus de trente ans, on n'aurait pas usé de cette faculté, quand même on n'en aurait joui que dans certaines limites, on n'aurait pas perdu le droit de commencer ou d'étendre sa possession, à moins que, par des actes positifs et matériels, le voisin n'y eût mis obstacle pendant un temps assez long, soit pour prescrire, soit pour interrompre la possession annale.

XV. Devra-t-on considérer comme *rues* sur la propriété du voisin, rentrant dans la prohibition des art. 678, 679 et 680, celles que procurerait une terrasse élevée contre le mur séparatif des deux propriétés, ou bien encore une grille établie à hauteur d'appui sur tout le mur, ou de distance en distance?

Nous ne le pensons pas. Les articles précités apportent à l'usage du droit de propriété des restrictions qui ne sauraient être étendues. La loi ne prohibe que les *ouvertures* ou *fenêtres* qui seraient établies dans une construction. Sans doute le voisin en éprouvera quelque incommodité; mais c'est à lui à se clore de manière à éviter tout inconvénient. Le propriétaire de la terrasse ou de la grille pourrait laisser sa propriété ouverte, ou ne l'entourer que d'une clôture à hauteur d'appui. Cet état de choses serait pour le voisin tout aussi gênant, et cependant sa légalité serait incontestable.

XVI. On peut, avons-nous dit, par des conventions particulières déroger aux dispositions de la loi qui subordonnent l'exercice de la faculté d'avoir des jours ou des vues, à l'accomplissement de certaines conditions. Ces dérogations peuvent avoir lieu de plusieurs manières, ou par titre, ou par destination du père de famille, ou par l'effet de la possession. Les droits de jours et de vue constituent, en effet, des servitudes continues et apparentes qui, aux termes des dispositions que nous reproduirons dans la section suivante, peuvent s'acquérir et par destination du père de famille et par la possession, aussi bien que par titre.

Quel sera pour le juge du possessoire le moyen d'apprécier l'étendue de la servitude invoquée? Des jours, des vues existent dans un héritage, à une distance moindre que celle fixée par la loi, ou sur la limite même des deux propriétés. Celle sur laquelle sont ouverts les jours et les vues est évidemment soumise à une servitude; mais jusqu'à quel point du fonds asservi s'étendra l'exercice de la servitude? Comment déterminer les limites de la possession du fonds dominant? Le propriétaire de l'héritage asservi aura-t-il conservé la faculté de bâtir sur la limite même de son héritage, en telle sorte qu'il puisse nuire aux jours et vues du voisin, et même les rendre entièrement inutiles? S'il ne le peut pas, quelle

distance devra-t-il observer ? Ce sont là des questions graves
et d'une solution difficile.

Quand la servitude est fondée sur un titre, si ce titre détermine exactement les conditions de son exercice, son étendue,
il n'y a pas de difficulté possible. La possession doit être réputée conforme au titre, à moins que le contraire ne soit très-
clairement établi. Mais si le titre garde le silence ! Il faut alors
examiner si l'étendue de la servitude est déterminée par des
faits de possession annale, et se borner à maintenir le demandeur dans cette possession. En l'absence de faits précis, le
juge doit arbitrer d'après les circonstances, l'usage et les réglements.

L'art. 686 porte qu'à défaut d'indication dans le titre constitutif, l'usage et l'étendue des servitudes conventionnelles
sont déterminées *par les règles ci-après*. Or, nous ne voyons,
dans les dispositions qui suivent l'art. 686, aucune règle particulièrement applicable à la difficulté qui nous occupe. L'article 696 dit bien que lorsqu'on établit une servitude, on est
censé accorder tout ce qui est nécessaire pour en user : mais
on est toujours ainsi forcé de recourir à l'appréciation du
juge.

Pour échapper à l'arbitraire, la jurisprudence a, fort arbitrairement, selon nous, décidé qu'en pareil cas la règle de
droit se trouvait dans la disposition des art. 678 et 679, qui
fixent la distance à laquelle on peut ouvrir des vues sur le
fonds voisin, à six pieds pour les vues droites et à deux pieds
pour les vues obliques. Cette règle ne concerne que la *servitude légale* de vue, et elle a pour but, non pas de régler
l'exercice d'un droit de servitude au profit du propriétaire
des vues, mais bien de lui en imposer une, en restreignant
l'usage qu'il pourrait naturellement faire de son droit de
propriété. Cependant le juge du possessoire qui, par la nature même de sa juridiction, est obligé de renfermer dans un
cercle fort étroit ses moyens d'appréciation, agira sagement,
en appliquant à la possession réclamée la règle de droit ou
plutôt de jurisprudence que nous venons de rappeler.

Parmi les arrêts assez nombreux qui ont, soit explicitement,
soit implicitement, consacré cette règle, nous n'en citerons
qu'un seul. C'est un arrêt de la cour de cassation, chambre
civile, à la date du 24 juin 1823, qui casse un arrêt de la
cour royale de Metz :

« Vu les articles 537, 544, 678 et 686 du Code civil ; attendu, 1° qu'aux termes des art. 537 et 544 du Code civil,
celui qui a la propriété d'un fonds peut y bâtir librement, à
moins d'empêchement légitime ; que par une suite, Lacombe

a eu le droit de construire sur son jardin le mur dont est question, à la distance de deux mètres de la maison contiguë appartenant à Lepage, nonobstant la servitude de vue que Lepage prétendait avoir sur ce jardin pour l'usage de sa maison, s'il n'en a pas été légalement empêché par cette servitude ;

» Attendu 2° qu'il est *de règle constante* qu'à défaut de titre contraire, la servitude conventionnelle de vues droites d'une maison sur le fonds contigu appartenant à un voisin, ne s'étend et n'emporte prohibition de bâtir sur ce fonds que jusqu'à la distance de dix-neuf décimètres, ou six pieds ; qu'en effet, suivant l'art. 686 du Code précité, l'étendue des servitudes se règle par le titre, et à défaut du titre par la loi ou les réglemens, et, d'après l'art. 678, on ne peut avoir des vues droites ou fenêtres d'aspect sur l'héritage de son voisin, s'il n'y a dix-neuf décimètres ou six pieds de distance entre le mur où on les pratique et cet héritage ; qu'il suit de là qu'à moins de titre contraire, la servitude conventionnelle de vues droites d'une maison sur le fonds contigu appartenant à un voisin ne s'étend et n'emporte prohibition de bâtir sur ce fonds que jusqu'à pareille distance de dix-neuf décimètres ou six pieds ; qu'il y a même raison d'appliquer la règle en un cas que dans l'autre ; qu'on le jugeait constamment ainsi avant le Code, d'après l'art. 202 de la Coutume de Paris contenant la même disposition que l'art. 678 ; qu'enfin on le juge de même depuis le Code, d'après ce dernier article, qui n'a fait que renouveler la disposition de l'article précité de la Coutume ;

» Et attendu 3° que l'arrêt attaqué a reconnu en fait qu'il n'y a dans l'espèce aucun titre qui détermine expressément l'étendue de la servitude de vue prétendue par Lepage sur le jardin de Lacombe, et que l'acte du 22 germinal an 9 ne contient aucune disposition formelle à cet égard ; que dès lors il y a lieu de fixer, conformément à la règle de droit, l'étendue de cette servitude et la prohibition de bâtir qui en résulte ; qu'il suit de là que cette servitude ne s'étend et n'emporte prohibition de bâtir que jusqu'à la distance de dix-neuf décimètres à prendre depuis la maison de Lepage sur le jardin de Lacombe ; que par conséquent Lacombe a eu le droit de bâtir le mur dont il s'agit sur ce jardin à la distance de deux mètres de cette maison, nonobstant la servitude prétendue par Lepage, et qu'il n'est pas tenu de le démolir ; qu'en jugeant le contraire, l'arrêt viole formellement les articles précités ; casse, etc. »

**XVII.** Aux termes de l'art. 692 du Code civil, la destination du père de famille vaut titre à l'égard des servitudes continues et apparentes. Il faut donc appliquer à ce cas les principes qui sont établis par le précédent arrêt. C'est au surplus ce que la cour de cassation a jugé par arrêt du 23 avril 1817.

XVIII. La même décision serait-elle applicable au cas où la servitude de vue serait uniquement fondée sur la possession ? Cette question est, on peut le dire, encore indécise aujourd'hui, tant sont graves les autorités de part et d'autre. Voici un arrêt de la cour de cassation, rendu sous la présidence de M. Henrion de Pansey et sur les conclusions de M. le procureur-général Merlin, qui la décide négativement :

Il s'agissait de savoir si le voisin avait pu exhausser un mur mitoyen, bâti à moins de deux pieds de distance d'une vue oblique, de manière à intercepter cette vue. La cour d'Amiens avait distingué entre la servitude de vue, et celle dite *altius non tollendi*, et elle avait jugé que la possession de l'une n'ayant pas pour conséquence nécessaire la possession de l'autre, même dans les limites des art. 678 et 679 du Code civil, l'exhaussement avait pu avoir lieu.

Pourvoi, et, le 10 janvier 1810, arrêt qui rejette :

« Attendu que la cour d'appel, en jugeant que Morand, demandeur en cassation, avait acquis, par une possession de plus de trente ans, la servitude de fenêtre oblique sur l'héritage de Carpentier, à une distance moindre que celle qui se trouvait fixée par la loi, a déclaré en même temps qu'il n'avait pas eu cette possession relativement à la servitude de *non altius tollendo*; d'où il suit que, d'après la règle *tantum præscriptum quantum possessum*, cette cour d'appel n'a point violé l'art. 165 de la Coutume d'Amiens, lorsqu'en maintenant, par l'arrêt attaqué, la servitude de fenêtre oblique, et en écartant celle de *non altius tollendo*, elle a autorisé Carpentier à continuer l'exhaussement du mur mitoyen, à la charge de payer la dépense de l'exhaussement, etc. »

Il semble que la cour ait cherché à éluder la question, en considérant l'arrêt attaqué devant elle comme basé sur une appréciation de fait. Cependant cette question se présentait nettement. La possession d'une vue oblique emportait-elle avec elle l'obligation pour le voisin de ne bâtir qu'à deux pieds de distance ? En d'autres termes, cette possession ne s'étendait-elle pas à la distance nécessaire, ou légalement réputée telle pour qu'elle fût utile ? Aussi M. Pardessus n'hésite-t-il pas à penser, malgré l'opinion contraire de MM. Toullier et Duranton, que l'arrêt de 1810 a positivement jugé la question, et il adopte la doctrine de l'arrêt. Le motif sur lequel il se fonde, etqu'avait développé M. Merlin, nous paraît être plus spécieux que solide.

Suivant cet auteur, celui qui ouvre une vue sur l'héritage voisin à une distance moindre que celle déterminée par la loi, ne fait autre chose que s'affranchir de la servitude légale qui lui était imposée. Il n'acquiert aucun droit de servitude sur le fonds voisin, et sa possession peut d'autant moins s'étendre jusqu'à l'empêchement pour le voisin de bâtir à telle ou telle distance, que la servitude de *non altius tollendo* est rangée par la loi au nombre des servitudes non apparentes, lesquelles ne sauraient être acquises par la seule possession. M. Pardessus invoque enfin la maxime *tantum præscriptum quantum possessum.*

Nous ne saurions partager cette opinion.

Sans doute on ne peut acquérir par prescription que ce qu'on a possédé; mais quelle est la mesure de la possession de celui qui a ouvert des vues sur l'héritage de son voisin sans observer la distance prescrite par la loi? Telle est la question.

Il nous paraît évident que, dans l'espèce posée, la possession a pour effet non-seulement d'affranchir l'héritage dans lequel sont pratiquées les vues, des prescriptions légales, mais encore de lui donner, sur le fonds voisin, tous les droits qui résulteraient d'un titre formel. En effet, que deviendrait, s'il en était autrement, la disposition de l'art. 690 du Code civil, laquelle porte que « les servitudes continues et apparentes s'acquièrent par titre, ou par la *possession de trente ans?* » Il n'y aurait jamais lieu à l'application de cet article, en fait de servitudes de vues, puisqu'on pourrait toujours dire à celui qui les aurait pratiquées : « Votre possession n'a eu d'autre effet que de vous libérer des prohibitions établies par la loi. »

On objecte que le système que nous soutenons aurait pour conséquence de faire acquérir, à l'aide de la seule possession, une servitude non apparente, la servitude de *non altius tollendo.* Si tel était le résultat de notre opinion, elle n'en serait pas moins fondée, car il faudrait renvoyer à la loi elle-même la prétendue contradiction. Mais une distinction est à faire entre l'empêchement de bâtir, considéré comme suite nécessaire de la servitude de vue, et la servitude dite de *non altius tollendo*, qui comprend toute prohibition de construire, même au-delà des limites dans lesquelles le droit de vue pur et simple peut s'exercer.

Nous croyons donc qu'il n'existe aucun motif raisonnable pour ne pas appliquer aux vues acquises par la seule possession la jurisprudence qui détermine l'étendue de celles qui résultent d'un titre ou de la destination du père de famille.

Notre opinion est d'ailleurs confirmée par une jurisprudence qui paraît être bien constante aujourd'hui : nous citerons notamment un arrêt de cassation du 19 janvier 1825, et deux arrêts, l'un de Bordeaux, du 1ᵉʳ décembre 1827, l'autre de Toulouse, du 21 avril 1830.

XIX. La conséquence, en matière possessoire, des principes que nous venons d'exposer, se tire d'elle-même. Si, depuis un an, des jours ou des vues sont, contrairement aux prescriptions et prohibitions de la loi, ouverts sur un héritage, soit que leur existence repose sur un titre, soit qu'elle dérive de la destination du père de famille, soit qu'elle résulte de la seule possession, le propriétaire de ces vues et de ces jours sera fondé à exercer l'action possessoire pour faire ordonner, en cas de trouble, sa maintenue en possession, et par conséquent la démolition des constructions qui les obstrueraient à une distance moindre que celle fixée par les art. 678 et 679 du Code civil.

### § III. *Des servitudes établies par le fait de l'homme.*

I. Il ne faut pas perdre de vue que les servitudes ne sont considérées, dans cet article, que relativement aux actions possessoires, seul rapport sous lequel leur appréciation rentre dans la compétence du juge de paix, et que déjà elles ont été explorées sous un point de vue général, à l'article *Actions possessoires*, et, chacune en particulier, sous les mots qui les concernent spécialement. Nous n'avons donc à retracer ici que certaines règles qu'on ne trouverait pas ailleurs, ou du moins qui sont tellement éparses dans ce recueil qu'on les rassemblerait difficilement.

II. Les servitudes établies par le fait de l'homme sont ou continues ou discontinues, ou apparentes ou non apparentes; c'est là, en matière possessoire, une distinction de la plus grande importance.

« Les servitudes continues sont celles dont l'usage est ou peut être continuel sans avoir besoin du fait actuel de l'homme; tels sont les conduites d'eau, les égouts, les vues, et autres de cette espèce. — Les servitudes discontinues sont celles qui ont besoin du fait actuel de l'homme pour être exercées; tels sont les droits de passage, puisage, pacage et autres semblables. » ( *Art.* 688 *du Code civil.* )

« Les servitudes apparentes sont celles qui s'annoncent par des ouvrages extérieurs, tels qu'une porte, une fenêtre, un aqueduc. — Les servitudes non apparentes sont celles qui n'ont pas de signes extérieurs de leur existence, comme, par exemple, la prohibition de bâtir sur un fonds, ou de ne bâtir qu'à une hauteur déterminée. » (*Art.* 689. )

« Les servitudes continues et apparentes s'acquièrent par titre, ou par la possession de trente ans. » (*Art.* 690. )

« Les servitudes continues non apparentes, et les servitudes discontinues apparentes ou non apparentes, ne peuvent s'établir que par titre. — La possession, même immémoriale, ne suffit pas pour les établir, sans cependant qu'on puisse attaquer aujourd'hui les servitudes de cette nature déjà acquises par la possession, dans les pays où elles pouvaient s'acquérir de cette manière. » (*Art.* 691.)

III. Comme les choses susceptibles d'être acquises par la possession sont les seules qui puissent faire l'objet d'une action possessoire, il s'ensuit que toute servitude comprise dans la catégorie établie par l'art. 691 ne peut donner naissance à la complainte. Cette conséquence, et l'exception que la loi y apporte relativement aux servitudes anciennes, sont suffisamment développées et expliquées dans les articles que nous avons rappelés plus haut.

Il faut, bien entendu, excepter de la règle que nous posons le cas où la servitude discontinue ou non apparente est fondée sur un titre, car alors disparaît la présomption de précaire, qui viciait la possession. De nombreux arrêts l'ont ainsi jugé. (Voir *Actions possessoires, Chemins.* )

IV. Que doit-on entendre par titre en matière de servitude ? C'est évidemment l'acte de concession émané de celui qui est propriétaire du fonds assujetti. La servitude, constituant en quelque sorte une partie de ce fonds, ne peut être concédée que par celui qui en est réputé propriétaire. Ainsi l'acte de vente, l'acte de partage, desquels il résulterait que l'acquéreur, que l'un des co-partageants a sur le fonds voisin un droit de servitude, seraient insignifiants. C'est ce que dit en termes positifs, et bien surabondamment, la disposition de l'art. 695 : « Le titre constitutif de la servitude, à l'égard de celles qui ne peuvent s'acquérir par la prescription, ne peut être remplacé que par un titre récognitif de la servitude, et *émané du propriétaire du fonds asservi.* »

V. Si le titre émanait du propriétaire apparent du fonds assujetti, la possession qui se fonderait sur ce titre autoriserait-elle la complainte ? Nous ne le pensons pas. La possession ne pourrait valoir que par le titre. Or ce titre serait impuissant.

VI. Une servitude qui ne réunit pas les conditions voulues par la loi pour se maintenir par le seul effet de la possession, peut, dans certains cas, résulter implicitement d'un titre.

Cela arrive lorsqu'elle est la conséquence obligée d'une servitude établie.

L'art. 696 donne à la fois le précepte et l'exemple.

« Quand on établit une servitude, on est censé accorder tout ce qui est nécessaire pour en user. Ainsi, la servitude de puiser de l'eau à la fontaine d'autrui emporte nécessairement le droit de passage. »

VII. La servitude, alors même qu'elle est discontinue, peut encore être implicitement constituée par un titre, pourvu qu'elle soit apparente, dans le cas prévu par la disposition de l'art 694. « Si le propriétaire de deux héritages entre lesquels il existe un *signe apparent* de servitude, dispose de l'un des héritages sans que le contrat contienne aucune convention relative à la servitude, elle continue d'exister activement ou passivement en faveur du fonds aliéné ou sur le fonds aliéné. »

La servitude *apparente* sur laquelle les parties ne se sont pas expliquées, n'en est pas moins réputée avoir été tacitement comprise de part et d'autre, à titre d'accessoire, dans la disposition de l'héritage. L'art. 694 fait application aux servitudes du principe qu'on retrouve consacré dans différentes dispositions du Code, notamment dans celles des art. 1018 et 1615, à savoir, que la disposition du principal entraîne avec elle celle de l'accessoire. Plusieurs jurisconsultes, parmi lesquels M. Toullier, n'ont voulu voir dans l'art. 694 qu'un exemple donné par le législateur de la destination du père de famille dont les art. 692 et 693 indiquent la définition et les effets. Ils ont, en conséquence, déclaré qu'à ces expressions, *signe apparent*, on devait ajouter celles-ci, *et continu*. C'est pousser l'interprétation un peu loin. Nous préférons l'explication que nous avons donnée, et à l'appui de laquelle nous pouvons invoquer l'autorité de la cour de cassation :

« Attendu, porte sa décision du 16 février 1832, que l'arrêt reconnaît de plus l'existence d'un *signe apparent* de la *servitude de passage* dont il s'agit; d'où il suit que l'arrêt, en jugeant que le sieur Libaut a conservé le droit de servitude par lui réclamé, non-seulement n'a violé aucune loi, mais a fait au contraire une juste application des art. 691 et 694 du Code civil; rejette. »

VIII. La destination du père de famille dont l'art. 693 règle les conditions, ne vaut titre, d'après l'art. 692, qu'à l'égard des servitudes *continues et apparentes*. Ces servitudes pouvant s'acquérir par la seule possession, il importe peu d'examiner au possessoire la question de destination du père de famille.

IX. Nous terminerons cet article en faisant observer que c'est principalement en matière de servitudes qu'il faut appliquer avec rigueur la règle *tantum præscriptum quantum possessum*. La présomption doit toujours être en faveur de la liberté des héritages. (Voyez *Actions possessoires, Chemins, Eaux, Haie, Fossé, Arbres, Bornage, Vaine pâture*, etc.)

Montigny, avocat à la cour royale.

**SIGNATURE.** C'est le nom de quelqu'un, écrit de sa main. (Voy. *Acte authentique*, sect. 1<sup>re</sup>, § 3, n<sup>os</sup> 5 et suiv.; *Acte sous seing privé*, sect. 1<sup>re</sup>, n<sup>os</sup> 2 et suiv.; *Jugement*, sect. 1<sup>re</sup>, n° 19; *Expédition*, n° 1.)

**SIGNIFICATION.** Notification, connaissance que l'on donne, par voie officielle, d'un acte, d'un jugement.

I. D'après l'art. 1037 du Code de Procédure, aucune signification ni exécution ne pourra être faite, depuis le 1<sup>er</sup> octobre jusqu'au 31 mars, avant six heures du matin et après six heures du soir; et depuis le 1<sup>er</sup> avril jusqu'au 30 septembre, avant quatre heures du matin et après neuf heures du soir, non plus que les jours de fête légale, si ce n'est en vertu de permission du juge, dans le cas où il y aurait péril en la demeure. (Voy. *Fêtes et Dimanches.* n° 2.)

II. « Toutes significations faites à des personnes publiques préposées pour les recevoir, seront visées par elles, sans frais, sur l'original.

»En cas de refus, l'original sera visé par le procureur du roi près le tribunal de première instance de leur domicile. Les refusants pourront être condamnés, sur les conclusions du ministère public, à une amende qui ne pourra être moindre de cinq francs. » (*Art.* 1039.)

Comme cet article ne prononce pas la peine de nullité, l'absence du *visa* qu'il prescrit ne rendrait pas la signification nulle. (*Cour de cass.*, 20 août 1816.)

**SOLIDARITÉ.** C'est, relativement à plusieurs créanciers d'une même chose, le droit qu'a chacun d'eux de se la faire payer en totalité; et, relativement à plusiers débiteurs, l'obligation imposée à chacun de payer intégralement la somme qu'ils doivent en commun.

I. La solidarité entre créanciers est fort rare. Elle n'existe que lorsque le titre donne expressément à chacun d'eux le droit de demander le paiement du total de la créance, et que le paiement fait à l'un d'eux libère le débiteur, encore que le bénéfice de l'obligation soit partageable et divisible entre les divers créanciers. (*Code civ.*, art. 1197.)

**II.** Il est au choix du débiteur de payer à l'un ou à l'autre des créanciers solidaires, tant qu'il n'a pas été prévenu par les poursuites de l'un d'eux. Néanmoins la remise qui n'est faite que par l'un des créanciers solidaires ne libère le débiteur que pour la part de ce créancier. (*Art.* 1198.)

**III.** Tout acte qui interrompt la prescription à l'égard de l'un des créanciers solidaires, profite aux autres créanciers. (*Art.* 1199.)

**IV.** La solidarité entre les débiteurs est conventionnelle ou légale ; conventionnelle, lorsqu'elle a été expressément stipulée ; légale, lorsqu'elle résulte d'une disposition de loi. (*Art.* 1202).

On remarquera que l'obligation peut être solidaire quoique l'un des débiteurs soit obligé différemment de l'autre au paiement de la même chose ; par exemple, si l'un n'est obligé que conditionnellement, tandis que l'engagement de l'autre est pur et simple, ou si l'un a pris un terme qui n'est point accordé à 'autre. Mais, dans ce cas, chacun des débiteurs ne peut être contraint que conformément à la nature de son obligation. Ainsi le débiteur solidaire qui ne s'est obligé que sous condition ne peut être poursuivi qu'après l'accomplissement de la condition ; celui qui a pris un terme ne peut être contraint qu'après l'échéance de ce terme.

**V.** Bien que la solidarité ne se présume point, il ne faut pas en conclure que les termes de *solidaire, solidarité,* soient absolument nécessaires dans une obligation : ils peuvent être remplacés par des équivalents. Ainsi, lorsqu'il est dit, dans un acte, que les débiteurs seront obligés *conjointement l'un pour l'autre, un seul pour le tout,* ils sont solidaires, quoiqu'on n'ait pas employé ce mot. Il suffit, pour que la solidarité existe, que les expressions dont on s'est servi ne laissent aucun doute sur la volonté des contractants.

**VI.** La solidarité légale a lieu dans un grand nombre de cas : nous citerons les plus habituels.

Si plusieurs personnes se chargent d'une même tutelle, leurs obligations sont solidaires, quoique la solidarité n'ait point été stipulée. Il en est de même de l'obligation que contractent plusieurs personnes qui se chargent de quelque administration publique, comme des fabriciens, des administrateurs d'hôpitaux, à moins qu'il n'y ait quelque usage contraire. (Merlin, *Répertoire,* v° *Solidarité,* § 2, n° 2.)

Lorsqu'une mère, tutrice de ses enfants, se remarie sans avoir convoqué le conseil de famille pour délibérer si la tutelle lui sera conservée, son nouveau mari est solidairement responsable avec elle de toutes les suites de la tutelle qu'elle aurait indûment conservée, c'est-à-dire de toute son administration, même antérieure au mariage. (*Art.* 395.)

Si le conseil de famille conserve la tutelle à la mère, il lui donne nécessairement pour co-tuteur le second mari, qui devient solidairement responsable, avec sa femme, de la gestion postérieure au mariage. (*Art.* 396.)

Il y a encore solidarité dans le cas prévu par l'art. 1442. c'est-à-dire lorsque l'époux survivant n'a pas fait l'inventaire des biens de la communauté, et qu'il y a des enfants mineurs. Alors le subrogé-tuteur est tenu solidairement des condamnations qui pourraient être prononcées au profit des mineurs, relativement à la consistance des effets de la communauté.

**VII.** Lorsque deux huissiers priseurs procèdent à une vente de meubles, ils répondent solidairement du prix, quoique l'ancien reçoive seul les deniers. (Merlin, *loco citato.*)

**VIII.** La femme, mariée sous le régime de la communauté, qui contracte une dette avec le consentement de son mari, oblige solidairement ce dernier, d'après l'art. 1419, parce que la loi suppose que c'est dans l'intérêt de la communauté ou du mari que la dette a été contractée. A plus forte raison, dans le même cas de communauté, le mari est-il solidaire, s'il s'est obligé conjointement avec sa femme, quoique la solidarité ne soit pas stipulée dans l'acte, sauf, bien entendu, convention contraire. (Duranton, *Cours de Droit français*, t. 11, n° 197.)

**IX.** Si plusieurs ont emprunté conjointement la même chose, ils en sont tous solidairement responsables envers le prêteur. (*Art.* 1887.)

**X.** Lorsqu'un seul mandataire a été constitué par plusieurs personnes pour une affaire commune, chacune d'elles est tenue solidairement envers lui de tous les effets du mandat (*art.* 2002). La cour de cassation, par un arrêt du 27 janvier 1812, a fait l'application de cet article à un cas où plusieurs personnes avaient chargé un notaire de la liquidation d'une succession ouverte à leur profit. Le notaire a eu l'action solidaire contre tous les mandants, même pour ses honoraires. On convenait du reste, dans la cause, qu'elle eût été bien fondée pour les déboursés, s'il en eût fait. Ainsi, pour les actes de ventes ou de louage, dont le coût est cependant, sauf convention contraire, à la charge de l'acheteur ou du preneur seul, le notaire n'en a pas moins l'action solidaire contre le vendeur ou le bailleur, parce que l'acte est une chose commune aux deux parties, en ce qu'il les intéresse également toutes deux. (*Duranton*, t. 11. n° 202.) Voy. *Notaire*, § 2, n° 18 et 19.

La même décision s'applique aux arbitres choisis volontairement (*cour de Bordeaux*, 14 *janvier* 1826), et aux experts (*cour de cass.*, 11 *août* 1813).

XI. Mais lorsqu'il y a plusieurs fondés de pouvoir ou mandataires établis par le même acte, il n'y a de solidarité entre eux qu'autant qu'elle est exprimée. (*Art.* 1995.)

XII. En matière de quasi-délit, comme en matière de délit, la solidarité doit être prononcée contre les auteurs du fait qui a causé le préjudice. (*Cour d'Aix*, 14 *mai* 1825 ; *de Nancy*, 18 *mai* 1827.)

XIII. Quant à la solidarité des peines, voy. *Amendes*, sect. 2, nᵒ 9.

XIV. Il nous reste à parler des effets de la solidarité soit dans le rapport du créancier aux débiteurs, soit dans le rapport des débiteurs entre eux.

XV. Le créancier d'une obligation contractée solidairement, peut s'adresser à celui des créanciers qu'il veut choisir, sans que celui-ci puisse lui opposer le bénéfice de division. (*Article* 1203.)

Cependant, quoique le créancier ait le droit de faire condamner un des débiteurs solidaires à lui payer la totalité de sa créance, celui-ci peut demander au tribunal un délai pour mettre en cause ses codébiteurs. C'est le moyen d'éviter les frais d'une nouvelle instance, et de prévenir, ce qui est plus important, les difficultés qu'ils pourraient lui élever au sujet de l'existence ou de l'extinction de la dette. L'art. 175 du Code de Procédure autorise indistinctement l'appel en garantie dans tous les cas où elle est due, simple ou formelle : or, il n'est pas douteux qu'il n'y ait lieu, dans ce cas, à la garantie simple. (Pigeau, *Procéd. civ.*, 2ᵉ partie, t. 2, chap. 1ᵉʳ, sect. 3, § 3.)

XVI. Les poursuites faites contre l'un des débiteurs n'empêchent pas le créancier d'en exercer de pareilles contre les autres (*art.* 1204). Ainsi, le créancier peut abandonner les poursuites commencées pour attaquer un autre des débiteurs ou pour les actionner tous en même temps.

Lorsque le créancier poursuit l'un des débiteurs solidaires, les autres ont le droit d'intervenir pour faire valoir leurs moyens. (*Cour de Bordeaux*, 19 *août* 1829.)

Mais de ce que le créancier peut poursuivre tous les débiteurs, soit séparément, soit simultanément, il ne faut pas en conclure que la condamnation prononcée contre l'un soit exécutoire contre les autres. Les jugements n'ont d'effet qu'à l'égard de ceux pour et contre lesquels ils sont rendus.

XVII. Si la chose due a péri par la faute et pendant la de

meure de l'un ou de plusieurs des débiteurs solidaires, les autres co-débiteurs ne sont point déchargés de l'obligation de payer le prix de la chose , mais ceux-ci ne sont point tenus des dommages-intérêts. Le créancier peut seulement répéter les dommages-intérêts tant contre les débiteurs par la faute desquels la chose a péri, que contre ceux qui étaient en demeure. (*Art.* 1205.)

XVIII. Les poursuites faites contre l'un des débiteurs solidaires interrompent la prescription à l'égard de tous. (*Article* 1206.)

XIX. La demande d'intérêts formée contre l'un des débiteurs solidaires, fait courir les intérêts à l'égard de tous. (*Article* 1207).

XX. Le co-débiteur solidaire poursuivi par le créancier, peut opposer toutes les exceptions qui résultent de la nature de l'obligation et toutes celles qui lui sont personnelles, ainsi que celles qui sont communes à tous les co-débiteurs; mais il ne peut opposer les exceptions qui sont purement personnelles à quelques-uns de ces derniers. (*Art.* 1208.)

Quelques explications sont ici nécessaires.

Les exceptions qui résultent de la nature de l'obligation, sont celles qui prennent leur source dans l'obligation même, c'est-à-dire dans le vice radical dont le titre peut être infesté. Par exemple, si l'obligation avait été contractée par erreur ou par suite de violence ou de dol; si elle avait été contractée sur une cause fausse, ou si elle était contraire aux lois ou aux bonnes mœurs, la nullité qui résulterait de chacun de ces vices pourrait être opposée par celui des débiteurs qui serait poursuivi.

On doit encore regarder comme communes à tous les débiteurs les exceptions qui résultent de l'extinction de l'obligation, soit par le paiement, soit par la prescription, soit par la perte de la chose qui en était l'objet, lorsqu'elle a péri sans la faute d'aucun des co-débiteurs, et sans qu'aucun d'eux fût en demeure au moment où elle a péri.

Les exceptions personnelles sont celles qui tiennent à la personne, qui lui sont inhérentes, et qui par suite ne peuvent être opposées que par elle seule. Telles sont celles qui résultent de l'incapacité du débiteur, soit pour cause de minorité ou d'interdiction, soit pour défaut d'assistance du conseil judiciaire, soit pour défaut d'autorisation du mari.

La compensation (voy. *ce mot*) est à la fois une exception personnelle, et une exception commune à tous les co-débiteurs. Elle est personnelle, en ce que le débiteur poursuivi peut l'opposer au poursuivant jusqu'à concurrence de toute la somme dont il est lui-même son créancier. Elle est commune aux co-débiteurs, en ce que chacun a le droit d'opposer la compensation de ce qui est dû par le créancier poursuivant à l'un des autres débiteurs solidaires, non point pour la totalité de l'obligation, mais pour la part et portion de celui qui se trouve créancier du poursuivant. Ainsi Pierre et Jacques doivent solidairement mille écus à Antoine. Si celui-ci actionne Jacques, qui est lui-même son créancier de pareille somme, Jacques lui opposera la compensation, et il n'y aura plus lieu à poursuite. Mais si la demande d'Antoine est dirigée contre Pierre, ce dernier ne pourra opposer la compensation de ce qui est dû à Jacques que jusqu'à concurrence de 1500 fr., qui forment la part de ce dernier dans la dette commune, et il sera tenu de payer le surplus. Telle est l'interprétation que donnent M. Toullier et plusieurs autres jurisconsultes à l'art. 1294 du Code civil.

XXI. Lorsque l'un des débiteurs devient héritier unique du créancier, ou lorsque le créancier devient l'unique héritier de l'un des débiteurs, la confusion n'éteint la créance solidaire que pour la part et portion du débiteur ou du créancier (*art.* 1209). Au moyen de cette extinction partielle, chacun des co-débiteurs n'est plus tenu de la dette solidaire que sous la déduction de la portion éteinte ; et l'exception qui en résulte peut être opposée par chacun d'eux.

XXII. Le créancier peut faire remise de la solidarité soit à tous les co-débiteurs, soit à l'un ou à quelques-uns d'entre eux. Cette remise ne profite qu'à celui ou à ceux qui en sont l'objet ; elle n'empêche pas les autres de rester soumis à la solidarité. Cependant ils ne sont plus solidaires de la part et portion du débiteur qui a été déchargé. (*Art.* 1210.)

XXIII. Le créancier qui reçoit divisément la part de l'un des débiteurs, sans réserver dans la quittance la solidarité ou ses droits en général, ne renonce à la solidarité qu'à l'égard de ce débiteur. Le créancier n'est pas censé remettre la solidarité au débiteur, lorsqu'il reçoit de lui une portion égale à la portion dont il est tenu, si la quittance ne porte pas que c'est *pour sa part*. Il en est de même de la simple demande formée contre l'un des co-débiteurs, *pour sa part*, si celui-ci n'a pas acquiescé à la demande, ou s'il n'est pas intervenu un jugement de condamnation. (*Art.* 1211.)

XXIV. Le créancier qui reçoit divisément et sans réserve la portion de l'un des co-débiteurs dans les arrérages ou intérêts de la dette, ne perd la solidarité que pour les arrérages ou intérêts échus, et non pour ceux à échoir, ni pour le capital, à moins que le paiement divisé n'ait été continué pendant dix ans consécutifs. (*Art.* 1212.)

XXV. Quant aux débiteurs, l'obligation qu'ils ont contractée solidairement se divise de plein droit entre eux, et chacun n'en est tenu que pour sa part et portion (*art.* 1213). Aussi l'article suivant dispose-t-il que le co-débiteur d'une dette solidaire, qui l'a payée en entier, ne peut répéter contre les autres que la part et portion de chacun d'eux. Cette part est proportionnée à ce que chacun a touché sur la cause de l'obligation. Ainsi, par exemple, si trois individus ont acheté solidairement pour cent francs de marchandises, et que l'un en ait pris moitié et les deux autres un quart chacun, le premier sera tenu envers ses co-débiteurs de payer cinquante francs, tandis que les autres ne paieront que vingt-cinq francs. C'est sur la même base que doit s'établir la répartition de la part de celui des co-débiteurs qui est devenu insolvable, et dont tous les autres débiteurs solidaires, même celui qui aurait été affranchi de la solidarité par le créancier (*art.* 1215), supportent la charge par contribution (*art.* 1214).

XXVI. Si l'affaire pour laquelle la dette a été contractée solidairement ne concernait que l'un des obligés solidaires, celui-ci serait tenu de toute la dette vis-à-vis de ses co-débiteurs, qui ne seraient considérés, par rapport à lui, que comme des cautions. (*Art.* 1216.)

SONGES. Voy. *Devin.*

SORCIER. Voy. *Devin.*

SOURCE. Voy. *Eaux.* sect. 2, § 1er, nos 16 et suivants.

SPECTACLES. Nous entendons par ce mot toutes les représentations théâtrales que l'on donne au public.

I. La loi du 24 août 1790, tit. 11, art. 3, confie à l'autorité municipale le maintien du bon ordre dans les spectacles. L'art. 4 dispose que les spectacles ne pourront être permis et autorisés que par les officiers municipaux; et le décret du 21 frimaire an 14, après avoir attribué aux commissaires-généraux de police, la police des théâtres en ce qui concerne les ouvrages qui y sont représentés, ajoute, art. 2 : « Les maires sont chargés, *sous tous les autres rapports*, de la police des théâtres et du maintien de l'ordre et de la sûreté. »

II. La cour de cassation a jugé, le 3 janvier 1834, que l'autorité municipale peut défendre d'annoncer une représentation quelconque, si l'on n'a pas obtenu préalablement son visa sur l'affiche à ce destinée. La loi du 10 décembre 1830 sur les *afficheurs et crieurs publics* n'a nullement modifié le pouvoir des maires à cet égard, puisqu'elle n'est relative qu'aux écrits contenant des nouvelles politiques ou traitant d'objets politiques.

III. L'autorisation accordée par l'autorité municipale au propriétaire d'un théâtre, de le louer pour des représentations scéniques, ne dispense pas le locataire d'obtenir une autorisation spéciale de l'autorité compétente, pour le genre de spectacles qu'il veut établir et pour les pièces du jour. Le défaut de cette autorisation constitue une contravention passible des peines portées en l'art. 471, n° 15, du Code pénal. (*Cour de Lyon*, 11 *mars* 1833.)

IV. La participation à des désordres dans une salle de spectacle ne peut être considérée comme un tapage injurieux et nocturne. Elle rentre dans les contraventions punies par l'article 471, n° 15; et quoique les individus prévenus d'avoir participé à ces désordres n'en soient pas les principaux moteurs, ce n'est pas un motif légal de les renvoyer de la plainte, mais seulement une considération pour modérer la peine. (*Cour de cass.*, 21 *septembre* 1833.)

V. La contravention d'un entrepreneur de spectacles à l'ordonnance du maire qui lui enjoint de faire jouer jusqu'à la fin de l'année théâtrale, tient à l'ordre public, et doit être punie des peines de police. (*Cour de cass.*, 10 *avril* 1806.)

**STATUT.** Ce mot était autrefois employé comme synonyme de loi, de réglement.

On appelle *statuts personnels* les lois qui régissent l'état et la capacité des personnes, et *statuts réels* celles qui régissent les immeubles, sans égard à la qualité de ceux qui les possèdent. (Voy. *Loi*, sect. 3.)

**SUBROGATION.** C'est une fiction de droit par laquelle celui qui paie la dette d'un tiers, ou qui fournit au débiteur les deniers pour la payer, est mis au lieu et place du créancier, c'est-à-dire dans tous ses droits, actions, priviléges ou hypothèques, tant contre le principal débiteur que contre ses cautions, pour les exercer comme le créancier aurait pu les exercer lui-même.

I. La subrogation est conventionnelle ou légale.

II. Elle est conventionnelle, 1° lorsque le créancier, recevant son paiement d'une tierce personne, la subroge dans ses droits, actions, priviléges ou hypothèques contre le débiteur. Cette subrogation doit être expresse, et faite en même temps que le paiement; 2° lorsque le débiteur emprunte une somme à l'effet de payer sa dette et de subroger le prêteur

dans les droits du créancier. Il faut, pour que cette subrogation soit valable, que l'acte d'emprunt et la quittance soient passés devant notaires ; que, dans l'acte d'emprunt, il soit déclaré
que la somme a été empruntée pour faire le paiement, et que
dans la quittance il soit déclaré que le paiement a été fait des
deniers fournis à cet effet par le nouveau créancier. Cette
subrogation s'opère sans le concours de la volonté du créancier. (*Code civ.*, art. 1250.)

III. La subrogation légale, c'est-à-dire qui s'opère de
plein droit a lieu : 1° au profit de celui qui, étant lui-même
créancier, paie un autre créancier qui lui est préférable à raison de ses priviléges ou hypothèques ; 2° au profit de l'acquéreur d'un immeuble, qui emploie le prix de son acquisition
au paiement des créanciers auxquels cet héritage était hypo-
théqué ; 3° au profit de celui qui, étant tenu avec d'autres
ou pour d'autres au paiement de la dette, avait intérêt de
l'acquitter ; 4° au profit de l'héritier bénéficiaire qui a payé
de ses deniers les dettes de la succession. (*Art.* 1251.)

IV. On est tenu *avec d'autres* au paiement d'une obligation,
non-seulement quand on est solidaire, mais encore quand elle
est indivisible.

Si l'on peut, au contraire, payer sa part de la dette séparément, on n'y est pas tenu *avec d'autres,* quoiqu'on y soit tenu
en vertu du même contrat ou de la même obligation. Ainsi, deux
individus s'engagent, par le même acte, à vous payer 1200 fr.,
et l'un vous paie toute la dette. Il ne sera point subrogé à vos
droits, si l'on n'en a fait la convention expresse au moment du
paiement. Il n'était point tenu avec l'autre au paiement de
toute l'obligation ; il ne pouvait être contraint que de payer
sa part ; *il n'avait pas intérêt* de payer davantage : la subrogation légale n'a pas lieu en sa faveur.

De même, *après le partage*, un cohéritier acquitte une dette
de la succession. Il ne sera point subrogé aux droits du créancier contre ses cohéritiers, puisqu'il ne pouvait être contraint
que pour sa part.

Mais s'il a acquitté la dette *avant le partage*, il sera subrogé
au créancier, parce qu'il avait intérêt de l'empêcher de faire
apposer les scellés, de faire des actes conservatoires, de s'immiscer dans les secrets de la famille ; enfin il était tenu *avec
d'autres* au paiement. (Favard de Langlade, *Répert.*, v° *Subrogation*, § 2, n° 9.)

V. « La subrogation établie par les articles précédents, dispose l'art. 1252, a lieu tant contre les cautions que contre les
débiteurs (voy. *Caution* et *Solidarité*). Elle ne peut nuire au
créancier lorsqu'il n'a été payé qu'en partie. En ce cas, il

peut exercer ses droits, pour ce qui lui reste dû, par préférence à celui dont il n'a reçu qu'un paiement partiel. »

SUBROGÉ-TUTEUR. C'est un second protecteur que la loi a donné au mineur comme à l'interdit, et dont les fonctions sont tout-à-fait distinctes de celles du tuteur.

Nous allons examiner dans quelles circonstances il y a lieu à la nomination d'un subrogé-tuteur, par qui elle est faite, qui peut en être l'objet ; nous nous occuperons ensuite des différentes fonctions qui lui compètent et de la responsabilité qui en résulte ; nous dirons enfin à quelle époque la subrogée-tutelle s'éteint. (Voy. *Protuteur* et *Tuteur ad hoc.*)

## § I<sup>er</sup>. *Nomination du subrogé-tuteur.*

I. « Dans toute tutelle, porte l'art. 420 du Code civil, il y aura un subrogé-tuteur, nommé par le conseil de famille. Ses fonctions consisteront à agir pour les intérêts du mineur, lorsqu'ils seront en opposition avec ceux du tuteur. »

D'après cet article, ce n'est pas seulement en cas de tutelle dative, mais encore lorsqu'il y a lieu à la tutelle légale des père et mère, ou à celle des ascendants, ou à la tutelle testamentaire, qu'un subrogé-tuteur, comme une sentinelle vigilante, doit être placé auprès de celui à qui est directement confiée l'administration des biens et de la personne du mineur. Dans toute espèce de tutelle, en effet, il peut y avoir négligence ou malversation ; dans toutes, les intérêts du pupille peuvent se trouver en opposition avec ceux du tuteur : il a donc fallu, dans un cas comme dans l'autre, donner au mineur une sentinelle qui veille pour lui.

II. Le législateur a attaché une telle importance à l'exécution de cette mesure, qu'il a défendu au tuteur, quelle que soit sa qualité, d'entrer en fonctions avant d'avoir fait nommer un subrogé-tuteur. La violation de cette défense peut être punie par la destitution. (*Art.* 421.) Voy. *Tuteur.*

III. Le tuteur doit donc, lorsqu'il se trouve dans une des catégories qui font l'objet des sect. 1, 2 et 3 du chap. 2, tit. 10, liv. 1<sup>er</sup>, du Code civil, c'est-à-dire dans les cas de tutelle légale ou testamentaire, faire convoquer le conseil de famille pour la nomination d'un subrogé-tuteur, dès qu'il a connaissance du fait qui donne ouverture à la tutelle. S'il ne faisait aucune diligence à ce sujet, le juge de paix devrait provoquer la nomination d'office (*argum. de l'art.* 406). La loi n'indique pas le délai après lequel cette mesure doit être prise, et, en général, il faut laisser au tuteur testamentaire ou légal le temps de remplir cette formalité. Mais lorsqu'il y a urgence, comme dans le cas de présomption de fraude, ou d'exercice anticipé de la tutelle, le juge de paix doit convoquer de suite le conseil. Il ne pourrait même s'y refuser, si des plaintes lui étaient portées. (Biret, *Recueil général*, t. 2, n° 873; *le Juge de Paix*, t. 2, p. 268, et t. 3, p. 281.)

IV. Si la tutelle est dative, la nomination du subrogé-tuteur doit avoir lieu immédiatement après celle du tuteur.

Mais il peut arriver qu'après la nomination du tuteur, le conseil ne soit plus en nombre suffisant pour délibérer sur celle du subrogé-tuteur. Par exemple, cinq membres seulement se sont rendus à la convocation. Le tuteur est choisi parmi eux. Il n'en reste plus que quatre qui puissent voter pour la nomination du subrogé-tuteur, car cette faculté est refusée au tuteur par l'art. 423. Or, comme le conseil de famille ne peut pas délibérer sans la présence des trois quarts au moins des membres convoqués (*art.* 415), toute délibération qu'il prendrait en cette circonstance, serait frappée de nullité. Il faut, en ce cas, convoquer de nouveau le conseil de famille pour le jour le plus rapproché, afin que le tuteur, qui a le droit d'agir et d'administrer, du moment de sa nomination (*art.* 418), ne soit exempt que le moins long-temps possible de la surveillance de son contrôleur légal.

V. De tout ce que nous venons de dire, il résulte que la nomination du subrogé-tuteur appartient toujours au conseil de famille. On pourrait croire qu'il y a une exception à cette règle dans le cas de la tutelle déférée par testament; car il semble qu'en accordant à celui des deux époux qui survit (*art.* 397), l'autorisation de choisir un tuteur pour leurs enfants, la loi a dû lui permettre, à plus forte raison, le choix du subrogé-tuteur; mais cette conséquence, qu'on pourrait tirer de l'art. 397, s'évanouit entièrement devant le texte formel de l'art. 420.

VI. Le subrogé-tuteur ne doit jamais être pris dans la même ligne que le tuteur (*art.* 423). On a craint que les liens du sang ne rendissent la surveillance moins sévère. Si donc il n'existe de parents que dans une seule ligne, dans la ligne qui a fourni le tuteur, ou si les parents de l'autre ligne ont de justes motifs pour refuser la subrogée-tutelle, s'ils sont frappés d'incapacité ou d'exclusion (*art.* 426), on devra nommer un des amis appelés au conseil pour représenter cette ligne.

VII. Mais le choix d'un ami n'est autorisé qu'à défaut de parents ou alliés dans la ligne à laquelle n'appartient pas le tuteur; «attendu, porte un arrêt de la cour de Bordeaux, du

20 août 1811, rendu dans une espèce où le tuteur avait été pris dans la ligne paternelle, que ce serait non-seulement contrevenir à la loi, mais encore faire en quelque sorte injure aux parents de la ligne maternelle, que de leur préférer un étranger, qui, malgré toutes les bonnes qualités qu'il pourrait avoir, est cependant formellement exclu par la disposition expresse de la loi, etc. » Et, en effet, l'art. 423 dispose, en termes impératifs, que le subrogé-tuteur *sera pris*, hors le cas de frères germains, dans celle des deux lignes à laquelle le tuteur n'appartiendra point.

VIII. *Hors le cas de frères germains!* Cette exception à la règle qui prohibe le cumul, dans la même ligne, des fonctions de tuteur et de subrogé-tuteur, est fondée sur ce que les frères germains du mineur appartiennent également aux deux lignes, et que, par conséquent, maintenir la règle à leur égard, c'eût été prononcer ou leur exclusion, ou l'exclusion de tous les autres parents et alliés.

IX. Quoique le tuteur choisi par le dernier mourant des père et mère soit étranger à la famille, nous pensons qu'on ne doit pas moins observer la règle prescrite par l'art. 423, en ce sens que, si le tuteur a été nommé par le père, il faudra prendre le subrogé-tuteur dans la ligne maternelle, et *vice versa*. C'est le seul moyen d'éviter l'inconvénient de voir une seule ligne cumuler les deux fonctions opposées, soit par un de ses membres, soit par une espèce de mandataire, car le tuteur élu par le dernier mourant est censé le représenter : il faut donc que le subrogé-tuteur appartienne à la famille de l'autre époux.

§ II. *Fonctions et responsabilité du subrogé-tuteur.*

I. La mission du subrogé-tuteur est principalement d'agir pour les intérêts du mineur lorsqu'ils sont en opposition avec ceux du tuteur, ce qui arrive d'autant plus fréquemment, que le tuteur étant d'ordinaire un parent du mineur, ils peuvent se trouver appelés à la même succession et engagés dans le partage des biens qui la composent.

II. Mais là ne se bornent point les devoirs du subrogé-tuteur. D'après l'art. 424, lorsque la tutelle devient vacante, ou qu'elle est abandonnée par absence, il doit, sous peine des dommages-intérêts qui pourraient en résulter pour le mineur, provoquer la nomination d'un nouveau tuteur. Nous n'avons pas besoin de faire observer que par le mot *absence*, le législateur n'entend pas un éloignement momentané, mais la disparition sans nouvelles depuis un certain temps, ou du moins un voyage d'assez long cours pour que les intérêts du mineur pussent en souffrir.

III. Toutes les fois que le tuteur a encouru la destitution, le subrogé-tuteur doit provoquer la convocation du conseil de famille pour le faire délibérer à ce sujet (*art.* 446). Lorsque la destitution est prononcée, s'il y a réclamation de la part du tuteur, le subrogé-tuteur est tenu de poursuivre l'homologation de la délibération devant le tribunal de première instance (*art.* 448). S'il négligeait ce devoir, le plus proche parent qui a provoqué la destitution peut alors agir en son lieu et place (*cour d'Orléans*, 9 *prairial an* 12).

IV. Ici se présente la grave question de savoir si le subrogé-tuteur peut voter dans le conseil de famille convoqué à sa diligence pour délibérer sur la destitution du tuteur.

Deux arrêts, l'un de la cour de Rennes, du 14 janvier 1810, l'autre de la cour de Rouen du 17 décembre de la même année, l'ont résolue affirmativement. Leurs motifs sont qu'en commettant au subrogé-tuteur et au juge de paix le soin de provoquer la destitution du tuteur incapable ou infidèle, l'art. 446 n'interdit ni à l'un ni à l'autre le droit de voter dans le conseil de famille qui doit être convoqué pour cet objet, et que, dans une matière soumise à une législation spéciale, on doit conclure, du silence du Code à leur égard sur un point aussi important, qu'il n'y a pas lieu pour eux à l'application de la règle d'exclusion établie par les art. 426 et 495 du même Code, la loi ne présumant pas l'influence d'un intérêt personnel dans des poursuites qui n'ont pour but que l'intérêt des mineurs. L'art. 495 n'est applicable qu'au cas de la provocation d'une interdiction, et il n'y a aucune similitude entre ce cas et celui de la destitution de la tutelle ; puisque, dans l'un, la provocation n'est que l'effet de la libre volonté du parent poursuivant, tandis que, dans l'autre, le subrogé-tuteur exerce un ministère forcé, et ne fait que remplir l'obligation à lui imposée par l'art. 446.

M. Toullier, t. 2, n° 1135, se range à la doctrine de ces arrêts ; mais M. Marchand, *Code de la Minorité et de la Tutelle*, p. 220, la combat avec force. « Ce n'est point, dit-il, parce que l'art. 426 défend au tuteur de voter dans le conseil de famille qui prononce sur la destitution du subrogé-tuteur, ce n'est point parce que l'art. 495 fait la même défense à ceux qui ont provoqué l'interdiction, que le subrogé-tuteur est empêché de voter pour la destitution du tuteur : c'est, selon nous, et avant tout, parce que cela ressort de la nature de ses fonctions et de sa position vis-à-vis du tuteur, lorque lui, subrogé-tuteur, a convoqué le conseil pour cet objet, lorsque c'est à *sa diligence* que cette destitution est prononcée. Du moment où vous admettez le subrogé-tuteur à voter en pareille délibération, vous le rendez juge et partie, puisque c'est lui qui poursuit la destitution; vous acceptez une voix partiale, ou tout au moins un vote connu d'avance, ce qui est contraire à tous les principes. Nous avons dit que le subrogé-tuteur ne devait pas même être admis à voter quand le conseil ne s'occupe que de l'administration du tuteur, parce qu'en réalité, le subrogé-tuteur est son contradicteur, sa partie adverse devant le conseil de famille; nous persistons dans cette opinion malgré les arrêts cités, et la prohibition doit paraître bien plus impérative encore, lorsqu'il s'agit de la destitution du tuteur. Et si l'analogie des art. 426 et 495 ne suffit pas pour décider, en ce sens, la question, ce n'est pas cependant qu'elle ne soit d'une grande force. Évidemment, quand la loi a interdit au tuteur de voter pour la destitution du subrogé-tuteur, et à ceux qui provoquent l'interdiction de prendre part aux votes, c'est par application du même principe qu'on ne peut être juge en sa propre cause. Or, qui ne reconnaîtra la cause du subrogé-tuteur dans la poursuite ou destitution du tuteur, lorsque c'est par lui que ce dernier est déféré au conseil de famille, surtout à raison des reproches les plus graves qu'on puisse faire à un administrateur? Admettez même que le subrogé-tuteur n'ait été mu que par intérêt pour le mineur, et dans la plus pure intention : son amour-propre, son honneur en quelque sorte n'est-il pas intéressé à ne s'être pas trompé, et par suite, à n'avoir pas induit le conseil en erreur?

« Mais l'arrêt du 14 février 1810 complique tant soit peu la question, en accolant, pour la solution de la difficulté, le juge de paix au subrogé-tuteur. A la vérité, le magistrat, président-né du conseil de famille, peut le convoquer d'office, suivant l'art. 446, si le subrogé-tuteur ne fait pas ses diligences pour poursuivre la destitution. Mais combien les positions ne sont-elles pas différentes? Le juge de paix n'est pas surveillant, comme le subrogé-tuteur; il n'est jamais exposé, comme lui, à écouter le ressentiment que peut inspirer une gestion qu'on n'approuve pas et qu'on surveille péniblement. Rien n'est plus désintéressé, au contraire, que la convocation du juge de paix; il ne peut la faire et il ne la fait que sur des renseignements positifs, presque toujours sur une réquisition formelle (*art.* 446), et sans engager son vote. En est-il de même du subrogé-tuteur qui, déjà, a reconnu ou cru reconnaître que le tuteur méritait la destitution, et qui, dans ce but, le traduit devant le conseil? »

Ces considérations sont d'une haute moralité, et nous regrettons qu'elles n'aient pas été suffisamment appréciées lors de la confection de la loi ; mais le second paragraphe de l'article 426 nous empêche de les admettre. Après avoir dit que les dispositions contenues dans les sections 6 et 7, relatives aux causes qui dispensent de la tutelle, à l'incapacité, à l'exclusion et à la destitution, s'appliqueront aux subrogés-tuteurs, cet article ajoute : « *Néanmoins*, le tuteur ne pourra provoquer la destitution du subrogé-tuteur, ni voter dans les conseils de famille qui seront convoqués pour cet objet. » N'est-ce pas comme s'il y avait : « Quoique les causes de dispense, d'incapacité, d'exclusion et de destitution soient les mêmes pour le subrogé-tuteur que pour le tuteur ; quoique les règles tracées pour celui-ci soient communes à celui-là ; quoique, enfin, le subrogé-tuteur ait le droit de provoquer la destitution du tuteur (*art.* 446) et de voter dans le conseil de famille convoqué pour cet objet, *néanmoins* il n'y a pas réciprocité pour ces dernières attributions : le tuteur ne pourra jamais les exercer contre le subrogé-tuteur. » Si cette traduction est exacte, et nous ne croyons pas que l'on puisse interpréter différemment l'art. 426, on est forcé de repousser l'opinion de M. Marchand, quelque fondée qu'elle soit aux yeux de la morale et de la raison.

V. Le tuteur, condamné par jugement à rendre compte de la tutelle, ne peut, après avoir acquiescé au jugement, différer de rendre compte, sous prétexte qu'un tuteur en exercice ne doit jamais un compte de tutelle, mais de simples états de gestion.

En ce cas, le refus persévérant du tuteur à rendre son compte, fournit au subrogé-tuteur un légitime motif de demander sa suspension. Cette suspension peut être prononcée par le juge, sans délibération préalable du conseil de famille. (*Cour de Bruxelles*, 28 *floréal an* 13.)

VI. C'est le subrogé-tuteur qui est chargé de passer bail au tuteur des biens du mineur, avec l'autorisation du conseil de famille (**art.** 450) ; c'est lui qui reçoit du tuteur les états de situation de sa gestion, quand le conseil de famille l'a soumis à l'obligation d'en fournir (*art.* 470).

VII. Il assiste à l'inventaire des meubles du mineur, et à la vente aux enchères de ceux que le conseil de famille n'a point autorisé le tuteur à conserver en nature (*art.* 451 *et* 452) ; il nomme l'expert qui doit faire l'estimation des objets mobiliers que les père et mère, tant qu'ils ont la jouissance propre et légale des biens de leur enfant, sont dispensés de vendre (*art.* 453).

VIII. La déchéance prononcée par l'art. 451 du Code civil

contre le tuteur qui aurait omis de déclarer dans l'inventaire ce qui lui est dû par le mineur, est une disposition de droit étroit, qui ne peut être étendue au subrogé-tuteur. (*Cour de Paris,* 14 *février* 1817.)

IX. Lorsque la vente d'un immeuble appartenant au mineur a été autorisée par délibération du conseil de famille, dûment homologuée, cette vente se fait publiquement, en présence du subrogé-tuteur, aux enchères qui sont reçues par un membre du tribunal ou par un notaire à ce commis (*article* 459 *du Code civil*). Et comme, dans ce cas, le subrogé-tuteur n'est point partie à l'acte, dans le sens de l'art. 14 de la loi du 25 ventôse an 11, il n'est pas nécessaire, à peine de nullité, que l'acte de vente soit signé par lui (*cour de Bourges,* 23 *mars* 1830).

X. En cas de dissolution de la communauté par la mort naturelle ou civile, le subrogé-tuteur doit obliger l'époux survivant à faire inventaire des biens qui la composaient. Faute de s'être conformé à cette prescription, il est solidairement tenu avec lui de toutes les condamnations qui pourraient être prononcées au profit du mineur. (*Art.* 1442.)

XI. Le subrogé-tuteur est tenu, sous sa responsabilité personnelle, et sous peine de tous dommages-intérêts, de veiller à ce que les inscriptions soient prises sans délai sur les biens du tuteur, pour raison de sa gestion, même de faire faire lesdites inscriptions. (*Art.* 2137.)

XII. Lorsque l'hypothèque légale qu'a le mineur sur les biens de son tuteur n'a pas été restreinte dans l'acte de nomination, celui-ci peut, dans le cas où cette hypothèque excéderait notoirement les sûretés suffisantes pour sa gestion, demander qu'elle soit restreinte aux immeubles suffisants pour opérer une pleine garantie en faveur du mineur. demande doit être formée contre le subrogé-tuteur, et précédée d'un avis de famille. (*Art.* 2143.)

XIII. L'action ou la surveillance du subrogé-tuteur commence immédiatement après sa nomination.

XIV. Il est d'usage, en certains pays, de faire prêter serment au subrogé-tuteur de remplir fidèlement sa mission. Un arrêt du parlement, rendu le 12 décembre 1686, le prescrivait même formellement. Mais comme le Code civil ne contient aucune disposition à cet égard, on ne voit pas pourquoi l'obligation du serment serait imposée au subrogé-tuteur plutôt qu'au tuteur lui-même. (Voy. *Tutelle,* sect. 4, n° 10.)

XV. Quelques jurisconsultes se sont demandé si le subrogé-tuteur pourrait remplir quelque acte de la tutelle, comme mandataire du tuteur. La négative nous paraît incontestable.

«Ne comprend-on pas, dit avec raison M. Dalloz, que, dès qu'à titre de mandataire ou autrement, le subrogé-tuteur s'immisce dans l'administration, il prive le mineur d'un surveillant nécessaire; que, d'ailleurs il est possible que, par suite des actes qu'il aurait faits, sa responsabilité soit plus ou moins engagée, et que sa surveillance s'en affaiblira d'autant, dans la crainte d'être lui-même recherché pour ces actes? »

XVI. Lorsque le subrogé-tuteur s'est immiscé dans la gestion des affaires du mineur, à l'exclusion du tuteur, il est comptable de sa gestion vis-à-vis du pupille, comme un véritable tuteur, et soumis à toutes les règles de la tutelle. (*Cour de Paris*, 19 avril 1823.)

XVII. Dans ce cas, il est incapable, comme le tuteur lui-même, de recevoir aucune libéralité du mineur. (*Cour de Grenoble*, 26 juillet 1828.)

XVIII. Un subrogé-tuteur ne peut acheter un bien sur lequel le mineur aurait à exercer la faculté de réméré. (*Cour de Lyon*, 7 décembre 1821.)

XIX. Il n'est pas recevable à intervenir, en appel, dans une instance entre le conseil de famille et le tuteur, sur la régularité de la délibération qui a déféré la tutelle. (*Cour de Montpellier*, 18 août 1823.)

XX. Il ne peut s'opposer à la vente des immeubles du mineur, lorsque, en provoquant cette aliénation, le tuteur n'est point en opposition d'intérêts avec son pupille. (*Cour de Turin*, 7 janvier 1811.)

XXI. Il ne peut pas, non plus, sans l'autorisation du conseil de famille, se désister d'un appel dans une instance concernant les droits immobiliers du mineur. (*Cour de Douai*, 17 janvier 1820.)

XXII. Si le tuteur avait une contestation avec le mineur, le subrogé-tuteur devrait faire nommer à celui-ci un *tuteur ad hoc*, car autrement le mineur n'aurait plus les deux protecteurs que la loi a voulu lui donner (*cour d'Angers*, 2 août 1822). Dans le cas où la contestation aurait lieu entre le mineur et le subrogé-tuteur, c'est celui-ci qu'il faudrait remplacer par un *subrogé-tuteur ad hoc*, auquel seraient faites les significations prescrites par l'art. 444 du Code de Procédure (*cour de Grenoble*, 15 mars 1822).

XXIII. Si la tutelle devient vacante, le subrogé-tuteur n'en est point investi de plein droit (*art.* 424); mais le conseil de famille, qu'il doit convoquer pour choisir un nouveau tuteur, peut la lui conférer.

XXIV. En général, et hors les cas que nous avons indiqués dans ce paragraphe, le subrogé-tuteur n'est point responsable de l'administration du tuteur. Cependant s'il avait occasioné quelque préjudice au mineur par un excès de négligence, il nous paraîtrait juste qu'il fût condamné à l'en indemniser. A plus forte raison, si le dommage provenait de la prévarication du tuteur, et que le subrogé-tuteur en eût été complice. C'est ce qu'a décidé la cour de Paris, le 1ᵉʳ mai 1807, par un arrêt ainsi motivé : « Attendu qu'il résulte de l'enquête que les enlèvements et divertissements commis dans la succession B...., ont été faits par le conseil et au vu et su de N...., qui, devenu depuis subrogé-tuteur, était chargé, en cette qualité, de faire rentrer à la succession les objets soustraits, ce qu'il n'a pas fait ; et qu'en droit, il est responsable de toutes les suites de sa prévarication comme subrogé-tuteur, etc. »

XXV. Les biens du subrogé-tuteur ne sont pas soumis, comme ceux du tuteur, à l'hypothèque légale du mineur, quand même il aurait réellement géré la tutelle ; car un simple fait ne saurait créer, vis-à-vis des tiers, un droit si exorbitant. (Dalloz, *Jurisprud. génér.*, vᵒ *Tutelle*, p. 730.)

## § III. *Extinction de la subrogée-tutelle.*

I. Le Code civil ne contient qu'un article sur ce sujet. « Les fonctions du subrogé-tuteur, dit-il (425), cesseront à la même époque que la tutelle.

II. Cette rédaction vague a fait penser à un de nos plus grands jurisconsultes que les fonctions du subrogé-tuteur, n'étant qu'accessoires à la tutelle, devaient cesser toutes les fois que la tutelle devient vacante ou abandonnée par l'absence du tuteur. (*Toullier*, t. 2, nᵒ 1136.)

Tel n'est point l'esprit de la loi. Elle a voulu dire, dans l'art. 425, non point que les fonctions du subrogé-tuteur cesseraient en même temps que celles du tuteur en exercice, mais que la subrogée-tutelle prendrait fin à la même époque où finit la tutelle, c'est-à-dire à la mort du mineur, à son émancipation ou à sa majorité. Tant que la tutelle dure, tant que le mineur y est soumis, le subrogé-tuteur doit continuer ses fonctions ; et ce qui le prouve, c'est que l'art. 424, après avoir déclaré que le subrogé-tuteur ne remplace pas de plein droit le tuteur lorsque la tutelle devient vacante, impose au premier, sous peine de dommages-intérêts, l'obligation de provoquer la nomination d'un nouveau tuteur. Si les fonctions du subrogé-tuteur avaient dû cesser avec celles du tuteur, comment aurait-on pu le forcer à convoquer le conseil de famille pour en faire nommer un nouveau ?

Au reste, tous les commentateurs, Duranton, Delvincourt,

Rolland de Villargues, Dalloz, Marchand, sont unanimes contre l'opinion de M. Toullier. « Les fonctions du subrogé-tuteur, dit M. Delvincourt, cessent à la même époque que la tutelle, *lorsqu'elle finit de la part du mineur.* »

Mais les fonctions du subrogé-tuteur en exercice cesseraient, ou, pour mieux dire, il y aurait lieu à l'élection d'un nouveau subrogé-tuteur, si, après la mort du tuteur, le conseil de famille choisissait son remplaçant dans la ligne à laquelle appartient le subrogé, ce qui ne lui est point interdit. Alors, en effet, pour ne point violer la disposition de l'art. 423, on serait obligé de prendre un subrogé-tuteur dans l'autre ligne. (Favard de Langlade, *Répertoire*, v° *Tutelle*, § 5, n° 2.)

IV. Lorsque le subrogé-tuteur vient à mourir pendant la durée de la tutelle, il doit être pourvu à son remplacement le plus tôt possible, à la diligence du tuteur. (*Argum. de l'article* 421.)

V. *Quid*, si la mère qui, lors du décès de son mari, a fait nommer un subrogé-tuteur à ses enfants, convole plus tard à de secondes noces, sans se faire maintenir dans la tutelle par le conseil de famille? La déchéance qu'elle encourt, aux termes de l'art. 395, entraîne-t-elle celle du subrogé-tuteur?

Non, car le motif de la déchéance est personnel à la mère ; et comme le subrogé-tuteur n'a aucun droit sur elle, il n'a pu l'obliger à convoquer le conseil de famille pour le faire délibérer sur le maintien de la tutrice. C'est lui, au contraire, qui, en ce cas, est chargé par l'art. 424 de provoquer la nomination d'un nouveau tuteur.

**SUBSTITUTION.** Disposition par laquelle, en donnant quelque chose à quelqu'un, on déclare qu'elle passera au pouvoir d'un autre à une époque indiquée.

I. L'art. 896 du Code civil a prohibé les substitutions en général; mais, aux termes de l'art. 1048 et de la loi du 10 mai 1826, il est permis d'imposer à un donataire ou à un légataire l'obligation de rendre les biens donnés à un ou à plusieurs de ses enfants nés ou à naître.

II. « Celui qui fera les dispositions autorisées par les articles précédents, porte l'art. 1055, pourra, par le même acte, ou par un acte postérieur en forme authentique, nommer un tuteur chargé de l'exécution de ces dispositions. Ce tuteur ne pourra être dispensé que pour une des causes exprimées à la sect. 6 du chap. 2 du titre *de la Minorité, de la Tutelle et de l'Émancipation.* »

III. *Art.* 1056. « A défaut de ce tuteur, il en sera nommé

un à la diligence du grevé, ou de son tuteur s'il est mineur, dans le délai d'un mois, à compter du jour du décès du donateur ou testateur, ou du jour que, depuis cette mort, l'acte contenant la disposition aura été connu. »

Le défaut d'accomplissement de cette obligation entraine, pour le grevé, la déchéance de la donation ou du legs. (*Article* 1057.)

IV. Le tuteur dont parle l'art. 1056 doit être nommé par le conseil de famille, dans la forme ordinaire. Les motifs de dispense et de destitution qui existent pour les autres tuteurs lui sont applicables.

V. Les fonctions de ce tuteur consistent à assister à l'inventaire que doit provoquer le grevé, de tous les biens et effets qui composent la succession, excepté néanmoins le cas où il ne s'agirait que d'un legs particulier. Cet inventaire doit contenir la prisée à juste prix des meubles et effets mobiliers (*art.* 1058). Il doit porter, non-seulement sur les meubles, mais encore sur les immeubles, même sur ceux qui ne sont pas grevés de la substitution. (Favard de Langlade, *Répert.*, v° *Substitution*, chap. 2, sect. 2, § 4, n° 8.)

Il n'y aurait pourtant pas lieu à l'inventaire, si la substitution était établie dans une donation entre vifs. Alors, en effet, les biens sont nécessairement désignés dans l'acte, soit par une description, soit par des états annexés, et il ne faut pas multiplier les frais sans nécessité. C'est ce qu'enseignent MM. Toullier et Grenier.

VI. « Si l'inventaire n'a pas été fait, à la requête du grevé, dans le délai fixé au *titre des Successions* (trois mois), il y sera procédé, dans le mois suivant, à la diligence du tuteur nommé pour l'exécution, en présence du grevé ou de son tuteur. » (*Art.* 1060.)

VII. L'emploi des deniers trouvés dans la succession, et des fonds provenant de la vente des meubles et effets ou du recouvrement des créances du défunt et de ses rentes, sera fait, dans les délais fixés par les art. 1065 et 1066, à la diligence et en présence du tuteur nommé pour l'exécution (*article* 1068). Cet emploi sera fait conformément à ce qui aura été ordonné par l'auteur de la disposition, s'il a désigné la nature des effets à acquérir; sinon il ne pourra l'être qu'en immeubles, ou avec privilége sur des immeubles (*art.* 1067).

VIII. Le Code ne prescrit pas formellement au tuteur d'être présent à la vente du mobilier. Cependant comme l'article 1075 le rend personnellement responsable, s'il ne s'est pas conformé en tout point aux règles établies pour constater les biens, pour *la vente du mobilier*, pour l'emploi des deniers, pour la transcription et l'inscription dont nous allons parler, et, en général, s'il n'a pas fait toutes les diligences nécessaires pour que la charge de restitution soit bien et fidèlement acquittée, MM. Grenier, Favard et Toullier en concluent avec raison qu'il a le droit et qu'il est de son devoir d'y assister.

IX. « Les dispositions par actes entre vifs ou testamentaires, à charge de restitution, seront, à la diligence soit du grevé, soit du tuteur nommé pour l'exécution, rendues publiques, savoir, quant aux immeubles, par la transcription des actes sur les registres du bureau des hypothèques du lieu de la situation, et quant aux sommes colloquées avec privilége sur des immeubles, par l'inscription sur les biens affectés au privilége. » (*Art.* 1069.)

**SUPERFICIE.** On entend par ce mot tout ce qui est sur la surface du sol et lui est adhérent, comme les maisons, bâtiments et clôtures, ainsi que les arbres et les plantes de toute espèce.

I. « Le droit de superficie, dit M. Proudhon dans son *Traité de l'Usufruit*, t. 8, p. 5719, peut embrasser tout ce qui repose ou tout ce qui est implanté sur le fonds, c'est-à-dire tous les bâtiments qui sont établis, et toutes les plantes qui croissent sur le sol, comme il peut n'en comprendre qu'une partie ; en sorte que ce droit peut, par exemple, appartenir à l'un quant aux arbres seulement, et à l'autre quant aux herbes qui sont le produit de l'héritage. »

II. La superficie comprend 1° la construction qui est incorporée au fonds, et les produits soit naturels, soit industriels qui naissent sur le sol; 2° une participation au droit de propriété du sol même, parce que c'est là qu'est le fondement sans lequel la superficie ne pourrait exister réellement, ni même être conçue en idée. Elle ne consiste donc pas, sauf le cas des *baux à domaines congéables* usités dans la Bretagne, dans un droit purement incorporel, comme le droit d'usage ; mais elle est un immeuble réel et physique, puisqu'elle comporte une domanité qui s'applique à des objets matériels, sans être bornée à la faculté de percevoir seulement quelques fruits ou revenus.

III. De là M. Proudhon conclut que le superficiaire a l'action en revendication de son immeuble, et l'usage de tous les interdits et actions possessoires qui peuvent lui en conserver la jouissance, sans avoir besoin du consentement du propriétaire du sol. M. Carré professe la même opinion. (*Droit français*, t. 2, n° 1554.)

**SUPPLÉANT DU JUGE DE PAIX.** C'est un magistrat nommé par le roi pour remplacer momentanément le juge de paix, lorsqu'une maladie ou tout autre obstacle empêche ce dernier de vaquer à ses fonctions.

I. Pour être suppléant, il faut réunir les même conditions d'âge et d'éligibilité que pour être juge de paix. (Voy. *Justice de Paix*, § 5, n° 4.)

II. On applique également aux uns et aux autres les mêmes incompatibilités (voy. *ibid.*, n<sup>os</sup> 7 et 8). Il existe néanmoins quelques exceptions pour les suppléants. Ainsi, un juge suppléant dans un tribunal de première instance, qui ne pourrait cumuler ces fonctions avec celles de juge de paix, peut être en même temps suppléant du juge de paix (*cour de cass.*, 2 *frimaire an* 14). Ainsi encore, les suppléants du juge de paix peuvent être jurés (*cour de cass.*, 10 *août* 1826. 8 *janvier et* 30 *mai* 1829). Ainsi enfin, on peut être à la fois maire ou adjoint et suppléant (*argum. de la loi du* 24 *vendémiaire an* 3, *art.* 4). A plus forte raison n'y a-t-il aucune incompatibilité entre ces fonctions et celles d'avocat, de notaire, etc. Cependant, si un notaire avait fait une levée de scellés en qualité de suppléant, il ne pourrait procéder à l'inventaire qui en serait la suite, parce que le suppléant devient juge lorsqu'il en exerce les fonctions, et qu'il y a incompatibilité entre les fonctions de juge et celles de nota re. (*Journal des Notaires, art.* 282.)

Un arrêt de la cour de cassation, du 2 juin 1807, a décidé que les fonctions de commissaire de police n'étaient pas incompatibles avec celles de suppléant, qu'elles l'étaient seulement lorsque le suppléant devenait *juge* par la mort, la démission ou la destitution de l'un des juges qu'il était appelé à suppléer. Mais il faut remarquer, comme dit fort bien M. Carré, *Droit français*, t. 1, n° 295, que « cet arrêt est antérieur à la publication du Code d'Instruction criminelle, dont la loi n'a été promulguée que le 27 novembre 1808, et qui n'a été mis en activité que postérieurement à la promulgation des différentes lois dont il se compose. Or, les fonctions du ministère public près le tribunal de simple police *tenu par le juge de paix*, sont remplies par le commissaire de la commune où siége le tribunal, conformément à l'art. 144 de ce Code. Le commissaire de police est donc, sous ce rapport, un officier du ministère public ; et puisque les fonctions de cet officier sont rigoureusement incompatibles avec celles de juge, il nous paraît évident, malgré l'arrêt précité, qu'un commissaire de police ne peut être aujourd'hui suppléant d'un juge de paix. »

**III.** Les suppléants, avant d'entrer en fonctions, doivent prêter serment devant le tribunal civil de l'arrondissement. Sans cette formalité, tous leurs actes seraient nuls. (*Cour de cass.*, 12 *janvier* 1809.)

**IV.** Ils sont tenus, comme le juge de paix, de résider dans le canton (*Loi du* 28 *floréal an* 10, *art.* 8.)

**V.** Les assesseurs du juge de paix concouraient avec lui au jugement ; le tribunal de paix se composait alors de trois magistrats. Aujourd'hui, les suppléants, institués par la loi du 29 ventôse an 9 qui supprima les assesseurs, ne sont que les remplaçants, les lieutenants du juge de paix. Ils remplissent *toutes ses fonctions*, lorsque ce dernier est empêché ; mais leur pouvoir cesse avec l'empêchement. Un grand nombre d'arrêts mettent cette double proposition hors de doute. Nous allons donner l'analyse des plus importants.

La cour de cassation a décidé, le 7 juillet 1809, que les suppléants du juge de paix peuvent le remplacer au tribunal de simple police, même dans les communes où il y a plusieurs juges de paix. (*Arrêt du* 2 *frimaire an* 14.)

Ils peuvent présider un conseil de famille, recevoir l'affirmation des procès-verbaux, même dans la commune habitée par le juge de paix (*cour de cass.*, 25 *octobre* 1824); ils peuvent même ordonner l'arrestation d'un débiteur dans son domicile, et y prêter assistance comme le juge de paix lui-même (*cour de Colmar*, 12 *mars* 1828).

La cour royale de Nîmes a jugé, le 28 avril 1828, que les suppléants ne sont autorisés à remplacer les juges de paix que dans les fonctions auxquelles ces derniers sont appelés directement par la loi, et non point dans celles qui leur sont déléguées par les cours et tribunaux ; à moins que la cour ou le tribunal qui a donné la commission, n'ait ajouté que le juge de paix serait, au besoin, remplacé par son suppléant. Cette doctrine inadmissible, que combattent presque tous les jurisconsultes, a été repoussée par un arrêt de la cour de Poitiers, du 10 juin 1831. (Voy. *Délégation de juridiction*, n° 2.)

**VI.** Un suppléant peut-il remplacer le juge de paix et *vice versa*, dans une opération commencée, lorsqu'il survient à ce dernier un empêchement qui l'oblige à discontinuer ?

Nous avons établi l'affirmative dans *le Juge de Paix*, t. 4, p. 175, en faisant cependant plusieurs distinctions. Toutes les fois que l'opération commencée n'exige pas, pour être conduite à fin, la connaissance préliminaire des antécédents recueillis par le premier juge, nul doute que le suppléant ne puisse la continuer. Mais il n'en est pas ainsi dans le cas contraire, dans celui, par exemple, d'une contestation dont les débats auraient eu lieu devant le juge empêché. Il faut alors ou attendre que l'empêchement ait cessé, ou, si la cause est urgente, que les parties se présentent de nouveau à l'audience, et discutent leurs droits devant le suppléant qui doit les juger.

Quant aux enquêtes, il faut encore distinguer. S'il s'agit d'une enquête à recevoir par délégation d'un tribunal supérieur, ou d'une enquête qui doit être suivie d'un procès-verbal contenant la déposition des témoins (*Code de Procédure, art.* 39), le suppléant peut y procéder en remplacement du juge, car tout se réduit alors à la constatation fidèle des différentes dépositions, et cette constatation suffira plus tard pour éclairer le tribunal qui doit statuer sur le litige. Mais il n'en saurait être de même par rapport aux enquêtes dont il n'est point dressé procès-verbal (*art.* 40). Celles-ci ne peuvent être reçues que par le magistrat qui a entendu les parties et qui doit rendre jugement, car autrement quelle lumière en tirerait-il ?

VII. En général, il est prudent de constater le motif qui empêche le juge de paix de faire quelque opération ou de connaître d'une affaire. Cependant l'absence de cette indication ne frapperait pas de nullité les actes faits par le suppléant. La présomption de droit, en ce cas, sauf la preuve contraire, est pour l'existence de l'empêchement légal. (*Cour de cass.*, 6 *avril* 1819.)

VIII. D'après le même arrêt, lorsqu'il existe une cause patente d'empêchement légal, la citation peut être donnée *de plano* devant le suppléant, « attendu que la loi du 29 ventôse an 9, en déterminant, par son art. 2, les cas où les fonctions de juge de paix seront remplies par un suppléant, n'a prescrit aucune forme préalable pour cette subrogation. » M. Carré, n° 305, critique cette décision, et nous sommes tout-à-fait de son avis. D'abord, la plénitude de juridiction résidant en la personne du juge titulaire, c'est devant lui, et non devant son suppléant que doit être appelé le défendeur. D'un autre côté, les causes d'empêchement, leur validité, leur durée, ne sont point livrées à l'appréciation des parties. Autrement il dépendrait du demandeur de soustraire la contestation au juge naturel et légal, en citant la partie adverse devant le suppléant, sous prétexte de quelque empêchement du titulaire. En pareil cas, le juge peut ordonner un réassigné, si le défendeur le réclame, en le motivant sur l'irrégularité de la citation.

IX. Chacun des suppléants a son numéro d'ordre : ce n'est qu'à défaut du *premier* que le *second* peut exercer les fonctions du juge empêché. Lorsque la place de premier suppléant devient vacante, elle appartient de droit au second (*argum. des art.* 46, 47, 48 *et* 49 *du décret du* 50 *mai* 1808, *et des art.* 56 *et* 46 *de celui du* 6 *juillet* 1810). C'est ainsi, du reste, que la question a toujours été résolue au ministère de la justice.

X. En cas d'empêchement simultané du juge de paix et des deux suppléants, le tribunal de première instance dans l'arrondissement duquel est située la justice de paix, renvoie les parties devant le juge de paix du canton le plus voisin (*loi du* 16 *ventôse an* 12, *art.* 1ᵉʳ). Ce jugement de renvoi est rendu à la demande de la partie la plus diligente, sur simple requête, et d'après les conclusions du ministère public, parties présentes ou dûment appelées (*art.* 2).

Quoique cette loi se rapporte principalement aux affaires civiles, nous pensons, avec M. Biret, *Recueil général et raisonné*, t. 1ᵉʳ, nº 42, qu'on doit en faire également l'application en matière de police. MM. Carnot et Carré, au contraire, prétendent qu'il faut, lorsque le juge de paix et ses suppléants se trouvent empêchés, dans une commune où il n'y a qu'une justice de paix, recourir, pour les affaires de simple police, à la voie du règlement de juge, conformément à l'art. 540 du Code d'Instruction criminelle. Mais on n'a qu'à jeter les yeux sur cet article pour se convaincre qu'il n'a aucune espèce de rapport avec le cas qui nous occupe. Il y est question, en effet, de deux tribunaux de police saisis de la connaissance de la même contravention ou de contraventions connexes, et ici, c'est parce qu'on ne trouve aucun tribunal à saisir, qu'on est obligé de demander des juges. Au reste, cette décision est de peu d'intérêt ; car, d'après le Code d'Instruction criminelle comme d'après la loi du 16 ventôse, la désignation du tribunal de police qui connaîtra de la contestation, appartient au tribunal de première instance de l'arrondissement.

XI. Les suppléants, n'ayant que des fonctions accidentelles, ne reçoivent aucun traitement. Voici comment leurs droits sont établis dans une instruction ministérielle du 16 novembre 1822 :

*Art.* 10. « Le juge de paix qui s'absente en vertu d'un congé donné dans la forme prescrite par les art. 9 et 10 de la loi du 28 floréal an 10, ne perd aucune portion de son traitement, mais le suppléant qui fait le service, a droit aux vacations ou casuel. »

*Art.* 21. « Si le juge de paix s'absente sans congé, il est privé de son traitement pendant tout le temps de son absence, conformément à l'art. 48 de la loi du 20 avril 1810. Moitié de ce traitement, avec la totalité du casuel, appartient au suppléant, et l'autre moitié du traitement reste au trésor royal. »

*Art.* 25. « Lorsqu'un juge de paix ne peut faire son service pour une cause quelconque, les droits de vacation ou le casuel appartient au suppléant qui remplit la place. »

XII. Aucun costume n'est assigné aux suppléants de justice de paix. Mais ceux qui veulent paraître, soit dans l'exercice de leurs fonctions, soit dans les cérémonies publiques, avec le même costume que le juge de paix, en ont incontestablement le droit. Leur place, dans les cérémonies publiques, est entre le juge de paix et le greffier. (Carré, *Droit français*, t. 1, n° 300.)

XIII. Une autre prérogative attachée au titre de suppléant, consiste dans l'affranchissement du service de la garde nationale (*cour de cass.*, 30 *septembre* 1831, 7 *janvier* 1832). Il y a même incompatibilité entre ce service et les fonctions des suppléants, parce qu'ils ont le droit, en cas d'empêchement du juge titulaire, de requérir la force armée.

XIV. Les suppléants du juge de paix ne jouissent pas personnellement du contre-seing et de la franchise de port ; mais ce privilége leur appartient dès qu'ils remplacent le juge de paix. (Voy. *Franchise de port*, n° 3.)

XV. Lorsqu'un suppléant a commis un délit correctionnel, même hors de l'exercice de ses fonctions, il n'est justiciable que de la cour royale. (Voy. *Garantie des fonctionnaires publics*, n° 3 et 7.)

XVI. Relativement à la surveillance et à la discipline auxquelles les suppléants sont soumis comme les juges de paix, voy. *Justice de Paix*, § V, n° 12.

## T.

**TABAC.** La loi sur les tabacs, du 24 décembre 1814, contient les dispositions suivantes :

*Art.* 46. « Le directeur et les agents supérieurs de la régie des impositions indirectes pourront autoriser des visites chez tout particulier soupçonné de faire ou de favoriser la fraude des tabacs; mais les visites ne pourront avoir lieu qu'en présence du juge de paix, du maire ou de son adjoint, qui seront tenus de déférer à la réquisition par écrit qui leur en sera faite, et qui sera transcrite en tête du procès-verbal.»

*Art.* 49. « Lorsque les employés auront arrêté un colporteur de tabacs, ils seront tenus de le conduire sur-le-champ devant un officier de police judiciaire, ou de le remettre à la force armée, qui le conduira devant le juge compétent, lequel statuera de suite, et par une décision motivée, sur son emprisonnement ou sa mise en liberté, à moins qu'il n'offre caution ou ne consigne l'amende, auquel cas il doit être relâché sur-le-champ. »

**TAILLE.** On appelle ainsi un petit morceau de bois fendu en deux, sur lequel sont marquées, par une coche ou coupure qui s'étend sur les deux parties, les livraisons qu'un marchand en détail fait journellement à ses pratiques. Le marchand et l'acheteur ont chacun une partie de ce morceau de bois : celle du marchand se nomme *taille*, l'autre, *échantillon* ou *contremarque*.

I. Ce moyen de prouver une fourniture, admis chez presque tous les peuples, a été consacré par l'art. 1333 du Code civil : « Les tailles corrélatives à leur échantillon font foi entre les personnes qui sont dans l'usage de constater ainsi les fournitures qu'elles font et reçoivent en détail. » Les bouchers et les boulangers sont ceux qui se servent le plus habituellement de tailles.

II. L'article que nous venons de citer étant placé sous la rubrique de *la preuve littérale*, il faut en conclure que les tailles ont la même valeur qu'un écrit et qu'elles forment une preuve complète, lorsqu'elles sont corrélatives à leur échantillon.

III. Mais l'échantillon peut offrir des dissemblances avec la taille.

Dans ce cas, si l'échantillon ne présente aucune altération si aucune coche n'a été enlevée, c'est l'échantillon seul qui fait foi, car la taille étant restée au pouvoir du marchand, il lui a été facultatif d'y ajouter des coupures en l'absence de l'acheteur, et nul ne peut se créer un titre.

Mais si l'échantillon n'était pas intact, s'il offrait des vestiges de coches effacées, ce serait à la taille qu'il faudrait s'en rapporter, car il ne dépend pas non plus d'un débiteur de détruire le titre de son créancier.

IV. *Quid*, si l'échantillon n'était pas représenté ?

Cette hypothèse peut se réaliser de deux manières.

Ou l'acheteur prétend qu'il n'a jamais fait de taille avec le marchand, ou il déclare avoir égaré son échantillon.

Cette déclaration équivaudrait à un aveu que des fournitures lui ont été faites. Il ne s'agirait donc plus que d'en constater la quotité. Or le marchand ne peut pas être victime de la négligence, de la faute de l'acheteur. Sa taille doit être tenue pour vérifiée, elle fera foi en justice. Ainsi le décidait la Coutume de Tournay, art. 14 *de l'Ampliation.*

Si l'acheteur soutient qu'il n'a jamais eu de compte ouvert avec le marchand, et que la réclamation de celui-ci n'excède pas 150 fr., on pourra entendre des témoins sur l'existence de l'échantillon et sur l'habitude qu'avaient les parties de s'en servir. Si cette habitude est prouvée malgré l'assertion du débiteur, la taille du marchand sera admise comme titre.

Dans le cas où la créance du marchand excéderait 150 fr., la preuve testimoniale ne serait point autorisée, parce que la taille seule ne peut être considérée comme un commencement de preuve par écrit.

Enfin, lorsque le marchand n'a aucun moyen de preuve à sa disposition, il peut faire interroger son débiteur sur faits et articles, ou lui déférer le serment.

V. Ce n'est pas seulement entre les parties que les tailles font foi ; elles ont la même vertu contre les autres créanciers du débiteur commun en cas de faillite ou de déconfiture, quand même les autres créanciers auraient des titres notariés. Les fournisseurs à la taille viendront avec eux en concurrence et par contribution sur les meubles. (*Boiceau,* 2ᵉ part., chap. 9.)

**TAPAGES INJURIEUX OU NOCTURNES. Voy.** *Bruits ou Tapages.*

**TAXE. Voy.** *Frais et Dépens,* et *Bouchers,* n° 2.

**TÉMOIN.** C'est celui qui atteste ou peut attester un fait qu'il a vu ou entendu, ou au sujet duquel il lui est parvenu des renseignements.

**I.** Nous nous sommes occupé, aux mots *Acte de notoriété, Enquête, Instruction, Serment*, du nombre de témoins nécessaire pour la régularité de certains actes, de la manière de recevoir leur déposition, et de l'obligation qui leur est imposée de déclarer à la justice tout ce qu'ils savent relativement au fait sur lequel on les interroge ( Voy. *Instruction*, § 2, n° 8 ) : nous ajouterons ici les motifs d'incapacité ou de reproche qui peuvent s'élever contre eux, et quelques principes généraux sur la valeur des témoignages. Comme cette matière est extrêmement importante pour les juges de paix, soit dans leurs fonctions ordinaires, soit lorsqu'ils agissent par délégation d'un tribunal supérieur, nous la traiterons avec tous les développements convenables.

### § 1<sup>er</sup>. *Incapacité de témoignage.*

**I.** Aux termes de l'art. 25 du Code civil, celui qui a été condamné à une peine emportant mort civile, telle que les travaux forcés à perpétuité, ne peut être témoin dans un acte solennel ou authentique, ni être admis à porter témoignage en justice. Sa déclaration ne pourrait pas même être reçue à titre de simple renseignement.

**II.** Il n'en est pas de même, quant à ce dernier point, de ceux qui ont été condamnés à la peine des travaux forcés à temps, du bannissement, de la réclusion ou du carcan, ni de ceux auxquels les tribunaux correctionnels ont interdit le droit de témoignage en justice. Les art. 28 et 42 du Code pénal, tout en reconnaissant qu'ils sont indignes de la confiance des magistrats, et qu'on ne doit pas les exposer à profaner la sainteté du serment, permettent néanmoins de recevoir leur déclaration, sauf à n'y attacher qu'une importance proportionnée à la moralité de celui qui la fait.

**III.** Les enfants de l'un ou de l'autre sexe, âgés de moins de quinze ans, ne doivent pas non plus être admis au serment en matière criminelle et de police ( *Code d'Instruct. crim.*, article 79 ). Ils ne sont donc pas de véritables témoins. Cependant leur déposition doit être reçue, sauf à y avoir tel égard que de raison ( *Cour de cass.*, 2 *décembre* 1812; FAVARD DE LANGLADE, v° *Témoin*, n° 5 ).

La règle est différente en matière civile. D'après l'art. 285 du Code de Procédure, les individus âgés de moins de quinze ans révolus peuvent être entendus dans leur *déposition*. Cette expression, qui ne s'applique qu'aux véritables témoins, et l'absence de cette clause, *sans prestation de serment*, qui se trouve dans l'art. 79 du Code d'Instruction criminelle, indiquent suffisamment que la loi civile admet au témoignage les enfants au-dessous de quinze ans. C'est ainsi, du reste, que l'article 285 est interprété par Favard de Langlade, Carré et presque tous les jurisconsultes.

IV. Il est aussi plusieurs classes d'hommes honorables que les devoirs de leur profession empêchent de révéler à la justice les secrets dont ils ont eu confidence. Tels sont les médecins, chirurgiens et autres officiers de santé, les pharmaciens, les sages-femmes, et toutes autres personnes, comme les confesseurs, les avocats et les avoués, dépositaires, par état ou profession, des secrets qu'on leur confie. Cette prohibition de témoignage résulte de l'art. 378 du Code pénal, qui, dans le cas où ils auraient révélé ces secrets, les punit d'un emprisonnement d'un mois à six mois, et d'une amende de 100 fr. à 500 fr. Le seul cas où la révélation n'est pas punissable, d'après le même article, étant celui où la loi oblige à se porter dénonciateur ( *art. 103 et 136 du Code pénal*), il faut nécessairement en conclure que, dans tous les autres cas, non seulement la justice ne peut exiger des médecins, avocats, avoués, etc., qu'ils déposent des faits dont ils ont reçu la confidence dans l'exercice de leur profession, mais encore qu'ils manqueraient à la morale en faisant cette déposition spontanément. La jurisprudence et les auteurs sont unanimes à cet égard. On observera cependant que si l'avocat, le médecin, etc., avaient appris, par hasard, et par d'autres que leurs clients ou leurs malades, des faits qui pourraient compromettre ces derniers, ils ne pourraient se refuser à en faire la révélation à la justice. En pareil cas, il n'y a plus abus de la confiance du client, puisque le client n'a rien confié, et la prérogative du médecin, de l'avocat, du confesseur, cesse avec la fonction à laquelle elle est attachée.

Nous avions pensé, avec M. Favard de Langlade, que la même dispense de déposer devait exister en faveur des notaires, dépositaires forcés des secrets de famille ; mais un arrêt de la cour de cassation a repoussé, au moins en partie, notre opinion, par les motifs :

« Que les notaires ne sont pas compris dans cette désignation générale de l'art. 378 du Code pénal, *toutes autres personnes*, puisque leurs devoirs et les peines qu'ils peuvent encourir, en cas de violation en cette partie, sont fixés par l'article 23 de la loi du 25 ventôse an 11, contenant organisation du notariat, loi spéciale en ce qui les concerne ; que d'après cet article, la défense qui leur est faite de délivrer expédition et de donner connaissance des actes à d'autres qu'aux personnes intéressées en nom direct, héritiers ou ayant-droit, est plutôt une défense de divulguer, qu'un secret absolu qui leur soit imposé, puisque, d'après cet article, ils sont tenus de délivrer ces expéditions à des tiers en exécution des ordonnances du président du tribunal de première instance de leur arrondissement, et aussi sauf l'exécution des lois et réglements sur le droit d'enregistrement ;

» Que si quelques auteurs ont pensé que les notaires ne doivent point être interrogés ni entendus dans les enquêtes sur ce qui aurait été dit par les parties pour s'accorder sur les conditions des actes qu'ils ont reçus, opinion qui ne paraît fortifiée par aucun monument de jurisprudence, il ne s'agit toutefois, dans l'opinion de ces auteurs, que d'intérêts civils entre personnes privées, et qu'il n'en pourrait être rien induit en matière criminelle, et contre l'action de la vindicte publique ;

« Que, si les avocats et même les avoués sont dispensés de déposer des faits qui sont à leur connaissance, en leurs dites qualités seulement, dans les procès de leurs clients, cette dispense exceptionnelle est une mesure d'ordre public établie par la jurisprudence en faveur du droit sacré de la défense qui prédomine tous les autres, et qui ne peut ni ne doit être étendue aux notaires, dont la profession ne les appelle pas à exercer cette défense. »

V. On trouve enfin, dans l'art. 268 du Code de Procédure, une prohibition d'appeler en témoignage les parents ou alliés en ligne directe de l'une des parties, ou son conjoint même divorcé, et à plus forte raison séparé de corps.

VI. Cette disposition, qui se rapporte seulement aux matières civiles, a soulevé plus d'une difficulté.

Et d'abord, si une des personnes parentes au degré prohibé de l'une des parties était appelée en témoignage par la partie adverse, le juge pourrait-il l'entendre ?

Non, car la déposition de la loi est absolue et ne fait aucune distinction : *Nul ne pourra être assigné comme témoin.* « Ainsi restreinte dans ses justes bornes, dit M. Toullier, t. 9, p. 434, cette prohibition est fondée sur la nature même, qui forme entre les ascendants et leurs descendants un lien d'amour et de respect tellement fort et tellement sacré, que la morale défend de les entendre en témoignage *pour ou contre* les uns et les autres, même de leur consentement, suivant le droit romain. »

VII. Est-il nécessaire que le témoin, parent ou allié en ligne directe de l'une des parties, soit reproché, pour que sa déposition ne puisse être reçue ?

M. Demiau-Crouzilhac, p. 209, répond affirmativement. Il

se fonde sur ce que l'art. 268 n'attache point la peine de nullité à la prohibition qu'il prononce.

« Mais, dit avec raison M. Hautefeuille, t. 1er, p. 155, le témoin assigné qui est au degré prohibé pour être entendu, n'a pas besoin d'être reproché pour être écarté de l'enquête. Le juge commissaire doit le rejeter d'office, parce que la loi porte, en termes formels, que les parents et alliés à ce degré ne pourront être assignés. S'ils ne peuvent être assignés, ils ne peuvent être entendus : le reproche est dans la loi même ; sa disposition est prohibitive. » M. Carré, *Lois de la Procédure civile*, t. 1er, n° 1055, est du même sentiment.

**VIII.** La prohibition de l'art. 268 s'étend-elle à la ligne directe naturelle ?

Un arrêt de la cour de cassation, du 6 avril 1809, l'a ainsi jugé dans une affaire où un enfant adultérin était appelé en témoignage contre le mari de sa mère ; « Attendu que le vice de la naissance d'un enfant n'étant d'aucune considération à l'égard du mari qui a contracté une union légale avec la mère, il existe toujours, entre celle-ci et son enfant, lors même qu'il est bâtard ou adultérin, un lien naturel d'où résultent des rapports inaltérables d'alliance entre cet enfant et celui qui a épousé sa mère. »

**IX.** L'incapacité de témoignage est moins étendue dans les matières criminelles. Elle ne frappe que les ascendants ou descendants de la personne prévenue, ses frères et sœurs ou alliés en pareil degré, la femme ou son mari, même après le divorce prononcé. Encore l'audition des personnes ci-dessus désignées n'opère-t-elle pas une nullité, lorsque, soit le ministère public, soit la partie civile, soit le prévenu ne se sont pas opposés à ce qu'elles soient entendues. (*Instr. crim., art.* 156.)

On a demandé si les ascendants, descendants, frères, sœurs, mari ou femme de la partie civile, pouvaient être admis en témoignage, malgré l'opposition du prévenu. Trois motifs nous feraient pencher pour la négative : 1° la déposition de ces témoins est nécessairement suspecte ; 2° la partie qui réclame une réparation a le même intérêt que dans les causes civiles ; 3° la position du demandeur ne saurait être plus favorable que celle du défendeur. Néanmoins, comme la loi est muette à ce sujet, que les incapacités ne se suppléent point, et qu'il y aurait souvent danger pour la société tout entière à écarter des témoins qui peuvent être uniques, nous adoptons l'avis de M. Bourguignon, *Manuel d'Instruct. crim.*, note 2 sur l'art. 156, qui déclare qu'il n'y a aucun moyen d'exclure les proches parents de la partie civile, sauf au juge à avoir tel égard que de raison à leurs dépositions.

**X.** Une exception a été cependant apportée par la loi à la disposition de l'art. 268. En matière de divorce et de séparation de corps, les parents des parties, sauf leurs enfants et descendants, peuvent être entendus, ainsi que leurs domestiques ; mais le tribunal aura tel égard que de raison à leurs dépositions. (*Code civil, art.* 251.) C'est ce que la cour royale de Paris a jugé, le 12 décembre 1809, dans une cause en séparation de corps, où les père et mère d'un époux avaient déposé comme témoins. « La raison en est simple, dit M. Dalloz. Les faits d'injures, de sévices, sur lesquels sont basées les demandes de cette nature, se sont passés le plus ordinairement dans l'intérieur du ménage. Ceux-là seuls qui sont admis dans cet intérieur peuvent fournir à la justice les renseignements dont elle a besoin ; ils deviennent témoins nécessaires, sans lesquels le débat deviendrait souvent impossible à juger. L'exception était donc de rigueur. »

**XI.** Il semble qu'on pourrait induire une incapacité de fournir témoignage en justice, de certaines infirmités physiques, telles que la cécité, le mutisme, la surdité. Des témoins aveugles, sourds ou muets sont peu propres en effet, à éclairer la religion du magistrat. Cependant la loi ne prononce pas leur exclusion du témoignage, et dès lors le droit de témoigner leur est acquis ; car, ainsi que l'enseigne Vinnius, *Partit. jur.* lib. 4, cap. 29, *Idonei sunt omnes qui testimonium dicere non prohibentur.* D'ailleurs, l'aveugle peut avoir entendu des paroles ou des cris, et le sourd peut avoir vu des faits dont il importe à la justice d'être informée.

### § II. *Reproches contre les témoins.*

**I.** Le reproche est l'allégation d'un fait propre à détruire ou à diminuer la confiance qui est accordée aux témoins.

« Pourront être reprochés, dispose l'art. 283 du Code de Procédure, les parents ou alliés de l'une ou de l'autre des parties, jusqu'au degré de cousin issu de germain inclusivement ; les parents et alliés des conjoints au degré ci-dessus, si le conjoint est vivant ou si la partie ou le témoin en a des enfants vivants. En cas que le conjoint soit décédé, et qu'il n'ait pas laissé de descendants, pourront être reprochés les parents et alliés en ligne directe, les frères, beaux-frères, sœurs et belles-sœurs.

« Pourront aussi être reprochés le témoin, héritier présomptif ou donataire ; celui qui aura bu ou mangé avec la partie, et à ses frais, depuis la prononciation du jugement qui a ordonné l'enquête ; celui qui aura donné des certificats sur les faits relatifs au procès; les serviteurs et domestiques; le témoin en état d'accusation; celui qui aura été condamné à une peine afflictive ou infamante, ou même à une peine correctionnelle pour cause de vol. »

II. Les dispositions de cet article ont été diversement interprétées. Nous allons faire connaître sommairement la doctrine des auteurs et la jurisprudence sur la plupart des questions qu'elles ont fait naître.

On remarquera d'abord que l'art. 283 est *démonstratif* et non *limitatif*, c'est-à-dire que les motifs de reproches qui y sont énumérés ne sont pas les seuls que l'on puisse proposer contre un témoin, et qu'il en est d'autres, dont l'appréciation appartient aux juges. (*Cour de cass.*, *5 juillet* 1820.) «Les reproches, dit M. Toullier, t. 9, n° 291, ne sont autre chose que des faits imputés au témoin, d'où l'on prétend tirer des inductions contre la véracité, contre la foi due à son témoignage, afin de le faire rejeter ou écarter. On ne peut prévoir, on ne peut énumérer tous ces faits, parce qu'ils peuvent varier presque à l'infini. On peut encore moins apprécier d'avance les inductions qu'ils peuvent présenter, puisque la justesse de ces inductions dépend des circonstances de chaque fait particulier. Il est donc impossible, par la nature même des choses, que la loi puisse fixer ou limiter le nombre des reproches : il reste nécessairement abandonné au jugement et à la prudence du magistrat. Qui pourrait soutenir, ajoute le même auteur, n° 292, qu'on ne peut reprocher, parce que le Code ne parle point de ce reproche, l'amant déclaré de la femme qui est partie au procès, celui qui s'est reconnu dans leur acte de naissance le père de deux enfants naturels dont elle est accouchée? Cette absurdité révoltante ne se trouve ni dans le texte ni dans l'esprit du Code. »

III. Au premier rang des témoins reprochables, sont tous les parents et alliés de l'une ou de l'autre des parties jusqu'au degré de cousin issu de germain inclusivement.

Il est incontestable qu'au nombre de ces parents se trouvent les ascendants et descendants des parties, ce qui a fait penser à quelques auteurs que la prohibition de recevoir leur témoignage n'était point absolue, puisque l'art. 283 les place dans la catégorie de ceux que l'on *peut* seulement reprocher. Mais cette interprétation est erronée. L'art. 283 ne se rapporte qu'aux parents et alliés qui ne sont point exclus du droit de porter témoignage par l'art. 268; cela est tellement vrai, que la déposition des parents désignés en ce dernier article doit être repoussée d'office par le juge. (Voy. *supra*, sect. 1re, n° 7.)

IV. L'art. 283 permet également de reprocher *les parents*

*et alliés des conjoints* jusqu'au sixième degré, si le conjoint est vivant ou s'il a laissé des enfants vivants, et s'il est mort sans enfants, en ligne directe seulement, et jusqu'au second degré en collatérale. « Est-ce à dire, demande M. Toullier, n° 289, que les parents tant du conjoint partie au procès que ceux du conjoint qui n'y est point partie, ne peuvent être reprochés qu'en ligne directe, et au second degré en collatérale, si l'autre conjoint est mort sans enfants?

« Non, certes, répond-il : ce serait prêter une absurdité à la loi. Il serait, en effet, véritablement absurde de dire que les parents du conjoint partie au procès, ne peuvent être reprochés qu'en ligne directe, ou au second degré en collatérale, si le conjoint qui n'est point partie au procès est mort sans enfants. Il faut donc entendre notre article des parents du conjoint décédé sans enfants, lesquels parents sont alliés du conjoint survivant, qui est partie au procès. Cela est évident.

« Et quand l'article ajoute que les *alliés des conjoints* peuvent être reprochés jusqu'au sixième degré si le conjoint est vivant, etc., il faut entendre les alliés du conjoint partie au procès, parents de l'autre conjoint, et non pas les alliés du conjoint vivant qui n'est pas partie au procès; car les alliés de ce dernier ne sont point alliés de l'autre conjoint partie au procès, suivant la maxime *affinitas non parit affinitatem.* »

V. Quoique la parenté naturelle soit une cause d'exclusion du témoignage en ligne directe, elle ne serait pas un motif de reproche en ligne collatérale, parce que les enfants naturels, aux yeux de la loi, n'appartiennent point à la famille des auteurs de leurs jours.

VI. Les liens du sang qui peuvent unir les témoins entre eux ne sont pas non plus un sujet de reproches. (*Cour de Bruxelles*, 25 *mars* 1806.)

VII. Au reste, le reproche fondé sur la parenté entre une des parties et le témoin, peut être proposé même par la partie qui est parente. (*Cour de Rennes, 6 janvier* 1830 ; *le Juge de Paix*, t. 5, p. 113.)

VIII. Le reproche qu'on peut élever contre le témoin, héritier présomptif ou donataire d'une des parties, ne s'étend point au témoin donateur ni au témoin dont l'une ou l'autre des parties doit hériter. Celui-ci n'a rien à espérer ni à craindre de son héritier présomptif : il est, à son égard, dans une parfaite indépendance. (*Toullier,* n° 504.)

IX. On ne peut pas appliquer le reproche d'avoir mangé ou bu avec la partie, et à ses frais, au témoin qui aurait bu ou mangé avec la partie soit dans la maison d'un ami, soit même dans une auberge, si la partie ne l'avait pas défrayé.

On doit décider de même, par rapport au témoin chez lequel la partie aurait mangé en qualité de pensionnaire. Le contraire avait été jugé deux fois en première instance, par le motif que *celui qui prend un pensionnaire vit au moins pour partie aux dépens de ce pensionnaire;* mais la cour de Paris (10 *mars* 1809) et celle de Rennes (4 *juillet* 1814) infirmèrent ces jugements et déclarèrent que le témoin ne se trouvait pas dans le cas prévu par l'art. 283.

X. La concession d'un certificat sur les faits relatifs au procès élève une juste suspicion contre celui qui l'a signé. Une pareille pièce, ordinairement concertée entre la partie et le témoin, est un des moyens les plus sûrs d'empêcher le témoin séduit ou suborné de revenir à la vérité. Aussi l'art. 283 en fait-il un motif de reproche.

Mais il ne faut pas ranger au nombre de ces certificats la réponse faite par un témoin à une lettre où on lui demande s'il a connaissance des faits que l'on veut établir. « Cette information, dit M. Toullier, nécessaire pour ne pas appeler des témoins inutiles, n'a rien par elle-même qui puisse faire naître un soupçon raisonnable sur sa véracité. »

On ne devrait pas non plus regarder comme un motif de reproche le fait d'avoir, sur la sommation de l'une des parties, fait une déclaration extrajudiciaire sur quelques circonstances du procès. (Coffinières, *Journal des Avoués,* 1811, p. 543.) Si, en effet, le témoin qui s'empresse d'aller au-devant des investigations de la justice en délivrant spontanément un certificat, peut exciter quelque soupçon sur son impartialité, il en est autrement de celui qui se borne à répondre à une sommation faite par un officier ministériel.

La cour de cassation a décidé aussi, par arrêt du 25 juillet 1826, que la délibération du conseil municipal tendant à faire autoriser une commune à plaider, ne saurait être assimilée au certificat dont parle l'art. 283, et que, par conséquent, les membres du conseil qui y ont concouru ne sont pas reprochables comme témoins dans ce procès. Mais plusieurs cours royales, entre autres celle d'Agen et celle de Bourges professent une doctrine contraire. (Voy. *le Juge de Paix,* t. 1, p. 210.)

En combinant l'art. 283 avec l'art. 211, il en résulte que les individus qui ont vu écrire ou signer un acte dont la vérification est ordonnée, qui l'ont même signé avec la personne dont on méconnaît la signature, et qui n'y ont aucun intérêt, peuvent être entendus comme témoins. Ils ne sont point compris dans la catégorie de ceux qui ont donné des certificats. (*Cour de Rennes,* 18 *avril* 1816.)

Le notaire et les témoins d'un acte public ne peuvent être reprochés, lorsqu'ils sont appelés à déposer sur les faits qui ont été l'objet de cet acte. La raison en est que le notaire qui a reçu l'acte, et les deux témoins instrumentaires qui l'ont signé, ayant un caractère légal, et n'ayant rempli qu'un ministère non-seulement avoué par la loi, mais même rendu obligatoire par elle, ne peuvent être assimilés à ceux qui auraient donné des certificats sur des faits relatifs à des procès, dans le sens de l'art. 283. (*Cour de cass.*, 23 *novembre* 1812). Néanmoins le notaire qui a reçu un acte argué de nullité pour défaut de consentement résultant de l'ivresse d'une partie contractante, est reprochable comme témoin dans l'enquête ordonnée pour constater cet état d'ivresse. Mais c'est qu'alors il a un intérêt direct à ce que la preuve d'un tel fait ne soit pas acquise. Il n'en est pas de même du clerc qui a écrit sous la dictée du notaire. (*Cour de Bourges*, 6 *juin* 1825.)

La cour d'Amiens a jugé, le 22 novembre 1822, que l'article 283, en parlant de certificats sur des faits relatifs au procès, n'entend que les faits particuliers non constatés par des registres publics. Ainsi ne peuvent pas être reprochés ceux qui, en qualité de fonctionnaires publics, de percepteurs et de répartiteurs d'une commune, ont délivré des extraits de la matrice du rôle.

On ne pourrait enfin reprocher des témoins qui auraient fait une déclaration dans un procès-verbal d'experts nommés pour visiter des lieux. De pareilles déclarations ne sont point un certificat. (*Cour d'Orléans*, 22 *février* 1811.)

XI. Toutes les fois qu'un témoin est sous la dépendance d'une partie, il est difficile de croire à la liberté, et par conséquent à l'impartialité de sa déposition. La loi a donc dû permettre de reprocher les *serviteurs* et *domestiques*. Voyez, sur ce qu'il faut entendre par ces mots, l'article *Domestiques*, par M. Coin-Delisle.

Mais, pour que le reproche soit fondé, il faut que le témoin soit encore au service de la personne qui requiert son audition, ou qu'il l'ait quitté depuis peu de temps, de manière à faire présumer que sa sortie a été concertée avec le maître, afin de lui donner le moyen d'être entendu en témoignage.

Le pupille, comme étant sous la dépendance de son tuteur, ne serait pas témoin idoine dans le procès de celui-ci. (Pigeau, *Commentaire*, t. 1er, p. 348.)

Mais il en est autrement du fermier dans la cause de son bailleur. Sa déposition devrait être admise. (*Cour d'Amiens*, 22 *novembre* 1822.)

XII. Le dernier motif de reproche indiqué dans l'art. 283,

concerne le témoin *en état d'accusation*, et *celui qui a été condamné à une peine afflictive ou infamante*, ou même *à une peine correctionnelle pour cause de vol*.

Si le témoin n'était plus en état d'accusation à l'époque où le reproche est jugé, s'il avait été rendu en sa faveur un verdict d'acquittement, il est hors de doute que le reproche devrait être écarté, car le motif légal de reproche n'existerait plus.

M. Carré pense que la dernière disposition de l'art. 283 ne s'applique ni au témoin qui a été condamné pour vol, mais sans interdiction du droit de porter témoignage, ni à celui qui, condamné pour vol et privé de ce droit pour un temps déterminé, est arrivé à l'expiration de sa peine. Ni l'un ni l'autre, d'après ce jurisconsulte, ne sont reprochables aux yeux de la loi, et l'on ne peut opposer leur condamnation que comme un moyen pour atténuer la valeur de leur témoignage.

Nous ne saurions admettre cette opinion par deux motifs.

En premier lieu, l'art. 283 porte : *Celui qui aura été condamné à une peine correctionnelle pour cause de vol*, sans distinguer si le tribunal correctionnel a usé ou n'a pas usé contre lui de la faculté que lui donne le second paragraphe de l'article 401 du Code pénal, de lui interdire le droit de témoignage en justice. Une condamnation correctionnelle pour vol, même sans interdiction de ce droit, suffit donc pour motiver le reproche, n'importe le temps où elle a été rendue, et alors même que le terme de la peine serait arrivé, car l'homme condamné pour vol ne peut jamais obtenir de la justice une entière confiance.

Mais, objecte M. Carré, le terme de sa condamnation doit être celui de toute incapacité qui pourrait en résulter. Quelle raison donnerait-on pour établir qu'il fût à jamais reprochable comme témoin ? On le placerait dans une condition plus dure que celle du condamné à une peine afflictive ou infamante, s'il pouvait être reproché perpétuellement, puisque celui-ci n'est pas reprochable lorsqu'il est réhabilité.

Sans doute ; mais M. Carré oublie que la réhabilitation ne peut s'acquérir que par cinq années de bonne conduite officiellement constatée, depuis l'expiration de la peine (*art.* 620 *du Code d'Instr. crim.*); et cette longue épreuve offre une garantie de retour à la vertu, que ne présente pas le voleur sortant d'une maison de détention. D'ailleurs, nous le répétons, les termes de la loi sont absolus : *celui qui aura été condamné.* Donc tout individu qui *a été* condamné pour vol est reprochable en tout temps.

En second lieu, M. Carré confond le reproche avec l'interdiction de témoignage, lorsqu'il prétend que le condamné pour vol, sans interdiction de ce droit, n'est point reprochable.

C'est contre ce dernier seul, au contraire, que le reproche peut être élevé, car lui seul peut être témoin. L'autre ne l'est pas, il est réputé indigne de l'être ; il ne rend pas *témoignage en justice*, il n'y fait que de *simples déclarations*.

XIII. La mendicité n'est pas, par elle-même, un motif suffisant pour reprocher un témoin, sauf au juge à avoir tel égard que de raison à la déposition du mendiant. (*Cour de Rennes*, 12 *janvier* 1810.)

XIV. Si l'affection ou un intérêt éloigné suffit pour rendre un témoin suspect aux yeux de la justice, à plus forte raison doit-on se méfier de celui qui pourrait céder aux inspirations d'un intérêt direct et personnel. Aussi la loi romaine avait-elle déclaré que nul ne peut être témoin dans sa propre cause : *Nullus idoneus testis in re sua.* (L. 10. ff., *de Test.*, 22. 5, ; L. 9, C. *ibid.*, 4, 20.)

D'après ce principe, on regarde comme reprochable en qualité de témoin tout individu qui a un intérêt, même indirect, à la vérification du fait en litige (*cour de cass.*, 3 *juillet* 1820), et celui qui a un procès civil avec l'une des parties ou qui se trouve son débiteur. (*même arrêt.*)

On peut également reprocher le témoin qui a intérêt à ce qu'une partie obtienne gain de cause, en ce qu'il a acquis une portion des immeubles litigieux sur lesquels on réclame un droit de servitude. (*Cour de cass.*, 11 *juillet* 1831.)

XV. La jurisprudence est incertaine sur la question de savoir si la simple qualité d'habitant d'une commune constitue un motif de reproche légal qui puisse être opposé à un témoin dans un procès où cette commune est intéressée.

Plusieurs cours royales, entre autres celle d'Orléans (10 *août* 1821), de Bourges (7 *décembre* 1824), de Rouen (4 *mai* 1825), se sont prononcées pour l'affirmative. Deux des arrêts cités, celui de Bourges et celui d'Orléans, ainsi qu'un troisième arrêt de la cour de Toulouse, en date du 4 juin 1828, décident même que les parents, au degré prohibé, des propriétaires habitant une commune, sont reprochables comme témoins dans les procès qu'elle peut avoir.

Mais un grand nombre d'autres cours, sur cette dernière question, ont adopté une doctrine contraire. Nous nous contenterons de rapporter un arrêt de la cour de cassation, où les véritables principes nous paraissent parfaitement développés.

« La Cour ; vu l'art. 283 du Code de Procédure ; — Considérant que cet article n'autorisant les reproches que contre les parents des parties, admet implicitement le témoignage de ceux qui ne présentent point ce caractère d'exclusion, à moins qu'ils ne soient écartés par d'autres motifs légaux ;

» Considérant que les communes forment un être moral, un corps qui doit à la loi son existence, ses droits et le mode de les exercer, et à l'égard duquel il ne peut exister de lien de parenté ; que, lorsqu'il s'agit de défendre les droits de l'association contre les atteintes que l'on cherche à y porter, c'est le corps seul qui peut ester en jugement et y stipuler les intérêts de tous, et qu'il a même un mandataire légal dans la personne du maire de la commune ; qu'aucun des membres de l'agrégation n'étant admis individuellement à exercer ce droit, ni même à en surveiller l'exercice, aucun ne peut être regardé comme partie au procès, et, par suite, aucun de ses parents n'est exclu par l'art. 283 de la faculté de donner son témoignage ; que c'est en confondant l'intérêt que chacun peut avoir au succès de la cause, avec le droit d'y être partie, que la cour royale d'Orléans a fait à l'espèce l'application de l'art. 283 ; mais qu'en jugeant ainsi elle a non-seulement commis un excès de pouvoir, mais expressément violé les dispositions de cet article, qui ne peut recevoir d'application vis-à-vis d'une commune à l'égard de laquelle il n'existe pas de lien de parenté ; — Par ces motifs, casse. » (30 mai 1825.)

Il serait d'ailleurs contre les règles de la justice, ainsi que l'observe fort bien la cour de Riom dans son arrêt du 19 mai 1829, rendu dans une espèce où une partie seulement des habitants d'une commune plaidaient *ut singuli*, que cinquante ou soixante particuliers (et à plus forte raison un plus grand nombre) qui réclameraient un intérêt commun, fussent exposés à être privés de leurs droits, parce qu'au moment de la discussion de ces intérêts, un ou deux témoins importants se trouveraient fortuitement parents ou alliés de l'un des intéressés dans cette communauté, qui pourrait n'y amender qu'un cinquantième ou un soixantième.

Ainsi un témoin ne saurait être reproché par le seul motif qu'il est parent, au degré prohibé, d'un des habitants de la commune.

Sur la question relative aux habitants de la commune eux-mêmes, nous pensons qu'ils doivent être admis en témoignage toutes les fois qu'ils n'ont pas un intérêt direct et personnel à la contestation. C'est ce qu'ont jugé les cours de Grenoble et de Montpellier, le 31 janvier et le 12 mai 1829.

C'est aussi la doctrine consacrée par la cour de cassation dans l'espèce suivante :

Le sieur de Sainte-Maure possédait un pré depuis plusieurs années, lorsque la commune de Belon en consentit bail à un tiers, moyennant le prix de 5 francs par an. Action en complainte possessoire devant le juge de paix, de la part du sieur Sainte-Maure.—25 décembre 1828, jugement qui, considérant que la possession du sieur Sainte-Maure est établie, prononce sa maintenue en possession. — Appel de la commune devant le tribunal de Châtillon-sur-Seine. Jugement qui ordonne, d'office, une enquête. Opposition du sieur Sainte-Maure à ce que certains témoins soient entendus, conformément aux articles 268 et 283 du Code de Procédure. — Cette opposition est rejetée, et, plus tard, un jugement définitif renvoie les habitants de la commune de la demande formée contre eux. — Sur le pourvoi en cassation du sieur Sainte-Maure, la cour, par arrêt du 29 juin 1831, le déclara mal fondé, « Attendu, en droit, que les habitants d'une commune ne sont reprochables, comme témoins, qu'autant qu'à la qualité d'habitants il se rattache un intérêt personnel et immédiat dans la contestation, circonstance dont l'appréciation appartient au juge du fait ; — Attendu, en fait, qu'il résultait du jugement attaqué que cet intérêt n'existait pas, dans l'espèce, de la part des habitants reprochés. »

On comprend néanmoins que, tout en admettant la déposition du témoin qui se trouve dans cette catégorie, on ne doit pas y ajouter autant de foi qu'à celle d'un témoin complétement désintéressé.

XVI. Le tuteur, le subrogé-tuteur et le curateur d'une partie étant préposés par la loi pour veiller à ses intérêts, étant le plus souvent en cause comme défenseurs de ses droits, ne sauraient être valablement appelés en témoignage dans une cause qui intéresse leur pupille. C'est la disposition expresse de l'art. 387, n° 7, pour les récusations de juges, qu'il faut appliquer ici. (Pigeau, *Commentaire*, t. 1, p. 347.)

Il en est de même, d'après M. Pigeau, des administrateurs d'établissements publics, sociétés, etc., parties dans la cause.

Mais, quant au témoin qui serait parent du tuteur, curateur ou administrateur, comme il n'a pas le même intérêt à favoriser la partie, il n'y a pas lieu à le reprocher (*arg. de l'art.* 379), à moins que le tuteur, curateur ou administrateur n'ait un intérêt personnel et distinct de celui du pupille ou de l'administration. (Pigeau, *ibid.*)

XVII. M. Pigeau considère également comme motifs de re-

proche contre les témoins d'autres faits que la loi déclare
propres à motiver la récusation des juges. (Voy. *Récusation.*
n<sup>os</sup> 4 et 5.)

XVIII. Non-seulement les avocats sont dispensés, ainsi
qu'on l'a vu sect. 1<sup>re</sup>, n° 4, de déposer contre leurs clients.
mais ils pourraient être reprochés par la partie adverse, si
leurs clients les appelaient en témoignage. (*Cour de Bruxelles,*
17 mars 1834; *le Juge de Paix,* t. 5, p. 79.)

XIX. Quoique le Code d'Instruction criminelle ne contienne aucune disposition relative aux reproches, si ce n'est
l'art. 156 rappelé plus haut, § 1<sup>er</sup>, n° 9, il ne faut pas en conclure que le droit de reprocher un témoin suspect n'existe pas
devant les tribunaux de police. Ce droit fait partie du droit
sacré de la défense, qui permet à l'inculpé de présenter tous
les moyens capables de détruire ou d'atténuer les charges qui
pèsent sur lui. Mais, à la différence des matières civiles, les
reproches, devant les tribunaux criminels, n'empêchent pas
l'audition des témoins; ils servent seulement à infirmer le
témoignage.

§ III. *Comment les reproches doivent être proposés et jugés en*
*matière civile.*

I. On a vu, au mot *Enquête,* sect. 1<sup>re</sup>, n<sup>os</sup> 13 et suivants.
sect. 2, n° 5, à quel moment les reproches doivent être pro-
posés, et le cas où le juge de paix peut se dispenser de recevoir la déposition du témoin reproché. Nous ajouterons que
les reproches doivent être circonstanciés, et non en termes
vagues et généraux (*Code de Procéd., art.* 270). Par exemple.
dit Pigeau, il ne suffit pas à celui contre lequel un témoin est
produit, d'alléguer qu'il est son ennemi capital; il faut arti-
culer des faits qui prouvent cette inimitié. Il ne suffit pas.
non plus, d'une vague allégation de concubinage. (*Cour de*
*Paris,* 11 *février* 1815.)

II. Le reproche doit être pertinent (*art.* 270), c'est-à-dire,
avoir trait à la contestation. Ainsi, on allègue que le témoin a
donné d'avance un certificat à la partie adverse. Si ce certificat porte sur les faits de la cause, le reproche est pertinent,
il est relatif à la contestation. Si, au contraire, il porte sur des
faits étrangers, le reproche, n'ayant pas trait à la cause, n'est
pas pertinent : il doit être rejeté (*cour de Paris,* 24 mai 1811).

On devrait regarder aussi comme non pertinent le reproche
basé sur des faits non prévus par la loi, et qui ne seraient
pas de nature à élever de légitimes soupçons sur l'impartialité
du témoin. Telle serait l'allégation que le témoin et la partie

par laquelle il est produit, se sont trouvés dans la même société peu de temps avant l'enquête, qu'ils ont joué ensemble, fait de la musique ou dansé. Les simples relations de société ne peuvent être un motif de reproche.

III. Les reproches ne peuvent être reçus, après la déposition commencée, à moins qu'ils ne soient *justifiés par écrit.* (*Art.* 282.)

On entend par ces derniers mots un acte duquel il résulte ou que le témoin est parent, au degré prohibé, de la partie, ou qu'il a donné des certificats à la partie sur les faits de la cause, etc.

IV. Les reproches doivent être consignés dans le procès-verbal, lorsqu'il y a lieu d'en dresser un, ainsi que les explications fournies par le témoin. (*Art.* 270.)

V. M. Pigeau pense qu'un témoin ne peut être reproché par la partie qui l'a produit; mais M. Carré remarque avec raison qu'il en doit être autrement si la cause du reproche n'a été découverte que depuis l'assignation. En effet, j'appelle en témoignage un individu que je crois propre à fournir des renseignements exacts. Avant sa déposition, j'apprends qu'il est parent de ma partie adverse, ou qu'il lui a délivré un certificat sur le fait du litige, ou qu'il est dans telle autre position qui autorise à douter de son impartialité : mon droit de reproche existe tout entier, car le témoin n'est plus, à proprement parler, celui dont j'ai invoqué le témoignage. Mon ignorance ou mon erreur ne saurait me nuire : en me nuisant, elle exposerait la justice à s'égarer elle-même.

VI. Le témoin reproché sera entendu dans sa déposition (*art.* 284). Il est incontestable que cette prescription se rapporte seulement aux enquêtes faites par un juge commis qui n'a pas le pouvoir de statuer sur les reproches, puisque, d'après l'art. 291, lorsque le reproche est admis, la déposition du témoin ne doit pas être lue.

Le but de cette dernière disposition est évidemment d'empêcher les magistrats appelés à prononcer sur le fait dont l'enquête doit contenir la preuve, de recevoir la moindre influence de la déclaration d'un témoin justement reproché. Il faut donc en conclure que le juge de paix, ainsi que nous l'avons dit, v° *Enquête*, sect. 1<sup>re</sup>, n° 14, ne doit pas entendre le témoin qui se trouve dans ce cas, lorsqu'il s'agit d'une cause de sa compétence, non susceptible d'appel. Puisqu'une déposition écrite ne doit pas être lue, une déposition orale ne doit pas être entendue.

Mais si la cause est sujette à appel, l'art. 39 exige impérieusement que le procès-verbal du greffier contienne la déposition de tous les témoins, avec l'énumération des reproches qui auraient été fournis contre eux. Cette précaution était nécessaire pour que le tribunal d'appel pût faire usage de la déposition reprochée, si le reproche ne lui paraissait pas fondé.

VII. Ici se présente une question vivement controversée, celle de savoir si le juge a le droit de rejeter un des motifs de reproches puisés dans l'art. 283, et de recevoir la déposition du témoin, même quand le reproche est justifié ou n'est pas contesté.

« Aucune disposition de la loi, dit M. Favard de Langlade, n'impose au juge l'obligation d'accueillir les reproches basés sur l'art. 283, et, s'il y était astreint, il est une foule de cas où il eût été inutile de faire juger les reproches par le tribunal, comme lorsqu'ils sont prouvés par écrit ou avoués par le témoin et la partie intéressée. Il est évident qu'alors le juge-commissaire eût été autorisé à les accueillir sur-le-champ, et en conséquence à ne pas entendre le témoin. Mais puisque, au contraire, la loi l'astreint à entendre le témoin reproché, et qu'elle réserve le jugement des reproches au tribunal, il en résulte qu'ils peuvent être ou n'être pas accueillis, suivant les circonstances. Ainsi, lorsque le témoin est digne de foi, et que d'ailleurs il est nécessaire, comme lorsqu'il s'agit de fraude ou de faits qui se sont passés dans l'intérieur d'une famille, il nous paraît que les juges *peuvent* rejeter ces reproches, parce qu'il n'y a de prohibition absolue d'entendre les témoins que pour ceux dont parle l'article 268. »

Plusieurs arrêts ont consacré cette doctrine, qui est également professée par les jurisconsultes les plus estimables, Toullier, Carré, Delaporte, etc.

Malgré ces autorités imposantes, l'opinion contraire a prévalu dans notre esprit. Nous allons tâcher de la justifier.

Ecoutons d'abord le législateur.

« Le projet de loi, dit-il, distingue entre ceux qui ne peuvent être entendus et ceux contre lesquels on peut proposer des reproches. La première classe est composée des parents en ligne directe : la nature ne connaît point de liens plus forts que ceux qui existent du père aux enfants; la corruption ne connaît pas d'ingratitude plus coupable, de haine plus criminelle que celle qu'elle élève entre eux. Il ne faut pas que leurs dépositions, quoique rejetées, puissent devenir un monument de parjure; il ne faut pas qu'un témoin puisse être froissé entre les devoirs de sa conscience et des affections aussi impérieuses.

» Ce double danger diminue à mesure que les liens de la parenté s'éloignent de leur origine ; et alors rien ne s'oppose à ce que la loi laisse aux parties le droit d'admettre les dépositions. C'est un hommage qu'elles rendent à la probité du témoin. Pourquoi serait-il suspect aux yeux du juge, dès que les parties, éclairées par leur propre intérêt, consentent de s'en rapporter à son langage ? » (*Discours de l'orateur du Tribunat sur le titre des Enquêtes.*)

C'est sous l'influence de ces considérations morales qu'ont été rédigés les art. 268 et 283. Le premier est ainsi conçu : « *Nul ne pourra être assigné comme témoin*, s'il est parent ou allié en ligne directe de l'une des parties, ou son conjoint, même divorcé. » Le second porte : « *Pourront être reprochés* les parents ou alliés de l'une ou de l'autre des parties, etc. » Ainsi, d'un côté, prohibition absolue d'entendre le témoin, *nul ne pourra être assigné ;* de l'autre, faculté aux parties de s'opposer ou de consentir à son audition, *pourront être reprochés.*

« L'expression *facultative* employée par la loi, ajoute M. Favard de Langlade, veut dire que la partie intéressée peut ne pas faire les reproches, et que le juge ne doit pas les suppléer d'office ; mais il ne résulte pas de là que le juge n'ait pas la faculté d'écarter un reproche prouvé et fondé sur une des causes énoncées en l'art. 283. »

Qu'en résulte-t-il donc ? qu'est-ce donc que cette suspicion dont la loi frappe certains témoignages, si la volonté du juge est au-dessus de la loi ? Quoi ! le législateur m'a *laissé le droit d'admettre la déposition* d'un témoin qu'il déclare suspect ; *c'est un hommage que je puis rendre à sa probité ;* et quand je refuse cet hommage, quand je repousse la déposition, le juge s'empare de *mon droit,* il en fait usage contre mon gré, contre mes intérêts ! Le législateur m'a permis de reprocher un témoin, et le juge ne s'arrête point au reproche !

Voyez quels fâcheux inconvénients suivraient la doctrine que nous combattons.

Deux parents au même degré sont produits comme témoins dans une enquête. La partie intéressée les reproche tous les deux. Que le juge rejette la déposition de l'un et admette celle de l'autre, qu'en résultera-t-il ? C'est qu'un citoyen qui n'est point en jugement, qui a été seulement appelé devant la justice pour lui donner des renseignements, sortira du sanctuaire avec une marque de réprobation sur le front. On a repoussé son témoignage, et celui de son frère a été admis.

Cette réprobation, il est vrai, pourrait, dans notre système, être le fait d'une des parties, qui élèverait un reproche

contre un des témoins parents, et consentirait à l'audition de
l'autre. Mais quelle différence, quant au résultat, entre l'acte
d'une partie que l'intérêt ou la passion peut aveugler, et un
acte de la justice, qui est censé avoir pesé dans la même balance la moralité des deux témoins!

Pourquoi, d'ailleurs. cette porte ouverte à l'arbitraire? La
loi ne laisse à la sagesse incertaine de l'homme que les objets dont sa prévoyance n'a pu embrasser la variété et les détails. Ici, une juste suspicion planait sur la sincérité des témoins, *pressés entre les devoirs de leur conscience et d'impérieu*
*ses affections.* La prohibition a dû être prononcée comme règle
générale. Mais un des témoins suspects par leur position,
pouvait être d'une vertu si notoire, que des ennemis même
auraient invoqué son témoignage. Une exception a dû être
faite pour lui, non pas applicable au gré du juge, mais seulement au gré de la partie intéressée. C'est un hommage.
nous le répétons avec l'orateur du Tribunat. que la partie peut
rendre à la probité du témoin, mais que personne ne peut
rendre pour elle et contre son vœu.

Mais, objecte-t-on, si telle eût été l'intention du législateur, pourquoi aurait-il ordonné (*art.* 284) que le témoin reproché sera entendu dans sa déposition? Pourquoi aurait-il
ajouté: Si les reproches sont admis, la déposition du témoin
reproché ne sera pas lue (*art.* 291)? La loi a donc voulu que.
dans tous les cas, le tribunal pût apprécier les reproches.
puisque, dans tous les cas, elle a prescrit de consigner la déposition dans l'enquête. Cette objection a de la force, on ne
peut le dissimuler. Cependant les motifs que nous avons
déjà présentés et ceux qui suivent, nous portent à croire que
la jurisprudence contraire, dont nous nous appuierons bientôt, est plus conforme aux véritables principes.

La législation dispose toujours pour les cas qui se présentent le plus ordinairement. Or, en général, les reproches ne
sont point prouvés au moment de l'enquête; il suffit de les
proposer (*art.* 270), et d'en offrir la preuve s'ils ne sont pas
justifiés par écrit (*art.* 289). Comme cette preuve doit être
appréciée par le tribunal (*art.* 290), il était prudent de recevoir la déposition, pour en tirer parti dans le cas où le reproche ne serait pas justifié.

Quant à la disposition de l'art. 291, dont on induit que le
tribunal a le droit d'*admettre* ou de *rejeter* un reproche même
justifié, nous pensons que cette conséquence est beaucoup
trop large, et nous partageons l'opinion émise par la cour
royale de Rennes (*arrêt du 6 janvier* 1850), que « l'art. 291
se réfère aux deux articles précédents. relatifs à la manière

de prouver le fait sur lequel le reproche est fondé, en sorte que ces expressions : *si les reproches sont admis*, ne laissent rien à l'arbitraire du juge, et doivent s'entendre ainsi : *Si ces reproches sont justifiés.* »

Nous ajouterons que cet article ne se rapporte pas seulement, d'ailleurs, aux reproches énumérés dans l'art. 283, mais qu'il embrasse tous les genres de reproches qui peuvent s'élever contre la déposition d'un témoin, et que le tribunal a le droit d'admettre ou de repousser.

Enfin, même dans les reproches légaux, il en est quelques-uns pour lesquels la preuve matérielle du fait ne suffit point, et que le juge a le droit d'apprécier moralement. Tel est, par exemple, le reproche d'avoir bu ou mangé avec la partie, et à ses frais, depuis la prononciation du jugement qui a ordonné l'enquête. Certes, si celui qui, depuis qu'il est appelé en témoignage, va néanmoins s'asseoir fréquemment à la table de la partie qui l'appelle, peut, avec quelque raison, être soupçonné de prévention ou de séduction, il serait absurde, comme dit M. Toullier, de repousser un témoin honnête, *honestæ et inculpatæ vitæ*, parce qu'il se serait trouvé, par occasion, à un de ces repas d'usage dans la société, qui ont fait dire à un poète spirituel :

> Ceux qui dînent chez moi ne sont pas mes amis.

Eh bien ! c'est dans ce cas, et dans quelques autres semblables, qu'il est permis aux juges d'avoir égard aux circonstances et à la moralité des témoins, et que le reproche peut être admis ou rejeté, quoique la preuve matérielle en soit faite. Mais hors de ces exceptions, commandées par le bon sens et par l'équité, et qui rentrent, par conséquent, dans l'esprit de la loi, le juge doit se borner à vérifier le reproche, et il ne peut substituer sa prudence à celle de la loi.

C'est, du reste, ce qu'a décidé la cour de cassation, dans son arrêt du 8 février 1830, par lequel nous terminerons cette discussion :

« Vu l'art. 283 du Code de procédure ; — Attendu que Charles Portes, charretier, a déclaré, avant son audition devant le juge de paix, qu'il était serviteur à gages du sieur Olivier, et qu'il a été reproché de suite dans l'intérêt de la dame Bousquet, sur le fondement de son état de domesticité ; — Que cet état de serviteur à gages n'a pas non plus été contesté par le sieur Olivier ; — Qu'aussi le juge de paix a-t-il déclaré, par son jugement du 14 juillet 1821, ce reproche fondé, et a rejeté, en conséquence, la déposition de ce témoin ; — Que néanmoins, sur l'appel émis de ce jugement par le sieur Olivier, le tribunal civil de Béziers a, par son jugement du 5 juillet 1825, rejeté ce reproche et maintenu la déposition de Charles Portes, malgré l'état de domesticité à gages, constaté et reconnu ; — Que ce tribunal s'est fondé sur ce qu'il s'agissait de faits passés à la campagne ; — Attendu que la loi n'a fait et n'a dû faire aucune distinction entre les faits passés à la ville et ceux passés à la campagne ; — Que l'influence des maîtres sur les domestiques à gages est même souvent plus forte à la campagne, et rend par conséquent plus essentielle l'application de l'article 283 du Code de procédure ;

« Attendu que le tribunal s'est fondé, en outre, sur un adage relatif aux faits qui se passent dans l'intérieur des maisons ; — *Attendu que la loi règle seule le sort des reproches des témoins et de leurs dépositions* ; — Qu'il ne s'agissait pas, d'ailleurs, dans la cause, de faits passés dans l'intérieur des habitations respectives, mais bien de faits passés à l'extérieur, et de nature à être connus publiquement ; — Que, par conséquent, en maintenant la déposition de Charles Portes, quoique légalement reproché comme domestique à gages du sieur Olivier, le tribunal civil de Béziers est formellement contrevenu à l'art. 283 du Code de procédure, casse. »

La cour de Bruxelles avait proclamé la même doctrine dans un arrêt du 16 juillet 1829, rapporté par Sirey, t. 30, 2ᵉ partie, p. 142, et la cour de Montpellier l'a également admise par arrêt de 10 janvier 1832. (Voir *le Juge de Paix*, t. 4, p. 56.)

VIII. Ainsi, deux règles différentes pour le juge de paix. Est-il juge en dernier ressort de la cause sur laquelle il fait une instruction ? il statue sommairement sur les reproches, et si la cause est en état de recevoir une décision, il prononce à la fois sur les reproches et sur le fond par un seul jugement (*art.* 287 *et* 288), sans avoir entendu les témoins contre lesquels les reproches lui ont paru justifiés.

Agit-il, au contraire, par délégation d'un autre tribunal, ou la cause qui lui est soumise est-elle susceptible de plusieurs degrés de juridiction ? Dans le premier cas, il ne juge pas le reproche ; il se borne à le consigner dans son procès-verbal, avec les explications données par le témoin (*art.* 270), dont la déposition est toujours reçue (*art.* 284). Dans le second, tout en jugeant le reproche, et même en déclarant que la déposition sera considérée comme non avenue, il la fera consigner dans le procès-verbal avec le reproche, pour se conformer aux dispositions de l'art. 39.

**IX.** La manière dont les reproches sont instruits et jugés, est tracée dans les art. 289 et 290 du Code de procédure.

*Art.* 289. « Si les reproches proposés avant la déposition ne sont pas justifiés par écrit, la partie sera tenue d'en offrir la preuve et de désigner les témoins : autrement elle n'y sera plus reçue ; le tout sans préjudice des réparations, dommages et intérêts qui pourraient être dus au témoin reproché. »

*Art.* 290. « La preuve, s'il y échet, sera ordonnée par le tribunal, sauf la preuve contraire, et sera faite dans les formes réglées pour les enquêtes sommaires. Aucun reproche ne pourra y être proposé, s'il n'est justifié par écrit. »

### § IV. *Valeur des témoignages.*

**I.** En tout ce qui concerne l'appréciation des faits, la loi s'en est rapportée à la conscience et à la sagacité des magistrats, qui décident souverainement comme des jurés. Nous avons donc plutôt à leur offrir, sur ce sujet, des règles de morale et de prudence, que de véritables prescriptions législatives.

**II.** Il est cependant une vieille prévention qu'il faut achever de déraciner, parce qu'elle est contraire à notre législation actuelle. La maxime *testis unus, testis nullus*, si connue dans l'ancienne jurisprudence, ne peut plus être invoquée aujourd'hui : « Attendu, porte un arrêt de la cour de cassation, du 7 février 1835, que les dispositions des art. 154 et 189 du Code d'Instruction criminelle, relatives à la nature des preuves auxquelles peuvent recourir les tribunaux de police et de police correctionnelle, sont générales et absolues, et dérogent explicitement aux dispositions contraires, relatives à la procédure criminelle en général, qui pourraient se rencontrer dans des lois antérieures ; — Et attendu que, d'après ces articles, aucun nombre déterminé de témoins n'est requis pour constituer la preuve légale ; — Attendu, de plus, que l'ensemble de la législation criminelle est formellement opposé au maintien de l'ancien principe ( encore en vigueur en 1790 ), d'après lequel un certain nombre de témoins était requis pour constituer cette preuve légale ; — Attendu, dès lors, qu'en décidant qu'un témoin *unique* ne pouvait, d'après l'art. 11 de la loi du 30 avril 1790, constituer une preuve légale en matière de délit de chasse, le tribunal de Saint-Omer a fait une fausse application de cet article, et violé les art. 154 et 189 du Code d'Instruction criminelle ; — Par ces motifs, la cour casse. » (Voy. aussi *le Juge de Paix*, t. 5, p. 108.)

**III.** Mais moins on est exigeant sur le nombre des témoins, plus on doit l'être sur leur moralité, sur la vraisemblance des faits qu'ils racontent. *Minus testimoniis quam testibus fides adhibenda est.*

« La preuve testimoniale, dit Toullier, t. 9, p. 373, n'a pas le caractère d'une démonstration. Elle est fondée sur l'analogie. Elle tire sa force de la double présomption que le témoin n'a point été trompé, et qu'il ne veut point tromper. Cette présomption peut résulter ou de la nature des faits à prouver, ou des qualités et de la personne du témoin, ou du témoignage en lui-même comparé à d'autres témoignages ou à des faits contraires. »

IV. Ainsi un fait impossible n'est susceptible d'aucune preuve, quel que soit le nombre de témoins qui l'attestent.

Un fait invraisemblable peut être prouvé, mais le juge doit être difficile sur la nature de la preuve.

V. Pour qu'un témoin mérite toute la confiance de la justice, il faut qu'il soit de mœurs irréprochables, *inculpatæ vitæ*, et qu'il n'ait aucune espèce d'intérêt dans les conséquences du fait sur lequel il dépose. La confiance du juge doit diminuer, si un intérêt quelconque, un simple motif d'affection peut influer sur le témoin, même à son insu.

VI. Cette garantie d'impartialité n'est pas encore suffisante : il faut, de plus, que le témoin, incapable de tromper volontairemant la justice, ne soit pas lui-même dans l'erreur. On s'assurera donc qu'il était présent au fait, qu'il l'a vu, qu'il a fait attention à toutes les circonstances; car s'il se borne à rapporter des ouï-dires, ou même si le fait s'est passé sous ses yeux sans qu'il en ait été frappé, son témoignage ne saurait être d'un grand poids.

VII. Quant aux conséquences que le témoin peut tirer d'un fait, comme elles rentrent dans le domaine du raisonnement, le juge, en admettant le fait, peut les rectifier. Le témoin peut avoir bien vu et mal raisonné : il faut donc distinguer ce qui est une perception des sens de ce qui est une opération de l'esprit.

VIII. « Les développements que le témoin donne aux faits. dit M. Toullier, sont encore de puissants moyens de juger s'il en a une connaissance suffisante pour ne pas craindre qu'il se soit ou qu'il ait été trompé.

» Quelle confiance peut-il mériter, s'il énonce sèchement le fait dégagé de ses circonstances au moins principales? Le trop de sécheresse dans sa déposition induit naturellement à penser, ou qu'il n'a point porté une attention suffisante aux faits, ou qu'il manque de mémoire, ou qu'il veut taire quelques circonstances importantes.

»Il est de la plus grande importance que le témoin s'explique non-seulement sur le fait, mais sur les circonstances du fait, sur le lieu, sur le temps. Telles circonstances qui paraissaient souvent indifférentes en elles-mêmes, peuvent servir à soulever le voile qui cache la vérité. Le nom d'un arbre servit au jeune Daniel à démontrer l'innocence de Suzanne.

»Elles peuvent servir à démontrer l'impossibilité du fait; elles servent presque toujours à juger du degré de confiance que mérite la déposition du témoin, du degré d'attention qu'il a porté aux faits, de la sûreté ou du peu de fidélité de sa mémoire.

IX.» On peut en juger encore par sa manière de s'exprimer. Pour qu'un témoin inspire de la confiance, pour qu'il fasse foi, il faut qu'il dépose d'une manière certaine, déterminée et sans équivoque. Quelle confiance peut-il inspirer, s'il vacille, si sa déposition ne présente rien de concluant, rien de certain; si elle n'est pas conçue en termes affirmatifs; si, par exemple, il disait : *il se peut faire, il me semble, si je m'en souviens bien, si je ne me trompe?* »

**TENTATIVE.** Toute tentative de crime, manifestée par des actes extérieurs, et suivie d'un commencement d'exécution, si elle n'a été suspendue ou n'a manqué son effet que par des circonstances fortuites ou indépendantes de la volonté de l'auteur, est considérée comme le crime même. (*Art.* 2 *du Code pénal.*)

II. Les tentatives de délits ne sont considérées comme délits que dans les cas déterminés par une disposition spéciale de la loi (*art.* 3.) Le Code pénal ne contient de dispositions spéciales sur les tentatives de délit que dans les articles 179, 401, 405, 414 et 415, tous étrangers à la juridiction des tribunaux de police.

III. La conséquence de ces articles et du silence du Code sur les tentatives de contraventions, c'est qu'elles ne sont passibles d'aucune peine.

**TERRAINS ENSEMENCÉS.** Voy. *Passage sur le terrain d'autrui, Bestiaux,* n° 7, et *Bêtes de trait,* n° 1.

**TESTAMENT.** C'est l'acte par lequel un individu dispose, pour le temps où il n'existera plus, de tout ou partie de ses biens. (*Code civ., art.* 895.)

I. Ceux qui se trouvent dans un lieu avec lequel toute communication est interceptée, à cause de la peste ou de toute autre maladie contagieuse, peuvent, lors même qu'ils n'en seraient point attaqués, faire leur testament devant le juge de paix, ou devant l'un des officiers municipaux de la commune, en présence de deux témoins. (*Art.* 985 *et* 986.)

II. Le testament doit être signé par le testateur et par celui qui l'a reçu. Si le testateur déclare qu'il ne sait ou ne peut signer, il est fait mention de sa déclaration, ainsi que de la cause qui l'empêche de signer.

La signature de l'un des témoins est indispensable, et l'on doit énoncer la cause pour laquelle l'autre n'a pas signé. (*Art.* 998.)

III. Le testament devient nul six mois après que les communications ont été rétablies avec le lieu où se trouve le testateur, ou six mois après qu'il a passé dans un lieu où elles n'ont point été interrompues. (*Art.* 987.)

IV. Lorsqu'un testament a été fait sur mer, dans le cours d'un voyage, soit par un membre de l'équipage, soit par un simple passager (*art.* 988 *et* 995), celui qui l'a reçu doit, en abordant dans un port étranger où se trouve un consul de France, déposer un des originaux, clos et cacheté, entre les mains de ce consul, qui le fait parvenir au ministère de la marine ; et celui-ci en fait faire le dépôt au greffe de la justice de paix du lieu du domicile du testateur (*art.* 991).

THÉATRE. Voy. *Spectacles.*

TIERCE-OPPOSITION. C'est une opposition formée par un tiers à un jugement qui préjudicie à ses droits, et lors duquel ni lui, ni ceux qu'il représente, n'ont point été appelés (*art.* 44 *du Code de Proc.*). On voit par cette définition que la tierce-opposition n'est pas recevable contre un procès-verbal de conciliation, qui n'est point une décision judiciaire, mais un simple acte dont les conventions restent étrangères à tous ceux qui ne les ont pas souscrites (*cour de Paris*, 18 juin 1813).

I. Quelques jurisconsultes ont pensé que la tierce-opposition ne pouvait avoir lieu contre les jugements des tribunaux d'exception, tels que les justices de paix ; mais la cour de cassation s'est prononcée contre cette doctrine dans l'espèce suivante :

Le 1er nivôse an 2, le juge de paix de Saint-Vivien, statuant sur une action possessoire intentée par le sieur Allard contre le sieur Fauchy, maintint le demandeur dans la possession de l'objet en litige. Fauchy acquiesce à ce jugement. Quelque temps après, la dame Sauveterre l'attaque par tierce-opposition. Allard soutient qu'elle est non recevable, 1° parce qu'elle n'avait pas dû être appelée dans la cause sur laquelle il avait été statue; 2° parce que les jugements des tribunaux de paix ne sont pas susceptibles de tierce-opposition.

Le juge de paix adopta le premier de ces moyens, et déclara la dame Sauveterre non recevable.

Appel, et sentence du tribunal civil de Lesparre, qui infirme et admet la tierce-opposition.

Sur le pourvoi du sieur Allard, la cour de cassation, « — Attendu que la tierce-opposition est fondée sur le principe que personne ne peut être condamné sans être entendu; que ce principe de tous les temps et de tous les lieux s'applique aux justices de paix comme à toutes les autres juridictions; que, par conséquent, les parties qui n'ont été ni entendues ni appelées dans les contestations portées devant le juge de paix ont le droit, si elles y ont intérêt, de former tierce-opposition aux jugements qui les ont condamnées; qu'ainsi, dans l'espèce, le tribunal de Lesparre, en jugeant que la tierce-opposition de la dame Sauveterre au jugement du juge de paix devait être accueillie par celui-ci, s'est conformé aux dispositions de la loi, rejette; » (25 *juin* 1806.)

A la vérité, cet arrêt a été rendu sous l'empire de l'ordonnance de 1667; mais, ainsi que l'observe avec raison M. Favard de Langlade, l'art. 2 du titre 35, sur lequel il est fondé, se retrouvant en substance dans l'art. 474 du Code de Procédure, il n'est pas douteux que le principe consacré par cette décision conserve toute son autorité dans notre législation actuelle.

II. Mais il n'en est pas de même relativement aux jugements de police. Ces jugements, ne pouvant avoir d'effet que contre les parties avec lesquelles ils sont rendus, sont évidemment hors des atteintes de la tierce-opposition. (*Cour de cass.*, 5 *juin et* 25 *août* 1808.)

III. Il y a deux espèces de tierce-opposition :

La tierce-opposition, formée par action principale, doit être portée au tribunal qui a rendu le jugement attaqué;

La tierce-opposition, incidente à une contestation dont un tribunal est saisi, est formée par requête à ce tribunal, s'il est égal ou supérieur à celui a rendu le jugement. (*Art.* 475.)

S'il n'est égal ou supérieur, la tierce-opposition incidente doit être portée, par action principale, au tribunal qui a rendu le jugement. (*Art.* 476.)

Ainsi les juges de paix ne peuvent connaître d'une tierce-opposition incidente que lorsqu'elle est dirigée contre un jugement émané d'une autre justice de paix. — Dans aucun cas, les parties ne sont tenues de la tentative de conciliation.

IV. Le tribunal devant lequel le jugement attaqué par tierce-opposition est produit, peut, suivant les circonstances, passer outre ou surseoir (*art.* 477). Il y a lieu à sursis lorsque le jugement attaqué peut influer sur l'instance principale, ou lorsqu'il est probable qu'il sera réformé sur l'instance incidente de la tierce-opposition. Si, au contraire, les juges, à la prudence desquels la loi abandonne l'appréciation des circonstances, estiment que la tierce-opposition est mal fondée, ou qu'elle ne pourra exercer aucune influence sur la contestation principale, ils doivent passer outre au jugement de cette contestation, sous la réserve des droits des parties relatifs à la tierce-opposition. (*Carré, Pigeau, Favard de Langlade, Berriat-Saint-Prix.*)

V. Les actes d'instruction qui ont servi de base au jugement attaqué, comme une enquête, un rapport d'experts, etc., peuvent-ils être consultés par le juge de la tierce-opposition?

La cour de cassation a répondu affirmativement, par les motifs que « l'effet de la tierce-opposition n'est pas d'anéantir de plein droit les actes d'instruction qui ont précédé et préparé le jugement attaqué ; — que le tiers-opposant a bien le droit d'attaquer ceux des actes qu'il prétend ou irréguliers dans leur forme, ou illégaux dans leurs dispositions, ou suspects de collusion ou de fraude ; mais que ces critiques restent soumises à la décision des juges. (1er *août* 1821.)

VI. Les jugements passés en force de chose jugée, portant condamnation à délaisser la possession d'un héritage, sont exécutoires contre les parties condamnées, nonobstant la tierce-opposition, et sans y préjudicier. Dans les autres cas, les juges peuvent, suivant les circonstances, suspendre l'exécution du jugement. (*Art.* 478.)

Il y a lieu à surseoir lorsqu'il s'agit, par exemple, de la propriété d'un meuble qui pourrait être aliéné ou soustrait, parce qu'alors le préjudice résultant de l'exécution serait souvent irréparable.

VII. L'art. 474 ne limitant pas le délai dans lequel la tierce-opposition doit être formée, il faut en conclure que cette voie est ouverte tant que celui qui a obtenu le jugement contre lequel on veut se pourvoir, n'a pas acquis par prescription le droit qui en est l'objet. (*Tribunal de cassation,* 17 *germinal an* 4.)

VIII. Plusieurs conditions sont nécessaires pour qu'on soit admis à la tierce-opposition.

Et d'abord, il ne suffit point de ne pas avoir été appelé lors du jugement que l'on attaque: il faut encore qu'on ait dû l'être. S'il suffisait, en effet, d'avoir intérêt à détruire un acte judiciaire pour être recevable à l'attaquer par la voie de la tierce-opposition, on ne serait jamais assuré de la stabilité d'un jugement obtenu de bonne foi. (*Cour de cass.*, 21 *février* 1816.)

Ce n'est pas assez, non plus, d'un intérêt éventuel pour autoriser la tierce-opposition : il faut un intérêt présent. (Favard de Langlade, *Répertoire*, v° *Tierce-Opposition*. § 2, n° 1.)

On ne peut former tierce-opposition contre un jugement où étaient parties ceux qu'on représente. Cette disposition de l'art. 474 n'est pas toujours d'une facile application.

On représente tous ceux à qui l'on a succédé, soit à titre universel, soit à titre particulier ; tous ceux dont on est *ayant-cause* à titre de cession, de subrogation, de vente, etc.

Ainsi **un créancier** n'est pas recevable à attaquer, par tierce-opposition, le jugement rendu contre son débiteur, à moins que l'attaque ne fût motivée sur une collusion frauduleuse entre le débiteur et celui qui a obtenu gain de cause contre lui. (*Cour de cass.*, 15 *février* 1808.)

**La caution**, à moins qu'elle ne propose des exceptions qui lui sont personnelles, n'est également pas recevable à prendre la voie de la tierce-opposition pour faire réformer les jugements rendus contre le débiteur cautionné. (*Cour de cass.*, 27 *novembre* 1811.)

Il en est de même du cobligé solidaire. (*Cour de Paris*, 20 *mars* 1809.)

Cependant la voie de la tierce-opposition est ouverte : 1° à l'héritier bénéficiaire, parce qu'il ne confond pas son patrimoine avec celui du défunt (*cour de cass.*, 11 *germinal an* 11) ; 2° à l'acquéreur, au cessionnaire, etc., lorsqu'ils sont devenus *ayant-cause* avant le procès où leur auteur a succombé, ou même pendant le procès, mais avant le jugement (*cour de cass.*, 8 *mai* 1810 ; *de Colmar*, 11 *mai* 1811).

Enfin une personne ne peut attaquer par cette voie le jugement où celui qui la représentait a été partie, comme un tuteur, un mandataire, etc. Ces représentants ont agi pour elle ou en son nom : c'est comme si elle avait été partie elle-même.

**IX.** La tierce-opposition doit être dirigée uniquement contre la partie qui a obtenu le jugement, lorsque ce jugement a été exécuté. Dans le cas contraire, si la tierce-opposition est de nature à suspendre l'exécution, il faut mettre le condamné en cause. (*Pigeau, Carré.*)

**X.** Lorsqu'un jugement a été réformé sur la tierce-opposition, il n'en conserve pas moins l'autorité de la chose jugée vis-à-vis de celui qui y avait été partie. Il n'y a d'exception à ce principe que pour le cas où l'objet du jugement est indivisible, et où il y a impossibilité absolue d'exécuter le second jugement et de conserver au premier tous ses effets. La cour de cassation l'a ainsi décidé par plusieurs arrêts, et notamment par ceux du 5 juillet 1810 et du 12 janvier 1814.

XI. La partie dont la tierce-opposition est rejetée, doit être condamnée à une amende qui ne peut être moindre de 50 fr.. sans préjudice des dommages-intérêts de la partie, s'il y a lieu (*art.* 479). Cette peine n'est point laissée à l'arbitraire du juge, qui doit la prononcer dans tous les cas,

**TIERS SAISI.** Voy. *Saisie-arrêt.*

**TIMBRE.** Contribution établie sur tous les papiers destinés aux actes civils et judiciaires, aux écritures qui peuvent être produites en justice, et y faire foi (*art.* 1er, *loi du* 13 *brumaire an* 7);

Aux registres de commerce, et à ceux des aubergistes, maîtres d'hôtels garnis et logeurs (*art.* 12, *même loi*);

Aux cartes à jouer, aux journaux, gazettes, feuilles périodiques ou papiers nouvelles, aux feuilles de papier-musique, aux affiches autres que celles d'actes émanés de l'autorité publique (*art.* 56, *loi du* 9 *vendémiaire an* 6), à l'exception des ouvrages périodiques relatifs aux sciences et arts, ne paraissant qu'une fois par mois ou à des intervalles plus éloignés, et contenant au moins deux feuilles d'impression (*art.* 76, *loi du* 25 *mars* 1817);

Aux avis imprimés, quel qu'en soit l'objet, qui se crient ou se distribuent dans les rues et lieux publics, ou que l'on fait circuler de toute autre manière, excepté les adresses contenant la simple indication de domicile ou le simple avis de changement, les annonces, prospectus et catalogues de librairie (*art.* 1er, *loi du* 6 *prairial an* 7; *et* 76, *loi du* 25 *mars* 1817);

Aux passeports (*art.* 4, *loi du* 1er *février-*28 *mars* 1792);

Aux permis de port d'armes de chasse (*art.* 1er, *décret du* 11 *juillet* 1810).

DIVISION DE CET ARTICLE.

§ I<sup>er</sup>. *Actes, Jugements, Expéditions, etc., passibles ou exempts du timbre.*

§ II. *Indication des papiers timbrés à employer, et du nombre de lignes par page et de syllabes par ligne des jugements, actes, expéditions, etc.*

§ III. *Débit des papiers timbrés.*

§ IV. *Timbre extraordinaire.*

§ V. *Visa pour timbre.*

§ VI. *Défense d'abuser des timbres et de les contrefaire.*

§ VII. *Défense de couvrir d'écriture ou d'altérer l'empreinte des timbres.*

§ VIII. *Défense d'employer à un acte le papier timbré qui a servi à un autre.*

§ IX. *Défense de faire ou expédier deux actes à la suite l'un de l'autre sur la même feuille de papier timbré.—Exceptions.*

§ X. *Défense d'agir sur un acte non timbré ou non visé pour timbre.*

§ XI. *Découverte des contraventions.*

§ XII. *Paiement des droits et amendes de timbre.*

§ XIII. *Prescription des droits et amendes de timbre.*

§ XIV. *Changement de timbres.*

§ 1<sup>er</sup>. *Actes, jugements, expéditions, etc., passibles ou exempts du timbre.*

**I.** Sont assujétis au droit de timbre, *en raison des sommes et valeurs,* les billets à ordre ou au porteur, les rescriptions, mandats, mandements, ordonnances, et tous autres effets négociables ou de commerce, même les lettres de change tirées par seconde, troisième et *duplicata,* et ceux faits en France et payables chez l'étranger. (*Art.* 14 , *loi du* 13 *brumaire an* 7.)

Les affiches autres que celles qui sont prescrites par les codes, les avis, annonces ou prospectus, les journaux, la musique gravée et les registres de commerce sont, en certains cas, assujétis au timbre. Les passeports et permis de port d'armes de chasse sont aussi sujets à cette formalité ; mais le cadre de cet ouvrage dispense d'entrer dans aucun détail à ce sujet.

III. Sont assujétis au droit du timbre établi, *en raison de la dimension*, tous les papiers à employer pour les actes et écritures soit publics, soit privés, savoir :

..... Les actes et jugements de la justice de paix, des bureaux de paix et de conciliation, de la police ordinaire ;

Les actes particuliers des juges de paix et de leurs greffiers, ainsi que les extraits, copies et expéditions qui s'en délivrent ;

Les actes des huissiers, les copies et expéditions qu'ils en délivrent ;

Les registres de l'autorité judiciaire où s'écrivent des actes sujets à l'enregistrement sur les minutes, et les répertoires des greffiers ;

Ceux des notaires, huissiers et autres officiers publics et ministériels, et leurs répertoires. (*Art.* 12, *loi du* 13 *brumaire an* 7.)

IV. Tout acte fait ou passé en pays étranger, ou dans les colonies françaises où le timbre n'aurait pas encore été établi, sera soumis au timbre avant qu'il puisse en être fait usage en France, soit dans un acte public, soit dans une déclaration quelconque, soit devant une autorité judiciaire ou administrative. (*Art.* 13, *loi du* 13 *brumaire an* 7.)

V. Ces deux derniers articles, et l'art 16 de la même loi, qui contient une nomenclature des actes exempts de la formalité du timbre, ont donné lieu aux décisions suivantes.

VI. *Affiche. Timbre de dimension.* — Les affiches et placards qui s'apposent par ordre de justice, doivent supporter le même timbre que tous les actes judiciaires, et non celui qui est employé pour les affiches volontaires. (*Circulaire de l'administration,* 13 *brumaire an* 9, *et décis. du min. des fin.,* 16 *février* 1818 ; *art.* 6008, *Journal de l'Enregistrement.*)

VII. *Affiche. Certificat.* — Les certificats délivrés par les maires sur des feuilles particulières, pour attester la publication des ventes de meubles de mineurs, ne sont pas sujets au timbre. (*Art.* 80, *loi du* 15 *mai* 1818.)

VIII. *Avertissement. Juge de paix.* — Les avertissements imprimés, par lesquels les juges de paix invitent les justiciables à comparaître devant eux, avant toute citation en forme, sont exempts du timbre. (*Délib. du conseil d'admin.,* du 7 *floréal an* 10, *art.* 1145, *J. E.; décis. min. des fin.,* 16 *octobre* 1827 ; *art.* 8928, *J. E; Inst. de l'admin.,* 1236, § 9.)

IX. *Avis de parents. Engagement. Service militaire.* — La délibération d'un conseil de famille, qui a pour objet d'autoriser, en conformité de l'art. 32 de la loi du 21 mars 1832, le tuteur à consentir à l'engagement de son mineur, est exempte du timbre, ainsi que les expéditions qui en sont délivrées, à la charge, par le juge de paix et son greffier, de faire mention de la destination sur chaque minute et expédition. (*Décis. min. des fin.*, 9 *novembre* 1832; *Inst. de l'adm.*, 1422, § 3.)

X. *Chambre de discipline. Huissiers. Minute. Expédition.* — Tous les actes de la chambre des huissiers, soit en minute, soit en expédition, à l'exception des certificats et autres pièces à délivrer aux candidats ou à des individus quelconques dans leur intérêt personnel, sont exempts du timbre. (*Décret du* 14 *juin* 1813; *Inst. de l'admin.*, 659.)

XI. *Chambre de discipline. Huissiers. Certificat.* — Le certificat d'une chambre d'huissiers, constatant la non comparution d'un huissier cité devant cette chambre, doit, aux termes de l'art. 12 de la loi du 13 brumaire an 7, être écrit sur papier timbré, comme devant ou pouvant être produit en justice par la partie à laquelle il a été délivré. (*Cour de cass.*, 17 *juillet* 1815; *art.* 5203, *J. E.*)

XII. *Chambre de discipline. Huissiers. Délibération. Expédition.* — Les délibérations des chambres de discipline des huissiers, portant fixation de la somme qu'ils doivent verser annuellement à la bourse commune, sont exemptes du timbre; l'expédition seule de ces délibérations doit être soumise à cette formalité, comme pièce à produire au tribunal, pour recevoir son homologation. (*Décis. min. des fin.*, 5 *janvier* 1832; *Inst. de l'admin.*, 1068.)

XIII. Les seules expéditions des délibérations de la chambre de discipline des huissiers exemptes du timbre, sont celles qui sont délivrées au procureur du roi, dans l'intérêt de l'administration. Celles des délibérations prises dans l'intérêt des candidats, quoique remises à ce magistrat pour être envoyées au garde des sceaux, sont sujettes au timbre. (*Décis. min. de la just. et des fin.*; *Inst. de l'admin.*, 608.)

XIV. *Chambre de discipline. Huissiers. Registre.* — Le registre de recette et de dépense, tenu par les syndics des chambres de discipline des huissiers, doit être timbré avant de pouvoir être présenté au visa du président du tribunal. (*Délib. du conseil d'admin.*, 4 *juin* 1823; *Décis. min. des fin.*, 25 *juin suivant*; *Inst. de l'admin.*, 1099.)

XV. *Commission. Maire. Greffier.* — Il en est de même de la commission délivrée par le maire au citoyen qu'il a proposé, en exécution de l'art. 168 du Code d'Instruction criminelle, pour exercer les fonctions de greffier dans les affaires de police. (*Décis. min. des fin.*, 11 *août* 1811; *Inst. de l'admin.*, 537.)

**XVI.** *Copie d'exploit. Police correctionnelle.* — Un huissier ne peut, sans contravention, écrire sur papier libre, une copie d'exploit en matière correctionnelle. (*Cour de cass.*, 28 *janvier* 1833; *art.* 10, 554, *J. E.*)

**XVII.** *Double des répertoires des commissaires priseurs.* — L'art. 11 de la loi du 16 juin 1824 assujettit les commissaires priseurs à déposer au greffe du tribunal civil de leur arrondissement, dans les deux premiers mois de chaque année, le double du répertoire des actes qu'ils ont rapportés pendant l'année précédente. Ce double doit être en papier timbré. (*Décis. minist. des fin.*, 14 *vendémiaire an* 7; *circul. de l'admin.*, 1401.)

**XVIII.** *Feuille d'audience. Justice de paix.* — La feuille d'audience, tenue par le greffier de la justice de paix, conformément à l'art. 18 du Code de Procédure civile, doit être en papier timbré. (*Décis. min. just.*, 9 *et* 22 *mars* 1808; *Instruct. de l'admin.*, 373; *et* 20 *juillet suiv.*, *Inst.* 397, § 1<sup>er</sup>.)

**XIX.** *Feuille d'audience. Jugement. Transposition.* — On ne doit pas considérer comme une contravention à la loi sur le timbre, la transcription d'un jugement à un autre rang que celui que lui assignait sa date; ce fait n'est qu'une irrégularité que les préposés de l'administration de l'enregistrement sont chargés de signaler au procureur du roi. (*Décis. minist. des fin.*, 26 *janvier* 1819, *art.* 6663, *J. E.*)

**XX.** *Feuille d'audience. Police municipale.* — Les greffiers de police municipale peuvent tenir deux feuilles d'audience, l'une pour les jugements rendus à la requête du ministère public, et l'autre pour les jugements entre parties civiles. La première doit être visée pour timbre en débet, aux termes de l'ordonnance royale du 22 mai 1816 (*Inst. admin.*, n° 726); la seconde doit être en papier timbré. Si les greffiers ne tiennent qu'une feuille pour tous les jugements rendus par le tribunal, elle doit être en papier timbré (*Décis. min. des fin.*, 15 *septembre* 1820; *Inst. admin.*, n° 953).

**XXI.** *Feuille d'audience. Prud'hommes.* — Le sécrétaire du conseil des prud'hommes est tenu, comme le greffier du juge de paix, de rédiger sur une feuille d'audience en papier timbré tous les jugements rendus par les prud'hommes. (*Décis. min. des fin.*, 20 *juin* 1809; *Inst. admin.*, n° 437.)

**XXII.** *Feuille d'audience. Simple police.* — Les greffiers ne sont pas assujétis à tenir une feuille d'audience pour les jugements en matière de simple police. (*Décis. min. de la just. et des fin.*, 3 *janvier et* 19 *février* 1823; *Inst. admin.*, n° 1074.)

**XXIII.** *Nomination de tuteur.* — Le procès-verbal de nomination d'un tuteur doit être rédigé sur papier timbré, la disposition de l'art. 18 de la loi du 13 brumaire an 7, mentionné ci-après, § 4, n° 1er, étant d'une application rigoureuse. (*Cour de cass.*, 16 et 28 août 1809.)

XXIV. *Pays étranger.* — Il ne peut être fait aucun usage en France, avant qu'ils n'aient été visés pour timbre ou timbrés à l'extraordinaire, des actes passés en pays étranger, et revêtus d'un timbre en usage dans ce pays, non plus que des actes passés dans les pays qui avaient été réunis à la France, et où ce timbre a été maintenu. (*Art.* 5226 *et* 6368, *J. E.*)

XXV. *Registre. Greffier. Justice de paix.* — Est exempt de la formalité du timbre, le registre sur lequel les greffiers des justices de paix inscrivent, sous la surveillance du juge, par ordre de dates et sans laisser aucun blanc, toutes les sommes qu'ils reçoivent pour leurs déboursés et émoluments sur les actes de leur ministère. (*Décis. min. des fin.*, 20 *novembre* 1826; *Inst. de l'admin.*, 1205, § 16.)

XXVI. *Répertoire.* — Les répertoires tenus par les greffiers, les commissaires priseurs et les huissiers, en conformité des art. 49 de la loi du 22 frimaire an 7, et 11 de celle du 16 juin 1824, sont assujétis au timbre par l'art. 12, n° 2, de la loi du 13 brumaire an 7, à peine de l'amende de 100 fr., prononcée par l'art. 26, n° 5, de cette dernière loi. (*Cour de cass.*, 19 *décembre* 1808; *art* 3317, *J. E.*) Cette amende a été réduite à 20 fr. par l'art. 10 de la loi du 16 juin 1824.

§ II. *Indication des papiers timbrés à employer, et du nombre de lignes par page, et de syllabes par ligne des jugements, actes, expéditions, etc.*

I. On ne s'occupera, dans ce paragraphe, que des jugements de la justice de paix, des actes des greffiers, huissiers et commissaires priseurs, et des expéditions, extraits ou copies qui s'en délivrent.

II. *Copies. Huissiers.* — Les papiers employés aux copies d'actes, de jugements, d'arrêts et de toutes autres pièces *qui sont faites par les huissiers*, ne peuvent contenir plus de 35 lignes par page de petit papier;

Plus de 40 lignes par page de grand papier;

Et plus de 50 lignes par page de grand registre, à peine de l'amende de 25 fr. (actuellement 5 fr.), prononcée pour les expéditions, par l'art. 26 de la loi du 13 brumaire an 7 (*art.* 1er, *décret du* 29 *août* 1813). —Le législateur n'a pas limité le nombre des syllabes que chaque ligne peut contenir. Ces dispositions s'appliquent aux copies *imprimées*, comme à celles qui sont manuscrites. (*Décis. min. des fin.*, 5 octobre 1821 ; art. 7076, *J. E.*)

Elles s'appliquent également aux copies signifiées par les huissiers, de leurs propres exploits. Quant au nombre de lignes des copies consignées sur le registre des protêts, il n'est pas limité. (*Délib. du conseil d'admin. du 24 juin 1830 ; solution du 16 mai 1831* ; art. 9740 et 10023, *J. E.*)

III. *Expédition. Greffiers.* — Les greffiers ne peuvent employer, pour les expéditions qu'ils délivrent des actes retenus en minute, et de ceux déposés ou annexés, du papier timbré d'un format inférieur à celui appelé *moyen papier*, et dont le prix est fixé à 1 fr. 25 c. (*art. 19, loi du 13 brumaire an 7 ; et 63, loi du 28 avril 1816*), à peine d'une amende de 10 fr. (*Art. 26, n° 1<sup>er</sup>, loi du 13 brumaire an 7 ; et 10, loi du 16 juin 1824.*)

IV. *Expédition. Greffiers.* — Les expéditions délivrées par les greffiers doivent contenir 20 lignes à la page, et 8 à 10 syllabes à la ligne, compensation faite des unes avec les autres. (*Art. 6, loi du 21 ventôse an 7 ; Circ. de l'admin.*, 1537.)

V. *Expédition. Huissiers. Commissaires priseurs.* — Les huissiers et autres officiers publics et ministériels ne peuvent non plus employer de papier timbré d'une dimension inférieure à celle du moyen papier. pour les expéditions des procès-verbaux de vente de mobilier.

VI. Les papiers employés à ces expéditions ne peuvent contenir, compensation faite d'une feuille à l'autre, savoir :

Plus de 25 lignes par page de moyen papier ;

Plus de 30 lignes par page de grand papier ;

Et plus de 35 lignes à la page de grand registre. (*Art. 20, loi du 13 brumaire an 7.*)

Le nombre des syllabes que peut contenir chaque ligne n'est pas limité.

VII. *Minute.* — Les greffiers, huissiers, commissaires-priseurs et autres officiers publics et ministériels peuvent employer des papiers timbrés de toute dimension, à la rédaction *des minutes des actes et jugements*, et y insérer tel nombre de lignes et de syllabes qu'ils jugent convenable.

### § III. *Débite des papiers timbrés.*

I. Aucune personne ne peut vendre ou distribuer du papier timbré, qu'en vertu d'une commission de l'administration de l'enregistrement et des domaines. à peine d'une amende de 20 fr. pour la première fois, et de 50 fr. en cas de récidive.

Le papier qui est saisi chez ceux qui s'en permettent ainsi le commerce, est confisqué au profit de l'Etat. (*Art.* 27, *loi du 13 brumaire an 7 ; et art.* 10, *loi du 16 juin 1824.*)

II. A Paris, la débite des papiers timbrés est faite par des distributeurs nommés spécialement à cet effet. Les receveurs de l'enregistrement en sont chargés dans les départements.

## § IV. *Timbre extraordinaire.*

I. La faculté accordée par l'art. 7 de la loi du 13 brumaire an 7, aux citoyens qui veulent employer d'autre papier que celui fourni par la régie, en le faisant timbrer avant d'en faire usage, est interdite aux huissiers, greffiers et à tous autres officiers ou fonctionnaires publics ; ils sont tenus de se servir du papier timbré débité par la régie. Les notaires et autres officiers publics pourront néanmoins faire timbrer à l'extraordinaire du parchemin, lorsqu'ils seront dans le cas d'en employer. (*Art.* 18, *loi du 13 brumaire an 7.*)

Il est prononcé, par l'art. 26, n° 5, modifié par l'art. 10 de la loi du 16 juin 1824, une amende de 20 fr. pour contravention à l'article ci-dessus transcrit.

II. *Affiche. Exemplaire imprimé.* — Un huissier peut faire timbrer à l'extraordinaire du timbre des actes un exemplaire imprimé d'un placard qu'il veut joindre à l'exploit dressé pour constater l'affiche de ce placard. (*Inst. de l'admin.,* 137, § 2 ; *Solut. de l'admin.,* 6 *octobre* 1826 ; *art.* 8546, *J. E.*)

III. *Ecrit non daté ni signé.* — Un écrit non daté ni signé peut être timbré à l'extraordinaire sans amende : ce n'est pas un *acte.* (*Délib. du conseil d'admin.,* 12 *octobre* 1827 ; *art.* 8957, *J. E.*)

IV. *Effets de commerce.* Les papiers destinés aux effets de commerce ne peuvent être timbrés à l'extraordinaire qu'à Paris. (*Décis. min. des fin.,* 6 *mars* 1832 ; *art.* 10, 272, *J. E.*)

V. *Pétitions et autres pièces.* On ne peut admettre au timbre extraordinaire, sans paiement d'amende, les pétitions et autres pièces assujéties au timbre. (*Circul. de l'admin.,* 1402.)

VI. *Signification. Contrainte.* — L'original d'une signification de contrainte timbrée à l'extraordinaire et décernée par un préposé de l'administration de l'enregistrement, peut être rédigé à la suite de cette contrainte. (*Cour de cass.,* 15 *juillet* 1806.)

VII. *Signification imprimée. Jugement.* — On peut admettre à faire timbrer à l'extraordinaire, les significations imprimées des jugements définitifs. (*Solut. de l'admin. du* 29 *septembre* 1819, *art.* 6527, *J. E.*)

**VIII.** *Signification. Pièce timbrée à l'extraordinaire.*—Un huissier a aussi la faculté d'écrire à la suite d'actes ou pièces rédigés et signés par la partie requérante sur papier timbré à l'extraordinaire, l'original de la signification de ces actes ou pièces. (*Délib. du conseil d'admin.*, 4 *juin* 1833; *art.* 10,624, *J. E.*)

## § V. *Visa pour timbre.*

**I.** Les *actes et procès-verbaux* des *huissiers*, gendarmes, préposés, gardes champêtres ou forestiers (autres que ceux des particuliers), et généralement tous actes et procès-verbaux concernant la police ordinaire, et qui ont pour objet la poursuite et la répression des délits et contraventions aux réglements généraux de police ou d'impositions, continueront à être visés pour timbre, lorsqu'il n'y aura pas de partie civile poursuivante, ou qu'elle aura négligé ou refusé de consigner les frais de poursuite, sauf à poursuivre le recouvrement des droits contre les condamnés. (*Art.* 74, *loi du* 25 *mars* 1817.)

**II.** Sont visés pour timbre *gratis,* les actes de procédure et les jugements à la requête du ministère public, ayant pour objet 1° de réparer les *omissions,* et faire les *rectifications sur les registres de l'état civil,* d'actes qui intéressent les individus *notoirement indigents;* 2° de *remplacer les registres de l'état civil* perdus ou incendiés par l'événement de la guerre, ou de suppléer aux registres qui n'auraient pas été tenus. (*Article* 75, *loi du* 25 *mars* 1817.)

**III.** Cette formalité n'est donnée que sur la production d'un certificat d'indigence délivré par le maire, et légalisé par le sous-préfet, sauf à MM. les procureurs du roi à faire insérer dans les actes et jugements qui demanderont célérité, qu'ils concernent des individus *notoirement indigents.* (*Décis. du min. des fin., Inst. de l'adm.* 978, § 2.)

**IV.** Les *répertoires des porteurs de contraintes* doivent être visés pour timbre *gratis.* (*Décis. min. des fin.,* 19 *avril* 1808; *Instr. de l'adm.,* 382; *et* 26 *août* 1820; *art.* 6779, *J. E.*)

**V.** On peut viser pour timbre en débet *les actes et jugements faits d'office* à la requête du ministère public, en matière civile, sauf à comprendre les droits de timbre dans les autres frais, et à répéter le tout contre les condamnés ou débiteurs. (*Déc. min. des fin.,* 22 *octobre* 1817; *art.* 6028, *J. E.*)

**VI.** Les *actes extrajudiciaires* qui sont signifiés à la diligence des procureurs du roi, d'après l'autorisation du garde des sceaux, en vertu de *commissions rogatoires* données par les *tribunaux étrangers,* peuvent être visés pour timbre en débet. (*Décis. du min. des fin.*, 20 *septembre* 1825; *art.* 8150, *J. E.*)

### § VI. *Défense d'abuser des timbres et de les contrefaire.*

I. Ceux qui auront contrefait ou falsifié un ou plusieurs timbres nationaux, ou qui auront fait usage des papiers, effets ou timbres falsifiés ou contrefaits, seront punis des travaux forcés à temps, dont le *maximum* sera toujours appliqué dans ce cas. (*Art.* 140 *du Code pénal.*)

II. Sera puni de la réclusion quiconque s'étant indûment procuré les vrais timbres, en aura fait une application ou un usage préjudiciable aux droits ou intérêts de l'Etat. (*Art.* 141 *du Code pénal.*)

III. La peine contre ceux qui abuseraient des timbres, pour timbrer et vendre frauduleusement du papier timbré, sera la même que celle qui est prononcée par le Code pénal contre les contrefacteurs des timbres. (*Art.* 28, *loi du* 13 *brumaire an* 7.)

### § VII. *Défense de couvrir d'écriture ou d'altérer l'empreinte des timbres.*

I. L'empreinte des timbres ne pourra être couverte d'écriture ni altérée (*art.* 21, *loi du* 13 *brumaire an* 7). L'infraction de cette défense est punie d'une amende de 5 francs (*art.* 26, n°⁸ 1 et 2, *même loi; et art.* 10, *loi du* 16 *juin* 1824).

II. Il n'est pas fait de distinction entre l'altération du timbre sec et celle du timbre noir. Le timbre sec sert, comme le timbre noir, et même plus efficacement, à prévenir la contrefaçon; son altération ne peut rester impunie. (*Cour de cass.*, 4 *juillet* 1815; *art.* 5467, *J. E.*)

III. On ne contrevient pas à l'art. 21 de la loi du 13 brumaire an 7, lorsqu'on couvre d'écriture le *verso* des empreintes du timbre noir ou du timbre sec. (*Décis. min. des fin.*, 13 *juin* 1807; *art.* 2619, *J. E.*)

IV. Lorsque les timbres du papier employé aux répertoires tenus conformément à l'art. 49 de la loi du 22 frimaire an 7, et 11 de celle du 16 juin 1824, sont couverts par l'impression des colonnes, il n'y a pas contravention à l'art. 21 de la loi du 13 brumaire an 7. (*Décis. min. des fin.*, 26 *mai* 1820; *article* 6865, *J. E.*)

V. Il en est de même lorsque *quelques* lignes tracées à la main traversent l'empreinte des timbres d'un répertoire. (*Sol.* 6 *août* 1832; *art.* 5850, *Recueil de Roland.*)

**VI.** Mais il y a contravention quand les chiffres d'un répertoire *couvrent* l'empreinte du timbre. (*Décis. min. des fin. du 1er mai 1832; art. 3717 du Recueil de Roland.*)

**VII.** Dans ce cas, on ne doit pas exiger, outre l'amende, le droit des timbres altérés, puisqu'il est constant qu'on s'est servi de papier timbré. (*Tribunal de Belfort, 30 août 1832; art. 10469, J. E.*)

## § VIII. *Défense d'employer à un acte le papier timbré qui a servi à un autre acte.*

**I.** Le papier qui aura été employé à un acte quelconque ne pourra plus servir pour un autre acte, quand même le premier n'aurait pas été achevé (*art 22, loi du 13 brumaire an 7*), à peine d'une amende de 5 fr. contre les particuliers, et de 20 fr. contre les officiers et fonctionnaires publics (*article 26, n° 3 et 5, même loi; et art. 10, loi du 16 juin 1824*).

**II.** Cet art. 22 n'est pas applicable au cas où il s'agit d'un même acte, rédigé d'abord par un huissier dont l'immatricule est mentionnée, et notifié ensuite par un autre huissier qui, au moyen de ratures approuvées, a substitué son immatricule à celle de son collègue, si d'ailleurs celui-ci n'avait pas signé l'acte, et l'avait ainsi laissé incomplet. On ne peut pas dire que le papier ait déjà servi à un *autre* acte, puisque c'est le *même* acte qui reçoit sa première destination. (*Cour de cass., 11 juillet 1815.*)

**III.** Il en est de même en ce qui concerne un acte recommencé à la suite d'un autre qui a été biffé comme contenant des irrégularités que le second a pour objet de rectifier. (*Délib. du conseil d'admin., 3 décembre 1816; art. 5615, J. E.*)

**IV.** Il y aurait contravention si les lignes biffées formaient le commencement d'un autre acte. (*Cour de cass., 1er frimaire an 10; art. 1012, J. E*)

**V.** Après avoir écrit, à la suite d'un contrat de vente, quelques lignes formant le commencement d'un autre acte, un officier public a rayé ces lignes, et a rédigé sur la même feuille la quittance du prix de la vente. Ces faits ne constituent pas une contravention. (*Solut., 1er juin 1832; art. 10354, J. E.*)

**VI.** Un notaire a biffé quatre lignes d'écriture au commencement de la première page de l'expédition d'un acte. Ces lignes ne contenaient qu'une partie du protocole de ce fonctionnaire public et l'énonciation d'une date antérieure à l'époque où il avait été pourvu de son office. Le tribunal civil de Lesparre a décidé, le 2 mai 1828 (*art.* 9081, *J. E.*), que les mots biffés ne constituaient aucun acte quelconque, ni un commencement d'acte; et que, par conséquent, il ne résultait pas de ces faits une contravention à la loi sur le timbre. L'administration a acquiescé à ce jugement par délibération du 29 juillet de la même année.

§ IX. *Défense de faire ou expédier deux actes à la suite l'un de l'autre sur la même feuille de papier timbré. — Exceptions.*

I. Il ne peut être fait ni expédié deux actes à la suite l'un de l'autre, sur la même feuille de papier timbré, nonobstant tout usage ou réglement contraire (*art.* 23, *loi du* 13 *brumaire an* 7), à peine d'une amende de 5 fr. contre les particuliers, et de 20 fr. contre les officiers et fonctionnaires publics, et de payer, en outre, les droits de timbre (*Art.* 26, *n<sup>os</sup>* 3, 5 *et* 6, *même loi; et art.* 10, *loi du* 16 *juin* 1824).

II. L'art. 23 de la loi du 13 brumaire an 7, ayant créé plusieurs exceptions, nous allons les faire connaître, ainsi que les diverses décisions judiciaires et administratives auxquelles l'interprétation de cet article a donné lieu.

*Acquiescement.* — L'acquiescement à un jugement par défaut ne peut être écrit à la suite de l'expédition de ce jugement. (*Délib. du conseil d'admin.,* 30 *décembre* 1831; *art.* 6545 *et* 10211, *J. E.*)

*Affiche. Certificat.* — Le certificat ou visa du maire constatant l'apposition de placards relatifs à la vente de biens meubles ou immeubles de mineurs, peut être écrit à la suite du procès-verbal d'apposition. (*Art.* 8037 *J. E.*)

*Affiche. Procès-verbal d'apposition.* — Un procès-verbal d'apposition d'affiche ne peut être écrit à la suite d'un exemplaire de cette affiche, par le motif qu'une affiche n'est pas une pièce dont il est délivré copie (voy. *ci-après,* v° *Signification*), et que le procès-verbal dont il s'agit, n'est pas une signification. Ce principe a été consacré par deux décisions du ministère des finances, l'une du 30 janvier 1840 (*inst. gén. de l'admin.,* 468), au sujet des affiches en fait de saisie immobilière, et l'autre du 13 décembre 1832 (*art.* 10547, *J. E.*), relative aux affiches annonçant la vente de biens de mineurs.

*Affirmations de voyage.* — Ces actes peuvent être mis sur un même registre, à la suite les uns des autres, sans qu'il y ait contravention. (*Solut. de l'admin.,* 21 *décembre* 1827: *article* 8936, *J. E.*)

*Changement de timbre. Minute.* — On peut user de la faculté d'écrire un acte à la suite d'un autre, lors même que ce dernier est rédigé sur une feuille de papier frappée d'un timbre supprimé. (*Décis. minist. des fin.*, 4 *brumaire an* 11 ; *Instr. de l'admin.*, 137, § 1er; art. 494, 1293, 5587, 6222, 6577, *J. E.*)

*Commandement.* — Les commandements collectifs en matière de contributions directes peuvent, sans contravention, être rédigés sur la même feuille de papier timbré dans le même original. (*Délib. du conseil d'admin.*, 29 *septembre* 1829; *article* 9427, *J. E.* ; *décis. minist. des fin.*, 15 *octobre suivant* ; *Instr. de l'admin.*, 1303, § 6.)

*Conciliation.* — On peut inscrire, à la suite les uns des autres, sur un registre particulier, les procès-verbaux de conciliation et de non conciliation, et les mentions de non comparution, au bureau de paix (*Décis. min. Just. de* 1818, *article* 6038, *J. E.*). Le contraire avait été délibéré par le conseil d'administration le 15 germinal an 10 (*art.* 1261 *et* 5592, *J. E.*)

*Décharge.* — Les quittances et décharges de prix de ventes mobilières à l'encan, faites par les greffiers, commissaires priseurs et huissiers, peuvent être mises à la suite ou en marge des procès-verbaux de vente. (*Avis du conseil d'état* 7-21 *octobre* 1809, *inséré au* 248e *bulletin des lois sous le* n° 4775; *Inst. de l'admin.*, 460.)

*Décharge.* — Les décharges, soit de pièces, soit de sommes d'argent, déposées entre les mains des officiers publics, peuvent également être rédigées à la suite des actes de dépôt. (*Décis. min. des fin.*, 23 *février* 1826; *Inst. de l'admin.*, 1189, § 8.)

*Expédition.* — Lorsque les minutes de plusieurs actes peuvent être écrites sans contravention à la suite les unes des autres, on peut aussi les expédier sur une même feuille de papier timbré. (*Inst. de l'admin.*, 1150, § 12.)

*Expédition. Actes annexés.* — Les actes ou extraits d'actes et les procurations en vertu desquelles ils ont été passés, et qui doivent y demeurer annexées pour leur validité, peuvent être expédiés sur la même feuille de papier timbré. (*Décis. min. des fin.*, 11 *octobre* 1808 ; *Inst. de l'admin.*, 403.)

*Expédition.* — Un greffier ne peut rédiger sur le même état plusieurs extraits de jugements portant condamnation à des dommages-intérêts au profit des communes. (*Décis. min. des fin.*, 1er *mars* 1808 ; *Instr. de l'admin.*, 586, § 22.)

*Interrogatoire.* — L'addition à un interrogatoire *doit être* rédigée en marge ou à la suite de cet interrogatoire. (*Art.* 334 *du Code de Proc. civ.*)

*Jugement.* — Les greffiers peuvent avoir une feuille d'audience particulière pour chaque audience, ou inscrire successivement et par ordre les jugements de plusieurs audiences *sur une feuille ou sur un registre.* (*Inst. de l'admin.,* 373.)

*Procuration.* — Aux termes de l'art. 627 du Code de Commerce, le pouvoir pour plaider devant le tribunal de commerce peut être donné au bas de l'original ou de la copie de l'assignation.

L'art. 9 du Code de Procédure civile ne crée pas une semblable exception en faveur des pouvoirs pour plaider devant les juges de paix.

*Protêt.* L'huissier qui rédige à la suite d'un protêt la dénonciation à l'endosseur de l'effet protesté, ne commet pas une contravention : cette dénonciation est la suite nécessaire du protêt. (*Délib. du conseil d'admin. du* 22 *octobre* 1807; *article* 2738, *J. E.*)

*Saisie-exécution.* — Le procès-verbal de saisie-exécution peut être rédigé à la suite d'un autre procès-verbal daté de la veille, constatant un refus d'ouvrir les portes. (*Art.* 7581, *J. E.*)

*Scellés.* — Les procès-verbaux de reconnaissance et levée de scellés peuvent être faits à la suite du procès-verbal d'apposition. (*Art.* 23, *loi du* 13 *brumaire an* 7.)

*Scellés.* — On peut rédiger, à la suite d'un procès-verbal d'apposition de scellés, l'ordonnance et le procès-verbal de levée de ces scellés. (*Décis. min. des fin.,* 20 *avril* 1813; *Inst. de l'admin.,* 634.)

*Serment.* — La mention de la prestation de serment des employés peut être mise en marge ou à la suite de la commission. (*Inst. de l'admin.,* 554, *qui abroge, à cet égard, les dispositions de l'inst.* n° 248.)

*Serment.* — On peut mettre sur la même feuille, la présentation d'un garde champêtre, son approbation, et sa prestation de serment : ces trois parties constituent un seul acte qui ne peut pas être consommé dans le même jour (*cour de cass.,* 3 *vendémiaire an* 9). Une décision du ministre des finances, du 18 messidor an 8 (*art.* 529, *J. E.*), avait été prise dans un sens contraire.

*Signification.* — Les significations des huissiers peuvent être écrites à la suite des jugements et autres pièces dont il est délivré copie. (*Art.* 23, *loi du* 13 *brumaire an* 7.)

*Signification.* — L'original de la signification d'un jugement portant condamnation contre un délinquant forestier peut être mis à la suite de l'extrait de ce jugement, et visé pour timbre au droit de 1 fr. 25 c. (*Décis. du min. des fin.,* 24 octobre 1828 ; *Inst. de l'admin.* 1265, § 7.)

*Signification.* — On peut écrire, à la suite de l'expédition d'un jugement, deux exploits de signification de ce jugement, faits à la même requête, aux mêmes personnes, l'un au domicile élu et l'autre au domicile réel. (*Solut. de l'admin. du* 27 août 1812 ; *art.* 4295, *J. E.*)

*Signification.* — La signification d'un jugement d'avoué à avoué, et celle qui est faite à la partie, peuvent être mises sur la même feuille de papier timbré. (*Art.* 6364, *J. E.*)

*Signification.* — La signification d'un acte écrit sur papier frappé d'un timbre devenu hors d'usage peut être mise à la suite de l'acte signifié. (*Décis. min. des fin.,* 4 *brumaire an* 11 ; *Inst. de l'admin., n°* 137.)

*Taxe de frais et honoraires.* — L'état et la taxe des frais et honoraires peuvent être mis à la suite ou en marge des procès-verbaux de ventes de meubles, lors même que ces frais sont dus à un autre fonctionnaire que celui qui a procédé à la vente. (*Décis. min. des fin. du* 19 *mai* 1820, *et délib. du conseil d'admin. des* 19 *juillet et* 28 *octobre* 1820, *et* 8 *mai* 1824 ; *art.* 6766, 7734. 7735 *et* 8493, *J. E.*)

*Taxe des frais. Requête.* — Un huissier ne peut écrire, à la suite d'une vente forcée de meubles, la requête à présenter pour faire taxer les frais relatifs à cette vente. (*Solut. de l'admin.,* 19 *août* 1813 ; *art.* 4588, *J. E.*)

*Vente de meubles.* — Un procès-verbal de vente aux enchères d'effets mobiliers peut être écrit à la suite d'un procès-verbal antérieur, qui constatait que la vente n'avait pas eu lieu, faute d'enchérisseurs. (*Art.* 5678, *J. E.*)

*Vente de meubles.* — La vente d'objets saisis par un huissier, ne peut être rédigée à la suite du procès-verbal de récolement. (*Art.* 9903, *J. E.*)

*Vente de meubles.* — Un procès-verbal de vente de meubles aux enchères dans plusieurs communes, à la requête de plusieurs particuliers non co-intéressés, n'est pas en contravention à l'art. 23 de la loi du 13 brumaire an 7. (*Solut. du* 16 *juin* 1824 ; *Inst. de l'admin., n°* 1146, § 13.)

### § X. *Défense d'agir sur un acte non timbré ou non visé pour timbre.*

I. Il est fait défense aux *huissiers* et *greffiers* d'agir, aux *juges* de prononcer aucun jugement, sur un acte, registre ou effet de commerce non écrit sur papier timbré du timbre prescrit, ou non visé pour timbre.

Aucun juge ou officier public ne pourra non plus coter et parapher un registre assujéti au timbre, si les feuilles n'en sont timbrées (*Art.* 24, *loi du* 13 *brumaire an* 7). Toute contravention à cet article est punie d'une amende de 20 fr. (*Art.* 26, *n°* 5, *même loi; art.* 10, *loi du* 16 *juin* 1824.)

II. Les écritures privées qui auraient été faites sur papier non timbré, sans contravention aux lois du timbre, quoique non comprises nommément dans les exceptions, ne pourront être produites en justice sans avoir été soumises au timbre extraordinaire ou au visa pour timbre, à peine d'une amende de 5 fr., outre le droit de timbre. (*Art.* 30, *loi du* 13 *brumaire an* 7.)

III. Un écrit non signé n'est pas un acte; il ne peut faire titre, ni être produit comme obligation, décharge, justification, demande ou défense; ainsi il rentre dans la catégorie des écritures mentionnées en l'article précédent. (*Délib. du conseil d'admin.*, 12 *octobre* 1827; *art.* 8957, *J. E.*)

IV. Un officier public qui a rédigé plusieurs actes en conséquence d'un autre acte non revêtu du timbre, a encouru autant d'amendes qu'il a passé d'actes (*art.* 6900, *J. E.*); mais s'il rédige un seul acte en vertu de plusieurs autres actes non timbrés, il ne commet qu'une contravention et n'est passible que d'une amende.

### § XI. *Découverte des contraventions.*

I. Les préposés sont autorisés à retenir les actes, registres ou effets en contravention à la loi du timbre, *qui leur sont présentés*, pour les joindre aux procès-verbaux qu'ils en rapportent, à moins que les contrevenants ne consentent à signer lesdits procès-verbaux, ou à acquitter sur-le-champ l'amende encourue et le droit du timbre. (*Art.* 31, *loi du* 13 *brumaire an* 7.)

II. Un receveur qui trouve une pièce annexée à un acte présenté à l'enregistrement, peut la retenir pour constater la contravention. (*Trib. de Mamers*, 19 *février* 1834; *art.* 10886. *J. E.*)

*Voy.* l'article suivant.

**III.** Les préposés ne sont autorisés à retenir les actes en contravention au timbre, que dans le cas *où ces actes leur sont présentés*, à leur bureau, pour être soumis à la formalité de l'enregistrement. (*Cour de cass.*, 14 avril 1807.)

**IV.** Il suffit, pour autoriser la poursuite des contraventions aux lois sur le timbre, que ces contraventions aient été légalement découvertes et légalement constatées par les préposés de l'administration, encore que les pièces qui y donnent lieu ne leur aient été communiquées par aucun des fonctionnaires que la loi charge spécialement de cette communication, dès lors que les agents de l'administration n'ont employé dans cette découverte aucun moyen insidieux ni désavoué par la loi. (*Cour de cass.*, 16 mai 1815; *art.* 5217, *J. E.*)

**V.** Un employé ne peut poursuivre, contre un officier public, le paiement d'amendes de contraventions au timbre relevées sur des expéditions qu'il s'est procurées au moyen d'avertissements adressés aux parties, sans indiquer le but de la communication demandée. (*Jugement du tribunal de Loudun, 6 août 1834, auquel il a été acquiescé par délib. du conseil d'admin. du 30 septembre suivant; art.* 4585 *du Recueil de Roland.*)

**VI.** Il y a contravention lorsque les décharges de prix de ventes publiques de meubles, jointes aux procès-verbaux de vente, sont écrites sur papier non timbré. Ces décharges ne peuvent être considérées comme des pièces confidentielles dont la communication puisse être refusée. La contravention doit donc être constatée. (*Cour de cass.*, 5 *mars* 1829; *Inst. de l'admin.*, 1293, § 14.)

### § XII. *Paiement des droits et amendes de timbre.*

**I.** Le prix des papiers timbrés de la débite est payé comptant.

**II.** Le recouvrement des droits de timbre et des amendes de contravention y relatives est poursuivi par voie de contrainte, et, en cas d'opposition, les instances sont instruites et jugées selon les formes prescrites par les lois du 22 frimaire an 7 et 27 ventôse an 9 sur l'enregistrement. (*Art.* 76, *loi du* 28 *avril* 1816.)

**III.** Sont solidaires, pour le paiement des droits de timbre et des amendes, tous les signataires, pour les actes synallagmatiques; les prêteurs et emprunteurs, pour les obligations; les créanciers et les débiteurs, pour les quittances, et les officiers ministériels qui ont reçu ou rédigé des actes énonçant des livres non timbrés. (*Art. 75, loi du 28 avril 1816.*)

**IV.** En cas de décès des contrevenants, les droits et amendes sont dus par leurs successeurs, et jouissent, soit dans les successions, soit dans les faillites ou tous autres cas, du privilége des contributions directes. (*Art. 76, loi du 28 avril 1816.*)

### § XIII. *Prescription des droits et amendes de timbre.*

**I.** Il y a prescription pour la demande *des amendes de contravention* aux lois sur le timbre, après deux ans, à partir du jour où les préposés ont été mis à portée de constater les contraventions, au vu de chaque acte soumis à la formalité.

La prescription pour le recouvrement *des droits de timbre* qui sont dus indépendamment des amendes, reste réglée par les lois existantes. (*Art. 14, loi du 16 juin 1824.*)

**II.** Aucune loi n'ayant déterminé une prescription particulière pour la demande de ces droits, on pourrait penser que l'action doit être réglée par l'art. 2262 du code civil, et ne peut se prescrire que par trente ans; mais la cour de cassation a admis une jurisprudence contraire en ce qui concerne les droits d'enregistrement.

Il est présumable que, les motifs étant les mêmes dans l'un comme dans l'autre cas, elle statuera de même, lorsque la question lui sera soumise, que les droits de timbre se prescrivent par deux ans, quand les préposés ont été mis à portée de constater les contraventions.

### § XIV. *Changement de timbres.*

**I.** Lors des changements de timbres, les registres et répertoires qui sont timbrés, et dont on a déjà employé une partie, ne sont pas sujets, pour les feuilles non encore écrites, aux timbres nouvellement établis. (*Art. 37, loi du 13 brumaire an 7; arrêté du gouvern., 7 fruct. an 10, art. 7; déc., 17 avril 1806, art. 12; ordonn., 11 nov. 1814, art. 6; 8 juill. 1827, art. 8; art. 4991, 5518, 5586, 8764, J. E.; délib. du conseil d'admin. 19 juillet 1816.*)

**II.** Il en est de même pour les actes qui ne peuvent être consommés dans un même jour ou dans une même vacation, tels que les inventaires, procès-verbaux d'apposition, de reconnaissance ou de levée de scellés, procès-verbaux de vérification et affirmation de créances : on peut continuer ces actes sur les feuilles qui ont servi à leur commencement. (*Solut. de l'admin.*, 16 *avril* 1828; *art.* 9017, **J. E.**)

III. Un notaire a préparé une expédition qui n'a été signée par son successeur qu'après un changement dans le timbre frappé sur cette expédition; il y a contravention, attendu que l'époque où l'expédition a été faite ne peut être constatée que par la signature du notaire. (*Délib. du cons. d'admin.*, 15 *janvier* 1830; *art.* 9657, **J. E.**)

HUDAULT, *vérificateur de l'enregistrement et des domaines.*

**TITRE.** C'est l'acte qui sert à établir un droit, une qualité. (Voy. *Acte authentique, Acte sous seing privé.*)

I. Le juge de paix peut-il consulter les titres qui établissent la propriété ou la servitude, dans le jugement d'une question possessoire ? (Voy. *Action possessoire*, sect. 4.)

**TOLÉRANCE.** C'est l'action de permettre, de souffrir, de laisser faire ce qu'on pourrait empêcher. (Voy. *Action possessoire*, sect. 2, § 3, n° 7.)

**TOUR DE L'ÉCHELLE.** On appelle ainsi une servitude qui donne au propriétaire du bâtiment auquel elle est due, le droit de placer une échelle sur l'héritage du voisin, pour réparer son édifice.

I. Quelques coutumes anciennes avaient placé le tour d'échelle au nombre des servitudes légales : elle résultait du seul fait du voisinage, sans qu'il fût besoin de titre pour l'établir. Mais la Coutume de Paris avait adopté une autre règle; elle ne considérait pas comme légale la servitude du tour de l'échelle, et on ne pouvait l'acquérir que de la manière dont s'acquéraient les servitudes discontinues.

II. Notre législation moderne est conforme, sur ce point, à la Coutume de Paris. En ne rangeant pas le tour de l'échelle dans la catégorie des servitudes légales, elle le soumet, comme toute servitude discontinue, aux dispositions de l'article 691 du Code civil, d'après lequel nulle servitude de cette nature ne peut s'établir autrement que par titre.

Vainement dirait-on, avec les commentateurs des coutumes qui en avaient fait une servitude légale, qu'elle est *fondée sur l'humanité, charité et équité naturelle.* « Cette prétendue équité, répond M. Toullier, t. 3, n° 559, est purement imaginaire. Le propriétaire doit s'imputer de n'avoir pas laissé un espace suffisant pour y établir les ouvrages nécessaires aux réparations de sa maison ou de son mur; il doit donc *faire le service et les ouvrages de son côté,* comme le dit avec raison un acte de notoriété délivré par le Châtelet de Paris, le 25 août 1701. »

III. Cependant M. Pardessus prétend que dans les villes où la clôture est forcée, celui à qui appartient le mur dont la réparation est urgente, peut exiger le passage sur l'héritage voisin, parce que, l'art. 663 lui donnant le droit de contraindre son voisin à la construction d'un mur de clôture, c'est le cas d'appliquer la règle que le moins est contenu dans le plus.

« Il nous est impossible de partager cette opinion, dit M. Toullier. *ibid.* Le droit de passer sur l'héritage du voisin, pour réparer le mur de clôture non mitoyen, n'est point une conséquence nécessaire du droit de contraindre le voisin à contribuer aux constructions et réparations du mur de clôture mitoyen. Si le mur est mitoyen, chaque voisin doit prêter le passage pour la réparation qui se fait à frais communs ; nul doute sur ce point. Mais s'il s'agit de réparations qui ne sont pas communes, c'est-à-dire si le mur n'est pas mitoyen, le propriétaire n'a pas le droit de contraindre le voisin à contribuer aux réparations. Il n'a donc pas le droit, pour faire ces réparations qui ne regardent que lui seul, de passer sur l'héritage du voisin à qui elles sont étrangères. »

IV. Le même auteur, et M. Favard de Langlade, *Répertoire*, v° *Servitude*, sect. 2, § 7, n° 7, enseignent aussi, contre l'opinion de quelques jurisconsultes, que, sous l'empire du Code civil, la servitude du tour de l'échelle n'est point une suite nécessaire de celle d'égout. En effet, l'expérience journalière prouve que, pour réparer un toit, il n'est pas nécessaire de placer des échelles au pied du mur.

La servitude d'égout, qui est continue et apparente, peut bien s'acquérir par la prescription ; mais il n'en est pas ainsi de celle du tour de l'échelle, car, comme elle est discontinue, elle ne peut s'acquérir sans titre. C'est donc le cas de suivre strictement la maxime *tantum præscriptum quantum possessum.*

V. Il résulte de là que l'action possessoire ne serait pas recevable pour trouble dans la jouissance de cette servitude, à moins qu'elle ne fût établie par un titre. Dans ce dernier cas, à défaut de fixation, dans le titre, de l'étendue de la servitude, le tour de l'échelle s'étend à trois pieds de distance du bâtiment qui en jouit. C'est ce qu'atteste l'acte de notoriété du 25 août 1701.

VI. On ne doit pas confondre, avec la servitude du tour de l'échelle, l'espace qu'un propriétaire laisse, pour sa commodité, au-delà de son mur de clôture, afin de pouvoir le rétablir plus facilement, et que l'on appelle, en quelques endroits, *investison*, et quelquefois aussi *tour de l'échelle*. C'est une propriété dont il peut user comme il le juge convenable, sans qu'il ait cependant le droit d'ouvrir des portes ou des jours sur ce terrain, s'il n'a pas la largeur requise par les articles 678 et 679, pour l'ouverture des vues droites et des vues obliques. — Il peut y établir l'égout de ses eaux et de ses immondices, pourvu qu'elles ne s'étendent pas sur le terrain du voisin.

**TRAITE DES NOIRS.** On appelle ainsi le trafic des nègres que l'on achète pour les transporter dans une contrée où ils sont destinés à l'esclavage. (Voy. *Noir.*)

La loi du 15 avril 1818, après avoir établi des peines contre ceux qui se livrent à cet odieux commerce, ajoute, *art.* 2 : « Ces affaires seront instruites devant les tribunaux qui connaissent des contraventions en matière de douanes, et jugées par eux. »

Cette vague disposition avait fait penser à la cour de Rennes que c'étaient les juges de paix qui, comme juges ordinaires en matière de douanes, devaient seuls connaître des contraventions relatives à la traite des nègres. Elle avait, en conséquence, par un arrêt du 26 janvier 1822, déclaré l'incompétence de la juridiction correctionnelle. Mais sa décision fut cassée, sur le pourvoi du procureur-général, par les motifs suivants :

« Attendu que les contraventions en matière de douanes sont jugées, suivant leur nature, soit par les juges de paix en premier ressort, et par les tribunaux civils par voie d'appel, soit par les tribunaux correctionnels ; mais que les infractions à la disposition prohibitive de l'art. 1er de la loi du 15 avril 1818 devant être recherchées et poursuivies par le ministère public, elles ne pourraient être portées devant les juges de paix, auprès desquels la loi n'a point établi d'officiers du ministère public ; — Qu'elles ne peuvent donc être poursuivies et jugées que devant les tribunaux correctionnels, et que la juridiction de ces tribunaux se trouve ainsi nécessairement déterminée par la combinaison desdits deux articles, etc. » (29 *mars* 1822.) Même décision le 4 janvier 1823.

**TRAITEMENT.** Voy. *Honoraires.*

**TRANSCRIPTION.** Voy. *Conservateur des Hypothèques.*

**TRÉSOR.** On appelle ainsi, dans le langage du droit, toute chose cachée ou enfouie sur laquelle personne ne peut justifier sa propriété, et qui est découverte par le pur effet du hasard. (*Code civil, art.* 716.)

I. La propriété d'un trésor appartient tout entière à celui qui le trouve dans son propre fonds. Lorsque le trésor est trouvé dans le fonds d'autrui, il appartient pour moitié à celui qui l'a découvert, et pour l'autre moitié au propriétaire du fonds. (*Même article.*)

II. Pour qu'il y ait lieu à l'application de cet article, deux conditions sont nécessaires.

D'abord, il faut que personne ne puisse justifier sa propriété sur la chose trouvée. Si, par des témoignages ou par des indices certains, quelqu'un prouvait qu'il est le propriétaire de la chose, soit qu'il l'eût cachée volontairement, soit qu'il l'eût perdue, elle devrait lui être restituée sans égard pour le droit de l'inventeur (Pothier, *de la Propriété*, n° 66). La présomption de propriété serait très-grave, si, comme il est arrivé quelquefois, une somme d'argent se trouvait cachée dans un lieu secret de quelque armoire, secrétaire ou autre meuble, vendu à l'encan ou de toute autre manière après décès. Il y aurait fortement lieu de croire, surtout si le défunt ou son auteur avait eu le meuble neuf, que c'est lui qui a fait le dépôt. Les autres circonstances de la cause pourraient renforcer ou affaiblir cette présomption. (Duranton, *Cours de Droit français*, t. 4, n° 311.)

Il faut encore que la découverte soit uniquement l'effet du hasard. *Si forte*, dit la loi romaine, *vel arando, vel aliàs terram alienam colendo, vel quacumque casu, non studio perscrutandi, in alienis locis thesaurum invenerit* (L. 1, § 39, Cod., *de Thesauris*); d'où l'on doit conclure, avec Pothier, que celui qui aurait trouvé un trésor dans le terrain d'autrui, en y faisant des fouilles sans le consentement du propriétaire, serait tenu de le rendre à ce dernier, parce qu'il ne doit retirer aucun profit du délit qu'il a commis en fouillant le terrain d'un autre sans son consentement.

III. Mais les ouvriers qui, en travaillant dans un fonds, les maçons ou autres qui, en réparant un mur ou en faisant une construction quelconque, y découvrent un trésor, ont droit à la moitié des choses trouvées. Il en serait de même des domestiques du maître du fonds. Si néanmoins celui-ci avait employé ces ouvriers ou domestiques à faire des fouilles ou des démolitions pour découvrir un trésor dont il soupçonnait l'existence, il lui appartiendrait en totalité. Comme, en pareille occurrence, on ne révèle ordinairement pas ses vues et son espoir, la question de savoir si les ouvriers ont été employés à découvrir le trésor, ou s'ils l'ont découvert par le pur effet du hasard, dépendrait entièrement des circonstances, dont l'appréciation est abandonnée à la prudence du juge. (*Duranton*, n°ˢ 315 et 316).

IV. L'usufruitier n'a pas droit, même à la jouissance

du trésor découvert dans un fonds soumis à l'usufruit (*article* 598). Si c'est lui qui en a fait la découverte par hasard, il peut en réclamer la moitié à titre d'inventeur.

V. Même décision pour celui qui possède un droit de superficie sur un héritage. Comme l'intérieur du sol appartient au propriétaire de l'héritage, c'est ce dernier qui partagerait le trésor avec l'inventeur. (Proudhon, *Traité des Droits d'Usufruit*, etc., t. 8, n° 3731.)

VI. L'héritier bénéficiaire n'aurait également aucun droit sur le trésor trouvé par un tiers dans un immeuble de la succession. La moitié appartiendrait à l'inventeur, l'autre moitié serait pour les créanciers du défunt. ( Delvincourt, *Cours de Code civil*, t. 2, note 5 sur la page 33. )

VII. Le trésor étant une chose mobilière, les actions qui s'y rapportent entrent dans la juridiction des juges de paix, lorsque la valeur en est fixée à une somme qui n'excède pas 100 fr.

**TRIBUNAL DE SIMPLE POLICE.** — L'art. 1ᵉʳ du Code pénal est ainsi conçu :

« L'infraction que les lois punissent des peines de police est une *contravention*.

» L'infraction que les lois punissent de peines correctionnelles est un *délit*.

» L'infraction que les lois punissent d'une peine afflictive ou infamante est un *crime*. »

En thèse générale, on peut dire que la loi a établi trois ordres distincts de juridictions pour le jugement de ces trois ordres d'infractions. Les cours d'assises connaissent des *crimes*, les tribunaux correctionnels des *délits*, les tribunaux de simple police des *contraventions*.

Nous disons en thèse générale, parce qu'en effet cette règle n'est pas sans exception, et que nos lois attribuent la connaissance de certains délits aux cours d'assises ( *loi du 8 octobre 1830*), de certaines contraventions aux tribunaux de police correctionnelle (*voir notamment l'art. 171 du Code forestier*).

Mais ce qui est vrai et sans exception, c'est que les tribunaux de simple police ne peuvent juger que des contraventions (1).

______

(1) Dans le cas prévu par l'art. 505 du Code d'Instruction criminelle, c'est comme juge et non comme juge de simple police, comme tribunal et non comme tribunal de répression, que le magistrat est autorisé à prononcer des peines de police correctionnelle ; la dignité de la justice a commandé cette disposition de la loi, qui n'est pas une exception au

L'état, la compétence et la procédure de ces tribunaux ont subi de nombreuses variations. Après avoir été tribunaux de police municipale sous la loi du 22 juillet 1791 (1), ils devinrent tribunaux de police sous l'empire du Code des Délits et des Peines du 3 brumaire an 4 (2), et reçurent enfin, sous le titre de tribunaux de simple police, l'organisation dernière que leur donne le Code d'Instruction criminelle de 1808.

Les règles relatives à la compétence de ces tribunaux, à leur composition, à la procédure qui les régit, sont écrites dans le chapitre 1er du tit. 1er du liv. 2 du Code d'Instruction criminelle, depuis l'art. 137 jusqu'à l'art. 178 inclusivement.

Nous nous occuperons successivement, et suivant l'ordre tracé par le Code, de la compétence, de la composition de ces tribunaux, et des règles de procédure qui s'y observent.

II. L'art. 138 du Code d'Instruction criminelle est ainsi conçu : « La connaissance des contraventions de police est attribuée au juge de paix et au maire, suivant les règles et les distinctions qui seront ci-après établies. »

Il résulte de cet article que la loi attribue à deux juridictions distinctes la connaissance des contraventions de police ; nous traiterons séparément de l'une et de l'autre.

III. L'art. 1er du Code pénal décide, comme nous l'avons vu, que l'infraction punie par les lois des peines de police, est une contravention. L'art. 137 du Code d'Instruction criminelle détermine ce qu'il faut entendre par peines de police ; il est ainsi conçu :

« Sont considérés comme contraventions de police simple, les faits qui, d'après les dispositions du 4e livre du Code pénal, peuvent donner lieu soit à quinze francs d'amende ou au-dessous, soit à cinq jours d'emprisonnement ou au-dessous, qu'il y ait ou non confiscation des choses saisies, et quelle qu'en soit la valeur. »

IV. Avant de passer outre, il convient d'expliquer certaines expressions de cet article qui pourraient prêter à une interprétation vicieuse.

principe. La cour de cassation a décidé que, lorsqu'une peine correctionnelle est prononcée par un tribunal de première instance, à raison d'injures reçues dans l'exercice de ses fonctions, la matière reste civile, et que l'appel de ce jugement ne peut être porté aux cours de justice criminelle. Les mêmes principes permettent au juge de police d'appliquer au témoin défaillant l'amende portée par l'art. 80 du Code d'Instruction criminelle.

(1) Voir les art. 42 et suivants de cette loi.

(2) Voir les art. 150 et suivants de ce Code.

Ces mots : *les faits qui, d'après les dispositions du 4ᵉ livre du Code pénal,* etc...., désignent la juridiction de la simple police et ne la bornent point ; ils sont énonciatifs, mais non limitatifs ; car cette juridiction comprend aussi d'autres contraventions aux lois et aux réglements particuliers, lorsqu'elles peuvent donner lieu soit à 15 francs d'amende ou au-dessous, soit à 5 jours d'emprisonnement ou au-dessous, quoique ces contraventions ne soient pas rappelées dans le 4ᵉ livre du Code pénal.

D'un autre côté, il résulte positivement des expressions du même art. 137, *qui peuvent donner lieu,* que la compétence des tribunaux de police se détermine par le maximum des peines prononcées par la loi, de telle sorte qu'il est évident que ces tribunaux, lorsqu'ils seraient incompétents pour prononcer le maximum, ne peuvent devenir compétents en ne prononçant que le minimum. Ce point de doctrine, incontestable d'ailleurs, fut consacré par plusieurs arrêts de la cour de cassation, et notamment le 25 août 1808, le 20 juin 1809, le 2 avril 1812, le 15 juin 1813.

Mais la même cour a décidé, le 26 mars 1819, que dans le cas où la contravention à un réglement de police pouvait donner lieu, outre les peines de simple police, à la condamnation de l'affiche et à l'impression du jugement, les tribunaux de police n'en étaient pas moins compétents, le caractère de peine n'étant pas attaché à l'impression et à l'affiche des jugements de condamnation, qui pourraient être ordonnées aux frais des condamnés.

V. Lorsque la loi punit une infraction d'une amende égale au dommage, la compétence des tribunaux de police se détermine d'après les conclusions du plaignant. C'est encore ce qui résulte de la jurisprudence, et notamment d'un arrêt de la cour suprême en date du 21 août 1821.

VI. L'art. 153 de la loi du 3 brumaire an 4 déclarait qu'un fait était un délit de police, lorsque la peine n'excédait ni la valeur de trois journées de travail, ni trois jours d'emprisonnement.

C'est une évidente amélioration d'avoir substitué une somme fixe à la valeur d'un certain nombre de journées de travail. Cette valeur, en effet, varie d'après les tarifs, dans chaque département ; souvent même dans les divers arrondissements d'un seul département ; en sorte que la même infraction était une contravention ou un délit, selon le lieu où elle était jugée. Nous venons de voir que le Code d'Instruction criminelle a fait disparaître cette étrange discordance, pour y substituer une règle fixe et invariable.

**VII.** Des difficultés graves et nombreuses s'étaient élevées, avant la révision du Code pénal, sur la force des réglements faits ou publiés de nouveau par l'autorité administrative, et sur la nature des peines encourues par les infracteurs de ces réglements : on a vu, au mot *Contravention*, que le législateur de 1832, en insérant une disposition nouvelle dans le n° 15 de l'art. 471 du Code pénal, a résolu et résumé en termes clairs et précis un grand nombre de ces difficultés.

Cet article soumet aux peines de police qu'il prononce, « ceux qui auront contrevenu aux réglements légalement faits par l'autorité administrative, et ceux qui ne se seront pas conformés aux réglements ou arrêtés publiés par l'autorité municipale en vertu des art. 3 et 4, tit. 11, de la loi du 16-24 août 1790, et de l'art. 46, tit. 1ᵉʳ, de la loi du 19-22 juillet 1791. »

C'est donc un point de doctrine incontestable, et qui repose aujourd'hui sur le texte précis de la loi, que les tribunaux de police ne peuvent, dans leurs jugements, se dispenser d'appliquer les peines prononcées par l'art. 471 du Code pénal, à ceux qui contreviennent aux dispositions des réglements faits ou publiés par les municipalités dans les matières qui sont du ressort de la police municipale.

On peut voir, aux articles *Autorité municipale* et *Contravention,* quelles sont les attributions légalement conférées à ce pouvoir, et par suite quel est le caractère des infractions commises aux réglements pris dans les limites de ces attributions ; nous ne reviendrons pas ici sur ce point important.

Section Iʳᵉ.—*Du tribunal du juge de paix comme juge de police.*

§ Iᵉʳ. *De la compétence.*

**I.** Les art. 139 et 140 du Code d'Instruction criminelle sont ainsi conçus :

*Art.* 139. « Les juges de paix connaîtront exclusivement : 1° Des contraventions commises dans l'étendue de la commune chef-lieu du canton ;

» 2° Des contraventions dans les autres communes de leur arrondissement, lorsque, hors le cas où les coupables auront été pris en flagrant délit, les contraventions auront été commises par des personnes non domiciliées ou non présentes dans la commune, ou lorsque les témoins qui doivent déposer n'y sont pas résidants ou présents ;

» 3° Des contraventions à raison desquelles la partie qui

réclame conclut, pour ses dommages-intérêts, à une somme indéterminée ou à une somme excédant quinze francs ;

» 4° Des contraventions forestières, poursuivies à la requête des particuliers ;

» 5° Des injures verbales ;

» 6° Des affiches, annonces, ventes, distribution ou débit d'ouvrages, écrits ou gravures contraires aux mœurs ;

» 7° De l'action contre les gens qui font métier de deviner et pronostiquer, ou d'expliquer les songes.'»

*Art.* 140. « Les juges de paix connaîtront aussi, mais concurremment avec les maires, de toutes autres contraventions commises dans leur arrondissement. »

II. Avant d'entrer dans l'examen des divers paragraphes qui composent ces deux articles, nous devons remarquer que certaines actions peuvent être portées devant le juge de paix considéré comme juge civil, qui ne peuvent l'être devant ce magistrat comme juge de police. C'est ainsi, par exemple, que, dans les cas prévus par les art. 444 et suivants du Code pénal, si la partie lésée se pourvoit par action civile, le juge de paix peut statuer, parce que la demande n'a pour objet que des dommages-intérêts ; mais si l'affaire est portée devant lui comme juge de police, il doit se déclarer incompétent, et renvoyer les parties devant le procureur du roi, aux termes de l'art. 160 du Code d'Instruction criminelle, par la raison que, comme tribunal de répression, il serait obligé de condamner à une amende qui excède sa compétence.

Ce serait en vain qu'il s'abstiendrait, dans ce cas, de prononcer une peine en se bornant à condamner l'auteur du délit à réparer le tort qu'il a causé par ce délit même à la partie plaignante. Comme tribunal de répression, il ne peut statuer que sur un fait punissable ; comme juge de police, il ne peut connaître que d'une contravention. S'il y a délit, il est incompétent comme juge de police pour prononcer une peine, et comme tribunal de répression pour statuer sur l'action civile, abstraction faite de l'action publique. Ce point de doctrine a été consacré par de nombreux arrêts de la cour de cassation.

Par les mêmes motifs, il est évident que le juge de paix qui a commencé, en sa qualité de juge civil, l'instruction d'une affaire relative au dommage causé par un délit, ne peut continuer cette instruction comme tribunal de police.

III. Il convient de remarquer ici, à l'appui de ces principes, que si l'art. 159 du Code d'Instruction criminelle autorise le juge de police à statuer sur les demandes en dommages-intérêts, lorsqu'il reconnaît que le fait ne présente ni délit ni contravention de police, c'est en faveur du prévenu seulement, à cause du préjudice qu'une poursuite non autorisée par la loi peut lui avoir fait essuyer; de telle sorte que, si la partie poursuivante prétendait qu'il lui a été fait quelque préjudice, son action, purement civile, devrait être portée devant les tribunaux ordinaires. Plusieurs arrêts de la cour suprême ont également consacré ce point de doctrine.

IV. C'est par une conséquence de ces principes qu'il faut reconnaître que lorsque, devant un tribunal de police, une question de propriété, ou toute autre exception ayant pour objet un droit réel, s'élève incidemment à la demande en réparation de la contravention prétendue, cette question devient nécessairement préjudicielle, et doit, comme telle, être renvoyée aux tribunaux civils, toutes choses d'ailleurs demeurant en état.

V. Il importe de rappeler, toutefois, que l'exception préjudicielle ne peut être admise qu'autant qu'elle est fondée soit sur un titre apparent, soit sur des faits de possession équivalents, personnels au prévenu et par lui articulés avec précision, et lorsque le titre produit ou les faits articulés sont de nature, dans le cas où ils seraient reconnus par l'autorité compétente, à ôter au fait qui sert de base aux poursuites tout caractère de délit ou de contravention, et permettrait au prévenu de dire : *Feci, sed jure feci.*

VI. Reportons-nous maintenant au texte des art. 139 et 140 que nous avons ci-dessus rapportés.

§ 1er. « Les juges de paix connaîtront exclusivement.....» Ces expressions de l'art. 139 doivent s'interpréter par les art. 137, 138 et 140; elles signifient seulement que les juges de paix connaîtront, *exclusivement aux maires*, des infractions énoncées dans l'art. 139, lorsque ces infractions, d'après les art. 137 du Code d'Instruction criminelle et 1er du Code pénal, ne constituent que de simples contraventions de police.

VII. § 2. Cette circonstance, que la contravention n'a pas été commise dans l'arrondissement du tribunal de police, n'établit point une incompétence absolue; l'incompétence peut être couverte par le consentement des parties à plaider devant ce tribunal.

VIII. § 4. Il est bien évident que le tribunal de police doit connaître non-seulement des contraventions forestières poursuivies à la requête des particuliers, mais de toutes les contraventions commises dans les bois des particuliers.

IX. § 5. Ce paragraphe, pour être bien compris, doit être rapproché du chapitre 5 de la loi du 17 mai 1819. L'article 13 de cette loi définit ainsi l'injure : *Toute expression outrageante, terme de mépris ou invective qui ne renferme l'imputation d'aucun fait, est une injure.*

Les art. 19 et 20 de la même loi sont ainsi conçus :

*Art.* 19. « L'injure contre les personnes désignées par les art. 16 et 17 de la présente loi, sera punie d'un emprisonnement de cinq jours à un an, et d'une amende de vingt-cinq francs à deux mille francs, ou de l'une de ces deux peines seulement, selon les circonstances.—L'injure contre les particuliers sera punie d'une amende de seize francs à cinq cents francs. »

*Art.* 20. « Néanmoins l'injure qui ne renfermerait pas l'imputation d'un vice déterminé, ou qui ne serait pas publique, continuera d'être punie des peines de simple police.»

Ces dispositions sont parfaitement conformes au texte des art. 375 et 376 du Code pénal : il en résulte que l'injure ne rentre dans la compétence des tribunaux de simple police, aux termes du § 11 de l'art. 471 du Code pénal, que lorsqu'elle ne présente pas le double caractère de publicité et de gravité. Ainsi, d'une part, l'injure publique, mais qui ne renferme pas l'imputation d'un vice déterminé, de l'autre, l'injure qui renferme cette imputation, mais qui n'a point été proférée publiquement, sont de la compétence du tribunal de simple police. Si ces deux caractères sont réunis, la police correctionnelle seule est compétente. (Voy. *Injures*, § 1er, n° 3.)

Nous devons, sur ce paragraphe de l'art. 139, faire observer qu'en matière d'injures, comme à l'égard de tout autre délit, ce n'est pas le domicile du prévenu, mais le lieu où les injures ont été proférées, qui détermine la compétence du tribunal de police.

X. Il n'est peut-être pas sans intérêt de faire remarquer également que l'art. 484 du Code pénal autorise les tribunaux de police à connaître des voies de fait et violences légères punies de peines de simple police par l'art. 605 du Code des Délits et des Peines. S'il y a eu coups portés, ou blessures faites, la contravention disparaît pour faire place au délit correctionnel prévu et puni par l'art. 311 du Code pénal.

XI. § 6. Nous devons, pour l'intelligence de ce paragraphe, renvoyer aux art. 284, 288 et 475, § 15, du Code pénal.

XII. L'art. 139, comme nous l'avons vu, établit la juridiction des juges de paix exclusivement à celle des maires ; l'article 140, au contraire, décide que les juges de paix connaîtront aussi, mais concurremment avec les maires, de toutes autres contraventions commises dans leur arrondissement. Et en effet l'orateur du gouvernement s'exprimait ainsi sur cet article : « En attribuant la connaissance (des contraventions désignées dans l'art. 166 et suivants) au maire, nous n'avons pas prétendu l'interdire au juge de paix, et les parties seront toujours libres de le saisir quand elles le jugeront convenable. » Il résulte de là, comme le fait observer M. Bourguignon dans sa *Jurisprudence des Codes criminels*, que lorsque le juge de paix et le maire sont tous les deux compétents, le ministère public ou le plaignant, c'est-à-dire celui des deux qui prend l'initiative, peut, à son choix, saisir l'une des deux juridictions, sans que la partie citée puisse demander son renvoi devant l'autre.

### § 2. *De l'organisation ou de la composition du tribunal du juge de paix, comme tribunal de police.*

I. Le juge, l'officier du ministère public et le greffier sont les trois personnes qui composent essentiellement le tribunal de police.

L'absence de l'une de ces trois personnes entraînerait la nullité du jugement, parce que le tribunal ne serait pas alors légalement constitué. Ce point de doctrine est établi par une jurisprudence constante. A l'égard du ministère public, non-seulement sa présence est indispensable, mais la loi veut qu'il soit entendu et qu'il donne ses conclusions.

II. Le *juge*, c'est le juge de paix lui-même ou l'un de ses suppléants dans les communes dans lesquelles il n'y a qu'un juge de paix; l'art. 3 de la loi du 29 ventôse an 9, est formel sur ce point.

Mais dans les communes divisées en deux justices de paix ou plus, en est-il de même à l'égard des suppléants? Nous ne le pensons pas. L'art. 142 du Code d'Instruction criminelle ne nous paraît point permettre aux suppléants de remplacer au tribunal de simple police le juge de paix auquel ils sont adjoints, toutes les fois qu'il existe dans la même ville d'autres juges de paix qui peuvent faire le service. En matière civile, la compétence d'un juge de paix est restreinte au canton pour lequel il a été nommé; il ne peut remplacer ceux des autres cantons ni être remplacé par eux, et ses suppléants sont seuls compétents pour faire, à son défaut, tous les actes de sa juridiction; mais il n'en est pas ainsi en matière de police. L'art. 142 du Code d'Instruction criminelle étend la compétence de tous les juges de paix d'une même ville; il fixe l'ordre dans lequel ils doivent présider le tribunal de police, et il ne fait nulle mention des suppléants. La conséquence que l'on doit en tirer, c'est que les suppléants ne peuvent être admis à présider le tribunal qu'à défaut de tous les magistrats auxquels la loi a conféré cette attribution en première ligne.

III. *L'officier du ministère public*, c'est le commissaire de police du lieu où siége le tribunal. En cas d'empêchement de ce fonctionnaire, ou s'il n'y a point de commissaire de police, c'est le maire, qui peut se faire remplacer par son adjoint. Il est de jurisprudence que l'adjoint du maire, qui a exercé les fonctions du ministère public près le tribunal de police, est réputé valablement désigné par cela seul que le maire ne l'a pas désavoué.

S'il arrivait que le maire et l'adjoint de la commune où siége le tribunal de police fussent absents ou empêchés, ils devraient être remplacés par le maire, et, à son défaut, par l'adjoint d'une autre commune du canton, et non par un membre du conseil municipal. La cour de cassation l'a ainsi jugé par arrêt en date du 1er février 1810.

IV. *Le greffier*, c'est le greffier de la justice de paix, dans les communes où il n'y a qu'un juge de paix; c'est un greffier particulier pour le tribunal de police, dans les communes divisées en deux justices de paix ou plus. Si le greffier était empêché, le juge de paix devrait le faire remplacer temporairement par une personne âgée au moins de vingt-cinq ans, dont il recevrait le serment.

V. Dans les communes divisées en deux justices de paix ou plus, des réglements d'administration publique peuvent diviser le tribunal de police en deux ou trois sections. Cette division a été faite par le décret du 18 août 1810, dans les villes de Bordeaux, Lyon, Marseille, Nantes, Rouen et Paris.

Dans ces communes, le service au tribunal de police est fait *successivement* par chaque juge de paix, en commençant par le plus ancien. La loi du 28 floréal an 10 et le décret du 18 août 1810 font voir que ce mot de la loi, *successivement,* doit s'entendre de sessions de trois en trois mois.

VI. Nous avons fait connaître, au mot *Costume,* que la dignité de la magistrature et l'intérêt personnel du magistrat exigent que le juge de paix soit revêtu de son costume distinctif lorsqu'il tient ses audiences publiques.

VII. L'art. 9 de la loi du 29 ventôse an 9 exige que le juge de paix tienne ses audiences au chef-lieu de canton, et cette disposition de la loi n'a pas cessé d'être en vigueur. Si, en effet, l'art. 8 de la loi du 28 floréal an 10 astreint les juges de paix à résider dans leur canton, c'est une obligation nouvelle que cet article leur impose, mais cette obligation n'est point en contradiction avec celle qui résulte pour eux de l'art. 9 de la loi du 29 ventôse an 9. Il faut remarquer, d'ailleurs, que l'art. 17 de la loi du 28 floréal an 10 maintient toutes les lois antérieures non contraires à ses dispositions, et confirme dès lors implicitement, mais formellement, l'art. 9 de la loi de ventôse.

Cependant, si le juge de paix n'était pas domicilié au chef-lieu de canton, et n'y tenait pas ses audiences, il ne devrait pas taxer les témoins d'après la distance de leur domicile au sien, mais bien de leur domicile au chef-lieu de canton.

### § III. *De la manière de procéder.*

I. Les prévenus de contravention sont traduits devant les tribunaux de simple police, soit en vertu d'une citation directe, soit par ordonnance de la chambre du conseil rendue sur le rapport d'un juge d'instruction, soit par arrêt de la chambre des mises en accusation, soit par renvoi de la cour de cassation.

II. Les citations pour contraventions de police sont notifiées, à la requête du ministère public ou de la partie civile, par un huissier qui doit en laisser copie au prévenu ou à la personne civilement responsable, suivant que l'un ou l'autre seulement est cité; à chacun d'eux, si l'action est dirigée contre l'un et l'autre. (*Voir* les mots *Prévenu* et *Responsabilité civile.*)

III. Nous avons exposé, aux mots *Huissier* et *Citation*, toutes les règles relatives à la validité de ces actes : nous n'y reviendrons pas ici ; nous rappellerons seulement qu'en matière de simple police, la citation n'est pas de rigueur, et que les parties peuvent comparaître volontairement et sur un simple avertissement. Il faut remarquer toutefois qu'aux termes de l'art. 149 du Code d'Instruction criminelle, une condamnation par défaut ne peut être prononcée par le tribunal de police du juge de paix, que contre une personne non comparante, quoique légalement citée.

IV. Si la poursuite est intentée à la requête de la partie civile, et que cette partie civile ne comparaisse point, il est évident que le prévenu peut requérir congé. Néanmoins, le ministère public peut aussi requérir et le tribunal prononcer l'application de la peine, si la contravention est suffisamment établie. Nous n'avons pas besoin de rappeler qu'en aucun cas le tribunal ne peut donner défaut contre le ministère public, et que si l'officier qui en remplit les fonctions est absent, il y a lieu de le remplacer ou de remettre la cause à une autre audience.

V. La cour de cassation a décidé que la *comparution* du prévenu, dans le sens de l'art. 149 du Code d'Instruction criminelle, ne devait pas s'entendre de la seule présence matérielle, et que le jugement rendu contre un individu qui n'avait proposé aucune défense ni pris aucune conclusion, avait le caractère d'un jugement par défaut, contre lequel dès lors l'opposition était recevable. (Voy. *le Juge de Paix*, t. 5, p. 133.)

VI. Le prévenu doit comparaître par lui-même ou par un fondé de procuration spéciale. Il peut se faire assister d'un défenseur ou conseil. S'il ne comparaît pas, ainsi que nous venons de le dire, au jour et à l'heure fixés par la citation, il sera jugé par défaut. L'instruction, dans ce cas, est faite comme si le prévenu était présent.

VII. Les jugements par défaut peuvent être attaqués par la voie de l'opposition. Cette opposition devra être faite par déclaration en réponse au bas de l'acte de signification, ou par acte notifié, dans les trois jours de la signification faite à la requête du ministère public ou de la partie civile, outre un jour par trois myriamètres. Elle peut être formée par notification, même avant la signification du jugement par défaut, et elle est recevable même contre un jugement qui ne statue que sur la compétence.

VIII. Tant que la voie d'opposition est ouverte, le jugement ne peut être attaqué par l'appel ou par le recours en cassation. C'est ce qui résulte d'un avis du conseil-d'état du 18 février 1806, de la disposition générale de l'art. 455 du Code de Procédure civile, et de la jurisprudence de la cour de cassation.

IX. L'opposition emporte de droit citation à la première audience après l'expiration des délais. Elle est réputée non avenue si l'opposant ne comparaît pas.

X. La défense étant de droit naturel, le droit d'opposition appartient à chaque partie, toutes les fois qu'il n'a pas été refusé par la loi. Il suit de ce principe que si l'opposant comparaît et que la partie civile fasse à son tour défaut, celle-ci pourra se pourvoir par opposition contre le jugement qui aura renvoyé le prévenu absous; mais il est évident que ce jugement étant, dans ce cas, contradictoire entre la partie publique et le prévenu, le tribunal, en statuant sur l'opposition, ne pourra prononcer que sur les intérêts civils seulement.

XI. L'instruction de chaque affaire est publique, à peine de nullité, à moins que cette publicité ne soit dangereuse pour l'ordre et les mœurs. Dans ce cas, le tribunal le déclare par un jugement (*Charte constitutionnelle*, art. 55). Il est de jurisprudence que la publicité ne se suppose point, et que le silence du jugement à cet égard entraîne sa nullité.

XII. Les procès-verbaux, s'il y en a, seront lus par le greffier; les témoins cités ou seulement appelés par le ministère public ou la partie civile, seront entendus s'il y a lieu; la partie civile prendra ses conclusions.

La personne citée proposera sa défense, et fera entendre ses témoins, si elle en a amené ou fait citer, dans les cas où la loi permet leur audition.

Le ministère public résumera l'affaire et donnera ses conclusions; la partie citée pourra proposer ses observations.

Le tribunal de police prononcera le jugement dans l'audience où l'instruction aura été terminée, ou, au plus tard, dans l'audience suivante.

Tel est l'ordre tracé par la loi pour l'instruction des affaires.

XIII. Les contraventions sont prouvées, soit par procès-verbaux ou rapports, soit par témoins à défaut de rapports et procès-verbaux, ou à leur appui.

XIV. Nous ne pouvons revenir ici avec détail sur les règles admises en matière de procès-verbaux; nous nous bornerons à l'exposé succinct de quelques principes.

D'après des distinctions établies par la loi, les procès-verbaux font foi jusqu'à inscription de faux, ou seulement jusqu'à preuve contraire. Dans le premier cas, lorsque d'ailleurs le procès-verbal est régulier, et sauf l'inscription de faux, aucune preuve ne peut être admise outre ou contre le contenu au procès-verbal, qui fait foi du point de fait, et en établit l'existence comme pourrait le faire une déclaration du jury. Le rôle du tribunal se borne alors à une sorte d'homologation: il ne lui reste plus, en acceptant le fait comme constant, qu'à appliquer la peine prononcée par la loi.

Dans le second cas, et lorsque le procès-verbal n'a pas été dressé par un officier de police ayant reçu de la loi le pouvoir de constater les délits ou les contraventions jusqu'à inscription de faux, cet acte peut être débattu par des preuves contraires, soit écrites, soit testimoniales, si le tribunal juge à propos de les admettre. Il résulte de là que les procès-verbaux qui ne font pas foi jusqu'à inscription de faux, forment néanmoins une preuve telle, qu'elle ne peut être détruite que par la preuve contraire, et la cour de cassation a décidé qu'un semblable procès-verbal ne pouvait être écarté par la déposition des témoins entendus sans prestation de serment, encore moins par les seules dénégations du prévenu, alors qu'aucune espèce de témoignage ne lui était opposée.

XV. Il faut reconnaître cependant que, sauf la foi due aux procès-verbaux, nos lois n'ont imposé aux juges aucune règle de conviction ; que dès lors ces mots : *jusqu'à preuve contraire*, doivent s'interpréter ainsi : *jusqu'à conviction contraire*.

Ce n'est pas là sans doute enlever à ces procès-verbaux la foi qui leur est due, puisqu'ils forment preuve de la culpabilité tant que le juge n'a pas acquis la conviction contraire, de telle sorte que si les témoignages opposés laissent le juge dans le doute et dans l'incertitude, le procès-verbal conserve sa force, la preuve subsiste, le juge doit condamner, lorsque d'ailleurs les faits articulés constituent une infraction à la loi.

Que si l'on veut entendre autrement les mots *jusqu'à preuve contraire*, qu'on nous dise ce que c'est aujourd'hui qu'une preuve légale sous l'empire de notre législation criminelle ; combien de témoignages seront nécessaires pour former une preuve et infirmer légalement le procès-verbal. Une preuve, c'est ce qui opère la conviction. Ainsi, ce serait en vain que cinquante témoins déposeraient contre les faits contenus au procès-verbal, si la conviction du juge résistait à ces témoignages, et la cour de cassation, juge du droit, ne pourrait, en décidant que la preuve légale était acquise contre le procès-verbal, casser la décision qui lui aurait maintenu sa force et qui aurait condamné malgré les dépositions reçues. D'un autre côté, n'y a-t-il pas quelque chose d'étrange à dire au juge : « Les dénégations du prévenu, les renseignements qui résultent des déclarations des témoins que vous avez reçues sans prestation de serment, n'ont pu vous convaincre, et dès lors vous deviez foi au procès-verbal ; la condamnation était acquise. »

Nous pensons donc, pour nous résumer sur ce point, que le juge ne peut écarter un procès-verbal régulier que lorsque sa conviction contraire est formelle et complète ; que, dans le doute, le procès-verbal conserve sa force ; mais aussi qu'il la perd légalement aussitôt que, par un moyen quelconque, le juge est convaincu de la fausseté des faits énoncés au procès-verbal.

XVI. Les témoins appelés à l'audience doivent, sous peine de nullité, y prêter le serment de dire toute la vérité, rien que la vérité : l'omission d'un des mots de cette formule sacramentelle entraînerait la nullité. Le greffier doit tenir note du serment, ainsi que des noms, prénoms, âge, profession et demeure des témoins et de leurs principales déclarations. Il est cependant de jurisprudence que la preuve de la prestation du serment des témoins est acquise si elle résulte du contexte même des jugements rendus.

XVII. Les ascendants ou descendants de la personne prévenue, ses frères et sœurs ou alliés au pareil degré, la femme ou son mari, même après le divorce prononcé, ne seront ni appelés ni reçus en témoignage ; sans néanmoins que l'audition des personnes ci-dessus désignées puisse opérer une nullité, lorsque, soit le ministère public, soit la partie civile, soit le prévenu, ne se sont pas opposés, avant leur audition, à ce qu'elles soient entendues.

XVIII. Les témoins qui ne satisferont pas à la citation, ou qui refuseront de déposer, pourront y être contraints par le tribunal, qui, à cet effet, et après avoir entendu le ministère public, prononcera dans la même audience, sur le premier défaut, l'amende déterminée par l'art. 80 du Code d'Instruction criminelle, et, en cas d'un second défaut, la contrainte par corps.

XIX. « Le témoin ainsi condamné à l'amende sur le premier défaut, et qui, sur la seconde citation, produira devant le tribunal des excuses légitimes, pourra, sur les conclusions du ministère public, être déchargé de l'amende.

» Si le témoin n'est pas cité de nouveau, il pourra volontairement comparaître par lui ou par un fondé de procuration spéciale, à l'audience suivante, pour présenter ses excuses et obtenir, s'il y a lieu, décharge de l'amende. »

Telle est la disposition de l'art. 158 du Code d'Instruction criminelle.

XX. L'instruction faite à l'audience conduit nécessairement à l'un de ces trois résultats : ou bien le fait ne présente ni délit ni contravention de police, ou bien il constitue un délit qui emporte une peine correctionnelle ou plus grave, ou bien une simple contravention dont le prévenu est convaincu. Nous devons examiner brièvement quelles sont, dans ces trois cas différents, les obligations du tribunal de police.

XXI. Déjà, en nous occupant de la compétence, nous avons indiqué la marche que le tribunal de police doit suivre lorsque le fait dont il est saisi ne présente ni délit ni contravention de police, ou lorsqu'il emporte une peine correctionnelle ou plus grave ; nous avons dit que, dans le premier cas, le tribunal doit annuler la citation et tout ce qui a suivi, et statuer par le même jugement sur les demandes en dommages-intérêts qui pourraient être formées par le prévenu : nous

avons établi que, dans le second cas, le tribunal doit renvoyer
les parties devant le procureur du roi, et nous avons également fait connaître que, s'il se présentait une question préjudicielle dont la solution fût indispensable et de nature à exclure la contravention, le tribunal devait s'abstenir de prononcer jusqu'à ce qu'il eût été statué sur la question de propriété par les tribunaux compétents. Il nous reste donc à
nous occuper des cas où le prévenu est convaincu par l'instruction, d'une contravention de police.

**XXII.** En matière de contravention de police, le juge n'a
point de question intentionnelle à examiner : le fait matériel
de la contravention suffit pour donner lieu à l'application de
la peine. Le jugement doit mentionner expressément que le
prévenu est convaincu, et dans ce cas le tribunal doit appliquer la peine, alors même qu'il ne serait saisi que par la citation de la partie civile, ou que le ministère public aurait
conclu à l'absolution du prévenu.

**XXIII.** Le même jugement doit statuer sur les demandes
en restitution et en dommages-intérêts, c'est-à-dire sur toutes
les réparations civiles. C'est à ce titre qu'il est de jurisprudence que le tribunal de police, saisi de la connaissance de
certaines contraventions aux réglements sur la voirie, doit
ordonner la démolition des travaux faits par infraction à ces
réglements. Il est en effet évident que la réparation du dommage en cette matière ne peut exister que par la démolition
des constructions faites.

**XXIV.** Les dommages-intérêts doivent être arbitrés d'a-
près le préjudice causé, et ne peuvent être adjugés soit à la
partie civile, soit au prévenu, que sur des conclusions for-
melles.

**XXV.** Nous avons dit que le jugement devait être prononcé
dans l'audience où l'instruction a été terminée, ou au plus
tard dans l'audience suivante. Il en résulte que si, pour se
fixer sur la quotité des dommages-intérêts, le juge croyait
devoir se transporter sur les lieux ou provoquer une expertise,
c'est avant de prononcer le jugement qu'il devrait ordonner
cette mesure, et il commettrait une grave irrégularité s'il
prononçait une condamnation de dommages-intérêts dont il
se réserverait de déterminer ultérieurement la quotité.

**XXVI.** Nous n'avons pas besoin, sans doute, de rappeler
ici que les tribunaux de police ne peuvent connaître de l'exécution de leurs jugements, ni relativement aux peines ni relativement aux restitutions et dommages-intérêts. L'art. 165
du Code d'Instruction criminelle décide que le ministère pu-

blic et la partie civile poursuivront l'exécution du jugement, chacun en ce qui le concerne.

**XXVII.** La partie qui succombe sera condamnée aux frais, même envers la partie publique. Les dépens seront liquidés par le jugement.

Ces termes de la loi indiquent suffisamment qu'il faut être partie au procès pour encourir la condamnation aux frais. Il en résulte que cette condamnation ne peut être prononcée contre le dénonciateur ou le plaignant qui ne se sont pas constitués parties civiles. Il est également évident que les officiers de police judiciaire ne peuvent être personnellement condamnés aux dépens, alors même que la poursuite aurait été motivée sur leurs procès-verbaux reconnus inexacts ou déclarés nuls, parce qu'ils ne sont point parties au procès, parce qu'ils peuvent bien motiver l'exercice de l'action publique ou civile par les procès-verbaux qu'ils dressent, mais qu'ils n'ont pas caractère pour intenter l'action; et si la loi leur donnait caractère à cet égard, s'ils pouvaient intenter l'action publique, la condamnation aux dépens n'en serait pas moins illégale, puisqu'il est de principe que les dépens ne peuvent jamais être mis à la charge du ministère public.

Ce serait en vain que l'on voudrait, dans ce cas, considérer les dépens comme dommages-intérêts, parce qu'une pareille condamnation ne pourrait intervenir contre l'officier de police judiciaire que sur une action principale dirigée contre lui.

**XXVIII.** En ce qui concerne le prévenu, il importe de se bien fixer sur ces mots de la loi, *la partie qui succombe*. Il nous paraît incontestable que le prévenu ne succombe que dans le cas où une condamnation pénale est prononcée contre lui. Si nous supposons, en effet, que, par suite de l'instruction à l'audience, le fait imputé au prévenu demeure établi, mais ne constitue point une infraction punissable, est-il possible de dire que le prévenu succombe?

Le ministère public est demandeur à fins de peine; l'action qu'il exerce, c'est l'action publique. Si donc la poursuite ne se termine point par l'application d'une disposition pénale, il est clair que c'est le ministère public qui succombe. Lorsque le prévenu est acquitté, la poursuite était mal fondée en fait; lorsqu'il est absous parce que le fait, reconnu d'ailleurs constant, n'est point un fait légalement punissable, la poursuite était mal fondée en droit; est-ce que la partie publique serait plus excusable de se tromper en droit qu'en fait? Nous ne le pensons pas, et nous croyons qu'il faut s'en tenir à ce principe, que le prévenu ne succombe qu'autant qu'il est frappé d'une condamnation pénale.

**XXIX.** La loi veut que les dépens soient liquidés par le jugement; mais elle n'exige pas et ne pouvait pas exiger explicitement que la liquidation fût faite au moment de la prononciation. On satisfait donc à la loi lorsque, après la condamnation aux dépens, la liquidation qui en est faite plus tard, est insérée dans le jugement.

**XXX.** Tout jugement définitif de condamnation sera motivé, et les termes de la loi ou du réglement appliqué y seront insérés à peine de nullité. Cette nullité ne serait toutefois pas encourue, parce que le texte de la loi pénale appliquée et insérée dans le jugement, ne serait pas applicable, si, d'ailleurs, la peine prononcée était la même que celle portée par la loi qui s'appliquerait à la contravention. Ce point de doctrine, admis par la jurisprudence, résulte formellement de la combinaison des art. 411 et 414 du Code d'Instruction criminelle.

**XXXI.** Le jugement de police doit énoncer s'il est rendu en dernier ressort ou en première instance; mais il est bien évident que la voie qui doit être prise contre un jugement est déterminée par sa nature et non par la qualification que lui ont donnée les juges. Ainsi, il faut, à peine de déchéance, se pourvoir en cassation, si le jugement est *en dernier ressort,* bien qu'il soit qualifié *en première instance;* il faut appeler si le jugement est en première instance, bien qu'il soit qualifié en dernier ressort.

**XXXII.** Le jugement doit être écrit par le greffier, non par le juge; mais la loi exige que la minute soit signée par le juge qui a tenu l'audience, dans les 24 heures au plus tard, à peine de 25 fr. d'amende contre le greffier, et de prise à partie s'il y a lieu, tant contre le greffier que contre le président. Il faut cependant reconnaître que si, par le seul fait du défaut de signature de la part du juge dans le délai de 24 heures, le greffier encourt l'amende déterminée par la loi, il doit être admis, en cas de poursuites, à proposer les motifs d'excuses qui pourraient résulter de circonstances indépendantes de sa volonté, telles que la mort, la maladie ou l'absence du juge.

Il est également évident que la prise à partie ne peut avoir lieu que dans le cas où des circonstances criminelles se rattacheraient au fait du défaut de signature; elle doit être alors suivie dans les formes prescrites par le Code de Procédure civile.

S'il arrivait cependant que le juge de paix mourût avant d'avoir signé le jugement, les dispositions de l'art. 74 du décret du 30 mars 1808 seraient-elles applicable par analogie? Nous ne le pensons pas. Cet article est uniquement relatif aux jugements rendus par les tribunaux de première instance, c'est-à-dire à des jugements auxquels ont concouru plusieurs juges, et l'on ne comprendrait pas qu'il pût être invoqué pour des jugements qui sont l'ouvrage d'un seul magistrat.

Il nous paraît régulier de recourir, dans le silence de la loi, aux règles ordinaires sur l'ordre des juridictions, d'après lesquelles les décisions des juges de paix doivent être soumises aux tribunaux de première instance. Ces tribunaux sont encore appelés, d'ailleurs, par la loi du 16 ventôse an 12, en cas d'empêchement du juge de paix et de ses suppléants, à renvoyer les parties devant le juge de paix du canton le plus voisin. Nous pensons donc qu'il appartiendrait au procureur du roi de l'arrondissement, de présenter au tribunal une requête tendante à ce que l'un des juges ou le successeur du juge de paix, s'il était nommé, fût délégué, pour constater par une enquête l'existence et les dispositions des jugements rendus. Le tribunal devrait ensuite, sur le vu de l'enquête et sur de nouvelles conclusions prises par le procureur du roi, autoriser le juge de paix nouveau, ou l'un de ses suppléants, à signer les jugements dont la régularisation serait demandée. Cette marche, qui nous paraît seule légale, est tracée par un arrêt de la cour royale de Paris, en date du 23 décembre 1831.

SECT. II. — *De la juridiction des maires comme juges de police.*

I. La connaissance des contraventions de police est attribuée par la loi à deux sortes d'officiers, les juges de paix et les maires. Nous avons vu que cette attribution est faite avec des différences importantes. Les *juges de paix* connaissent exclusivement des contraventions les plus graves ; les *maires* connaissent, mais toujours en concurrence avec les juges de paix, des infractions les plus minimes.

Cette juridiction municipale, créée par la loi du 19 juillet 1791, supprimée par l'art. 596 de la loi du 3 brumaire an 4, et rétablie par le Code d'Instruction criminelle, pouvait donner lieu à d'assez graves objections qui n'échappèrent point à la commission de législation du Corps Législatif.

Confusion apparente des fonctions administratives et judiciaires, atteinte portée au principe de l'unité de juridiction dans chaque ressort, crainte de voir de petites passions de localité jouer un rôle dans la distribution de cette justice de police, entretenir ainsi les animosités et les haines, et rendre l'administration moins honorable et moins salutaire, telles furent les principales objections. D'un autre côté, on faisait craindre que cette juridiction ne fût avilie par l'impossibilité de l'organiser d'une manière digne. Dans un nombre considérable de communes où l'on ne trouverait que des fonctionnaires incapables ou insouciants, n'y aurait-il pas très-souvent un adjoint ou un des membres du conseil municipal hors d'état de remplir les fonctions du ministère public? Trouverait-on aisément des citoyens dignes de la confiance publique, qui voulussent se charger des fonctions de greffier?

Ces objections, plus graves sans doute en apparence qu'en réalité, n'empêchèrent point le conseil-d'état de maintenir l'attribution aux maires.

Et en effet, la véritable question était de savoir si cette institution présentait, pour les justiciables surtout, plus d'avantages que d'inconvénients. Or, quand il s'agit de légères contraventions, il faut reconnaître que c'est un avantage évident d'en assurer la répression sur la commune même où elles ont été commises, sans frais, sans déplacement, et par conséquent sans des pertes de temps souvent préjudiciables, à raison des distances qui séparent certaines communes des chefs-lieux de canton.

On ne pouvait pas, d'ailleurs, argumenter sérieusement de la cumulation de fonctions judiciaires et de fonctions administratives, lorsqu'on se rappelait que la même assemblée qui avait consacré le principe de la division des pouvoirs, avait en même temps attribué aux municipalités, sous le titre de *délits de police municipale*, la connaissance de certaines infractions à la loi, dont la nature expliquait et justifiait parfaitement la dénomination.

L'examen auquel nous devons nous livrer des dispositions du Code d'Instruction criminelle, nous fera voir combien a été restreinte cette juridiction des maires. L'art. 139 attribue aux juges de paix, comme juges de police, la connaissance *exclusive* des contraventions les plus graves, et l'art. 140 leur donne la concurrence avec les maires pour toutes les autres contraventions commises dans leur arrondissement. Aussi, d'après les dispositions de l'art. 166, les maires ne sont compétents comme juges de police, et toujours concurremment avec les juges de paix, que dans le cas où la contravention a été commise dans l'étendue de leur commune, lorsque cette commune n'est pas chef-lieu de canton, par des contrevenants surpris en flagrant délit, ou résidant ou présents dans la commune, et lorsque les témoins y sont résidants ou présents, et que la partie réclamante n'a conclu pour ses dommages-intérêts qu'à une somme déterminée qui n'excède pas quinze francs. Il est bien entendu, d'ailleurs, que les maires ne peuvent jamais connaître des contraventions attribuées exclusivement aux juges de paix par l'art. 139, ni d'aucune des matières dont la connaissance est attribuée aux juges de paix considérés comme juges civils.

II. « Le ministère public sera exercé auprès du maire, dans les matières de police, par l'adjoint; en l'absence de l'adjoint, ou lorsque l'adjoint remplacera le maire comme juge de police, le ministère public sera exercé par un membre du conseil municipal, qui sera désigné à cet effet par le procureur du roi, pour une année entière. » Telle est la disposition de l'art. 167 du Code d'Instruction criminelle.

On s'est demandé si le procureur du roi pouvait se refuser à faire cette désignation; mais la négative sur cette question ne nous paraît pas douteuse. Les art. 166 et 167 du Code d'Instruction criminelle, en même temps qu'ils déterminent les bornes de la compétence des maires, sont à leur égard attributifs de juridiction. La concurrence qui est accordée aux juges de paix pour la répression des contraventions de police, peut bien, lorsque cette concurrence obvie à tous les inconvénients, faire tolérer la négligence des maires qui ne remplissent pas les fonctions que la loi leur confie en cette partie; mais lorsque ces fonctionnaires réclament l'exercice des pouvoirs qui leur sont attribués, rien ne peut y mettre obstacle, et le procureur du roi doit, en se conformant à l'article 167, faire la désignation qui lui est demandée.

III. Les fonctions de greffier des maires, dans les affaires de police, sont exercées par un citoyen que le maire propose, et qui prête serment en cette qualité au tribunal de police correctionnelle, moyennant un droit de trois francs, fixé par l'art. 68 de la loi du 22 frimaire an 7.

IV. Ce greffier reçoit, pour ses expéditions, les émoluments attribués au greffier du juge de paix. Il n'est pas soumis à tenir le répertoire prescrit par l'art. 49 de la loi du 22 frimaire an 7, ni obligé de résider dans l'étendue de la juridiction du tribunal dont il fait partie. Mais ses fonctions sont incompatibles avec celles d'huissier et de notaire, et la même personne ne peut remplir les fonctions de greffier dans plusieurs tribunaux de police.

V. Le ministère des huissiers n'est pas nécessaire pour les citations aux parties et aux témoins. Elles peuvent être faites par un avertissement du maire, qui doit indiquer au défendeur le fait dont il est inculpé, le jour et l'heure où il doit se présenter, et aux témoins, le moment où leur déposition sera reçue. La loi s'en remet à la prudence du maire sur les moyens de faire parvenir l'avertissement.

VI. Le maire doit donner son audience dans la maison

commune, et entendre publiquement les parties et les témoins. S'il se transporte sur les lieux pour quelques vérifications, le jugement n'en doit pas moins être rendu publiquement et à l'audience.

VII. L'art. 171 du Code d'Instruction criminelle déclare que les dispositions des art. 149, 150, 151, 153, 154, 155, 156, 157, 158, 159 et 160, concernant l'instruction et les jugements au tribunal du juge de paix, seront observées devant le tribunal du maire.

VIII. Il est incontestable, d'ailleurs, que les art. 152, 161, 162, 163, 164 et 165, sont également communs aux tribunaux de police présidés par les maires; et la seule conséquence qu'on puisse tirer du silence de l'art. 171 à cet égard, c'est que l'inobservation de ces formalités dans les jugements des maires ne peut entraîner ni la nullité, ni les amendes prononcées par quelques-uns de ces articles. Il faut cependant remarquer que l'obligation de motiver les jugements définitifs de condamnation n'est pas seulement écrite dans l'art. 163 du Code d'Instruction criminelle, mais qu'elle résulte également, et sous peine de nullité, de l'art. 7 de la loi du 20 avril 1810, qui s'applique à tous les tribunaux.

SECT. III. *De l'appel des jugements de police.*

I. Les jugements rendus en matière de police, soit par le tribunal du juge de paix, soit par le tribunal du maire, peuvent être attaqués par la voie de l'appel lorsqu'ils prononcent un emprisonnement, ou des amendes, restitutions et autres réparations civiles excédant la somme de cinq francs, outre les dépens. Ce recours ne peut être exercé que par le condamné, jamais par le ministère public ou la partie civile. Il est bien clair, dès lors, que c'est le montant des condamnations prononcées, et non le montant des demandes et conclusions qui doit régler la faculté d'appeler; que les jugements sur la compétence sont tous de dernier ressort sans égard à la valeur du litige : que le jugement qui ne prononce qu'une amende de cinq francs, mais qui condamne en même temps le contrevenant soit à enlever des matériaux, soit à démolir des ouvrages faits en contravention à un réglement de voirie, est en premier ressort, et conséquemment susceptible d'appel. (Voy. *Action civile*, sect. 5, n° 13, et *Appel à minima*.)

II. Dans le cas prévu par l'art. 505 du Code d'Instruction criminelle, les principes que nous venons de rappeler souffrent une exception, puisque les jugements de condamnation à des peines de simple police ne sont point, dans ce cas, susceptibles d'appel, de quelque tribunal ou juge qu'ils émanent.

III. L'appel est suspensif, sauf le cas prévu par les art. 10, 11 et 12 du Code de Procédure civile. (Voy. *Audience*, sect. 2, n° 5.)

IV. L'appel des jugements rendus par le tribunal de police doit être interjeté tant pour les jugements contradictoires, que pour les jugements par défaut devenus définitifs, dans les dix jours de la signification de la sentence à personne ou à domicile. S'il s'agit d'un premier défaut susceptible d'être attaqué par la voie de l'opposition, le délai pour appeler ne commence à courir, ainsi que nous l'avons vu en nous occupant de l'art. 150, que du jour où l'opposition n'est plus recevable.

V. L'appel doit être porté au tribunal de police correctionnelle, où il est *suivi* et *jugé* dans la même forme que les appels des sentences des justices de paix, autant toutefois que l'instruction sommaire, prescrite par le Code de Procédure civile, peut se concilier avec les formes établies par les articles 175, 176, 177, 178 et 179 du Code d'Instruction criminelle. C'est ainsi qu'il est de jurisprudence, que l'amende de tierce opposition et celle de fol appel, portées par les articles 471 et 479 du Code de Procédure civile, ne peuvent être prononcées en matière de police simple ou correctionnelle. C'est qu'en effet l'art. 174 du Code d'Instruction criminelle n'est relatif qu'aux formes de la poursuite et du jugement (*sera suivi et jugé*), et qu'on ne peut étendre les dispositions pénales d'un cas à un autre.

VI. D'un autre côté, il ne faut pas perdre de vue que les dispositions des art. 149 et suivants du Code d'Instruction criminelle, jusques et y compris l'art. 165, sur la solennité de l'instruction, la nature des preuves, la forme, l'authenticité et la signature du jugement définitif, la condamnation aux frais, ainsi que les peines que ces articles prononcent, sont communes aux jugements rendus sur l'appel par les tribunaux correctionnels.

VII. Lorsque, sur l'appel, le procureur du roi ou l'une des parties le requerra, les témoins pourront être entendus de nouveau, et il pourra même en être entendu d'autres. C'est au tribunal d'appel qu'il appartient d'apprécier les motifs qui peuvent déterminer l'adoption de cette mesure; mais il en est autrement lorsqu'on demande à faire entendre des témoins en *cause d'appel*, sur les faits rapportés dans un procès-verbal pouvant, aux termes de la loi, être débattu par des preuves contraires, si, d'ailleurs, aucune instruction testimoniale n'a été faite ni requise en première instance. De ce cas, le tribunal d'appel ne peut refuser d'entendre ces témoins, parce que l'art. 154 du Code d'Instruction criminelle est conçu d'une manière générale, qui s'applique à l'instruction en cause d'appel, comme à celle qui peut être faite en première instance. Les dispositions de cet article n'ont pu être modifiées, sous ce rapport, par celles de l'art. 175, qui n'est relatif qu'au cas où il y a eu des témoins entendus en première instance.

VIII. Le ministère public et les parties pourront, s'il y a lieu, se pourvoir en cassation contre les jugements rendus en dernier ressort par le tribunal de police, ou contre les jugements rendus par le tribunal correctionnel, sur l'appel des jugements de police.

IX. Si le jugement émane d'un tribunal de police, c'est le ministère public près ce tribunal qui peut seul se pourvoir en cassation, et le procureur du roi serait non recevable. D'un autre côté, s'il s'agit d'un pourvoi dans l'intérêt de la loi, c'est au procureur général près la cour de cassation qu'il appartient de le former.

X. S'il s'agit d'un jugement rendu sur l'appel par le tribunal de police correctionnelle, le pourvoi ne peut être formé par le ministère public près le tribunal de simple police, mais bien par le procureur du roi, ou par le procureur général près la cour royale.

XI. Nous avons déjà dit que la voie du recours en cassation contre un jugement en dernier ressort, rendu par défaut, n'était point ouverte tant que la voie de l'opposition existait encore. Nous n'avons pas besoin d'ajouter que si la partie condamnée a laissé expirer le délai de l'opposition sans en user, elle peut alors se pourvoir en cassation.

XII. Le recours aura lieu dans la forme et dans le délai de trois jours fixé par l'art. 373 du Code d'Instruction criminelle, sans distinction du cas d'absolution de celui de condamnation du prévenu. (Voy. *Cassation*, sect. 2.)

XIII. Il résulte de la combinaison des art. 414, 411 et 410 du Code d'Instruction criminelle, ainsi que de l'art. 7 de la loi du 20 avril 1810, que la fausse application des lois pénales, ou l'omission de prononcer la peine ordonnée par la loi, sont aussi des moyens de cassation applicables aux jugements rendus en police simple et correctionnelle. Il est évident toutefois que la partie civile serait non recevable à proposer pour moyen de cassation la fausse application de la loi pénale, si le délit n'était pas de nature à faire condamner le prévenu à des restitutions envers elle, puisqu'aux termes de l'art. 51 du

Code pénal, il n'y a nécessité d'adjuger des dommages-intérêts à la partie civile sur sa réquisition, que lorsqu'il y a lieu à des restitutions.

(Voy. *Etat de Situation*, n° 5.)

F. Carré, *avocat général à la cour royale de Paris.*

**TROUBLE.** On appelle ainsi tout acte qui tend à empêcher ou à altérer la jouissance du possesseur. (Voy. *Action possessoire*, sect. 2, § 5.)

**TROUPES.** Voy. *Logement militaire.*

**TROUPEAUX.** Voy. *Délits ruraux* et *Vaine Pâture.*

**TUMULTE.** Voy. *Audience*, n°ˢ 7 et 8, et *Secours.*

**TUTELLE.** Charge civile qui donne le droit d'administrer la personne et les biens d'un autre individu hors d'état, soit par son âge, soit par sa faiblesse d'esprit, de se gouverner lui-même. (Voy. *Interdiction*, § 1ᵉʳ, et *Mineur.*)

Indépendamment de la *tutelle officieuse*, qui sera l'objet de l'article suivant, et qui est d'une nature particulière, on compte quatre espèces de tutelles : la tutelle légale ou naturelle des père et mère; la tutelle déférée par le père ou la mère; la tutelle légitime des ascendants, et la tutelle dative déférée par le conseil de famille. Le Code lui-même a tracé la division de notre article. Nous traiterons ensuite des causes qui dispensent de la tutelle; de l'incapacité, des exclusions et destitutions de la tutelle; de l'administration du tuteur; de sa responsabilité, et des comptes de la tutelle. Un article à part sera consacré aux tuteurs *ad hoc.*

**Sect. Iʳᵉ.** *Tutelle des père et mère.*

I. La tutelle proprement dite ne commence qu'après la dissolution du mariage dont les mineurs sont issus, dissolution qui peut arriver soit par la mort naturelle, soit par la mort civile de l'un des époux. Jusque-là, le père seul administre les biens personnels de ses enfants en minorité. Il est comptable, quant à la propriété et aux revenus, des biens dont il n'a pas la jouissance; et quant à la propriété seulement, de ceux des biens dont la loi lui donne l'usufruit. (*Code civ.*, art. 389.)

II. Quoique cette administration n'ait pas le nom de tutelle, elle est, en général, soumise aux mêmes règles que la tutelle ordinaire. Si donc le père se trouve dans un des cas prévus par l'art 444 du Code civil, il peut être destitué de cette administration par le conseil de famille convoqué sur la demande de l'un des parents. (*Cour de cass.*, 16 décembre 1829.)

**III.** La puissance paternelle ne confère plus aujourd'hui, en fait d'administration, d'autres pouvoirs que ceux qui sont inhérents à la tutelle. (Merlin, *Répertoire*, v<sup>is</sup> *Puissance paternelle*, sect. 4, n° 14.) Ainsi l'administrateur légal ne peut aliéner les immeubles de ses enfants mineurs, ni les hypothéquer, sans l'autorisation du conseil de famille.

**IV.** Lorsque, pendant la durée de l'administration du père, il survient une circonstance où ses intérêts sont opposés à ceux de ses enfants, si, par exemple, il leur échoit en commun une succession dont le père voudrait obtenir le partage, il faut qu'il leur fasse nommer un tuteur *ad hoc* avec lequel il procédera. (*Arg. de l'art 318.*) *Ipse tutor in rem suam actor esse non potest.*

**V.** Après la mort civile ou naturelle de l'un des époux, le survivant est de plein droit tuteur de ses enfants mineurs et non émancipés (*art.* 390). Mais ni la disparition du père, ni son interdiction pour démence ou crime, ni sa condamnation par contumace à une peine emportant mort civile, tant que la mort civile n'est pas encourue, ne donnent ouverture à la tutelle de la mère. (Duranton, *Cours de Droit français*, t. 3, n° 418.) Voy. *Absent*, sect. 1<sup>re</sup>, n° 5, et sect. 2, n° 2.

**VI.** M. Rolland de Villargues enseigne avec raison, v° *Tutelle*, n° 29, que le père, même placé sous l'assistance d'un conseil judiciaire, peut exercer la tutelle légale, lorsqu'il survit à la mère. Seulement on nomme un autre tuteur qui exercera tant que la dation du conseil judiciaire n'aura pas été révoquée. Décider autrement, ce serait assimiler les défenses qui sont faites dans l'art. 513 à une véritable incapacité d'exercer la tutelle. D'ailleurs, l'art. 442 admet le mineur à la tutelle de ses enfants, et cependant le mineur est, en général, présumé moins apte à l'administration des affaires que celui à qui l'on a donné un conseil judiciaire pour cause de prodigalité.

**VII.** Le père mineur ne peut faire seul, dans la gestion de la tutelle de ses enfants, des actes qu'il n'aurait pas la capacité de faire pour lui-même, sans l'assistance de son curateur, comme défendre à une action immobilière, ou recevoir le remboursement d'un capital mobilier et en donner décharge. Il y aurait contradiction manifeste à lui accorder, relativement aux intérêts de ses enfants, un droit qu'il n'aurait pas dans ses affaires personnelles.

**VIII.** Mais lorsqu'il faudra procéder à un de ces actes qui excèdent sa capacité, le père mineur sera-t-il assisté de son curateur, ou suffira-t-il de la présence du subrogé-tuteur de ses enfants?

Nous pensons que l'assistance du curateur est nécessaire. En recevant un capital pour son pupille, l'émancipé contracte l'obligation de le rendre. S'il le dissipe, s'il en fait un fol emploi sans l'assistance de son curateur, il en restera débiteur : ce sera une espèce d'emprunt qu'il aura fait par abus de confiance, au mépris de l'art. 483 du Code civil. La présence du subrogé-tuteur ne serait une garantie ni pour les intérêts des enfants, ni pour ceux du père, car le subrogé-tuteur n'a pas le droit, comme le curateur, de surveiller l'emploi du capital reçu. (Voy. *le Juge de Paix*, t. 4, p. 311.)

IX. La cour de Dijon a jugé, le 28 prairial an 12, que le père, en état de faillite, perdait tous ses droits à la tutelle légale de ses enfants. Cette doctrine est contraire à la lettre et à l'esprit de notre législation. En effet, on ne trouve nulle part, dans nos codes, qu'un failli, pour le seul fait de faillite, soit indigne d'être tuteur ou membre d'un conseil de famille. Un failli peut être un homme probe et intelligent, un débiteur malheureux et de bonne foi. Aussi l'art. 442 du Code de Commerce ne le prive-t-il que de l'administration de ses propres biens, parce qu'ils sont le gage commun de ses créanciers, et nullement de l'administration des biens qu'il peut gérer du chef de sa femme ou de ses enfants. (*Cour de Bruxelles*, 14 août 1833 ; *le Juge de Paix*, t. 5, p. 84.)

X. L'exercice de la tutelle légale peut-il être restreint par un testateur qui, en faisant un legs au pupille, y mettrait pour condition que le père n'en aurait pas l'administration ?

M. Toullier, qui enseigne la négative, cite, à l'appui de son opinion, un arrêt de la cour de Besançon, du 15 novembre 1807, qui regarde comme non écrite la condition par laquelle un testateur avait interdit au père l'administration des biens donnés à l'enfant, pour la confier à un exécuteur testamentaire ou à un curateur *ad hoc*.

Mais le système contraire est fortement soutenu par M. Proudhon, *Traité de l'Usufruit*, n° 249. « L'administration des biens des mineurs, dit-il, est moins un droit dans le tuteur qu'une charge qui lui est imposée, charge qui ne porte que sur des intérêts pécuniaires, qui, par leur nature, sont entièrement dans la disposition de l'homme, et ne sont soumis qu'aux règles du droit privé. Il n'y a par conséquent rien, dans le droit public, qui s'oppose à ce que l'exercice de la tutelle puisse être restreint, sous ce point de vue, par la volonté du testateur. » MM. Delvincourt et Duranton sont du même sentiment.

Nous ferons observer, avec M. Proudhon, *loco citato*, que l'administrateur *ad hoc*, nommé soit par le testateur, soit par le conseil de famille, pour la gestion des biens légués aux mineurs, n'étant qu'un mandataire spécial, n'a que les actions nécessaires à l'exercice de son mandat, pour ce qui touche à l'administration qui lui est déléguée; mais que, pour tout ce qui peut excéder les bornes de cette administration, comme pour tous autres objets, c'est le tuteur de droit qui a l'exercice des actions des mineurs, parce que les pouvoirs dont il est revêtu lui sont délégués à titre universel.

XI. L'enfant naturel tombe-t-il sous la tutelle légale du père ou de la mère qui l'a reconnu, ou bien, dans ce cas, est-ce au conseil de famille à lui donner un tuteur?

Comme l'auteur de l'article *Enfant naturel* a professé sur cette question une doctrine contraire à la nôtre (*voy.* t. 5, p. 55), nous allons reproduire la dissertation que nous avons insérée dans *le Juge de Paix*. Nos lecteurs jugeront de quel côté se trouve l'erreur.

« Ce qu'il y a de vrai, dit M. Duranton, *Cours de Droit français*, c'est que la loi est muette sur ce point, comme sur plusieurs autres relatifs aux enfants naturels. D'après cela, comment supposer l'existence d'une tutelle *légale*? Si elle eût voulu la consacrer, pourquoi n'aurait-elle pas porté une disposition à cet égard, ainsi qu'elle l'a fait au titre du mariage, à celui de la puissance paternelle, à celui des successions, etc.? Il est donc plus sûr, si la simple garde ne suffit pas, s'il y a lieu de mettre l'enfant en tutelle, parce qu'il faudrait le représenter dans un acte, dans un procès où il serait intéressé, de recourir à la tutelle *dative*. Quant à la difficulté née de ce qu'il n'a civilement pour parents que ses père et mère, et que la formation du conseil de famille paraît ne pouvoir s'effectuer selon le vœu de l'art. 407, cette difficulté n'est pas insurmontable : le conseil peut être composé de personnes connues pour avoir des relations habituelles d'amitié avec le père ou la mère, ainsi qu'on le compose quelquefois pour délibérer sur les intérêts d'un enfant de famille lui-même, qui n'a pas de parents connus ou domiciliés à des distances rapprochées. Et généralement la tutelle devra être déférée au père. »

MM. Paillet et Biret, qui professent la même opinion, se fondent sur ce que les père et mère des enfants naturels ne peuvent avoir sur eux d'autres droits que ceux que la loi leur accorde; or, le Code ne leur ayant pas déféré la tutelle légale, il s'ensuit qu'il ne peut y avoir lieu qu'à la tutelle dative.

Malgré d'aussi importantes autorités, nous n'hésitons pas à embrasser le système contraire.

D'abord, l'art. 383 du Code civil accorde au père et à la mère, sur leurs enfants naturels légalement reconnus, le même droit que sur les enfants légitimes, et ce droit va jusqu'à la détention (*art. 376 et 377*). Qui a le plus, doit avoir le moins.

Mais la tutelle n'est pas un *droit*, quoi qu'en disent MM. Biret et Paillet ; c'est une obligation imposée aux parents dans l'intérêt du mineur. « La puissance paternelle, dit M. Toullier, est en grande partie instituée en faveur des père et mère ; la tutelle ne l'est qu'en faveur des enfants. La puissance paternelle est un droit ; la tutelle est une charge. »

« On peut définir la tutelle, dit M. Duranton que nous avons déjà cité, une *charge civile* déférée à une personne par la loi ou en vertu de ses dispositions, pour administrer gratuitement la personne et les biens d'un autre individu qui est hors d'état de se gouverner lui-même. »

Si nous raisonnons d'après ce principe, qui n'est pas contesté, à qui doit incomber la charge de la tutelle d'un enfant naturel, si ce n'est aux auteurs de ses jours, légalement reconnus? N'est-ce pas à eux qu'est imposé par la nature et par la loi le devoir de les élever, de leur fournir des aliments? Et pourquoi faire tomber sur un étranger (car on sait que les enfants naturels n'ont d'autres parents que leurs père et mère) le poids d'une obligation que la tendresse paternelle peut seule remplir avec zèle et dévoûment?

Mais *la loi est muette sur ce point : comment supposer, dès lors, l'existence d'une tutelle légale ?*

Comment supposer aussi l'existence d'une tutelle dative?

Voyons, au surplus, quels sont les cas légaux où cette tutelle est admise.

« Lorsqu'un enfant mineur et non émancipé, porte l'article 405 du Code civil, *restera sans père ni mère*, ni tuteur élu par ses père et mère, ni ascendants mâles, il sera pourvu par un conseil de famille à la nomination d'un tuteur. »

La nomination d'un tuteur par le conseil de famille ne peut donc être faite que lorsque le mineur n'a *ni père ni mère*. L'enfant naturel reconnu, qui a son père ou sa mère, n'est donc pas dans le cas prévu par cet article ; il n'y a donc pas lieu, pour lui, à la tutelle dative.

Nous savons bien qu'en ajoutant : *ni ascendants mâles*, le Code civil a semblé désigner seulement les enfants légitimes, puisque les autres n'ont point de famille ; mais encore une fois, la loi ne permet la tutelle dative qu'en faveur de l'enfant *resté sans père et sans mère*, et l'enfant naturel reconnu n'est assimilé nulle part à un orphelin.

S'il en était différemment, si l'enfant naturel reconnu était considéré comme n'ayant ni père ni mère, il faudrait lui nommer un tuteur dès sa naissance, et personne n'a encore élevé cette prétention.

Or, si l'enfant naturel qui a son père ou sa mère ne peut être soumis à une loi qui régit seulement les orphelins, si la tutelle dative ne lui est point applicable, il faut bien lui accorder la protection de la tutelle légitime, car on ne peut le laisser sans guide, sans directeur légal, à la mort de l'un des auteurs de ses jours.

Cette conséquence est entièrement adoptée par M. Loiseau, *Traité des Enfants naturels*, et par M. Carré, qui s'étaie d'autres motifs dont nous n'avons pas compris toute la valeur.

Elle a été pareillement consacrée par un arrêt de la cour impériale de Bruxelles, du 6 février 1811, dont voici le principal motif : « Attendu qu'il est de droit naturel que les enfants en bas âge soient sous la tutelle d'autrui; que dans le silence du Code, ce devoir se trouve imposé aux père et mère des enfants qu'ils ont reconnus hors mariage, non-seulement par le droit de nature, mais aussi par la considération des avantages que leur assure l'art. 765 du Code civil dans la succession dont ils sont héritiers, etc. »

Si, après cette discussion, il restait encore du doute, nous pensons qu'il serait toujours plus équitable d'admettre la tutelle légitime que la tutelle dative. Droit ou charge, la tutelle ne saurait appartenir à un étranger, quand le père ou la mère est là qui la réclame.

XII. Les droits et les obligations du père et de la mère, relativement à la tutelle légale de leurs enfants mineurs, ne sont pas les mêmes : nous signalerons trois différences essentielles.

D'abord, la mère peut refuser la tutelle, faculté que l'article 394 du Code civil n'accorde point au père. Elle est tenue seulement, en ce cas, d'en remplir les devoirs jusqu'à ce qu'elle ait fait nommer un tuteur. Cependant si le père, à la suite d'une demande en destitution motivée, avait donné sa démission, et que le conseil de famille l'eût acceptée, elle serait valable, et ne pourrait être plus tard arguée de nullité par lui, sous prétexte qu'il ne pouvait légalement se démettre de sa tutelle, qu'il ne pouvait qu'en être exclu ou destitué dans les cas déterminés par la loi. (*Cour de cass.*, 17 *février* 1835 ; *le Juge de Paix*, t. 5, p. 80.)

En second lieu, la tutelle du père ne peut être limitée par la mère, tandis que le père a le droit de nommer à la mère survivante et tutrice un conseil spécial sans l'avis duquel elle ne pourra faire aucun acte relatif à la tutelle. (*Art.* 391.) Voy. *Conseil.*

Enfin la mère qui veut se remarier doit convoquer le conseil de famille pour décider si la tutelle lui sera conservée (*art.* 395), tandis que la tutelle du père n'est pas ébranlée par le convol.

XIII. La limitation des droits de la tutrice, autorisée par l'art. 391, ne se rapporte, ainsi que le remarquent MM. Locré et Toullier, qu'aux actes concernant les biens, et non point aux actes relatifs à la personne du mineur. Quant à ceux-ci, la nomination d'un conseil spécial serait nulle.

XIV. Si le père a spécifié les actes pour lesquels le conseil est nommé, la mère est habile à faire tous les autres sans son assistance. (*Art.* 391.)

XV. De ce que le mari qui prédécède peut nommer à la veuve un conseil spécial, il ne s'ensuit pas qu'il puisse lui défendre un acte quelconque d'administration que la loi confère à la mère survivante. (*Cour de Gênes,* 10 *août* 1811.)

XVI. Le conseil spécial n'a point qualité pour plaider contre la mère, dans l'intérêt des mineurs, alors même qu'il agirait conjointement avec le subrogé-tuteur. (*Cour de Douai,* 17 *janvier* 1820.)

XVII. Si le conseil nommé n'accepte point, ou s'il vient à mourir, la mère rentre dans l'intégrité de ses droits de tutrice, à moins que le père, dans la prévoyance de ce cas, n'eût substitué un second conseil au premier. (*Duranton,* n° 421.)

XVIII. Lorsque, au moment du décès du mari, la femme est enceinte, il est nommé un curateur au ventre par le conseil de famille (voy. *Curateur,* § 6). La nomination d'un subrogé-tuteur aux autres enfants de la veuve ne dispense point du curateur au ventre, car les fonctions de l'un et de l'autre sont différentes.

XIX. Relativement aux conséquences du convol pour la mère tutrice, voyez *Noces (secondes).*

SECT. II. — *Tutelle déférée par le père ou la mère.*

I. Le dernier mourant des père et mère a le droit individuel de choisir un tuteur pour ses enfants. Ce choix n'est point restreint aux membres de la famille. Il peut se porter sur un étranger. (*Art.* 397.)

II. Mais la nomination de ce tuteur, qu'on peut appeler testamentaire, n'a d'effet qu'après la mort du tuteur légal. Il n'est pas au pouvoir de celui-ci, lors même qu'il se reconnaîtrait incapable de gérer la tutelle, de se choisir un remplaçant durant sa vie. Il pourrait nommer un mandataire qui gérerait sous sa responsabilité; mais la délégation de la tutelle n'appartient qu'au *dernier mourant*, et pour l'époque où il ne sera plus.

III. Peut-on considérer comme dernier mourant le conjoint d'un individu frappé de mort civile? Oui, car la mort civile est assimilée à la mort naturelle quant à l'exercice des droits civils.

IV. Il n'en est pas de même dans le cas de l'interdiction. L'époux de l'interdit n'aurait pas le droit de nommer un tuteur à leurs enfants, avant le décès de son conjoint.

V. Quoique le tuteur ne puisse être nommé que par le dernier mourant, il ne faut pas en conclure que le dernier mourant ait toujours le droit de faire cette nomination. Ce droit est refusé :

1° Au mort civilement ;

2° A celui des père et mère qui a encouru la déchéance de la puissance paternelle, pour avoir attenté aux mœurs, ou excité, favorisé ou facilité la débauche ou la corruption de ses enfants (*Code Pén., art.* 335);

3° A tous ceux qui ont été exclus ou destitués d'une tutelle. Il serait absurde, en effet, comme observe M. Duranton, n° 436, que celui qui, d'après les art. 445 du Code civil et 42 du Code pénal, ne peut être membre d'un conseil de famille ni délibérer sur le choix d'un tuteur, pût cependant en créer un par son unique volonté ;

4° Enfin à la femme remariée, et non maintenue dans la tutelle des enfants de son premier mariage (*Code civil, article* 399). Mais cette incapacité ne la frappe que par rapport aux enfants du premier lit : elle aurait incontestablement le droit de nommer un tuteur pour ses enfants du second mariage, si elle survivait à son époux.

VI. Lorsque la mère remariée, et maintenue dans la tutelle, a fait choix d'un tuteur aux enfants de son premier mariage, ce choix n'est valable qu'autant qu'il est confirmé par le conseil de famille. (*Art.* 400.)

VII. Le droit de choisir un tuteur étant une émanation de la puissance paternelle, la mère *non remariée* qui aurait refusé la tutelle de ses enfants, n'en serait pas moins apte à choisir un tuteur. L'art. 397 ne subordonne point l'exercice de ce droit à l'acceptation faite par la femme de la tutelle légale. — Même décision quant au père, s'il avait eu de justes motifs pour se faire dispenser ou décharger de la tutelle.

VIII. Mais il faut remarquer que le droit accordé par

l'art. 397, cessant avec la puissance paternelle, ne peut être exercé après l'époque où les enfants ont atteint leur majorité. C'est donc avec raison que, par jugement du 14 août 1832, le tribunal de la Seine a décidé que le père tuteur de son fils majeur interdit, ne peut désigner dans son testament celui qui doit lui succéder dans la tutelle. (*Le Juge de Paix*, t. 3, p. 26.)

IX. La nomination du tuteur par le père ou la mère survivant, ne peut avoir lieu que dans les formes prescrites par l'art. 392, c'est-à-dire par acte de dernière volonté ou par une déclaration faite soit devant le juge de paix assisté de son greffier, soit devant notaire. (*Art. 398.*)

X. Elle peut être faite avec une certaine restriction, ou pour un certain temps. Ainsi le père peut défendre au tuteur qu'il nomme à ses enfants, de placer leurs deniers dans les fonds publics (*Cour de Bruxelles*, 15 décembre 1807). Ainsi encore, il peut fixer l'époque à laquelle le tuteur cessera ses fonctions. Tel était le principe du droit romain (L. 6, § 1, ff. *de Tutel.*, Instit., *Qui testam. tutor. dari possunt*, § 3), que le Code civil n'a point abrogé.

XI. Le tuteur élu par le père ou la mère, n'est pas tenu d'accepter la tutelle, s'il n'est d'ailleurs dans la classe des personnes qu'à défaut de cette élection spéciale, le conseil de famille eût pu en charger (*art.* 401). Voilà pourquoi, dans le second volume du *Juge de Paix*, p. 269, nous avons enseigné que l'existence d'un testament dans lequel se trouve la nomination d'un tuteur, ne forme point obstacle à l'apposition du scellé d'office. Si la loi exige cette mesure, même quand il existe un tuteur absent, à plus forte raison est-elle indispensable quand le tuteur n'est pas encore certain, quand on ignore son acceptation, quand le mineur enfin, à l'instant où s'ouvre son droit d'héritier, n'a personne pour défendre ses intérêts.

Il en serait autrement néanmoins si le tuteur, connaissant le choix dont il a été l'objet, se présentait au magistrat et lui déclarait qu'il accepte la tutelle. Alors on ne serait plus dans l'hypothèse prévue par l'art. 911, et il n'y aurait pas lieu à l'apposition d'office.

XII. D'après le principe que nous avons établi à la section précédente, n° 11, le père et la mère d'un enfant naturel reconnu ont, comme les père et mère légitimes, le droit de nommer un tuteur à leur enfant.

### Sect. III. — *Tutelle déférée aux ascendants.*

I. Lorsqu'il n'a pas été choisi au mineur un tuteur par le dernier mourant de ses père et mère, la tutelle appartient de droit aux ascendants, dans l'ordre qui suit : 1° aïeul paternel; 2° aïeul maternel; 3° bisaïeul paternel, et s'il y en a deux, celui qui appartient à la ligne paternelle du père du mineur; 4° bisaïeul maternel : lorsqu'il y en a deux, le conseil de famille fait un choix entre eux. (*Code civ.*, *art.* 402, 403, 404.)

II. C'est une grave question que celle de savoir si, lorsque le tuteur choisi par le père ou la mère n'accepte pas ou est exclu pour un motif quelconque, la légitime tutelle des ascendants reprend son cours, ou si, au contraire, il faut recourir au conseil de famille pour nommer le tuteur.

M. Duranton, t. 3, n° 441, et Toullier, t. 2, n° 1107, embrassent cette dernière opinion. « Le père ou la mère, dit M. Duranton, a manifesté sa volonté pour que la tutelle des ascendants ne s'ouvrît pas, et cette volonté doit être respectée. C'est d'après ce principe que le second testament ne révoque pas moins le premier, quoique ce nouvel acte reste sans exécution par l'incapacité de l'héritier qui est institué ou son refus de recueillir. Il produit donc son effet. »

Nous pensons qu'on donne une extension trop grande à la volonté du testateur. Le choix d'un tuteur pour ses enfants ne prouve pas qu'il ait voulu exclure absolument la tutelle légitime : il prouve seulement que le testateur préférait, aux ascendants institués tuteurs par la loi, l'ami ou le parent qu'il a choisi lui-même. Ce choix venant à défaillir par incapacité, refus ou toute autre cause, ne peut-on pas le considérer comme s'il n'eût jamais existé ?

Mais, objecte-t-on, dès qu'il y a eu un tuteur nommé, le degré a été rempli, et il y a nécessité de faire intervenir le conseil de famille pour pourvoir à son remplacement, ce qui empêche la tutelle légitime d'avoir lieu de plein droit, conformément à son essence.

Cette conséquence n'est rien moins que certaine. Le conseil de famille se bornerait à déclarer la tutelle vacante, et laisserait à la loi le soin de nommer le remplaçant. M. Duranton lui-même convient que si le tuteur testamentaire décédait après avoir exercé la tutelle, elle reviendrait au tuteur légitime. Mais l'intervention du conseil de famille ne serait-elle pas également nécessaire dans ce cas, et formerait-elle obstacle à la tutelle des ascendants ?

Un arrêt de la cour de Bruxelles, en date du 11 mars 1819, a repoussé, avec une grande force de logique, le système de

MM. Toullier et Duranton, qui est également combattu par M. Dalloz, *Jurisprudence générale*, v° Tutelle, p. 706. (Voy. le *Juge de Paix*, t. 5, p. 54.)

M. Toullier invoque, à l'appui de son opinion, un arrêt de la cour de cassation du 26 février 1807, d'après lequel lorsque la mère, par son convol, a perdu la tutelle de ses enfants du premier lit, ce n'est point la tutelle légitime qui s'ouvre, mais la tutelle dative, c'est-à-dire celle qui est conférée par le conseil de famille.

Il n'y a aucune similitude entre le cas sur lequel a statué cet arrêt, et celui qui sert de base à la question qui nous occupe. Dans le premier, la tutelle légitime des ascendants est impossible, puisqu'elle n'a lieu qu'après le décès du père et de la mère des mineurs, et qu'ici la mère vit encore. Dans le second, au contraire, la tutelle légitime a pris ouverture par le décès des deux époux, et l'obstacle qui résultait de la nomination d'un tuteur par le dernier mourant, s'est évanoui avec cette nomination.

III. M. Dalloz combat encore avec raison une autre doctrine de M. Duranton, qui prétend que lorsque l'ascendant le plus proche au moment où s'ouvre la tutelle, est incapable, exclu ou excusé, elle ne passe pas pour cela à l'ascendant que la loi désigne à son défaut, mais qu'elle tombe dans la catégorie des tutelles datives. « Par rapport à l'aïeul paternel, dit-il, l'aïeul maternel est au second degré de l'ordre légal, et la dévolution n'a pas lieu d'un tuteur légitime à un autre. L'art. 402 dit : *à défaut de l'aïeul paternel*, etc. Or, en matière de tutelle, ces mots, *à défaut*, s'entendent du cas de mort et non de celui d'excuse ou d'exclusion. Peu importe que l'art. 405, par une rédaction équivoque, semble n'ouvrir la tutelle dative qu'au cas où il n'y a pas d'ascendants; les derniers termes de ce même article : *comme aussi lorsque le tuteur de l'une de ces qualités se trouvera dans un des cas d'exclusion*, etc., expliquent les premiers, et démontrent que, lors même qu'il y a des ascendants, comme dans l'espèce, si *le tuteur de cette qualité* n'a pas la tutelle pour une cause quelconque, c'est au tribunal de famille qu'il faut recourir pour en faire nommer un. »

« L'examen approfondi des art. 402 et 405, répond M. Dalloz, ne nous a pas conduit au même résultat. Les mêmes raisons qui nous ont guidé dans la discussion qui précède ne nous permettent pas d'intervertir, à l'aide d'une interprétation, l'ordre établi par la loi, et nous ne voyons pas quel motif puisé dans l'intérêt du mineur on pourrait apporter d'une semblable distinction. Si l'ascendant est appelé à succéder dans la tutelle à l'ascendant plus proche décédé, pourquoi n'en serait-il pas de même du cas d'exclusion ou de dispense? Les termes de l'art. 405 ne nous semblent pas aussi concluants qu'on voudrait les représenter. Ils ne disent rien autre chose, sinon que la série des personnes auxquelles la tutelle légitime est déférée, venant à s'épuiser, et le dernier des tuteurs ainsi nommés se trouvant exclu ou excusé, c'est au conseil de famille qu'il appartient de statuer. Cette interprétation nous semble plus naturelle, et a l'avantage de se trouver en harmonie avec l'ensemble du système adopté par le législateur. »

IV. Quoique les ascendants n'aient pas la tutelle légitime de leurs enfants majeurs interdits, comme ils ont celle de leurs enfants mineurs, il est néanmoins convenable de la leur déférer. Cette obligation morale est telle, qu'ils peuvent proposer, en tout état de cause, les nullités d'une délibération du conseil de famille qui nomme un étranger pour tuteur. (*Cour de Metz,* 16 *février* 1812.)

V. On remarquera, du reste, que la tutelle légitime n'appartient de plein droit qu'aux ascendants mâles, et la cour de Paris a jugé, le 24 prairial an 9, que, dans le cas de concurrence entre l'aïeule paternelle et l'aïeule maternelle, relativement à la tutelle de leurs petits-enfants, le conseil de famille n'est point obligé de préférer l'aïeule paternelle. C'est l'intérêt du mineur qui doit seul diriger le choix du conseil.

### Sect. IV. *Tutelle déférée par le conseil de famille.*

I. Lorsqu'un enfant mineur et non émancipé reste sans père ni mère, ni tuteur élu par ses père et mère, ni ascendants mâles, comme aussi lorsque le tuteur de l'une des qualités ci-dessus exprimées se trouve dans un cas d'excuse ou d'exclusion, il doit être pourvu, par le conseil de famille, à la nomination d'un tuteur. (*Art.* 405.)

Nous venons de voir, dans la section précédente, la double interprétation dont cet article est susceptible. Selon quelques jurisconsultes, dès que le premier tuteur élu par le dernier mourant ou par la loi, refuse, est dispensé ou est exclu, on ne passe ni à la tutelle de l'ordre immédiatement inférieur, ni à la personne du degré suivant : on tombe *de plano* dans la tutelle dative.

Cependant la tutelle dative est la dernière à laquelle, suivant le vœu de la nature et l'intention du législateur, on doive avoir recours. D'abord, la tutelle du dernier mourant des père et mère ; ensuite, celle du tuteur choisi par lui, qui est encore une émanation de la tendresse paternelle : puis les ascendants mâles dont l'affection, quelquefois aveugle, est souvent plus vive même que celle du père : enfin, lorsque tous ces tuteurs naturels ou représentants du père manquent à la fois, commence le pouvoir du conseil de famille, institution heureuse sans doute, mais qui ne saurait offrir au mineur les mêmes garanties d'affection qu'il trouve dans ses ascendants.

Le premier paragraphe de l'art. 405 nous paraît concluant. Quand y a-t-il ouverture à la tutelle dative ? Lorsque l'enfant *reste sans père ni mère, ni tuteur élu par ses père et mère,* NI ASCENDANTS MALES. Il faut donc, pour que le conseil de famille ait mission de nommer un tuteur, qu'il ne reste aucun ascendant mâle. La tutelle est, pour ainsi dire, le patrimoine des ascendants. Tant qu'il en existe un seul, le conseil n'a pas le droit de l'exclure. Il est incontestable que, hormis le cas du tuteur testamentaire, la loi a voulu confier la tutelle aux ascendants plutôt qu'à des collatéraux ou à des étrangers. Épuisons donc la ligne ascendante avant d'arriver à la collatérale.

Mais, dit-on, la fin de l'article en explique le commencement : *comme aussi lorsque le tuteur de l'une des qualités ci-dessus exprimées se trouve dans un cas d'excuse ou d'exclusion.* Si le législateur avait entendu qu'il y eût dévolution de la tutelle testamentaire à la tutelle légitime, ou même d'une branche à une autre branche, d'un degré à un autre, il se serait exprimé différemment.

Sans doute cette rédaction est vicieuse et prête à l'interprétation adoptée par MM. Duranton, Toullier et Favard de Langlade. Mais en la combinant avec ce qui précède, il nous semble qu'elle reçoit une autre explication, et qu'elle se traduit naturellement ainsi : « Lorsqu'un enfant mineur et non émancipé reste sans père ni mère, ni tuteur élu par ses père et mère, ni ascendants mâles, comme aussi lorsque la seule personne de l'une des qualités ci-dessus exprimées qui pût lui servir de tuteur, se trouve dans un cas d'excuse ou d'exclusion, il sera pourvu, etc. »

L'orateur du gouvernement, M. Berlier, entendait probablement cette disposition comme nous, lorsqu'il disait au Corps-Législatif, en lui présentant l'exposé des motifs de la loi *sur la minorité, la tutelle et l'émancipation* : « Un enfant peut rester sans père, mère, ni ascendant, et sans que le dernier mourant de ses père et mère lui ait désigné de tuteur ; et c'est ici qu'*en l'absence des personnes présumées lui porter une affection supérieure à toutes les autres affections,* le concours des collatéraux deviendra nécessaire, et la tutelle essentiellement dative. »

*En l'absence des ascendants !* Mais lorsque l'aïeul paternel est excusé ou exclu, s'il reste un aïeul maternel, l'enfant n'est pas sans ascendant ; il existe encore pour lui une personne dont l'affection est supérieure à toutes les autres affections ; le concours des collatéraux n'est donc pas nécessaire.

Ce serait une bizarre contradiction que de dire : « L'intérêt d'un mineur est d'être confié aux soins des personnes qui lui portent la plus vive affection. Nulle affection n'est supérieure à celle des ascendants. Les collatéraux ne doivent être appelés que dans le cas où leur concours *est nécessaire.* Néanmoins, lorsque l'ascendant que nous avons cru devoir appeler le premier, sera incapable ou indigne, nous exclurons tous les autres ascendants, quelle que soit leur capacité, et nous recourrons, sans nécessité, aux collatéraux qui géreront la tutelle avec répugnance, tandis que l'aïeul l'aurait gérée avec tout le zèle de l'amour paternel. »

Nous respectons trop les immortels législateurs auxquels nous devons le Code civil, pour leur prêter un pareil langage.

II. Le conseil de famille, dont les attributions ont été développées dans un article séparé (voy. *Conseil de Famille*), n'est point astreint à choisir le tuteur parmi les membres qui le composent ; il peut nommer tous ceux qui n'ont pas d'excuse ou de dispense légitime, et le parent nommé ne serait pas fondé à refuser, sous prétexte qu'il y avait dans le conseil des parents du mineur plus proches que lui. (*Toullier*, t. 2. n° 1122.) Voy. *Conseil de Famille*, § 1er, n° 12.

III. Cependant s'il était prouvé que les membres du conseil ont, par le choix d'un tuteur étranger à leur délibération, voulu frauduleusement s'exonérer de la tutelle, cette délibération pourrait être annulée. C'est ce qu'a décidé la cour de cassation dans l'espèce suivante :

Au décès du sieur Viard, tuteur légal de ses enfants, le sieur Canet, subrogé-tuteur, convoqua le conseil de famille pour remplacer le défunt. Noël Vernière, cousin paternel issu de germain des mineurs, et domicilié dans la même commune, est élu par le conseil. Mais comme il n'était pas présent, et qu'il avait des excuses à proposer, il demande au juge de paix une nouvelle réunion. Là, il s'excuse sur ce qu'il existe dans la commune des parents plus proches, qu'il est illettré, qu'il a un enfant valétudinaire, et qu'il est obligé de travailler à la journée pour nourrir sa famille.

Le conseil rejette ces excuses et confirme sa délibération.

Alors Vernière assigne les membres du conseil de famille

devant le tribunal de Lodève, où il conclut à l'annulation des délibérations. Outre les motifs d'excuse déjà présentés, il allègue qu'il y a eu collusion entre les membres du conseil, en ce qu'on ne l'a pas appelé à l'assemblée, et que l'un des parents s'est faussement déclaré illettré.

Jugement qui annule les délibérations, par le motif « qu'il existe dans la ligne paternelle des parents plus proches ; que non-seulement Noël Vernière n'a pas été cité ni convoqué, mais encore qu'il ne paraît point qu'il se soit trouvé dans l'assemblée composant le conseil de famille ; que Noël Vernière est illettré, tandis qu'il n'en est point ainsi des autres parents plus rapprochés que lui ; que l'un d'entre eux, le sieur Froment, qui avait déclaré, devant le conseil de famille, ne savoir signer, en avait imposé sur ce point, puisqu'il a été convaincu du contraire par la représentation de son acte de mariage devant l'officier de l'état civil de Ceyras, acte signé de lui. »

Appel de la part de trois des membres du conseil de famille. Le subrogé-tuteur intervient et se joint aux appelants.

Le 18 août 1823, arrêt confirmatif de la cour de Montpellier, ainsi motivé :

« Attendu que ceux-là seuls peuvent intervenir en cause d'appel, qui auraient le droit de former tierce-opposition à l'arrêt à rendre sur l'appel des parties de Durand ; d'où il suit qu'il y a lieu de rejeter la demande en intervention du subrogé-tuteur, qui n'est, d'ailleurs, d'aucune utilité dans la cause ;

» Attendu qu'il résulte des circonstances, qu'on peut soupçonner une collusion entre certains membres du conseil de famille pour s'exonérer du fardeau de la tutelle des mineurs Viard et le rejeter sur le sieur Vernière ;

» Attendu que le dol et la fraude font exception à toutes les règles, et ne doivent jamais profiter à leurs auteurs ;

» La cour rejette l'intervention du subrogé-tuteur, et démet les opposants de leur appel. »

Pourvoi en cassation de la part du sieur Freyssinet, membre du conseil de famille. Il présentait deux moyens : 1° violation des art. 427 et suivants, et fausse application de l'article 432. La loi veut, disait-il, qu'un parent ou un allié puisse refuser la tutelle, quand il y a, dans la distance de trois myriamètres, des parents en état de la gérer ; mais cette disposition ne peut pas s'étendre ; et l'on ne trouve nulle part dans la loi qu'un parent puisse s'exempter de la tutelle, par cela seul qu'il existerait dans la même commune des parents plus proches. S'il en était ainsi, jamais il ne serait nécessaire d'assembler le conseil de famille pour nommer un tuteur. Le plus proche parent serait toujours tuteur par la récusation des parents plus éloignés : la tutelle cesserait d'être dative, elle deviendrait légale ;

2°. Violation de l'art. 1116 du Code civil. Le dol ne se présume pas ; il doit être prouvé. Ce principe a été violé par la cour royale, lorsqu'elle a annulé les délibérations, sur le fondement qu'on peut soupçonner une collusion entre certains membres, car elle a reconnu par là que la fraude n'était pas prouvée. Elle ne pouvait donc pas juger comme s'il y avait eu preuve acquise ; elle pouvait seulement ordonner la preuve. D'ailleurs, les faits allégués ne constituent pas la fraude.

Ces moyens ont été repoussés, « attendu que des faits établis au procès, l'arrêt attaqué a pu régulièrement déduire que la nomination de Noël Vernière était la suite d'un concert frauduleux entre les parents pour s'exonérer de la tutelle, au préjudice de Vernière, ce qui suffit pour légitimer cette décision ». (1ᵉʳ *février* 1825.)

IV. Le conseil de famille n'est pas lié aujourd'hui, comme il l'était sous le droit romain, par la défense que peut lui avoir faite le père ou la mère de nommer telle personne pour tuteur. (*Toullier*, n° 1167.)

V. On ne peut donner qu'un seul tuteur à un mineur. Néanmoins, si celui-ci, domicilié en France, possède des biens dans les colonies, ou réciproquement, l'administration spéciale de ces biens doit être confiée à un protuteur. (Voy. ce mot.)

VI. Le conseil de famille ne peut nommer un tuteur à temps, ni sous condition, à la différence du père et de la mère à qui cette faculté est accordée. (Voy. *sect.* 2, n° 10.)

VII. La délibération qui nomme un tuteur est exécutoire par elle-même, et n'a pas besoin d'être homologuée, puisque l'art. 418 dispose que le tuteur agira et administrera, en cette qualité, du jour de sa nomination, si elle a lieu en sa présence, sinon, du jour qu'elle lui aura été notifiée.

Cette notification doit être faite, à la diligence du membre de l'assemblée qui aura été désigné par elle, dans les trois jours de la délibération, outre un jour par trois myriamètres de distance entre le lieu où s'est tenue l'assemblée et le domicile du tuteur (*Code de Procéd.*, art. 882). La notification est nécessaire, même quand le tuteur est représenté au conseil par un fondé de pouvoir (*Favard de Langlade*, vᵉ *Avis de Parents*, n° 1).

VIII. La cour de cassation a décidé, le 27 novembre 1816, qu'en attribuant au conseil de famille la nomination du tuteur, sans l'assujettir à l'homologation de la justice, la loi, par là même, l'a interdite aux tribunaux; que, par suite, lorsqu'ils annulent la nomination faite par un conseil de famille, ils ne peuvent y procéder eux-mêmes et sont obligés d'en ordonner une nouvelle.

IX. Les tuteurs des princes et princesses de la maison royale sont nommés par le roi. (*Statuts du 30 mars 1806.*)

X. Quant à la tutelle des enfants nés hors mariage et des enfants trouvés, voyez *Enfants naturels*, § 2 et 5. Voy. aussi *Substitution.*

XI. Le tuteur est-il tenu de prêter serment entre les mains du juge de paix, avant d'entrer en fonctions?

M. Audiffret, à l'article *Serment*, sect, 1re, n° 3, a soutenu l'affirmative. Cependant, comme le Code est muet à cet égard, la plupart des jurisconsultes pensent que le serment n'est pas nécessaire.

XII. Il est inutile d'observer que la tutelle, étant une charge personnelle, ne passe point aux héritiers du tuteur; mais ils sont responsables de la gestion de leur auteur, et s'ils sont majeurs, ils sont tenus de la continuer jusqu'à la nomination d'un nouveau tuteur. (*Art.* 419.)

### Sect. V. — *Causes qui dispensent de la tutelle.*

I. Bien que la tutelle soit une charge publique, il est des cas où l'on est autorisé à la refuser. Les motifs d'excuse sont pris ou dans l'intérêt général ou dans l'équité.

II. Les motifs d'intérêt général s'appliquent d'une manière absolue à certains dignitaires ou fonctionnaires, et conditionnellement à d'autres. « Sont dispensés de la tutelle, porte l'art. 427,

» Les personnes désignées dans les titres 3, 5, 6, 8, 9, 10 et 11 de l'acte du 18 mai 1804, c'est-à-dire les princes du sang, les maréchaux de France, les inspecteurs et colonels-généraux, les grands-officiers de la couronne, les pairs de France, les députés, les conseillers-d'état;

» Les présidents et conseillers à la cour de cassation, le procureur-général et les avocats-généraux à la même cour;

» Les préfets;

» Tous citoyens exerçant une fonction publique dans un département autre que celui où la tutelle s'établit. »

III. La loi du 16 septembre 1807, art. 7, ayant accordé à la cour des comptes les mêmes prérogatives dont jouit la cour de cassation, la dispense prononcée par l'art. 427 devient commune à l'une et à l'autre; mais elle ne s'étend pas aux membres du conseil des prises, aux procureurs-généraux et royaux, ni aux autres membres des cours d'appel ou des tribunaux de première instance ou des justices de paix (*avis du conseil d'état du 20 novembre 1806*). Ces derniers fonctionnaires ne peuvent invoquer que la dispense conditionnelle prononcée dans le dernier paragraphe de l'art. 427, c'est-à-dire qu'ils ne peuvent refuser une tutelle qu'autant qu'elle s'ouvre dans un département autre que celui où ils remplissent leurs fonctions.

IV. L'avis du conseil-d'état précité place dans la même catégorie les ecclésiastiques desservant des cures ou succursales, et tous individus exerçant pour les cultes des fonctions qui exigent résidence, dans lesquelles ils sont agréés par le roi, et pour lesquelles ils prêtent serment.

V. Les avocats et les avoués ne peuvent réclamer la dispense de la tutelle; mais les notaires étant qualifiés de *fonctionnaires publics* par la loi du 25 ventôse an 11, il semble qu'ils doivent profiter de l'exemption conditionnelle dont nous venons de parler.

« Cependant M. Favard, dans son *Répertoire du Notariat*, au mot *Tutelle*, pense, dit M. Merlin, qu'ils ne peuvent pas réclamer cette exemption : 1° parce que les fonctions des notaires peuvent se suppléer presque partout, et qu'ils ne sont pas assujettis à une résidence continuelle, comme les juges, les administrateurs, les receveurs et autres fonctionnaires salariés par l'état, et qui paraissent seuls dans le cas de l'exception ; 2° parce que la gestion de la tutelle peut se concilier, sans aucun inconvénient, avec les fonctions des notaires, et qu'elles y ont même beaucoup de rapport.

» Ces raisons, ajoute M. Merlin, pourraient être proposées au législateur pour modifier, relativement aux notaires, la disposition du dernier paragraphe de l'art. 427; mais je les crois par elles-mêmes insuffisantes pour faire suppléer, dans cet article, une modification qui ne s'y trouve pas.

» Ce qui m'affermit surtout dans cette opinion, c'est que l'art. 427 du Code civil a été décrété le 3 germinal an 11, et par conséquent à une époque où la loi sur le notariat avait déjà imprimé aux notaires la qualité de fonctionnaires publics. *Lege non distinguente, nec nos distinguere debemus.* »

Une circulaire du garde des sceaux, en date du 27 novembre 1821, résout la question dans le même sens : « Je pense, dit le ministre en terminant, qu'il y a lieu d'accueillir la dispense invoquée par les notaires. »

VI. « Sont encore dispensés de la tutelle (d'une manière absolue et pour cause d'intérêt public), les militaires en activité de service, et tous autres citoyens remplissant, hors du territoire du royaume, une mission du roi. » (*Art.* 428.)

« Si la mission est non authentique et contestée, dispose l'article suivant, la dispense ne sera prononcée qu'après la représentation faite par le réclamant, du certificat du ministre dans le département duquel se placera la mission articulée comme excuse. »

VII. Comme les dispenses n'enlèvent point la capacité de gérer la tutelle, comme il est permis d'en abdiquer le bénéfice, l'acceptation de la tutelle par une des personnes que nous venons de désigner, postérieurement aux fonctions, services et missions qui en dispensent, la rendrait non recevable à s'en faire décharger plus tard pour cette cause. (*Art.* 430.)

VIII. « Ceux, au contraire, à qui lesdites fonctions, services ou missions ont été conférés postérieurement à l'acceptation et gestion d'une tutelle, peuvent, s'ils ne veulent pas la conserver, faire convoquer, dans le mois, un conseil de famille pour y être procédé à leur remplacement.

» Si, à l'expiration de ces fonctions, services ou missions, le nouveau tuteur réclame sa décharge, ou que l'ancien redemande sa tutelle, elle *pourra* lui être rendue par le conseil de famille » (*art.* 431). On voit que c'est là une simple faculté : le conseil n'est point tenu de rendre la tutelle à celui qui s'en est fait exonérer pour des motifs légitimes. Si, en effet, la tutelle touchait à sa fin, ou si l'administration du tuteur ne laissait rien à désirer, tout changement serait contraire aux intérêts du mineur.

M. Duranton fait une exception en faveur des ascendants. « S'il s'agissait d'une tutelle légale, nous pensons, dit-il, qu'elle devrait être restituée à l'ascendant qui la redemanderait. » Mais comme rien, dans les termes de la loi, ne justifie cette exception, comme la tutelle est établie pour l'utilité du mineur et non pour celle de ses ascendants, nous pensons, au contraire, que si la gestion du tuteur datif réalisait toutes les espérances que si le législateur a fondées sur la tutelle légale des ascendants, le conseil de famille devrait rejeter la demande de l'ancien tuteur.

IX. Le législateur a divisé en cinq catégories les dispenses fondées sur l'équité.

1°. Tout citoyen, non parent ni allié du mineur, ne peut être forcé d'accepter la tutelle que dans le cas où il n'existerait pas, dans la distance de quatre myriamètres du lieu où elle s'ouvre, des parents ou alliés en état de la gérer. (*Art.* 432.)

La cour de Lyon, par un arrêt du 16 mai 1811, a étendu ce motif d'excuse même aux alliés d'un degré éloigné, pour le cas où il existe des parents plus proches qui n'ont point d'excuse valable à présenter. « Considérant, porte cet arrêt, qu'il résulte des dispositions du Code civil, que l'esprit de ce Code est que la tutelle soit déférée aux parents les plus proches héritiers présomptifs des mineurs, de préférence aux alliés et étrangers, alors surtout que les premiers ne peuvent faire valoir des motifs légitimes pour s'en dispenser ; — Que, dans l'hypothèse, les parents des mineurs d'André Tardy qui ont assisté à la délibération du 5 juillet 1810 sont tous oncles ou frères desdits mineurs, et qu'ils n'ont déduit aucun moyen ni aucune raison assez forte pour qu'ils soient dispensés de la tutelle, tandis qu'il est constant que Pierre Seive n'est qu'un cousin par alliance éloignée des mineurs et qu'il n'a pas même été appelé pour la composition du conseil de famille ; — La cour décharge Pierre Seive de la tutelle, ordonne que les parents s'assembleront de nouveau pour procéder à la nomination d'un autre tuteur, etc. »

Si cependant le tuteur élu se trouvait au nombre des parents ou alliés que la loi appelle à la composition du conseil, conformément à l'art. 407, il ne serait pas fondé à refuser, alors même qu'il existerait des parents ou des alliés de degrés plus proches (*Duranton*, n° 488). C'est avec cette modification qu'il faut entendre ce que nous avons dit, d'après M. Toullier, à la sect. 4, n° 2.

L'éloignement du domicile du tuteur choisi n'est pas un motif de dispense pour les citoyens ordinaires : l'art. 427 ne parle que des fonctionnaires publics, et l'art. 432 ne contient aucune disposition à cet égard.

X. 2°. Tout individu âgé de soixante-cinq ans accomplis, peut refuser d'être tuteur. Celui qui a été nommé avant cet âge, peut, à soixante-et-dix ans, se faire décharger de la tutelle. (*Art.* 433.)

La loi ne distinguant pas, cette règle se rapporte à la tutelle légale comme à toute espèce de tutelle.

M. Delvincourt croit que si le tuteur, âgé de soixante-cinq ans accomplis lors de sa nomination, avait accepté sans présenter son excuse, il ne pourrait plus se faire décharger de la tutelle, même à soixante-et-dix ans. Mais cette erreur est victorieusement réfutée par M. Duranton. « On ne doit pas inférer, dit-il, de la seconde disposition de l'art. 433, que celui qui aurait été nommé à l'âge de soixante-cinq ans, et qui aurait cru devoir accepter, ne pourrait se faire décharger de la tutelle à soixante-et-dix ans. L'article ne dit rien de semblable ; il régit un cas qui offrait un doute, savoir, si le tuteur ne pourrait pas, à soixante-cinq ans, se faire décharger d'une tutelle qu'il aurait pu refuser si elle lui eût été déférée à cet âge ; mais il laisse celui dont il s'agit dans les termes du principe général que, à soixante-et-dix ans, la tutelle est un trop grand fardeau. Dans le système contraire, il faudrait donc que le tuteur le supportât jusqu'à la majorité des enfants, c'est-à-dire peut-être pendant le reste de sa vie ? Cela est inadmissible. »

XI. 3°. Une infirmité grave et dûment justifiée, est également un motif de dispense, même quand l'infirmité serait survenue depuis la nomination (*art.* 434). Mais une maladie, quelque grave qu'elle fût, ne serait point une excuse, parce que le caractère de la maladie est d'être passagère, tandis que le législateur, en se servant du mot *infirmité*, a voulu désigner un empêchement permanent : *Perpetuâ valetudine tentus*, dit la loi unique, Cod., *Qui morbo se excusant.*

XII. 4°. Deux tutelles sont, pour toutes personnes, une juste dispense d'en accepter une troisième. Celui qui, époux ou père, sera déjà chargé d'une tutelle, ne pourra être tenu d'en accepter une seconde, excepté celle de ses enfants. (*Article* 435.)

M. Duranton, n° 491, donne à la première partie de cet article une signification qu'il nous répugne d'admettre, parce qu'elle nous paraît contraire à la morale naturelle et à l'esprit général de la loi. Il prétend que la charge de deux tutelles dispense le père de la tutelle de ses propres enfants. « Le rapprochement de cette disposition avec les deux suivantes, dit-il, ne laisse aucun doute. D'ailleurs, l'article dit : *toutes personnes.* »

Il nous semble, au contraire, qu'en rapprochant le second paragraphe relatif à ceux qui sont époux ou pères du premier, qui embrasse toutes les personnes, on est autorisé à voir dans celui-là une restriction à la règle générale posée dans celui-ci. C'est comme si le législateur avait écrit : « Deux tutelles sont, pour tout individu *qui n'est ni époux ni père*, une juste dispense d'en accepter une troisième. Quant à celui qui est époux ou père, une seule tutelle suffira pour le dispenser d'une seconde, à l'exception toutefois de celle de ses enfants. »

Cette interprétation ne saurait être contestée ; car si le législateur avait compris le père ou l'époux dans *les personnes* que deux tutelles dispensent d'une troisième, il serait immédiatement tombé dans une manifeste contradiction, en déclarant que l'époux ou le père peut se dispenser d'une seconde tutelle, lorsqu'il en a déjà accepté une. Or, si le premier paragraphe ne se rapporte qu'aux personnes qui ne sont ni époux ni pères, cette expression *toutes personnes*, n'a donc pas la valeur que lui attribue M. Duranton, et il n'est pas étonnant que le législateur n'ait pas ajouté l'exception relative aux propres enfants du tuteur, puisque, nous le répétons, ce tuteur n'est ni époux ni père.

D'ailleurs, ainsi que nous l'avons dit plus haut par argument de l'art. 394, le père ne peut, dans aucun cas, refuser la tutelle de ses enfants. Cette faculté n'est accordée qu'à la mère; et il serait bizarre, lorque l'art. 405 met pour condition à la tutelle dative, que l'enfant n'aura ni père, ni mère, ni tuteur élu par eux, ni ascendants mâles, qu'un conseil de famille fût chargé de donner un tuteur à un enfant dont le père jouirait de l'intégrité de ses droits civils, et aurait assez de capacité pour administrer deux autres tutelles. Il eût été bien plus naturel, si la charge d'une troisième tutelle, de la tutelle de ses enfants avait paru trop lourde, qu'on l'autorisât à se faire exonérer de la seconde, plutôt que de lui laisser l'administration des biens et de la personne de mineurs peut-être étrangers à sa famille, et de l'obliger à confier à un tiers le soin de la personne et des biens de ses propres enfants.

M. Dalloz, *Répertoire général*, v° *Tutelle*, p. 725, et Rolland de Villargues, *Répertoire du Notariat*, au même mot, § 6, n° 90, professent la même opinion que nous, mais sans la motiver.

**XIII.** La tutelle de plusieurs frères dont les biens sont en commun n'est comptée que pour une : *Tria autem onera sic sunt accipienda, ut non numerus pupillorum plures tutelas faciat, sed patrimoniorum separatio ; et ideo qui tribus fratribus tutor datus est, qui indivisum patrimonium haberent, unam tutelam suscepisse creditur.* (L. 3, ff. *de Excusat.*, et § 5, Instit., *de Excus. tut. vel curat.*)

**XIV.** 5°. Ceux qui ont cinq enfants légitimes sont dispensés de toute tutelle autre que celle desdits enfants.

Les enfants morts en activité de service dans les armées du roi sont toujours comptés pour opérer cette dispense, *hi enim qui pro patria ceciderunt, in perpetuum per gloriam vivere intelliguntur* : peu importe qu'ils soient morts dans les hôpitaux ou sur le champ de bataille. (*Duranton*, n° 493.)

Les autres enfants morts ne sont comptés qu'autant qu'ils ont eux-mêmes laissé des enfants actuellement existants (*art.* 436). Il est bien entendu que ces enfants sont légitimes, puisque leur père n'aurait compté qu'autant qu'il eût été légitime lui-même. Au reste, quel que soit leur nombre, ils ne sont comptés que pour un.

L'enfant simplement conçu n'entre pas dans la computation,

car il n'est réputé né que lorsqu'il s'agit de son intérêt : *conceptus pro nato habetur, quoties de commodo ipsius agitur.*

Les enfants adoptifs comptent pour leur père naturel et non pour leur père adoptif. (Instit., *de Excusat.*)

La survenance d'enfants pendant la tutelle, n'est point un motif qui autorise à l'abdiquer. (*Art.* 437.)

XV. Si le tuteur nommé est présent à la délibération qui lui défère la tutelle, il doit sur-le-champ, et sous peine d'être déclaré non recevable dans toute réclamation ultérieure, proposer ses excuses, sur lesquelles le conseil de famille délibérera. (*Art.* 438.)

Le tuteur n'est pas censé présent à la délibération, lorsqu'il y est représenté par un mandataire. Le motif en est qu'il a pu ne pas prévoir sa nomination, et par conséquent n'avoir pas chargé son mandataire de proposer ses excuses. (*Duranton, Delvincourt.*)

Il est encore un cas où l'art. 438 n'est point applicable; c'est celui où le tuteur présent n'aurait pas connu l'excuse qu'il pouvait présenter, au moment de sa nomination. (*Duranton, n° 494.*)

XVI. Lorsque le tuteur nommé n'a pas assisté à la délibération qui lui a déféré la tutelle, il peut faire convoquer le conseil de famille pour délibérer sur ses excuses. Ses diligences à cet effet doivent avoir lieu dans le délai de trois jours, à partir de la notification qui lui a été faite de sa nomination par un membre délégué par l'assemblée. Ce délai est augmenté d'un jour par trois myriamètres de distance du lieu de son domicile à celui de l'ouverture de la tutelle. Passé ce délai, sa réclamation n'est plus recevable. (*Art.* 439.)

XVII. La notification peut être faite au domicile ou à la personne. Toutefois, si elle était faite au domicile du tuteur, pendant qu'il serait en voyage, le délai de trois jours ne commencerait à courir que de son arrivée. (*Duranton, n° 496.*)

XVIII. Si ses excuses sont rejetées, le tuteur peut se pourvoir devant les tribunaux pour les faire admettre, sans essayer le préliminaire de la conciliation (*Code de Procéd., art.* 883); mais pendant le litige, il est tenu d'administrer provisoirement (*Code civ., art.* 440). L'action doit être dirigée seulement contre les membres de l'assemblée qui ont été d'avis du rejet (*arg. de l'art.* 441).

XIX. Si le tuteur réussit à se faire exempter de la tutelle, ceux qui ont rejeté l'excuse peuvent être condamnés aux frais de l'instance.

« *Peuvent* et non pas *doivent*, observe M. Delvincourt. La condamnation aux dépens n'aura lieu, à leur égard, qu'autant que le juge estimera que le rejet a été dicté par un esprit de chicane. Dans le cas contraire, les frais seront à la charge du mineur, comme frais de tutelle.

« Il n'en est pas de même du tuteur, qui doit toujours, lorsqu'il succombe, être condamné aux dépens. »

XX. Quel que soit le jugement du tribunal, il est toujours susceptible d'appel. (*Code de Procéd.*, *art.* 889.)

## SECT. VI. — *Incapacité, exclusion et destitution de la tutelle.*

I. Il y a cette différence, entre les motifs d'excuse et ceux d'incapacité, que les premiers permettent seulement de refuser une tutelle, et que les seconds forment un obstacle absolu à ce qu'on soit tuteur. L'excuse est établie en faveur du tuteur élu, tandis que c'est l'intérêt du mineur qui fait exclure les incapables.

II. Le Code reconnaît quatre causes d'incapacité. « Ne peuvent être tuteurs ni membres des conseils de famille, porte l'art. 442,

» 1° Les mineurs, excepté le père ou la mère;

» 2° Les interdits;

» 3° Les femmes, autres que la mère et les ascendantes;

» 4° Tous ceux qui ont, ou dont les père ou mère ont avec le mineur un procès dans lequel l'état de ce mineur, sa fortune ou une partie notable de ses biens sont compromis. »

III. On doit assimiler aux interdits ceux qui ont été placés sous l'assistance d'un conseil judiciaire, dans le cas de l'art. 499. (Voyez cependant sect. 1re, n° 6.)

IV. L'ascendante mariée, qui a été nommée tutrice, ne peut accepter la tutelle qu'avec l'autorisation de son mari ou de justice.

V. L'incapacité résultant d'un procès n'existerait pas moins, si le procès avait lieu entre le mineur et l'enfant ou le conjoint de celui qui serait appelé à la tutelle, ou si c'était le mineur lui-même qui disputât à celui-ci son état, et qui eût avec lui un procès sur sa fortune ou sur une partie considérable de ses biens. (*Duranton*, n° 505.)

VI. On ne peut pas étendre la disposition de l'art. 442, n° 4, au cas où le procès paraît seulement devoir exister, alors même qu'il serait imminent. (*Cour de Paris*, 21 *janvier* 1823.)

VII. Mais peut-on considérer comme un procès le partage de communauté ou de succession que les parents du mineur ont à faire avec lui?

Non, si le droit de cohéritier ou de communiste n'est pas

contesté, parce qu'alors la demande en partage n'a rien de litigieux, mais se réduit à une simple formalité tendant à faire cesser l'indivision. C'est ce qu'a décidé la cour de Paris par un arrêt du 5 octobre 1809.

VIII. « Les causes d'exclusion et de destitution, dit M. Toullier, t. 2, n° 1159, diffèrent des incapacités, en ce que ceux qui se trouvent dans le cas d'être exclus ou destitués sont habiles à gérer la tutelle, comme ceux qui en sont dispensés; mais ils se sont rendus suspects par leur conduite.

» L'exclusion a lieu si les causes en sont connues avant l'ouverture de la tutelle. Si elles ne surviennent ou ne sont connues que depuis, elles donnent lieu à la destitution. Les incapacités sont aussi des motifs d'exclusion. »

IX. On compte trois causes principales d'exclusion ou de destitution :

1°. Toute condamnation à une peine afflictive ou infamante (art. 443). Les peines de cette nature sont les travaux forcés à perpétuité; la déportation; les travaux forcés à temps; la détention; la réclusion; le bannissement; la dégradation civique (Code pén., art. 14 et 15).

L'individu qui est frappé d'une condamnation pareille, est exclu de plein droit de la tutelle. S'il l'administrait déjà, sa destitution n'a pas besoin d'être prononcée par le conseil de famille; elle résulte de l'arrêt de condamnation. Le conseil de famille ne se réunit que pour lui donner un remplaçant.

Sont aussi exclus de la tutelle et de la curatelle ceux contre qui l'interdiction de ces droits a été prononcée par les tribunaux correctionnels, en vertu de l'art. 42 du Code pénal. Mais cette interdiction ne s'étend pas à la tutelle de ses propres enfants, dont le condamné peut être chargé, si le conseil de famille y consent.

X. 2°. Une inconduite notoire. (Art. 444.)

Cette vague expression prête à l'arbitraire. On doit y comprendre non-seulement le défaut d'ordre dans les affaires, qui caractérise le prodigue et peut amener la ruine d'une famille, mais encore le déréglement de mœurs. Il serait imprudent, en effet, de confier des mineurs, et surtout des filles, à la garde d'un homme qui vivrait publiquement dans le libertinage, ou qui aurait subi quelque condamnation de police pour des actes scandaleux.

L'inconduite notoire est une cause d'exclusion ou de destitution pour la mère, tutrice légale de ses enfants, comme pour tout autre tuteur. (Cour de Riom, 4 fructidor an 12.)

Pour que des faits de grossesse et d'accouchement reprochés à la mère tutrice, aient le caractère d'une inconduite notoire, et emportent sa destitution de la tutelle, il n'est pas nécessaire que ces faits soient tellement publics à l'époque où ils sont allégués, que dès lors il n'y ait plus de recherches à faire. A cet égard, une enquête est admissible. (*Cour d'Aix*, 24 *août* 1809.)

Des liaisons illicites, dévoilées par une correspondance tenue secrète, ne peuvent être considérées comme inconduite notoire. (*Cour de Bordeaux*, 15 *pluviôse an* 13.)

XI. L'état de faillite du père et la séparation de biens prononcée contre lui à la requête de sa femme, *peuvent* être, à son égard, une cause d'exclusion ou de destitution de la tutelle. C'est en ce sens seulement qu'il faut admettre l'arrêt suivant de la cour de Dijon, du 28 prairial an 12.

En l'an 12, décès de la dame Goin, judiciairement séparée de biens avec son mari. Le père est nommé tuteur de son enfant, malgré l'opposition des parents maternels, qui se fondaient sur son inconduite notoire résultant, selon eux, de son état de faillite, et de la séparation de biens obtenue contre lui par sa femme. Le père avait offert de donner caution valable pour le montant du mobilier du mineur.

Arrêt :

« La cour, considérant que la loi défère, à la vérité, la tutelle des enfants mineurs au survivant des père et mère, mais que cette règle générale a pourtant des exceptions ; que ces exceptions se trouvent prévues par l'art. 444 du Code civil ; dès lors, quelle plus grande preuve d'inconduite que la nécessité où a été la femme Goin d'obtenir un jugement de séparation contre son mari ? Quelle autre plus grande preuve d'inconduite notoire et d'une gestion qui atteste l'incapacité, que la faillite ou banqueroute de Pierre Goin, qui n'a point contesté ces faits ? Vainement a-t-il allégué, ainsi que les parents paternels, que la faillite n'était causée que par des pertes ; qu'elle n'était pas une preuve d'inconduite, et que la séparation de biens n'était qu'une mesure pour mettre à couvert les biens de la femme : tout cela ne peut résister contre le fait de faillite où se trouve encore Pierre Goin. Que deviendrait l'entretien d'un bâtiment et d'un pressoir, qui peuvent exiger de fréquentes et indispensables réparations ? Que deviendrait, d'ailleurs, le mobilier du mineur, qui passerait entre les mains du tuteur, et qu'il lui serait si facile de divertir et dissiper ? Que deviendraient enfin l'entretien et les aliments du mineur, si son patrimoine était livré à un homme sans domicile, sans existence, qui est encore en état de faillite ouverte, à qui l'administration des biens de sa femme a été ôtée? Tous ces motifs paraissent plus que suffisants pour rejeter la délibération du 13 ventôse et en ordonner une nouvelle, malgré l'offre du cautionnement offert par Pierre Goin, auquel on ne peut avoir aucun égard, tant par les raisons ci-dessus, que parce que Pierre Goin ne dénommant pas sa caution, on peut douter de la solvabilité. »

XII. 3°. L'incapacité ou l'infidélité dans la gestion.

« Si l'incapacité qui résulte du défaut de connaissance des affaires, dit M. Toullier, n° 1165, n'a rien de répréhensible en elle-même, celui qui a la connaissance de son incapacité a dû faire gérer et administrer par un mandataire capable. Ses fautes graves dans l'administration de la tutelle approchent du dol. »

XIII. La destitution de la tutelle, pour incapacité, peut être prononcée contre le père, tuteur légal, comme contre tout autre tuteur. Seulement les motifs doivent être plus graves et plus puissants dans ce cas. (*Cour royale de Toulouse,* 18 *mai* 1832; *le Juge de Paix,* t. 3, p. 24.)

XIV. Un tuteur est destituable si, par sa négligence, sa pupille a été séduite, surtout si elle l'a été par le fils même du tuteur. (*Cour de Paris,* 26 *thermidor an* 9.)

Il l'est également s'il ne donne pas à ses pupilles une éducation convenable, et s'il leur permet de dangereuses fréquentations. La cour de Toulouse a consacré cette doctrine dans l'arrêt suivant :

« Attendu que le Code civil prononce l'exclusion de la tutelle pour incapacité ;

» Attendu que cette disposition s'applique encore plus à l'incapacité d'administration de la personne du mineur qu'à l'administration des biens;

» Attendu qu'il est suffisamment établi que Roudès négligeait tellement l'éducation de ses filles, qu'il les abandonnait à un état d'éducation totalement dégradante, en les laissant exposées, dans leur jeune âge, aux séductions les plus dangereuses, etc. »

XV. La mère tutrice qui, après le convol, a son mari pour co-tuteur ou gérant de la tutelle, peut, en cas de destitution de celui-ci, être destituée elle-même ou suspendue, quoiqu'elle n'ait aucun tort personnel. (*Cour de Bruxelles,* 18 *juillet* 1810.)

XVI. Le tuteur qui se serait emparé des biens du mineur sans inventaire, serait passible de destitution (*Toullier,* n° 1165). Il faudrait cependant que le conseil de famille fût bien convaincu de la mauvaise foi du tuteur, pour qu'il fît usage d'un droit aussi rigoureux.

XVII. Lorsqu'aucun dol n'est imputable à un tuteur légal, il ne peut être destitué par cela seul qu'il n'aurait pas provoqué la nomination d'un subrogé-tuteur dans les dix jours de l'ouverture de la tutelle. (*Arrêt de la cour de Rennes, confirmé le 12 mai 1830 par la cour de cassation.*)

XVIII. Le tuteur qui devient étranger, ne peut conserver la tutelle. Il a cependant le droit, jusqu'à ce qu'on ait pourvu à son remplacement, de faire des actes conservatoires dans l'intérêt du mineur, et spécialement d'interjeter appel d'un jugement rendu contre lui. (*Cour de Colmar*, 25 *juillet* 1817; voy. *le Juge de Paix*, t. 2, p. 265.)

XIX. Le père adoptif peut être privé de la tutelle par une destitution. (*Cour de Besançon*, 4 *août* 1808.)

XX. La cécité n'est pas une cause d'exclusion ou de destitution; elle est seulement un motif d'excuse ou de dispense. (*Cour de cass.*, 7 *juin* 1820.)

XXI. Les causes d'incapacité, d'exclusion ou de destitution, s'appliquent à toute espèce de tutelles et de curatelles ; elles s'appliquent également au subrogé-tuteur.

XXII. Les causes d'incapacité, d'exclusion ou de destitution sont de droit étroit; on ne peut rien ajouter aux dispositions du Code à cet égard, qui sont *limitatives* et non pas seulement *démonstratives*. Ainsi la cour de Paris a jugé, le 15 messidor an 12, que les fonctions de tuteur ne sont pas incompatibles avec celles d'exécuteur testamentaire. — Il est également défendu d'étendre les causes d'exclusion d'un cas à un autre. Ainsi, quoique les tribunaux aient le droit d'examiner les actions d'un tuteur pour y rechercher l'inconduite notoire ou l'infidélité, ce pouvoir ne leur est pas donné à l'égard des membres du conseil de famille. Voici un arrêt de la cour de cassation, qui consacre formellement ce principe :

Après l'interdiction de son mari, la dame Dasnières avait convoqué ses parents pour lui nommer un tuteur et un subrogé-tuteur. La tutelle lui fut déférée par une délibération du 20 messidor an 12. Mais cette nomination, faite dans le délai d'appel du jugement d'interdiction, était prématurée. Aussi le sieur Dasnières la fit-il déclarer nulle et de nul effet par le tribunal de Cognac, qui ordonna la convocation d'un nouveau conseil de famille pour procéder à une nouvelle nomination. Le tribunal ne se borna pas là : il décida que dans le second conseil ne pourraient se trouver ni les parents qui avaient assisté au premier, ni le juge de paix qui l'avait présidé.

Sur l'appel, arrêt confirmatif de la cour de Bordeaux, en date du 14 avril 1806.

Pourvoi en cassation de la part de la dame Dasnières, pour violation de l'art. 407, et fausse application des art. 442 et 445 du Code civil.

Arrêt. « La cour; considérant, 1° qu'il résulte de l'art 407, que le Code appelle aux conseils de famille les parents ou alliés plus proches, et le juge de paix du canton ; qu'il est de principe qu'un individu légalement appelé à l'exercice d'un droit, d'une charge, d'une fonction quelconque, n'en peut être exclu, à raison d'incapacité ou d'indignité, que par un texte formel de la loi ; qu'aussi le Code, après avoir désigné ceux qui doivent former les conseils de famille, indique dans les art. 442 et 445 les cas. d'incapacité ou d'indignité qui peuvent faire encourir l'exclusion ; — Que ces articles n'étant pas démonstratifs, mais limitatifs, doivent être pris à la lettre ; que la preuve qu'ils sont limitatifs est dans les termes mêmes de leur rédaction, et surtout dans la nature des cas prévus, qui bien évidemment ne sont pas cités par forme d'exemple d'un principe vaguement posé ; — Qu'il suit de là que l'intention du législateur a été de ne rien laisser en cette matière à l'arbitraire des tribunaux, et de n'éloigner des conseils de famille que les individus spécialement désignés dans les articles 442 et 445 ;

» Considérant 2° que, d'après l'art. 444, l'inconduite notoire et l'infidélité sont déclarées causes d'exclusion ou de destitution d'une tutelle ; qu'il suit de là que les tribunaux ont le pouvoir le plus étendu d'examiner les actions d'un tuteur et de les juger ; mais que ce pouvoir ne leur est pas donné à l'égard des membres des conseils de famille ; car, dans l'article immédiatement suivant (445), le législateur se borne à dire que celui qui aura été exclu ou destitué d'une tutelle, ne pourra être membre d'un conseil de famille ; qu'ainsi, quand il s'agit d'un membre de ces assemblées, les tribunaux peuvent bien examiner s'il a précédemment encouru l'exclusion ou la destitution d'une tutelle, mais que leur pouvoir est limité à la vérification de ce fait, car dans des articles dont l'objet est de fixer la compétence, la loi disant que la conduite des tuteurs est soumise à l'examen des tribunaux, et ne répétant pas cette disposition à l'égard des membres des conseils de famille, il est évident, d'après la règle *qui de uno dicit, de altero negat*, que la loi ne veut pas que les tribunaux connaissent des faits qui tendent à inculper la moralité des membres du conseil de famille ; — Que si, sur ces faits, elle défend toute discussion, tout examen judiciaire, il est visible qu'elle n'autorise les tribunaux qu'à prononcer sur les actes des conseils de famille ; qu'elle leur interdit de juger les indi-

vidus qui en sont membres, et par une conséquence nécessaire, de les exclure des conseils, si ce n'est dans les cas spécialement prévus par les art. 442 et 445;

» Considérant 3° qu'en limitant ainsi les causes d'exclusion,
il ne peut en résulter aucun inconvénient sérieux; car s'il
s'élève contre les actes d'un conseil de famille des réclamations fondées, les tribunaux ont toute l'autorité nécessaire
pour annuler ces actes et faire complétement droit aux parties
lésées;

» Considérant enfin que la faculté de juger les membres
d'un conseil de famille, et celle de les exclure arbitrairement,
ne seraient propres qu'à susciter des délations, semer la division parmi les parents, blesser sans nécessité la réputation
des citoyens, et causer un scandale public; qu'il est de la sagesse des tribunaux de prévenir ces désordres, et que le repos
des familles l'exige, » etc. (13 *octobre* 1807.)

XXIII. Tout individu qui a été exclu ou destitué d'une
tutelle, ne peut être membre d'un conseil de famille (*article* 445). Cet article ne se rapporte point au cas où l'exclusion de la tutelle a été motivée sur l'existence d'un procès
avec le mineur. Cette cause étant purement accidentelle et
relative, n'enlève pas à celui qu'elle a privé d'une tutelle, le
droit de faire partie du conseil de famille d'un autre mineur,
à l'égard duquel le même motif n'existe point.

Il ne s'applique pas non plus aux individus condamnés temporairement à la privation des droits de famille. Dès que
leur peine est expirée, ils peuvent être membres d'un conseil,
puisqu'ils pourraient même être tuteurs.

XXIV. Lorsque la délibération qui destitue le tuteur n'est
pas unanime (voy. *Conseil de famille,* § 1ᵉʳ, nᵒˢ 18 et 19),
l'avis de chacun des membres qui y ont pris part doit être
mentionné dans le procès-verbal (*Cod. de Procéd.*, art. 883).
Le parent qui l'a provoquée peut y concourir (*cour de cass.*,
12 *mai* 1830).

XXV. Si le tuteur n'y adhère pas, il doit continuer l'administration jusqu'au jugement à intervenir, puisque, aux
termes de l'art. 448 du Code civil, ce n'est qu'en cas d'adhé-
sion du tuteur destitué, que le nouveau entre *aussitôt* en fonctions.  Néanmoins, observe M. Favard de Langlade, vᵒ *Tutelle,* § 8, nᵒ 4, comme tout doit être rapporté à l'intérêt du
mineur, et qu'il pourrait y avoir pour lui les plus graves
inconvénients à ce qu'un tuteur incapable ou infidèle conti-
nuât l'administration, on peut s'adresser au tribunal, afin
qu'il y pourvoie sans délai. C'est la décision formelle de la
loi 7, *Cod., de Susp. tut.* »

**XXVI.** MM. Toullier, t. 2, n° 1178; Delaporte, Demiau-Crouzilhac et Chauveau, pensent que le tuteur, lorsqu'il veut se pourvoir contre la délibération qui l'a destitué, doit diriger son action contre tous les membres du conseil de famille qui composaient la majorité, et non pas contre le subrogé-tuteur. L'art. 885 du Code de Procédure a, selon eux, dérogé à l'art. 448 du Code civil. Mais la doctrine contraire, professée par MM. Pigeau, Berriat-Saint-Prix, Duranton, Carré, Favard de Langlade, a été consacrée par l'arrêt suivant de la cour de cassation :

« Attendu que l'intimé avait réclamé contre la délibération du conseil de famille du 20 décembre 1828, qui lui retirait la tutelle pour en investir l'appelante, mère de l'interdite; qu'en ce cas, le subrogé-tuteur étant tenu de poursuivre en justice l'homologation de la délibération, aux termes de l'art. 448 du Code civil, a pu, suivant ce même article, être assigné directement par l'intimé, pour se faire déclarer maintenu dans la tutelle; — Qu'en vain l'appelante prétend que l'action aurait dû être dirigée contre les membres qui avaient été d'avis de la délibération, selon le § 2 de l'art. 885 du Code de Procédure civile; car, outre qu'en thèse générale, le Code de Procédure ne peut être censé déroger aux principes de législation consacrés par le Code civil, il est évident, par la combinaison des articles subséquents, que le paragraphe de l'article invoqué s'applique particulièrement au cas où la délibération n'est pas sujette à homologation, et où il y a nécessité de se pourvoir pour en arrêter l'exécution, etc. » (*17 mars 1831*.)

**XXVII.** Bien qu'un tuteur ordinaire soit incapable d'exercer les fonctions de la tutelle et d'y être réintégré lorsqu'il a subi une destitution, il en est autrement d'un père qui tient ses fonctions de la loi et non de la volonté des parents (*cour de Besançon*, 17 *décembre* 1807). Cependant cette réintégration ne doit être prononcée qu'avec la plus grande circonspection. Dans tous les cas, le tuteur légal ne peut appeler du jugement qui lui a enlevé la tutelle, sur le fondement que, depuis lors, il a changé de conduite. Il faut qu'il s'adresse au conseil de famille, qui décidera s'il doit être réintégré (*cour de Besançon*, 18 *décembre* 1806).

## Sect. VII. — *Administration du tuteur.*

I. L'administration de la tutelle ne doit commencer que lorsque le subrogé-tuteur est nommé. C'est la conséquence que présente la disposition de l'art. 421, d'après laquelle le tuteur légitime ou testamentaire est tenu, avant d'entrer en fonctions, de faire convoquer un conseil de famille pour la nomination d'un subrogé-tuteur, sous peine de se voir retirer la tutelle s'il y a eu dol de sa part.

Il est vrai que l'art. 418 prescrit au tuteur élu par le conseil, d'agir et d'administrer, en cette qualité, du jour de sa nomination, si elle a lieu en sa présence, sinon, du jour qu'elle lui aura été notifiée; mais en rapprochant cet article de l'article 422, on voit qu'il ne déroge point au principe que nous venons de poser, puisque, dans la tutelle dative, la nomination du subrogé-tuteur doit avoir lieu immédiatement après celle du tuteur.

II. En règle générale, dit M. Dalloz, l'autorité du tuteur s'étend à tout ce qui peut être nécessaire pour le bon usage de son administration. Il a tout pouvoir pour faire le bien de son pupille; il n'en a plus dès qu'il s'agit de lui nuire. *Tutor in re pupilli tunc domini loco habetur cum tutelam administrat, non cum pupillum spoliat.* (*L. 7, § 3, ff. pro emp.*)

III. L'administration du tuteur embrasse la personne et les biens du mineur. Nous l'envisagerons sous l'un et l'autre rapport.

### § I<sup>er</sup>. *Administration de la personne du mineur.*

I. L'autorité et les devoirs du tuteur, relativement à la personne du pupille, sont nécessairement moins étendus que ceux du père et de la mère. Ils se réduisent à trois points principaux :

Prendre soin de la personne du mineur;

Provoquer l'exercice du droit de correction;

Représenter le pupille dans les actes civils.

II. Le soin de la personne entraîne l'obligation de pourvoir à la nourriture, à l'entretien et à l'éducation du mineur, selon les moyens de celui-ci, son état, et dans la mesure fixée par le conseil de famille, lorsque la tutelle est exercée par un autre que le père ou la mère; car dès qu'elle est exercée par l'un d'eux, la loi s'en repose sur son affection pour régler, dans de raisonnables limites, ce qui doit être dépensé à cet égard.

Mais le tuteur n'est pas tenu de nourrir le mineur à ses dépens, *de suo tutor pupillum alere non compellitur,* à moins qu'il ne soit dans la classe des personnes qui lui doivent des aliments. Lors donc que le pupille est dans l'indigence, le tuteur peut ou le mettre en service, ou le placer soit en apprentissage chez un maître qui se chargerait de sa nourriture et de son entretien, moyennant certaines conditions, soit même dans un hospice. Il serait convenable, néanmoins, dans ce dernier cas surtout, de prendre préalablement l'avis du conseil de famille.

III. La tutelle ne détruit pas la puissance paternelle. Ainsi les père et mère, quoiqu'ils ne soient pas tuteurs, pour un motif quelconque autre que leur inconduite, ont le droit d'avoir leurs enfants auprès d'eux et de diriger leur éducation (*argument des art.* 372 *et* 374). C'est ce qui a été décidé par la cour de Poitiers le 15 février 1841 : « Attendu, porte son arrêt, que s'il est vrai que le droit de nourrir et d'élever ses enfants est un attribut de la puissance paternelle, il ne l'est pas moins que cette puissance est un droit fondé sur la nature et confirmé par la loi positive ; — Que les lois civiles n'ont jamais pu enlever à des parents les droits qu'ils tiennent plus particulièrement de la nature, ainsi que s'en expliquent les lois 8, ff. *de Cap. minut.*, et 8, ff. *de Div. reg. jur. antiq.*, dont la dernière s'exprime ainsi : *jura sanguinis nullo jure civili dirimi possunt ;* — Que le droit d'élever ses enfants, de surveiller leur éducation, quoiqu'il soit un des attributs de la puissance paternelle, prend néanmoins sa source dans le droit naturel, et que, sous ce rapport, on ne doit pas facilement présumer que la loi civile en ait voulu priver les pères et mères, à moins qu'elle ne s'en soit nettement expliquée ; — Que si l'art. 450 du Code civil dispose que le tuteur d'un enfant mineur doit prendre soin de sa personne et de ses biens, cela ne doit naturellement s'entendre que du tuteur donné à des enfants dont les père et mère n'existent plus, ou qui sont déclarés indignes d'exercer la tutelle pour leur inconduite ; — Que la mère qui convole à de secondes noces est si peu dépouillée des attributs de la puissance paternelle qu'elle tient de la nature, qu'elle conserve incontestablement ceux de demander à ses enfants des aliments si elle tombe dans l'indigence, de consentir à leur mariage, et qu'ils lui doivent également honneur et respect (*art.* 131, 203, 205 *et* 372 *du Code civil*) ; — Que le droit de prendre soin de la personne de ses enfants et de surveiller leur éducation prend, comme ceux-ci, sa source dans le droit naturel, et que les uns et les autres doivent être soumis aux mêmes règles ; — Qu'il est impossible de croire que la femme remariée soit traitée par les lois civiles plus défavorablement que la femme divorcée ; que celle-ci peut cependant obtenir des tribunaux l'avantage de conserver ses enfants avec elle, et que, dans tous les cas, elle conserve le droit de surveiller leur entretien et leur éducation, etc. »

Si néanmoins il existe des circonstances graves qui exigent que l'enfant ne soit plus confié aux soins des auteurs de ses jours, si, par exemple, une mineure ne devait pas trouver, dans la maison de sa mère déchue de la tutelle pour défaut de convocation du conseil de famille à l'époque de son second mariage, une éducation conforme à son rang et à sa position, elle devrait être remise au tuteur, à la charge par lui de la placer dans une maison d'éducation, et sous la réserve du droit de surveillance qu'on ne saurait enlever à la mère. (*Cour de Bruxelles, 28 janvier* 1824.)

IV. Quand le mineur est sans père ni mère, le conseil de famille est-il autorisé à régler le mode d'éducation qu'il faut suivre pour lui, et à déterminer le lieu où il doit être placé?

Les tribunaux et les jurisconsultes ne sont pas d'accord sur ce point.

Selon la cour d'appel de Turin (*arrêt du 9 décembre* 1808), « les conseils de famille ne peuvent s'arroger d'autres attributions que celles que la loi leur accorde, et il n'est aucune loi qui leur donne le droit de déterminer le mode d'éducation des mineurs, qui sont confiés par la loi aux soins de leur tuteur. » On conçoit, en effet, que, pour remplir les obligations que lui impose l'art. 450, le tuteur doit avoir le mineur près de lui : autrement toute surveillance est impossible, et les voyages indispensables qu'occasionerait l'éloignement, rendraient la tutelle extrêmement onéreuse pour le mineur. Comment, d'ailleurs, faire peser la responsabilité des délits commis par le pupille, sur un tuteur qui, étranger à son éducation et à la surveillance de sa personne, n'aurait rien pu faire pour les prévenir?

Ces raisons nous paraissent d'une haute gravité. Cependant MM. Toullier, Duranton, Delvincourt, Favard de Langlade, etc., pensent que le conseil de famille a le droit de délibérer sur le lieu où le pupille doit être élevé, et sur l'éducation qu'il convient de lui donner. « Quand la famille n'a pris aucune mesure particulière sur cet objet, dit M. Duranton, n° 529, ni réglé la manière d'élever le mineur orphelin, le tuteur dirige son éducation suivant sa prudence et ses lumières, en vertu du principe même du mandat honorable qui lui est confié, ce qui explique le laconisme de la loi sur un objet aussi important. Mais quand elle croit devoir tracer le mode d'éducation, désigner la personne chez laquelle habitera le mineur, indiquer l'état qu'il convient de lui donner, augmenter ou diminuer le montant de ses dépenses annuelles, suivant l'accroissement ou la diminution que sa fortune a subi, ses délibérations devront généralement faire loi pour le tuteur; sauf à lui à se pourvoir devant les tribunaux pour les faire réformer, non pas comme altérant le principe de son mandat, mais comme contraires à l'intérêt bien entendu de son pupille. » (*Voir, sur cette question, dans* le Juge de Paix, t. 5, p. 179, *un arrêt de la cour de cassation, du 8 août* 1815.)

V. Il a été jugé, par la cour royale de Paris, le 22 mars 1824, qu'un tuteur a le droit de retirer sa pupille de pension, nonobstant l'opposition d'un des membres du conseil de famille, alors surtout que les autres membres de ce conseil sont de l'avis du tuteur. Dans ce cas, le juge, en état de référé, ne peut suspendre l'exécution de la délibération du conseil de famille, et ordonner que la mineure restera provisoirement dans la maison dont son tuteur veut la faire sortir, jusqu'à ce qu'il en ait été autrement ordonné par le tribunal compétent.

VI. L'exercice du droit de correction est réglé par l'article 468 du Code civil : « Le tuteur, y est-il dit, qui aura des sujets de mécontentement graves sur la conduite du mineur, pourra porter ses plaintes au conseil de famille ; et, s'il y est autorisé par ce conseil, provoquer la réclusion du mineur, conformément à ce qui est statué à ce sujet au titre de la puissance paternelle. » (*Voy. les art.* 376 et 377.) Il faut donc, pour qu'un tuteur, quel qu'il soit, à l'exception du père ou de la mère, puisse requérir la réclusion de son pupille, qu'il en ait obtenu l'autorisation du conseil.

VII. Enfin le tuteur représente le mineur dans tous les actes civils (*art.* 450) ; c'est-à-dire qu'il les passe en son propre nom et sans le concours du mineur. Il faut en excepter l'acte de mariage auquel le mineur procède lui-même, avec l'autorisation de ses ascendants ou du conseil de famille, et l'acte de dernière volonté, que le mineur, âgé de seize ans, peut faire sans le concours de personne (*art.* 904).

## § II. *Administration des biens du mineur.*

I. Le premier devoir du tuteur est de constater authentiquement les biens dont la gestion lui est confiée. « Dans les dix jours qui suivront celui de sa nomination, dûment connue de lui, porte l'art. 451, le tuteur requerra la levée des scellés, s'ils ont été apposés, et fera procéder immédiatement à l'inventaire des biens du mineur, en présence du subrogé-tuteur. » (Voy. *Inventaire.*)

II. *Quid*, si les scellés n'avaient pas été apposés ?

M. Toullier prétend, n° 1189, que le tuteur devrait se hâter de requérir l'apposition ; mais nous n'en voyons pas la nécessité. Cette mesure tardive ne rétroagirait pas sur les soustractions déjà commises, et ne ferait que retarder, avec des frais, la confection de l'inventaire.

III. Quelques auteurs, parmi lesquels nous citerons M. Malleville, ont essayé d'établir que l'inventaire était de rigueur dans tous les cas, et que le testateur même n'avait pas le droit d'en accorder dispense au tuteur.

Cette opinion est victorieusement combattue par MM. Delvincourt, Toullier, Favard de Langlade et Duranton. Voici la distinction qu'ils admettent d'après la loi romaine.

Si le testateur ne laisse aucun héritier à réserve, comme il pouvait disposer de toute sa succession en faveur du tuteur, à plus forte raison a-t-il pu lui accorder un avantage qui est beaucoup moins important. Mais comme la dispense de faire inventaire n'entraîne pas, pour le tuteur, la dispense de rendre compte, obligation à laquelle il demeure soumis, les intéressés seront toujours recevables à prouver qu'il a détourné certaines valeurs ou certains meubles de la succession.

Dans le cas, au contraire, où il existe des héritiers à réserve, l'inventaire devient indispensable pour connaître la quotité disponible et pour conserver les droits de ces héritiers. Alors il ne dépend pas du testateur d'en accorder la dispense, et s'il l'a fait, cette dispense est nulle. — Dans aucun cas, le conseil de famille ne peut dispenser de l'inventaire le tuteur qu'il a nommé.

IV. L'officier public qui dresse l'inventaire doit requérir le tuteur de déclarer s'il lui est dû quelque chose par le mineur. L'absence de cette déclaration entraînerait la déchéance de la créance du tuteur, alors même qu'elle serait constatée par un acte authentique. On supposerait alors qu'il a fait disparaître la quittance trouvée par lui dans les papiers dont il est dépositaire, et qui aurait pu échapper aux investigations de l'officier public. *A fortiori*, le tuteur qui se serait emparé, sans inventaire, des biens du mineur, pourrait-il être déclaré déchu des sommes qu'il prétendrait ensuite lui être dues par celui-ci.

V. Le défaut d'inventaire fait perdre au survivant des père et mère la jouissance que lui assurait la loi, des revenus de ses enfants, et le subrogé-tuteur, qui ne l'a point obligé à remplir cette importante formalité, est solidairement tenu avec lui de toutes les condamnations qui peuvent être prononcées au profit des mineurs. (*Art.* 1442.)

Aucune disposition du Code ne prononce textuellement la même peine contre le subrogé-tuteur, pour la même négligence, lorsque la tutelle est exercée par un autre que le père ou la mère; mais il ne faut pas conclure de là qu'il est affranchi de toute responsabilité à cet égard. Son obligation, dit

**M.** Duranton, n° 537, est écrite dans la loi qui lui commande, par le principe même de son institution, de surveiller le tuteur, d'agir pour le mineur lorsque ses intérêts sont en opposition avec ceux de ce dernier, comme dans l'espèce ; d'assister à l'inventaire, par conséquent de veiller à ce qu'il ait lieu ; enfin, elle est écrite dans la disposition générale qui oblige celui qui a causé à autrui du dommage par son fait, sa faute ou sa négligence, à le réparer. »

**VI.** Dans le mois qui suit la clôture de l'inventaire, le tuteur doit faire vendre, en présence du subrogé-tuteur, aux enchères reçues par un officier public, et après des affiches ou publications dont le procès-verbal de vente fait mention, tous les meubles autres que ceux que le conseil de famille l'a autorisé à conserver en nature (*art.* 452). Il est évident que cet article ne se rapporte qu'aux meubles proprement dits, et non point aux capitaux ou rentes productifs d'intérêt, que l'art. 529 range dans la classe des meubles par la détermination de la loi.

**VII.** C'est au tuteur seul qu'appartient le choix de l'officier public chargé de procéder à la vente des meubles du mineur. (*Cour de Turin*, 10 *mai* 1809.)

**VIII.** Le tuteur qui néglige de procéder à la vente dans le délai prescrit, à moins que l'intérêt du mineur n'ait impérieusement exigé un délai plus long (*cour de cass.*, 8 *décembre* 1824), se rend responsable de la détérioration ou dépréciation des meubles, lors même qu'il ne s'en serait pas servi ; par exemple, s'ils étaient passés de mode. Il devrait même, d'après M. Duranton, n° 543, les intérêts du prix qu'ils auraient produit s'ils eussent été vendus, puisque ce prix aurait été placé ; mais l'intérêt ne commencerait à courir qu'à l'époque réglée par les art. 455 et 456, dont nous parlerons plus tard.

Lorsqu'il y a des créanciers saisissants ou opposants, la vente des meubles se fait suivant la forme prescrite au titre des saisies-exécutions. Mais s'il n'y en a pas, il suffit des formalités indiquées en l'art. 452 du Code civil.

**IX.** Les père et mère, tant qu'ils ont la jouissance propre et légale des biens du mineur, sont dispensés de vendre les meubles, s'ils préfèrent de les garder pour les remettre en nature. Dans ce cas, ils en feront faire, à leurs frais, une estimation à juste valeur par un expert qui sera nommé par le subrogé-tuteur et prêtera serment devant le juge de paix. Ils rendront la valeur estimative de ceux des meubles qu'ils ne pourraient représenter en nature. (*Art.* 453.)

Comme cette dispense n'a lieu que pendant la durée de la jouissance légale, c'est-à-dire jusqu'à ce que le mineur ait dix-huit accomplis, il faut en conclure que lorsque cette jouissance cesse, les père et mère sont soumis à l'obligation imposée à tout tuteur de faire vendre ceux des meubles que le conseil de famille, convoqué à ce sujet, ne les autoriserait pas à garder en nature.

X. On a demandé si le subrogé-tuteur pouvait choisir pour expert un simple particulier. Un tel *expert*, dit-on, manque *d'expérience ;* et ce qui a pu déterminer le législateur à accorder un privilége exclusif à une certaine classe de fonctionnaires, c'est que, les ayant aussi chargés de la vente des meubles, ils peuvent les estimer d'autant plus sûrement, qu'ils en connaissent le prix par la vente qu'ils en font journellement.

Nous avions pensé d'abord (voy. *le Juge de Paix,* t. 2, p. 148) que la faculté d'être expert étant un droit commun, dont doivent jouir tous ceux auxquels il n'a pas été interdit par les tribunaux, le juge de paix ne pourrait repousser la personne que le subrogé-tuteur lui désignerait comme expert, à moins que le tuteur légal ne fît valoir contre elle de justes motifs de récusation. Mais un arrêt de la cour de Bourges, du 8 juin 1832, a condamné notre doctrine, et décidé que, dans l'hypothèse de l'art 453, les officiers-priseurs peuvent seuls faire l'estimation des meubles, à l'exclusion de tous autres. Telle est aussi l'opinion de M. Rolland de Villargues. (Voy. *Officiers-priseurs,* sect. 3, § 1er, n° 5.)

XI. Lors de l'entrée en exercice de toute tutelle, autre que celle des père et mère, le conseil de famille doit régler par aperçu et selon l'importance des biens régis, la somme à laquelle pourra s'élever la dépense annuelle du mineur, ainsi que celle d'administration de ses biens. Le même acte spécifiera si le tuteur est autorisé à s'aider, dans sa gestion, d'un ou de plusieurs administrateurs particuliers, salariés et gérant sous sa responsabilité. (*Art.* 454.)

XII. En général, la dépense du mineur ne doit point excéder son revenu, déduction faite des charges dont il est grevé; mais cette règle n'est point absolue. Des circonstances particulières, telles que des espérances de fortune que peut avoir le mineur, la nature de ses biens peu productifs, mais d'une valeur cependant considérable, un état à lui donner, etc., peuvent autoriser le conseil de famille à s'écarter un peu de la règle. L'intérêt du mineur et les convenances, voilà les seules lois qu'il doive consulter. Ce serait une singulière économie, celle qui détruirait l'avenir d'un jeune homme, pour lui conserver un capital de quelques milliers de francs! MM. Toullier et Duranton sont du même sentiment.

**XIII.** Si le tuteur pense que les biens du mineur ont besoin de réparations, il demandera au conseil l'autorisation de les faire faire, jusqu'à une certaine somme, par des marchés conventionnels (*Toullier*, n° 1205). La délibération du conseil sur cet objet n'a pas besoin d'être homologuée (*Duranton, Rolland de Villargues*).

**XIV.** Le salaire des gérants doit être fixé par le conseil de famille. A défaut de fixation, le tuteur ne peut accorder que des traitements qui, combinés avec les autres dépenses, n'excèdent pas les revenus (*Massé*, t. 1, p. 149), sauf au conseil de famille, s'il y a réclamation, à statuer.

**XV.** Le conseil de famille doit déterminer positivement la somme à laquelle commencera, pour le tuteur, l'obligation d'employer l'excédant des revenus sur la dépense. Cet emploi devra être fait dans le délai de six mois, passé lequel le tuteur devra les intérêts, à défaut d'emploi (*art.* 455). Ce délai lui est accordé pour qu'il ait le temps de trouver un placement solide. Il devrait également, après le même délai, les intérêts des capitaux du mineur qu'il n'aurait pas placés, c'est-à-dire de l'argent comptant trouvé dans la succession, du produit de la vente du mobilier, de la rentrée des crédits, des remboursements de rente, etc.

**XVI.** Si le tuteur n'a pas fait déterminer par le conseil la somme à laquelle commencera l'emploi, il devra, après le délai exprimé dans l'article précédent, les intérêts de toute somme non employée, quelque modique qu'elle soit. (*Article* 456.)

**XVII.** Les père et mère ne sont tenus de se conformer à cette prescription que lorsque leur usufruit légal a pris fin.

**XVIII.** L'intérêt dû par le tuteur ordinaire qui n'a pas fait déterminer la somme à laquelle doit commencer l'emploi, ne part point du jour où il l'a reçue, comme l'enseigne M. Toullier, n° 1215; il part seulement du jour où expire le délai de six mois accordé par l'art 455. (*Duranton*, n° 562, *Massé*, t. 1, p. 152, *Rolland de Villargues.*)

Mais lorsque le tuteur a fait des placements avant les six mois, les intérêts des sommes placées courent, au profit du mineur, à compter du placement.

**XIX.** Alors même qu'il n'apparaîtrait aucun emploi de ces fonds avant le délai fixé, s'il était prouvé qu'ils ne sont pas restés oisifs entre les mains du tuteur, il serait présumé les avoir employés à son propre usage, et il en devrait les intérêts du jour où ils auraient cessé d'être disponibles. (*Duranton*, n° 563, *Toullier*, n° 1215.)

**XX.** Le tuteur doit également de plein droit l'intérêt des sommes dont il est débiteur envers son pupille.

**XXI.** Il peut arriver que le tuteur, malgré toutes ses diligences, ne trouve point de placement à faire même après les six mois. Comme il ne serait pas juste qu'il fût victime d'une circonstance qu'il n'a pas été en son pouvoir de prévenir, le conseil de famille pourrait, sur sa convocation, lui accorder un nouveau délai pour faire des recherches.

**XXII.** Enfin, comme le tuteur n'est pas obligé de faire des avances pour le mineur, il peut faire ordonner par le conseil de famille qu'il lui restera en mains, et sans intérêt, une somme suffisante pour subvenir aux dépenses imprévues. (*Toullier*, n° 1214.)

**XXIII.** Après avoir fait connaître les premières opérations qui doivent suivre l'ouverture d'une tutelle, il nous reste à examiner quels sont les actes qui sont interdits aux tuteurs, quels sont ceux qu'il peut faire seuls, ceux pour lesquels il a besoin du concours du conseil de famille, ceux enfin qui exigent, en outre, la sanction de l'autorité judiciaire.

### Art. 1<sup>er</sup>. *Actes interdits au tuteur.*

**I.** Le tuteur ne peut ni acheter les biens du mineur, ni les prendre à ferme, à moins que le conseil de famille n'ait autorisé le subrogé-tuteur à lui en passer le bail, ni accepter la cession d'aucun droit ou créance contre son pupille. (*Article* 450.)

**II.** Il ne peut acheter les biens du mineur. On a craint qu'il ne donnât de faux renseignements aux enchérisseurs, sur l'état, le produit et la valeur de ces biens, afin de les éloigner et de se trouver ainsi sans concurrence.

**III.** Il ne peut non plus se rendre cessionnaire d'aucun droit ou créance contre son pupille, et cette disposition, d'après M. Duranton, n° 600, s'applique même aux cas énoncés en l'art. 1701, parce que le danger de la suppression des titres dont il est dépositaire, subsisterait toujours pour le mineur.

**IV.** Mais on n'assimilerait pas à une acquisition de créance le paiement que ferait le tuteur d'une dette qui lui serait commune avec le mineur. Il aurait même alors la subrogation légale.

**V.** Dans le cas où la dette concernerait exclusivement le pupille, s'il y avait urgence à la payer, le tuteur pourrait se faire autoriser par le conseil à prêter les deniers nécessaires, et il obtiendrait alors la subrogation dont il est parlé au n° 1<sup>er</sup>

de l'art. 1230. (*Duranton*, n° 602; *Rolland de Villargues*, v° *Tutelle*, n° 252.)

**VI.** Le tuteur ne peut recevoir aucune libéralité de son pupille, même après la majorité de ce dernier, tant que le compte définitif de la tutelle n'a pas été préalablement rendu et apuré. Il n'y a d'exception que pour les ascendants des mineurs, qui ont été investis de la tutelle (*art.* 907). Une disposition testamentaire faite par le mineur devenu majeur, au profit de la femme de celui qui fut son tuteur, peut même être annulée comme faite à personne interposée, s'il est reconnu que le compte de tutelle n'était pas régulier. (*Ordonn. royale du* 12 *décembre* 1827.)

**VII.** Le tuteur, pendant le cours de la tutelle, ne prescrit point contre son pupille, ni celui-ci contre le tuteur. (*Duranton*, n° 604.)

**VIII.** Quant à l'interdiction de traiter sur la gestion tutélaire, voyez ci-après, sect. 9, n° 17.

ART. II. Actes que le tuteur peut faire seul.

**I.** La règle générale est que tous les actes réputés par la loi actes de simple administration et de conservation des biens, entrent essentiellement dans les attributions du pouvoir tutélaire. Comme le tuteur est, dans tous ces actes, le mandataire légal, le représentant du pupille, ils ont la même force que s'ils émanaient du mineur émancipé ou devenu majeur.

**II.** Au nombre des actes d'administration se placent en première ligne les baux des héritages ruraux et des maisons. Le tuteur a donc le droit de les passer sans l'autorisation du conseil de famille, de les renouveler, d'en toucher le prix et d'en donner valable quittance. Seulement il est soumis (*article* 1718), pour la durée des baux et pour l'époque du renouvellement, aux règles prescrites par les art. 1429 et 1430, relativement aux baux que passe le mari des biens de sa femme, c'est-à-dire qu'il ne peut passer de baux pour un temps qui excède neuf ans, ni les renouveler plus de trois ans avant l'expiration du bail courant, s'il s'agit de biens ruraux, et plus de deux ans avant la même époque, s'il s'agit de maisons. Il lui est même interdit de passer ou de renouveler des baux dont l'exécution ne devrait commencer qu'à la majorité du mineur, et à plus forte raison de recevoir d'avance le prix des fermages qui n'échoiront qu'à cette époque. (*Cour de Limoges,* 18 *janvier* 1824.)

**III.** Aucune forme spéciale n'est prescrite au tuteur pour ces baux. La loi n'exige ni affiches, ni acte notarié. Si le bail est sous seing privé, on en fait deux originaux. (*Art.* 1325.)

IV. Le tuteur n'est pas obligé, non plus, de demander une hypothèque ou une caution, car cela pourrait écarter de bons fermiers : il suffit qu'il y ait solvabilité notoire.

V. Il peut affermer les bois mis en coupes réglées, lorsqu'ils font partie d'un domaine, car alors ils n'en sont que les accessoires. Dans le cas où ces bois forment une exploitation séparée, la question devient plus délicate. M. Dalloz pense qu'il faut suivre les formes établies pour la vente du mobilier, car c'est, en effet, une vente réelle de bois sous le nom de bail. M. Duranton, au contraire, est d'avis que ce n'est là qu'un acte de simple administration, quelle que soit l'importance de la coupe. Dans le doute, il nous paraît prudent de suivre l'opinion de M. Dalloz.

VI. Le tuteur a la faculté de faire cultiver les biens du mineur par des colons partiaires ou autrement. La loi ne prescrit rien à ce sujet. Mais s'il résultait, des états de situation remis annuellement au subrogé-tuteur, que ce mode d'exploitation est moins avantageux que ne le serait un bail à ferme, le conseil de famille pourrait obliger le tuteur à prendre un fermier. (*Duranton,* n° 548.)

VII. Les réparations ordinaires et de simple entretien doivent être faites sans formalité. Quant aux grosses réparations, le tuteur fera sagement de demander l'autorisation du conseil de famille. (Dalloz, *Jurisprudence générale,* v° *Tutelle,* p. 736.)

VIII. Lorsqu'il échoit des meubles au mineur pendant le cours de la tutelle, soit par succession, soit par donation, etc., le tuteur les fait vendre, en suivant les formalités tracées dans l'art. 452.

IX. Le tuteur a le droit de recevoir le paiement des créances du mineur, d'en donner quittance, de consentir mainlevée des inscriptions hypothécaires prises pour la conservation de ces créances (*Grenier, Rolland de Villargues*). Il reçoit aussi le remboursement des rentes constituées ou foncières que les débiteurs veulent faire, en vertu des art. 530 et 1911 du Code civil. Mais il ne peut liquider le rachat des rentes foncières dues à son pupille, que dans la forme et aux taux prescrits par la loi du 29 décembre 1790 ; et les débiteurs qui ne veulent pas demeurer garants du remploi, peuvent consigner le prix du rachat, lequel ne peut être délivré au tuteur que sur une ordonnance du juge, rendue sur les conclusions du procureur du roi, auquel il doit être justifié du remploi. (*Tit.* 2, *art.* 4.)

X. Toutes les actions mobilières entrent dans les attributions du tuteur, sans qu'il soit besoin de l'autorisation du conseil. Cela résulte implicitement de l'art. 464, qui, en disposant « qu'aucun tuteur ne pourra introduire en justice une action relative aux droits mobiliers du mineur, ni acquiescer à une demande relative aux mêmes droits, sans l'autorisation du conseil de famille », dit clairement par là que cette autorisation n'est pas nécessaire pour les actions relatives aux droits immobiliers.

XI. Le tuteur a donc le droit de poursuivre, même par la voie d'expropriation forcée (*cour de Bruxelles*, 12 *novembre* 1806), les débiteurs du pupille qui ne paieraient pas une obligation devenue exigible. Sa négligence à cet égard pourrait même le faire déclarer responsable de leur insolvabilité, survenue depuis l'exigibilité de la créance.

XII. Il peut aussi poursuivre le remboursement d'une rente constituée, lorsque le débiteur a cessé de remplir ses engagements pendant deux années (*art.* 1912). Cependant comme, dans beaucoup de circonstances, il est plus avantageux au mineur de conserver la rente que d'en avoir le capital, le tuteur fera bien de consulter à ce sujet le conseil de famille.

XIII. Quant à la cession des rentes sur l'état ou des actions de la banque de France, voyez *Rente sur l'Etat*. La cession des rentes sur particuliers nous paraît devoir être soumise à la même règle, c'est-à-dire que l'autorisation du conseil de famille est nécessaire pour la vente de celles qui excèdent cinquante francs par an, et ne l'est point pour les autres. (*Delvincourt, Duranton.*)

XIV. Le tuteur doit payer les dettes des mineurs sur le seul examen de leur légitimité, et sans attendre des poursuites. S'il avait laissé courir des intérêts, ayant en mains de quoi faire le paiement, il supporterait lui-même ces intérêts, quoiqu'il se fût écoulé moins de six mois depuis qu'il aurait reçu la somme. (*Duranton*, n° 556.)

XV. Quand le tuteur est créancier de son pupille, il doit se payer lui-même. S'il n'est détenteur d'aucune somme appartenant au pupille, et que sa créance ne porte pas intérêt, il sera obligé, pour lui en faire produire, de s'adresser au conseil de famille. Lorsqu'il est débiteur, il doit se libérer fictivement ; *à semetipso exigere debet*. Et de là MM. Toullier, Rolland de Villargues et Duranton concluent que, bien qu'avant l'échéance la dette ne produisît pas d'intérêt, elle doit en produire après six mois à partir de l'exigibilité.

XVI. L'emploi des capitaux qui restent entre les mains du tuteur est abandonné à sa prudence. La loi n'a rien réglé sur ce point, si ce n'est en matière de substitution (voy. *ce mot*). Il peut donc faire un placement sur hypothèque, ou avec caution; il peut acheter des rentes sur l'état ou sur des particuliers, ou des actions de la banque de France; il peut rembourser des rentes dues par le mineur, si le taux de la rente est le même que celui de l'intérêt légal; et fût-il même au dessous, le remboursement devrait être approuvé, car c'est un placement bien entendu que celui qui a pour objet notre libération.

XVII. Le mineur pourrait-il, à sa majorité, répudier les acquisitions d'immeubles faites en son nom par le tuteur ?

Nous ne le pensons pas, surtout si elles avaient été autorisées par le conseil de famille. Mais le tuteur pourrait être condamné à des dommages-intérêts envers son pupille, dans le cas où, par ces acquisitions, il aurait évidemment compromis les intérêts de ce dernier.

XVIII. Le conseil de famille ne peut, sans excéder ses pouvoirs, ordonner, sous prétexte d'insolvabilité du père, tuteur légal de ses enfants mineurs, que les sommes provenant de la vente de leurs effets mobiliers seront versées dans la caisse du receveur général, jusqu'à ce que le père ait trouvé un emploi solide de ces capitaux. (*Cour de Toulouse*, 2 *juillet* 1821.)

XIX. L'exercice des actions possessoires et l'interruption des prescriptions entrent également dans les attributions du tuteur.

« Pour les actions possessoires, dit M. Duranton, n° 571, quoiqu'elles s'appliquent à des droits immobiliers, la loi les range dans la classe des actes conservatoires, puisqu'elle les attribue au mari, tout en lui refusant l'exercice des actions réelles (*art.* 1428). Elle les met, sous ce rapport, sur la même ligne que les actions mobilières. Or le tuteur peut intenter, sans autorisation, les actions de cette dernière qualité.

» Quant aux actions pour interrompre la prescrition, il y aurait doute s'il s'agissait de droits immobiliers; mais la demande serait toujours légalement intentée, sauf à obtenir plus tard l'autorisation du conseil de famille. » (*Duranton*, n° 572.)

XX. Un tuteur peut, sans l'autorisation du conseil de famille, faire des offres réelles tendant à l'exercice de la faculté de réméré. C'est là un acte purement conservatoire. (*Cour de cass.*, 5 *décembre* 1826.)

Mais en cas de vente d'immeubles faite à un mineur avec faculté de rachat, l'autorisation du conseil de famille serait nécessaire pour proroger le délai conventionnel dans lequel le réméré devait être exercé. (*Cour de cass.*, 18 mai 1815.)

XXI. Le tuteur peut aussi défendre, sans autorisation du conseil, à une action immobilière et à une demande en partage. (*Art.* 464 *et* 465.)

Le droit de défendre à une action immobilière entraîne nécessairement celui d'interjeter appel du jugement rendu sur cette action, car l'appel est un mode de défense (*cour de Nîmes*, 2 *juillet* 1829). Mais le tuteur ne pourrait, sans l'autorisation du conseil, se désister d'un appel interjeté par lui, ni renoncer à une opposition qu'il aurait formée à un jugement par défaut (*cour de* **Bruxelles***, 23 novembre* 1806; *cour de Douai*, 17 *janvier* 1820).

XXII. « Il est peut-être d'autres actes, dit M. Duranton, n° 574, que le tuteur a le pouvoir de faire seul, sans autorisation, d'après la nature de son mandat; mais il suffit, pour en régler les effets, soit par rapport aux tiers, soit vis-à-vis du mineur, de s'attacher au principe déjà rappelé plusieurs fois, que le tuteur le représente dans les actes civils (*art.* 450); que lorsque la loi a jugé à propos de limiter le pouvoir qu'elle lui a confié, elle l'a fait, afin qu'il pût l'exercer librement dans les autres cas, sauf à répondre de sa mauvaise administration. Dès lors il faut tenir pour constant que toutes les fois que le tuteur n'a pas excédé les limites de son mandat, ses actes sont obligatoires pour le mineur, et que celui-ci n'en peut demander la nullité ni la rescision pour cause de lésion. »

ART. III. — *Actes pour lesquels l'autorisation du conseil de famille est nécessaire.*

I. A mesure que les actes augmentent d'importance, la loi entoure de nouvelles garanties les intérêts du mineur. C'est ainsi qu'elle exige l'autorisation du conseil de famille, pour que le tuteur puisse accepter ou répudier une succession échue au mineur. Encore l'acceptation n'aura-t-elle lieu que sous bénéfice d'inventaire. (*Art.* 461.)

II. M. Delvincourt pense que la délibération du conseil doit être homologuée par le tribunal. Il se fonde sur ce que la répudiation est l'aliénation d'un droit acquis, et sur ce que l'acceptation peut emporter aliénation, puisqu'elle oblige le mineur au rapport, et qu'il peut, en outre, en résulter obligation des biens du mineur.

Mais cette opinion est combattue par M. Duranton, n° 577, qui fait observer que lorsque la loi exige l'homologation, elle s'en est formellement expliquée, témoin les art. 457 et 458 combinés, et l'art. 467, et qu'ici elle garde le silence le plus absolu. La cour de cassation a implicitement consacré l'avis de M. Duranton, en déclarant valable une renonciation à la communauté, faite en vertu d'une délibération du conseil de famille non soumise à la sanction du tribunal. (*Arrêt du* 22 *novembre* 1815.)

III. Dans le cas où la succession répudiée au nom du mineur n'aurait pas été acceptée par un autre, elle pourra être reprise, soit par le tuteur, autorisé à cet effet par une nouvelle délibération du conseil de famille, soit par le mineur devenu majeur, mais dans l'état où elle se trouvera lors de la reprise, et sans pouvoir attaquer les ventes et autres actes qui auraient été légalement faits durant la vacance. (*Article* 462.)

IV. Comme l'acceptation d'un legs universel ou à titre universel emporte l'obligation d'acquitter les dettes et charges de l'hérédité (*art.* 1009 *et* 1012), l'autorisation du conseil de famille est également nécessaire; et pour éviter toute difficulté, M. Duranton, n° 581, invite à n'accepter que bénéficiairement.

Quant au legs à titre particulier, fait sans condition, si les héritiers refusaient d'en faire la délivrance au tuteur, sous prétexte qu'il n'a pas demandé l'autorisation du conseil, il serait toujours à temps de remplir cette formalité. Au surplus, dans le cas où le legs aurait pour objet des biens mobiliers, le tuteur pourrait en exiger la délivrance, en vertu de la disposition législative qui lui attribue l'exercice des actions mobilières de son pupille.

V. Le retrait successoral au nom du mineur ne peut être exercé par le tuteur sans l'autorisation du conseil de famille. (*Rolland de Villargues*, v° *Tutelle*, n° 217.)

VI. Le tuteur ne peut non plus accepter une donation faite au mineur sans que le conseil l'y ait autorisé (*art.* 463). Cependant l'autorisation est inutile si le tuteur est dans la classe des ascendants (*art.* 935; *cour de cassation*, 25 *juin* 1812).

VII. Aucun tuteur ne peut introduire en justice une action relative aux droits immobiliers du mineur, ni acquiescer à une demande relative aux mêmes droits, sans l'autorisation du conseil de famille (*art.* 464). Voy. *l'article précédent*, n° 21. On entend par là toute action tendant à revendiquer un immeuble ou un droit inhérent à un immeuble, comme un usufruit, une servitude.

VIII. La disposition de l'art. 464 ne s'applique point au cas où le tuteur ne fait que reprendre une action immobilière régulièrement introduite à une époque antérieure à la tutelle. (*Cour de Metz, 26 prairial an 13.*)

IX. Le tuteur ne peut exercer l'action en bornage sans l'autorisation du conseil de famille. (*Rolland de Villargues, v° Tutelle, n° 227.*)

X. Lorsqu'un tuteur a exercé, sans l'autorisation du conseil de famille, une action concernant les droits immobiliers du mineur, ce défaut d'autorisation ne produit qu'une nullité relative, qui ne peut être opposée au mineur par la partie adverse. (*Cour de cass., 11 décembre 1810, 24 août 1813, 4 juin 1818.*)

XI. Il n'est pas nécessaire que le tuteur, autorisé par le conseil de famille à demander la nullité d'un acte pour dol, fraude ou simulation, soit de nouveau et spécialement autorisé pour s'inscrire en faux incident contre ce même acte. (*Cour de Toulouse, 2 mai 1827.*)

XII. Pour faire courir le délai de l'appel contre le mineur, le jugement doit être signifié au tuteur dans tous les cas, même dans celui où le tuteur est personnellement dans l'instance. A défaut de cette notification, et nonobstant celle qui aurait été faite au subrogé-tuteur, le mineur conserve le droit d'appeler du jugement. (*Cour de Riom, 2 juin 1823.*)

XIII. En cas d'opposition d'intérêts entre un tuteur et son pupille, il faut nécessairement, pour faire courir le délai d'appel, que le jugement soit signifié, non-seulement au subrogé-tuteur, mais encore à un tuteur *ad hoc*, dont le tuteur ordinaire doit provoquer la nomination. (*Cour de Colmar, 13 janvier 1831.*)

XIV. L'autorisation du conseil de famille est nécessaire au tuteur pour provoquer un partage; mais il peut, sans cette autorisation, répondre à une demande en partage dirigée contre le mineur. (*Art. 465.*)

La généralité de cette disposition y fait entrer toute espèce de partages, soit de succession, soit de société ou de communauté, et ceux même où il ne s'agit que de biens meubles. Un partage, en effet, est une espèce d'aliénation, et dans une universalité de meubles il peut s'en trouver pour l'aliénation desquels le tuteur seul n'aurait pas qualité, comme les rentes au-dessus de 50 francs, etc. (*Duranton, n° 585.*)

XV. Les autres dispositions du Code civil qui interdisent au tuteur toute aliénation, tout partage, toute transaction, sans l'accomplissement préalable et complet des formalités qu'elles prescrivent, sont absolues et exclusives de toute exception, même fondée sur l'intérêt des mineurs. (*Cour de cass., 26 août 1807.*)

**XVI.** Pour obtenir, à l'égard du mineur, tout l'effet qu'il aurait entre majeurs, le partage doit être fait en justice, et précédé d'une estimation faite par experts nommés par le tribunal de première instance du lieu de l'ouverture de la succession, c'est-à-dire du domicile du défunt. (*Art.* 466.)

Les experts, après avoir prêté, devant le président du même tribunal ou autre juge par lui délégué, le serment de bien et fidèlement remplir leur mission, procèdent à la division des héritages et à la formation des lots, qui sont tirés au sort en présence, soit d'un membre du tribunal, soit d'un notaire par lui commis, lequel fait la délivrance des lots. Tout autre partage n'est considéré que comme provisionnel. (*Idem.*)

**XVII.** Le tuteur ne peut, sans l'autorisation du conseil de famille, consentir la translation d'une hypothèque spéciale, inscrite au nom de ses pupilles, sur d'autres biens offerts par le débiteur. (*Cour de Metz,* 18 *juin* 1824.)

**XVIII.** Cette autorisation même ne suffirait pas pour le rendre habile à consentir la résiliation d'une acquisition de biens immeubles faite par l'auteur du mineur. Ce n'est point là, en effet, un acte d'administration, mais une aliénation véritable. (*Cour de cass.,* 15 *déc.* 1825.)

Art. IV. — *Actes pour lesquels l'autorisation du conseil de famille doit être homologuée par le tribunal.*

**I.** « Le tuteur, même le père ou la mère, ne peut emprunter pour le mineur, ni aliéner ou hypothéquer ses biens immeubles, sans y être autorisé par un conseil de famille.

» Cette autorisation ne devra être accordée que pour cause d'une nécessité absolue ou d'un avantage évident.

» Dans le premier cas, le conseil de famille n'accordera son autorisation qu'après qu'il aura été constaté, par un compte sommaire présenté par le tuteur, que les deniers, effets mobiliers et revenus du mineur sont insuffisants.

» Le conseil de famille indiquera, dans tous les cas, les immeubles qui devront être vendus de préférence, et toutes les conditions qu'il jugera utiles. » (*Art.* 457.)

« Les délibérations du conseil, relatives à cet objet, ne seront exécutées qu'après que le tuteur en aura demandé et obtenu l'homologation devant le tribunal de première instance, qui statuera en la chambre du conseil, et après avoir entendu le procureur du roi. » (*Art.* 458.)

**II.** M. Toullier fait, au sujet de l'emprunt, deux distinctions, dont une seule nous paraît admissible. « S'il s'agissait, dit-il, n° 1223, de faire un emprunt sans hypothèque, pour payer une dette certaine et exigible, il suffirait de convoquer le conseil de famille pour lui faire voir que le tuteur n'a pas en mains les deniers suffisants, et pour régler les conditions de l'emprunt, sans qu'il fût besoin des frais onéreux et inutiles d'une homologation.

Cette doctrine est contraire au texte de la loi, qui ne distingue pas entre emprunt sur hypothèque et l'emprunt sans hypothèque. Elle est combattue par M. Marchand, *Code de la Minorité*, p. 301. Mais nous adoptons entièrement la seconde distinction établie par M. Toullier :

« S'il s'agissait de rembourser une dette hypothécaire et exigible, le tuteur pourrait emprunter sur la même hypothèque, après avoir consulté le conseil de famille. Il suffirait de faire, de l'une des manières prescrites par l'art. 1250, subroger le tuteur dans les droits et hypothèques du créancier auquel la somme sera comptée ; car la situation du mineur restant la même, il ne pourrait critiquer un emprunt dont l'emploi utile serait prouvé, et cela, quand même le conseil de famille n'aurait pas été consulté. »

III. Les causes les plus ordinaires pour autoriser l'hypothèque ou l'aliénation des biens des mineurs, outre le paiement d'une dette exigible, sont les réparations d'une nécessité urgente, et le besoin de procurer au mineur une profession ou un établissement avantageux. (*Malleville*, sur l'art. 457.)

IV. La vente des biens du mineur, se fait publiquement, en présence du subrogé-tuteur, aux enchères qui sont reçues par un membre du tribunal de première instance, ou par un notaire à ce commis, et à la suite de trois affiches apposées, par trois dimanches consécutifs, aux lieux accoutumés dans le canton. Chacune de ces affiches doit être visée et certifiée par le maire de la commune où elle a été apposée. (*Article* 459.)

V. Les formalités exigées par les art. 457 et 458, pour l'aliénation des biens du mineur, ne s'appliquent point au cas où un jugement aurait ordonné la licitation (1) sur la provocation d'un co-propriétaire par indivis. Seulement, en ce cas, la licitation ne peut se faire que dans la forme prescrite par l'art. 459, et les étrangers y sont nécessairement admis. (*Art.* 460.)

VI. Il est encore un cas où l'homologation du tribunal, ai

_________

(1) On entend, par licitation, la vente en justice, c'est-à-dire aux enchères, de biens possédés en commun par plusieurs propriétaires, et qui ne peuvent se partager commodément.

même l'autorisation du conseil de famille ne sont nécessaires pour la vente des immeubles du mineur. C'est lorsque cette vente est poursuivie par un créancier, sur expropriation forcée.

**VII.** Quand toutes les formalités prescrites ont été remplies, la vente des biens du mineur est considérée comme s'il l'avait lui-même souscrite en majorité. En conséquence, elle ne pourrait être attaquée, même pour lésion des sept douzièmes, parce que la rescision n'a pas lieu, pour cette cause, dans les ventes qui, d'après la loi, ne peuvent être faites que d'autorité de justice. (*Art.* 1684.)

**VIII.** Pour que le tuteur puisse transiger au nom de son pupille, il lui faut 1° l'avis de trois jurisconsultes désignés par le procureur du roi; 2° l'autorisation du conseil de famille; et pour troisième précaution l'art. 467 ajoute : « La transaction ne sera valable qu'autant qu'elle aura été homologuée par le tribunal de première instance, après avoir entendu le procureur du roi. »

**IX.** Le Code civil garde le silence sur le droit que peuvent avoir les tuteurs de soumettre à un arbitrage les contestations où les intérêts de leurs pupilles sont engagés; mais le Code de Procédure y supplée. Il défend (*art.* 1004) de compromettre sur aucune des contestations qui seraient sujettes à communication au ministère public. Or, l'art. 83 du même Code met au nombre de ces contestations les causes des mineurs, et généralement toutes celles où l'une des parties est défendue par un curateur. « Compromettre, dit M. Toullier, n° 1242, c'est se choisir des juges dans la place de ceux que la loi a nommés. Cette faculté n'est accordée aux citoyens que dans leurs propres affaires, et seulement à ceux qui jouissent de la plénitude de leurs droits. »

**X.** « Si, dans les actes dont nous venons de parler, dit M. Duranton, n° 598, le tuteur s'est en tout point conformé aux dispositions de la loi, ce qu'il a fait est censé fait par le mineur lui-même en majorité (*art.* 1314), et celui-ci ne peut le méconnaître sous prétexte de minorité ou de lésion; l'art. 1305 n'est point applicable. *Factum tutoris, factum pupilli.*

« Mais, au contraire, s'il n'a pas observé les formalités qui lui étaient prescrites, c'est un mandataire qui a excédé les bornes de son pouvoir; c'est un individu qui a agi sans mandat relativement aux actes irréguliers; en un mot, c'est un étranger; d'où il faut conclure que le mineur n'est point obligé, que les actes ne sont pas seulement rescindables pour cause de lésion, mais qu'ils sont nuls, de toute nullité; tellement que le mineur qui ne les a pas ratifiés, n'est point tenu d'agir en nullité dans les dix ans, comme s'il les avait passés lui-même (*art.* 1304) : il a pour cela tout le temps de la prescription ordinaire. » M. Grenier, *Traité des Hypothèques,* t. 1er, n° 48, professe la même opinion, qui est consacrée par un grand nombre de décisions judiciaires.

XI. Mais cette nullité dont sont frappés les actes du tuteur qui a excédé son mandat, ou qui n'en a pas rempli les conditions, n'existerait point quant aux actes régulièrement faits par un tuteur dont la nomination serait nulle. Jusqu'à ce que la nullité de sa nomination ait été prononcée, tous les actes qu'il a faits de bonne foi pendant le cours de sa gestion doivent être respectés. (*Cour de cass.,* 4 *octob.* 1806 ; *de Colmar,* 27 *avril* 1813.)

## Sect. VIII.—*Responsabilité du tuteur.*

I. Le tuteur doit administrer les biens du pupille en bon père de famille. Il répond des dommages-intérêts qui pourraient résulter d'une mauvaise gestion. (*Art.* 450.)

II. Cette responsabilité ne peut s'étendre à toute espèce de fautes, car il est de principe que lorsqu'un mandat est entièrement en faveur de l'une des parties, l'autre ne doit pas être traitée avec la même sévérité que si elle y trouvait quelque avantage. Or, la tutelle est toute dans l'intérêt du mineur. En pareil cas, l'appréciation du fait et des dommages est abandonnée à la conscience du juge. Nous citerons, pour faciliter l'application de ce principe, quelques arrêts où la responsabilité du tuteur a été déclarée.

III. Le mineur dont les biens ont été vendus par son tuteur, sans formalités de justice, peut exercer à son choix ou l'action révocatoire contre l'acquéreur, ou l'action en indemnité contre le tuteur. (*Cour de Toulouse,* 18 *décembre* 1826.)

IV. Le recours en garantie accordé au mineur contre son tuteur par l'ordonnance de 1731, pour le cas où une donation faite à celui-là ne serait pas revêtue de son acceptation et de l'autorisation du tuteur, a lieu également quand c'est le *père* qui est *tuteur* à la fois et *donateur,* bien qu'il y ait eu acceptation par le mineur et autorisation par le père. L'autorisation aurait dû être donnée par un tuteur *ad hoc.* (*Cour de cass.,* 11 *juin* 1816.)

V. Lorsqu'une donation faite par un tuteur à son pupille vient à être attaquée, plus de dix ans après la majorité de celui-ci, par des créanciers du tuteur, et pour un vice de forme dont le tuteur aurait été responsable envers son pupille, ce dernier a le droit, malgré les dix ans écoulés depuis sa majorité, d'actionner son tuteur en garantie de la nullité de la donation. On ne peut lui opposer, en ce cas, la disposition de l'art. 475 du Code civil, portant que toute action du mineur contre son tuteur, relative à des faits de tutelle, se prescrit par dix ans à compter de la majorité. (*Cour de cass.*, 9 *décembre* 1829.)

VI. Si le tuteur avait négligé de produire pour le mineur dans un ordre ou une contribution; s'il avait omis de renouveler une inscription hypothécaire, et qu'il en fût résulté un dommage pour le mineur, il y aurait évidemment lieu à responsabilité. (*Duranton*, n° 606.)

VII. Il serait encore responsable de la déconfiture d'un débiteur de son pupille, s'il n'avait pas fait de poursuites en temps utile. (*Acte de not. du* 21 *mars* 1699.)

VIII. Mais lorsque le tuteur a pris les précautions convenables pour l'emploi des deniers du mineur, il n'est pas responsable de la perte qui peut survenir, et dont ne garantissent pas toujours les hypothèques ni les cautions, même solvables en apparence. (*Duranton*, n° 569.)

IX. Le tuteur qui intente une action immobilière, dans l'intérêt de son pupille, sans y être autorisé par le conseil de famille, doit être condamné personnellement aux dépens. (*Cour de Nancy,* 21 *novembre* 1831 ; voy. *le Juge de Paix*, t. 3, p. 106.)

X. Il en est de même lorsque le tuteur a formé, au nom de son pupille, un appel évidemment mal fondé. (*Cour de Nimes,* 2 *juillet* 1829.)

XI. Outre ces cas généraux de responsabilité, qui, nous le répétons, sont laissés à l'appréciation des tribunaux (*article* 132 *du Code de Procédure*), il en est quelques autres où la responsabilité du tuteur est prononcée par la loi elle-même. Ainsi le Code civil autorise le recours contre le tuteur qui a négligé d'exercer le réméré dans le délai voulu (*art.* 1663), ou d'interrompre les prescriptions auxquelles sont soumis les mineurs (*art.* 2278). Ainsi le Code de Procédure rend également responsable le tuteur qui n'a point interjeté appel pour le mineur dans le délai utile, etc.

XII. Le père tuteur n'est pas déchargé de la responsabilité par la nomination de tuteurs spéciaux qui ont été donnés à ses enfants mineurs, dans un acte où il a des intérêts opposés aux leurs. Il reste, au contraire, garant des droits qu'ils ont perdus par sa négligence à remplir les formalités auxquelles la conservation en était attachée. (*Cour de Paris*, 4 *janvier* 1823.)

XIII. Le mineur, pour tous les dommages-intérêts qui peuvent lui être alloués contre son tuteur, comme pour les sommes que ce dernier a touchées pour lui, a sur tous ses biens une hypothèque légale qui remonte au jour de l'acceptation de la tutelle. (*Code civil, art.* 2135.)

XIV. Les membres du conseil de famille ne sont jamais responsables de la gestion du tuteur. « L'usage, a dit l'orateur du Tribunat chargé de présenter le titre de *la Tutelle* au **Corps** Législatif, l'usage qui voulait que les parents nominateurs fussent tenus de la mauvaise administration du tuteur, en cas d'insolvabilité, était déraisonnable. La famille a rempli son devoir quand elle a fait son choix avec toutes les précautions de la bonne foi, avec tous les soins de la tendresse. Sans doute, si le mineur venait à établir un concours frauduleux entre le conseil et le tuteur pour compromettre ses intérêts, il aurait contre eux un recours, mais alors non pas en leur qualité de parents nominateurs, mais en vertu du principe général qui veut que l'on doive réparation de tout dommage causé à un autre. »

SECT. IX. — Compte de tutelle.

I. Non-seulement tout tuteur doit rendre compte de sa gestion lorsqu'elle finit (*art.* 469), mais encore tout tuteur, autre que le père et la mère, peut être tenu, même durant la tutelle, de remettre au subrogé-tuteur des états de situation de sa gestion aux époques que le conseil de famille aurait jugé à propos de fixer, sans néanmoins que le tuteur puisse être astreint à en fournir plus d'un chaque année. Ces états de situation sont rédigés et remis, sans frais, sur papier non timbré, et sans aucune formalité de justice (*art.* 470). Il n'est pas interdit cependant au tuteur de les faire dresser par un notaire; mais il s'expose à en payer personnellement les frais. (*Rolland de Villargues*, v° *Tutelle*, n° 290.)

II. La mère qui se remarie, et qui est maintenue dans la tutelle, peut-elle être soumise par le conseil de famille à l'obligation de fournir annuellement un état de situation ?

Il nous semblait que les termes formels de l'art. 470, « tout tuteur, *autre que le père et la mère* », ne permettaient aucune distinction entre la mère veuve et la mère en puissance d'un second époux; mais notre opinion a été condamnée par deux cours d'appel, celle de Rouen et celle d'Agen. Nous citerons l'arrêt de la première, qui est le mieux motivé : « Attendu qu'en cas de convol, la loi donne au conseil de famille la faculté de conserver ou de retirer la tutelle à la mère ; que dès que le conseil peut retirer la tutelle à la mère remariée, il a incontestablement le droit, en la lui conservant, d'assigner, dans l'intérêt des mineurs, les conditions sous lesquelles il la lui laisse ; que ce que peut faire le conseil de famille par la délibération qui conserve la tutelle à la mère, il peut le faire par une délibération postérieure, etc. » (8 *août* 1827. Voy. *le Juge de Paix*, t. 1, p. 174.)

III. Nous avons dit que tout tuteur est comptable de sa gestion, lorsqu'elle finit.

La tutelle finit par la mort naturelle ou civile du mineur, par son émancipation, par sa majorité.

Elle finit aussi, relativement au tuteur, par sa mort naturelle ou civile, par sa démission dûment acceptée, par sa destitution, par l'événement du délai ou de la condition sous lesquels la tutelle testamentaire avait été déférée.

IV. Lorsque la tutelle finit par la mort du mineur, c'est envers ses héritiers que le tuteur est comptable.

V. Si elle finit par son émancipation, le compte de tutelle lui est rendu à lui-même, avec l'assistance d'un curateur nommé par le conseil de famille. (*Art.* 480.)

M. Toullier, n° 1250, prétend que, dans ce dernier cas, le compte ne peut être rendu qu'en justice, sauf, après la reddition, à transiger sur les débats, dans la forme prescrite par l'art. 467. MM. Duranton, n° 610, et Proudhon, t. 2, p. 241, enseignent, au contraire, que l'intervention de la justice est inutile. Nous sommes de leur avis. Le mineur émancipé ne peut-il pas, avec l'assistance de son curateur, recevoir un capital mobilier et en donner décharge ? Or le compte de tutelle n'est autre chose qu'une créance éventuelle ; le reliquat qui peut être dû au mineur, n'est qu'un capital mobilier. Si la loi, d'ailleurs, eût voulu que le compte fût rendu en justice, elle l'aurait dit : il n'est pas permis d'ajouter à ses dispositions, surtout lorsque ce serait au détriment du mineur, qui aurait les frais de justice à supporter.

VI. S'il y a plusieurs mineurs soumis à la même tutelle, le compte est rendu à chacun d'eux à sa majorité ou à son émancipation : la tutelle est alors finie pour lui.

VII. Toutes les fois que la tutelle change de mains, c'est-à-dire toutes les fois qu'elle finit pour le tuteur seulement, lui ou ses héritiers sont tenus de continuer l'administration jusqu'à la nomination d'un nouveau tuteur (*art.* 419) ; et le résultat de cette administration doit figurer dans le compte tutélaire. (**L.** 1, § 3, **D.** *de eo qui pro tutore, prove curatore negotia gessit.*) La cour de Colmar a jugé, le 25 juillet 1827, que le tuteur

qui a perdu cette qualité en cessant d'être Français, *a pu et dû,*
jusqu'à son remplacement, *faire des actes conservatoires dans
l'intérêt des mineurs,* et notamment l'acte d'appel d'un jugement.

VIII. Dans les cas que nous venons de prévoir, le compte
de tutelle doit être rendu, soit par le tuteur lui-même, soit
par ses héritiers qui sont responsables de sa gestion (*art.* 419),
au tuteur qui lui succède, et en présence du subrogé-tuteur.
Celui-ci ayant connu l'administration du premier, peut prévenir des surprises ou rectifier des erreurs et omissions. D'ailleurs ce compte tient lieu, pour le nouveau tuteur, de l'inventaire qui se fait à l'ouverture d'une tutelle, et auquel le subrogé-tuteur doit nécessairement assister. Le concours du subrogé-tuteur y est donc indispensable; car autrement le
tuteur se trouverait sans contradicteur pour constater l'état
dans lequel il prend la tutelle et les biens dont il est chargé.
L'autorisation du conseil de famille n'est pas nécessaire pour
la réception de ce compte.

IX. Le compte de tutelle est rendu aux frais du mineur,
et le tuteur en fait l'avance (*art.* 471). Ces frais ne peuvent
consister que dans les frais de voyage, s'il y a lieu, les vacations de l'avoué qui a mis en ordre les pièces du compte, les
grosses et les copies, les frais de présentation et affirmation
(*Code de Proc. civ., art.* 552).

X. On doit allouer au tuteur toutes dépenses suffisamment
justifiées, et dont l'objet est utile. (*Cod. civ., art.* 471.)

XI. Le compte doit être composé de deux chapitres, qui
comprennent, article par article et date par date, toutes les
recettes et dépenses effectives faites par le tuteur. Ces deux
chapitres doivent être terminés par la récapitulation ou la
balance des recettes et des dépenses. — On fait ensuite un
chapitre particulier des objets à recouvrer, s'il en existe, dans
lequel on détaille aussi ce que le comptable n'a pu recevoir
et ce qu'il rend à l'oyant. (*Cod. de Procéd. civ., art.* 535.)

XII. Le chapitre des *recettes* comprend l'actif porté en
l'inventaire; les capitaux remboursés; les fruits et revenus
des biens; les intérêts des sommes placées et ceux qui ont dû
courir contre le tuteur, à défaut d'emploi ou de poursuites;
les intérêts de ces intérêts; les bénéfices procurés au tuteur
par l'industrie du mineur, car celui-ci n'est tenu à rien
envers son tuteur qu'à l'indemniser de ses dépenses; (*secùs
dans la tutelle légale*); les dommages-intérêts pour les fautes
commises dans sa gestion, etc. Si le tuteur n'avait pas tenu
de compte régulier, on pourrait lui déférer le serment, ou

prouver par témoins que les perceptions de fruits ont été plus considérables que celles portées dans le compte.

**XIII.** Le chapitre des *dépenses* doit comprendre les dépenses communes, telles que les frais de compte ; celles pour réparations, impôts, conservations, intérêts de capitaux des arrérages, remboursement, éducation du mineur ; les dépenses imprévues, telles que celles résultant du délit ou quasi-délit du mineur ; celles qui étaient utiles, et à plus forte raison celles qui étaient nécessaires, *sine quibus res salva esse nequit* ; celles pour honoraires accordés à des gérants salariés, etc. (Dalloz, *Jurispr. génér.*, v° *Tutelle*, p. 752.)

**XIV.** La loi n'a prescrit aucun mode particulier pour prouver les dépenses. S'il y a contestation, les juges ont un pouvoir presque discrétionnaire pour la vider. Cette contestation est portée devant le tribunal de première instance du lieu où la tutelle a été déférée. (*Cod. de Procéd. civ.*, art. 527.)

**XV.** Le reliquat dû par le tuteur porte intérêt, sans demande, à compter de la clôture du compte, tandis que les intérêts de ce qui peut être dû au tuteur par son pupille, ne courent que du jour de la sommation de payer, qui a suivi la clôture du compte. (*Art. 474 du Cod. civ.*)

**XVI.** Toute action du mineur contre son tuteur, relativement aux faits de la tutelle, se prescrit par dix ans, à compter de la majorité. (*Art. 475.*)

**XVII.** Tout traité intervenu entre le tuteur et le mineur devenu majeur, est nul, s'il n'a été précédé de la reddition du compte de tutelle, et de la remise des pièces justificatives, le tout constaté par un récépissé de l'oyant-compte, dix jours au moins avant le traité. (*Art. 472.*)

**TUTELLE OFFICIEUSE.** C'est un contrat de bienfaisance par lequel on s'oblige à nourrir et élever gratuitement un mineur, et à le mettre en état de gagner sa vie. (*Code civ.*, *art. 364.*) C'est une quasi-adoption qui conduit souvent à l'adoption véritable.

**I.** Pour être admis à la tutelle officieuse, il faut être âgé de plus de cinquante ans, et n'avoir ni enfants ni descendants légitimes. Il faut, de plus, obtenir le consentement des père et mère du mineur que l'on veut prendre pour pupille, ou du survivant d'entre eux, ou si le mineur est orphelin, le consentement du conseil de famille. Dans le cas où l'enfant n'a point de parents connus, on doit demander le consentement des administrateurs de l'hospice où il a été recueilli, ou de la municipalité du lieu de sa résidence. (*Art. 361.*)

**II.** Un époux ne peut devenir tuteur officieux qu'avec le consentement de l'autre conjoint (*art.* 362). Il résulte de cette disposition que la femme, autorisée de son mari, est capable d'exercer cette espèce de tutelle.

III. La tutelle officieuse ne peut avoir lieu qu'au profit d'enfants âgés de moins de quinze ans. (*Art.* 364).

IV. C'est le juge de paix du domicile de l'enfant qui dresse le procès-verbal des demandes et consentements relatifs à la tutelle officieuse (*art.* 363). « Dans cette circonstance, dit Levasseur, le juge de paix est moins magistrat que notaire. Sa mission se borne à rédiger, ou du moins à faire rédiger par son greffier, qui doit toujours l'accompagner et tenir la plume, les conventions des parties, qui peuvent faire toutes celles que bon leur semble relativement à la tutelle et au sort de l'enfant dont le tuteur se charge (*art.* 364).

V. Si le pupille a quelque bien, et s'il était antérieurement en tutelle, l'administration de ses biens, comme celle de sa personne, passera au tuteur officieux, qui ne pourra néanmoins imputer les dépenses de l'éducation sur les revenus du pupille (*art.* 365). Mais la puissance paternelle n'est point détruite par la tutelle officieuse, et les père et mère du pupille conservent l'usufruit légal et par conséquent l'administration de ses biens.

VI. Il n'est pas au pouvoir du tuteur officieux de s'affranchir de la tutelle avant d'avoir rempli l'obligation qui lui est imposée par l'art. 364. Les père et mère de l'enfant ne pourraient pas non plus la faire cesser sans de graves motifs. Si le tuteur officieux était trop dur à l'égard de l'enfant, ou s'il le laissait manquer des choses nécessaires, on pourrait le faire condamner à le placer, à ses frais, dans une pension ou chez un maître. (*Levasseur*, n° 299.)

VII. Si le tuteur officieux, après cinq ans révolus depuis la tutelle, et dans la prévoyance de son décès avant la majorité du pupille, lui confère l'adoption par acte testamentaire, cet acte est valable, pourvu que le tuteur officieux ne laisse point d'enfants légitimes. (*Art.* 366.) Voy. *Adoption.*

VIII. Dans le cas où le tuteur officieux mourrait, soit avant les cinq ans, soit après ce temps, sans avoir adopté son pupille, ses héritiers doivent fournir à celui-ci, durant sa minorité, des moyens de subsistance dont la quotité et l'espèce, s'il n'y a été antérieurement pourvu par une convention formelle, sont réglées soit amiablement entre les représentants respectifs du tuteur et du pupille, soit judiciairement en cas de contestation. (*Art.* 367.)

IX. Le tuteur officieux n'est pas tenu d'adopter son pupille (*argum. de l'art.* 368); mais si, dans les trois mois qui

suivent la majorité de ce dernier, les réquisitions par lui
faites à son tuteur à fin d'adoption, sont restées sans effet, et
s'il ne se trouve point en état de gagner sa vie, le tuteur
peut être condamné à lui fournir les secours nécessaires pour
lui procurer un métier (*art.* 369).

X. Lorsque le tuteur officieux a eu l'administration de
quelques biens pupillaires, il en doit compte dans tous les
cas, c'est-à-dire alors même qu'il l'aurait adopté. (*Art.* 370.)

XI. Les dispositions de l'art 420 du Code civil, qui exigent, *dans toute tutelle*, un subrogé-tuteur nommé par le
conseil de famille, s'appliquent-elles à la tutelle officieuse?

Non : les tutelles dont parle cet article sont les tutelles ordinaires, celles que règle le titre dixième du premier livre du
Code civil ; et la tutelle officieuse est placée à la fin du hui-
tième titre. Cette espèce de tutelle n'est point une charge
publique, mais un contrat de bienfaisance, et l'assujettir au
contrôle d'un surveillant, ce serait s'exposer à clouer le bien-
fait aux mains du bienfaiteur. MM. Duranton et Marchand
sont de notre avis.

**TUTEUR AD HOC ou SPÉCIAL.** C'est celui qui est donné
au mineur pour le représenter et veiller à ses intérêts dans
certaines circonstances, et principalement lorsque les intérêts du mineur sont en opposition avec ceux de son tuteur
ordinaire. (Voy. *Curateur ; Enfant naturel,* § 3, n° 2; *Pa-
ternité (Désaveu de) ; Substitution.*)

I. Lorsque plusieurs mineurs ont des intérêts opposés
dans un partage, chacun doit être pourvu par le conseil de
famille d'un tuteur spécial et particulier. (*Cod. civ., art.* 832.)
On a craint que le tuteur commun ne favorisât l'un de ses pupilles aux dépens des autres.

Quelques jurisconsultes ont prétendu que la nomination
d'un tuteur *ad hoc* est nécessaire dans tous les partages
où sont intéressés plusieurs mineurs soumis à la même tutelle, car, disent-ils, dès qu'il y a partage, il y a opposition
d'intérêts, puisqu'il importe à chacun des co-partageants d'a-
voir le meilleur lot.

Si telle eût été la pensée du législateur, il en aurait fait
une règle générale pour tous les partages entre mineurs, et
il n'aurait pas ajouté : *qui ont des intérêts opposés.* Cette
locution prouve qu'aux yeux de la loi, le partage n'entraîne
pas nécessairement opposition d'intérêts, et c'est pour ce
dernier cas seulement qu'elle a statué.

Telle est, au surplus, l'interprétation que donnent à l'article 832 les auteurs les plus recommandables, Malleville, Cha-

bot, Pigeau, Carré, etc. « Lorsqu'un majeur provoque contre ses frères mineurs le partage de la succession du père commun, dit M. Chabot, tous les mineurs n'ont besoin que d'un seul tuteur si la succession doit être partagée par égales portions; mais si l'un d'eux avait un rapport à faire ou un prélèvement ou préciput à exercer, ou qu'il s'élevât quelque contestation sur ses droits, il faudrait lui nommer un tuteur spécial. »

« Il doit être donné un tuteur spécial à des mineurs qui ont des intérêts différents, dit Pigeau. Si, par exemple, l'un des conjoints était décédé et eût légué sa part dans la communauté à deux mineurs, à l'un les immeubles, à l'autre le mobilier, comme on pourrait composer cette part de plus de mobilier que d'immeubles, ou *contra vice versa*, ils sont en opposition d'intérêts, et doivent avoir chacun un tuteur. »

II. Si, durant son administration légale, le père avait des intérêts opposés à ceux de son enfant, s'il fallait, par exemple, procéder au partage de la succession d'une personne qui les aurait institués ses légataires universels, ce serait encore le cas de nommer à l'enfant un tuteur *ad hoc*. Le Code ne le prescrit pas, dit M. Marchand, p. 385 ; mais c'est une conséquence naturelle et forcée de la position respective des parties.

III. Il y a également lieu à la nomination d'un tuteur *ad hoc*, lorsque la mère, chargée de l'administration de la communauté, par suite de la disparition de son mari, de son interdiction légale ou judiciaire, ou de sa condamnation par contumace à une peine emportant mort civile, a des intérêts opposés à ceux de ses enfants. A plus forte raison, si la mère leur intentait un procès. (*Cour de Douai,* 17 *janvier* 1820.)

IV. Le tuteur *ad hoc* ne doit pas être pris dans la ligne du tuteur, lorsque c'est avec celui-ci que le mineur est en opposition d'intérêts. (*Argum. de l'art.* 423.)

V. Les tutelles de cette nature sont-elles susceptibles des mêmes dispenses que la tutelle ordinaire ? Non : car il ne s'agit ici que d'un seul acte ou d'une seule opération, et le tuteur ne peut prétendre qu'il y a incompatibilité entre ce mandat momentané et la gestion de ses propres affaires. Cependant, dit M. Carré, n° 1989, tout dépendrait des circonstances, que le conseil de famille peut seul apprécier.

VI. Le tuteur *ad hoc* n'ayant l'administration ni de la personne ni des biens du mineur, n'est pas tenu de rendre compte comme les autres tuteurs.

# U.

**ULTRA-PETITA.** C'est le vice d'un jugement qui adjuge plus qu'il n'a été demandé. (Voy. *Requête civile*, n° 5.)

**UNIVERSALITÉ DE MEUBLES. Voy. *Meubles*, n° 12.**

**USAGE.** On désigne ainsi les règles introduites par les mœurs d'un peuple et par la tradition. L'*usage* diffère de la *coutume*, en ce que celle-ci était rédigée par écrit. Il diffère de la *prescription*, en ce que la prescription s'opère par le fait d'un particulier, ne profite qu'à lui, ôte à l'un pour transférer à l'autre, et dans certains cas exige titre et bonne foi, tandis que l'usage résulte des actes uniformes de la généralité des citoyens, n'enlève rien à personne, et oblige ceux mêmes qui n'y ont point participé, qui ne l'ont pas connu.

I. En matière criminelle, l'usage n'a aucune autorité. Il ne peut ni servir de motif à une condamnation, ni justifier un acte qualifié par la loi de crime, délit, ou contravention. Aussi la cour de cassation a-t-elle jugé, le 30 juin 1827, que le fait d'allumer du feu à une distance des habitations moindre que celle prescrite par l'art. 10, tit. 2, de la loi du 6 octobre 1791, ne saurait être excusé sous le prétexte qu'un ancien usage établi dans la commune, y autorisait les habitants.

II. Mais, en matière civile, l'usage est l'interprète et quelquefois le supplément de la loi. Cependant, pour qu'il ait cette autorité, le concours de plusieurs conditions est nécessaire. Il faut, disent les jurisconsultes, que les faits qui le constituent soient uniformes, publics, multipliés, observés par la généralité des habitants, réitérés pendant un long espace de temps, constamment tolérés par le législateur, et non contraires à l'ordre ou à l'intérêt public.

III. Lorsqu'une difficulté est prévue et réglée, soit par la loi, soit par la convention des parties, peu importe l'usage contraire (Voy. *Loi*, sect. 7, n° 9). L'usage n'a effet que pour interpréter les clauses ambiguës ou suppléer à des clauses omises. Si le juge ne constate ni ambiguïté de texte, ni omission de prévision, il est lié par la disposition de la loi ou par la convention (*Sirey*, 1829, 1, 317).

IV. Les habitudes contraires à la loi, et simplement tolérées, ne peuvent acquérir le caractère d'*usage constant et reconnu*, dans le sens de l'art. 671 du Code civil, relatif à la distance à observer pour la plantation d'arbres de haute tige. (*Cour d'Amiens*, 21 *décembre* 1821.)

V. L'usage se prouvait autrefois par des *actes de notoriété*, c'est-à-dire, suivant la définition de Merlin, par des certificats authentiques délivrés par des officiers de judicature, de ce qui se pratiquait dans leurs siéges sur quelque matière de jurisprudence ou sur quelque forme de procédure. Mais ce genre de preuve ne serait plus admissible aujourd'hui. (*Merlin, Favard, Dalloz; cour de Bruxelles,* 10 *mai* 1816; *cour de cass.,* 4 *avril* 1824.) Les attestations données par d'autres officiers publics ou par des avocats, ne seraient considérées que comme de simples renseignements propres à éclairer la religion du tribunal, mais sans aucune influence décisive.

**USAGE** (*Droit d'*). C'est une espèce d'usufruit restreint aux besoins personnels de l'usager et à ceux de sa famille. (*Code civ., art.* 630.)

Quand le droit d'usage est, dans son espèce, susceptible d'être exercé par une jouissance continue, l'usager ayant, comme l'usufruitier, le droit de jouir du fonds par lui-même et pour lui-même, ou en totalité, si tout le produit lui est nécessaire, ou en partie, s'il ne lui faut qu'une partie du produit, doit avoir aussi les actions possessoires, comme l'usufruitier, lorsqu'il a été envoyé en possession réelle par la délivrance totale ou partielle de l'héritage soumis à sa jouissance. (Proudhon, *Traité des Droits d'usufruit,* t. 6, n° 2748.)

**USAGES** (*Droit d'*) dans les bois et forêts. On appelle ainsi la faculté acquise aux communes ou aux particuliers, de faire paître leurs bestiaux ou de prendre du bois dans une forêt. (Voy. *Action possessoire,* sect. 3, n° 6, et *Vaine Pâture.*)

**USINE.** Voy. *Eaux* et *Établissements insalubres.*

**USUFRUIT.** C'est le droit de jouir des choses dont un autre a la propriété, comme le propriétaire lui-même, mais à la charge d'en conserver la substance. (*Code civ., art.* 578.)

I. L'usufruitier, troublé dans sa possession, peut demander à y être maintenu ou réintégré (voy. *Action possessoire,* section 2, § 3, n° 6), alors même que le trouble proviendrait du nu-propriétaire, car, d'après l'art. 599 du Code civil, celui-ci ne peut, par son fait, ni de quelque manière que ce soit, nuire aux droits de l'usufruitier.

**USURPATION DE TERRAIN.** C'est l'action de s'emparer, par artifice ou par violence, d'un terrain qui appartient à autrui.

I. L'usurpation se commet de plusieurs manières, soit par des labours, soit par des constructions, soit par des plantations, soit enfin par la récolte des fruits. M. Biret prétend que, dans ce dernier cas, on n'usurpe pas le terrain, parce qu'il reste le même; mais recueillir tous les fruits d'un héritage, n'est-ce pas un acte de possession, et cette possession prolongée ne conduirait-elle pas à la propriété? Il en serait autrement si l'on se bornait à l'enlèvement furtif de quelques fruits ou d'une partie de la récolte. Ce serait un préjudice dont le propriétaire pourrait poursuivre la réparation soit devant les tribunaux criminels, en le qualifiant de vol, soit devant la justice de paix, en le considérant comme un simple dommage aux champs, fruits et récoltes.

II. L'action possessoire est ouverte à celui sur le terrain duquel des empiétements ont été commis par le propriétaire voisin. C'est incontestable. Mais cette action doit-elle nécessairement être intentée dans l'année de l'usurpation?

On trouve, à l'article *Action possessoire*, sect. 2, § 2. n° 8, un arrêt de la cour royale de Paris, en date du 28 février 1821, qui décide que la possession d'un terrain usurpé graduellement, quelque durée qu'elle ait eue, étant toujours clandestine, ne peut servir de base à la prescription, ni par conséquent à l'action possessoire. Elle n'a donc aucune valeur aux yeux de la justice, en sorte que si l'usurpateur était dépouillé à son tour par le légitime propriétaire, il serait non recevable à l'actionner devant les tribunaux.

Or, si cette possession est nulle légalement, comment pourrait-elle former un obstacle à l'action possessoire exercée par le propriétaire après l'année de l'usurpation? «Voilà mon titre, dira le demandeur : il forme une présomption légale que j'ai toujours possédé. Vous m'opposez une possession de plusieurs années? Mais cette possession était clandestine; je ne l'ai point connue, je n'ai pu la connaître; elle ne saurait créer un droit en votre faveur. Si votre possession est nulle, c'est comme si elle n'existait pas. Donc elle n'a pu me faire perdre la faculté de demander à être réintégré dans la mienne. Vous ne pourriez pas me poursuivre, d'après la jurisprudence de la cour de Paris, si je reprenais de force le terrain que vous avez usurpé, et vous voulez que votre usurpation, impuissante à lutter contre une voie de fait, soit plus efficace contre une demande judiciaire! »

Quelques jurisconsultes éclairés, auxquels nous avons soumis la grave question qui nous occupe, ont accueilli le système que nous venons d'exposer. Tout favorable, tout logique qu'il est, nous le trouvons néanmoins trop contraire à

la lettre formelle de la loi pour que nous nous décidions à
l'admettre.

Une des conditions essentielles pour la recevabilité de l'action possessoire, c'est qu'elle soit intentée dans l'année du
trouble (*art.* 23 *du Code de Procéd. civ.*). D'un autre côté, le
juge de paix ne connaît des usurpations de terre, qu'autant
qu'elles ont été commises dans l'année (*art.* 3). N'y aurait-il
pas une violation manifeste de ces deux dispositions, dans le
jugement qui réintégrerait le demandeur après une dépossession de plusieurs années?

« Avant d'examiner si ma possession est utile, dira le défendeur, prouvez-moi que vous avez qualité pour m'actionner, que vous êtes possesseur annal. Tant que cette preuve
ne sera pas faite, votre demande ne pourra être admise.
Vous prétendez que votre titre forme une présomption légale de possession? Mais la présomption cède à un fait contraire, et ce fait, je l'ai établi. Que ma possession soit efficace
ou non pour prescrire, qu'elle m'ouvre ou ne m'ouvre pas un
droit à la propriété, qu'elle soit même insuffisante pour m'autoriser à me plaindre si j'y étais troublé, ce n'est point là qu'est
la question actuelle. Etes-vous possesseur depuis un an?
Non, puisque c'est moi qui possédais. Ma possession exclut
la vôtre : je ne veux pas en tirer d'autre conséquence : celle-
là me suffit pour vous faire déclarer non recevable. »

III. Nous avons dit plus haut que l'auteur d'une usurpation insensible et graduelle n'aurait point d'action à exercer
contre le propriétaire qui aurait repris son terrain.

Cependant une circulaire du ministre de la justice, du 1er
frimaire an 5, dit que « les reprises de terrain, par cela seul
qu'elles sont des voies de fait, sont soumises à la disposition
du n° 8 de l'art. 605 du Code des Délits et des Peines. Mais
si, par ces reprises de terrain, ajoute-t-elle, celui qui se les
est permises, a détruit du blé en vert ou d'autres productions
de la terre, il doit être puni conformément à l'art. 28 du
tit. 11 du 28 septembre 1791 ; et alors il ne peut être traduit
devant le tribunal de police qu'autant que la valeur du dédommagement dû au propriétaire n'excéderait pas trois journées
de travail. Hors ce cas, le délit est du ressort du tribunal correctionnel. »

Nous admettons la dernière partie de cette circulaire (voy.
*Délits ruraux*, p. 267); mais il nous est difficile de trouver,
dans notre législation actuelle, une disposition pénale contre
le propriétaire qui a repris sans violence, sans combat, le
terrain qu'on avait usurpé sur lui. Si l'usurpation ne donne
lieu qu'à une action civile, comment la reprise de possession

par le légitime propriétaire serait-elle soumise à une poursuite plus rigoureuse? M. Merlin, dans son *Répertoire*, v^is *Question préjudicielle*, n° 7, enseigne une doctrine conforme à la nôtre.

IV. L'action possessoire serait ouverte également contre celui qui se serait permis soit de creuser trop près des terres incultes ou franches raies établies comme limites entre les héritages, en vertu des réglements, des coutumes ou des usages maintenus par le Code civil, soit d'en empiéter une partie. Mais il n'y aurait pas lieu à la même action, dans le cas où un particulier prendrait sa part dans une franche raie, une lisière, enfin, dans les terrains mitoyens entre son voisin et lui; par exemple, lorsque les terres, rideaux ou lisières, présentant un plan horizontal, sont partageables par moitié entre les deux voisins. Si, dans ce cas, on présume que l'un a pris au-delà de sa part, il faudrait procéder contre lui par l'action de bornage. (Carré, *Droit français*, t. 2, n° 1458.) Voy. *Arbres*, sect. 3, et *Clôture*, n°s 8 et 9.

## V.

**VACANCES.** On nomme ainsi le temps pendant lequel les séances des cours et tribunaux sont suspendues chaque année. Il n'y a point de vacances pour les juges de paix. (Voy. *Justice de Paix*, § 5, n° 11.)

**VACATION.** Voy. *Honoraires*, sect. 1re.

**VAINE ET VIVE PATURE.** Le mot pâture, pris en lui-même, signifie la nourriture qu'on donne aux bestiaux, et par extension le lieu où croît cette nourriture.

Au lieu de disséminer dans plusieurs articles ce que nous avons à dire sur cette importante matière, nous avons cru devoir réunir le tout sous ce mot unique pour entrer plus profondément dans l'esprit de la législation sur le *pâturage*. Cependant il y faudra joindre nécessairement, pour la *pénalité* et pour la *compétence*, ce que nous avons dit à l'article *Délits ruraux et forestiers*, où nous nous sommes efforcé de présenter un corps de doctrine sur les parties du tit. 2 du Code rural du 6 octobre 1791, modifiées, abrogées, remplacées ou encore subsistantes, et sur les contraventions de pâturage dans les bois et forêts.

Dans une première section, nous présenterons une suite de définitions utiles à la matière.

Dans la seconde, nous donnerons l'explication des dix-neuf premiers articles de la section 4 du titre 1er du Code rural de 1791, en les expliquant par les auteurs et par la jurisprudence. Si nous paraissons quelquefois aller au-delà de notre sujet, il ne faut pas oublier que nos lecteurs habituels désirent des notions assez étendues sur des matières qui se présentent souvent devant eux, comme magistrats conciliateurs. Ce second paragraphe sera divisé en dix-neuf articles comme la loi elle-même, afin que la différence de l'indication des articles du commentaire et des articles de la loi ne cause pas de confusion. Enfin, dans une troisième section, nous traiterons de la vive pâture, soit dans les forêts, soit dans les autres lieux.

### SECT. Ire. — *Définitions.*

I. La vive *pâture*, qu'on appelle aussi *grasse pâture*, consiste à faire consommer par les bestiaux des herbes ou des fruits commerçables, susceptibles d'être récoltés, conservés et vendus.

II. La *vaine pâture* s'exerce sur des herbes ou fruits, dont le propriétaire ne retire aucune utilité ou qu'il abandonne.

III. Le *parcours* est un droit réciproque de deux ou plusieurs communautés voisines, qui consiste à envoyer paître le bétail sur leurs territoires respectifs en temps de vaine pâture.

Baudrellart (*Dictionn. forest.*, v°. *Pâturage*), s'est trompé en confondant le droit de *parcours* avec le droit de *compascuité*. Ce dernier droit se rapporte surtout à la vive pâture, quand plusieurs communautés d'habitants ont entre elles des pâturages communs.

IV. *Pâturage* signifie et le lieu où l'on fait paître les bestiaux, et l'action de les faire paître, et même le droit d'usage en pâture dans un lieu déterminé ; il se dit de la *vive* comme de la *vaine* pâture.

V. *Pacage* signifie aussi un lieu de pâture propre à nourrir et engraisser les bestiaux : il se dit surtout de la *vive pâture*. Dans les titres anciens, il s'entend du droit de faire paître ses bestiaux dans l'héritage d'autrui, à l'exception des moutons et des chèvres.

VI. *Glandée, panage et paisson* sont trois termes synonymes qui signifient ou la récolte du gland et des faînes, ou le droit d'envoyer les bestiaux et surtout les porcs dans les forêts pour paître le gland tombé des arbres. Ces termes appartiennent à la *vive pâture*. On dit *pleine glandée, demi-glandée, tiers* ou *quart de glandée* ou *de paisson*, selon que la récolte du gland est plus ou moins abondante.

**Sect. II.** — *Explication des articles* 1 *à* 19 *de la* 4ᵉ *sect. du tit.* 1ᵉʳ. *de la loi du* 6 *octobre* 1791, *concernant les biens et usages ruraux.*

### ARTICLE 1ᵉʳ.

« Tout propriétaire est *libre* d'avoir chez lui telle quantité et telle espèce de troupeaux qu'il croit utile à la culture et à l'exploitation de ses terres, et *de les y faire pâturer exclusivement*, sauf ce qui sera réglé ci-après relativement au parcours et à la vaine pâture. »

I. Cet article est une conséquence du droit absolu de chacun sur sa propriété ; il contient à la fois le principe et l'exception. Le propriétaire, sur son fonds, peut faire pâturer ses troupeaux *exclusivement* ; mais il n'aura cependant point le droit d'exclure le troupeau d'autrui, si son terrain est soumis au parcours ou à la vaine pâture.

**II.** Il suit, du droit absolu de propriété de chacun sur son fonds, que les coutumes, les usages et réglements sur le parcours et la vaine pâture, ne doivent être suivis que pour les héritages d'autrui sur lesquels on veut exercer ces servitudes. Chacun est libre d'envoyer, quand il le veut, et dans toutes les saisons, hors le temps du glanage, ses propres bestiaux pâturer sur son propre fonds. (*Vaudoré*, n° 504.)

**III.** Mais cette décision ne doit s'entendre que des terrains non sujets au parcours ou à la vaine pâture. Ainsi, quand la coutume locale défend de faire pâturer les moutons dans les prés soumis au parcours, le propriétaire même des prés ne peut y envoyer paître les siens. Si, pendant que les prés sont en défends pour les moutons, il pouvait faire consommer l'herbe de ses prairies par ses propres moutons, et faire en même temps participer ses autres bestiaux au pâturage des autres prairies, il jouirait, sans mise de sa part dans la société, de la mise des autres habitants, ce qui violerait la loi de l'égalité, base de toute société. (*Cour de cass.*, 30 *brum. an* 3.)

### ARTICLE 2.

« La servitude réciproque de paroisse à paroisse, connue sous le nom de *parcours*, et qui entraîne avec elle le droit de vaine pâture, continuera provisoirement d'avoir lieu, avec les restrictions déterminées à la présente section, lorsque cette servitude sera fondée sur *un titre* ou sur *une possession autorisée* par les lois et les coutumes : à tous autres égards, ELLE EST ABOLIE. »

**IV.** Le droit de parcours est l'effet d'une convention (expresse ou présumée) entre deux paroisses et villages, par laquelle les habitants se sont donné mutuellement la liberté de faire pacager leurs bestiaux sur le territoire de chacun, et respectivement pour leurs usages. Ce qui donne lieu à ces conventions, ce sont la proximité et souvent le mélange de ces territoires qui se croisent et s'étendent les uns dans les autres, souvent même par parties séparées, en sorte que les habitants ne peuvent quelquefois profiter des herbages qui leur appartiennent, sans passer les uns sur les autres ; et comme toutes les justices et paroisses n'ont pas la même difficulté, et qu'ainsi elles jouissent tranquillement de ce qui est à elles, il n'y a dans ces endroits aucun droit de parcours, ce qui fait qu'il n'est point de droit commun. (Fréminville, *Pratique des terriers.*)

**V.** De là suit que la servitude doit être réciproque : autrement ce serait un droit d'usage en pâture. Ainsi un avis du conseil d'état du 30 frimaire an 12, a refusé le droit de parcours dans les communes environnant Paris, aux bouchers de cette ville, malgré les anciens réglements dont ils se prévalaient, parceque ce n'eût été qu'une servitude gratuite. (*Lepasquier* et *Merlin*.)

VI. De même une commune, qui soustrait par la clôture une partie de ses fonds au parcours de l'autre, l'autorise par là à demander la décharge de cette servitude. (*Cour de Besançon,* 25 *novembre* 1828.)

VII. Le parcours est encore plus nuisible aux progrès de l'agriculture que la vaine pâture entre particuliers. Aussi y a-t-il, entre l'art. 2 et l'art. 3, une différence notable de rédaction. Celui-ci maintient le droit de vaine pâture là où il existait en vertu *d'un usage local immémorial;* celui-là ne permet *provisoirement* l'exercice du droit de parcours qu'autant qu'il serait fondé sur *une possession autorisée par les lois et coutumes.*

VIII. Les contestations sur un droit de parcours entre des communes doivent être portées devant les tribunaux ordinaires, s'il s'agit d'appliquer des réglements anciens ; mais s'il s'agit de faire des modifications ou changements aux réglements anciens, la matière est administrative, aux termes du décret du 9 brum. an 13 et de l'avis du conseil d'état du 16 mai 1808. L'administration est compétente même au cas de transaction, puisqu'elle seule peut autoriser la transaction. (*Ord. du* 22 *juillet* 1818.)

IX. Ces mots de l'art. 2, *une possession autorisée par les lois,* s'entendent des lois locales, et non des lois générales du royaume.

X. Les restrictions dont parle cet article, sont les mêmes que celles apportées à l'exercice de la vaine pâture par les art. 9, 10, 12, 13, 14, 15, 16, 18 et 19. Le sens de la loi est que, dans le cas où, soit les lois locales ou les coutumes, soit les titres, seraient contraires à ces restrictions, le droit de parcours devrait être limité dans les bornes tracées par la nouvelle loi. C'est une véritable dérogation aux anciennes conventions.

XI. Mais si les lois locales ou les coutumes apportent à l'exercice du droit de parcours des limites plus sévères que le Code rural, il faut les exécuter.

XII. M. Lepasquier, dans l'ouvrage intitulé *Législation de la vaine pâture,* a rassemblé le texte des coutumes sur le droit de *parcours et de vaine pâture.* Nous n'avons pas cru devoir l'imiter dans ce courageux et pénible travail; car les coutumes ont, en certains lieux, cédé à des usages plus récemment établis et qu'ont amenés les circonstances et les changements de culture : dans d'autres, il y a eu des modifications faites par les réglements municipaux. Ce n'est pas dans les livres que les magistrats peuvent puiser la connaissance des usages locaux : ils sont nécessairement incomplets sur ce point, et les décisions qu'on y accumule avec soin sont quelquefois surannées au moment même de leur publication.

### ARTICLE 3.

«Le droit de *vaine pâture* dans une paroisse, accompagné ou non de la servitude du parcours, ne pourra exister que dans les lieux où il est fondé *sur un titre particulier*, ou autorisé par la loi ou par un *usage local* immémorial, et à la charge que la vaine pâture n'y sera exercée que conformément aux règles et usages locaux *qui ne contrarieront point* les réserves portées dans les articles suivants de la présente section.»

XIII. La vaine pâture consiste dans la faculté qu'ont les habitants d'une commune d'envoyer pêle-mêle en dépaissance leurs bestiaux sur les fonds les uns des autres, ou après qu'ils ont été dépouillés de leurs fruits, ou lorsque les terrains sont vagues, ou communs et non cultivés.

Les pâtures grasses ou vives sont les landes, marais, pâtis et bruyères qui appartiennent à des communautés d'habitants ou qui sont asservis envers elles à un droit d'usage, de manière qu'elles peuvent y faire pâturer leurs bestiaux.

Les vaines pâtures sont, suivant la définition qu'en donnent *Chailland, Brillon* et autres auteurs, les grands chemins, les bois, les terres en friche, les prés et autres terres après la dépouille, qui, *par les coutumes*, sont sujettes au pâturage commun. *Les coutumes du Boulonnais, du Nivernais, de Châlons et de Troyes* ajoutent, à l'égard des bois : *Les bois de haute futaie, les bois taillis après le quatrième ou cinquième bourgeon;* et à l'égard des autres biens : *Généralement tous les héritages où il n'y a ni semences ni fruits, et qui par la loi ou l'usage du pays ne sont pas en défends.*

XIV. Le vain pâturage que les communautés exercent dans leurs territoires, sur les terres en friche et sur les héritages des particuliers du lieu, après les fruits levés, paraît être un reste de l'ancienne communion de biens. Il est utile à ces communautés, et il ne fait pas de préjudice aux propriétaires qui ont cessé de cultiver leurs héritages ou qui ont abandonné les fruits qui y peuvent croître. Mais ce vain pâturage n'acquiert pas de droit et ne donne pas lieu à la prescription, parce qu'il n'est pas exercé *pro suo et opinione dominii,* dans l'intention d'user d'une servitude. Il ne forme pas une possession *valant saisine*, comme le dit Coquille ; l'on n'en use que par faculté et par la permission tacite du propriétaire : *fas est, jus non est.* (Dunod, *des Prescriptions*, partie 1<sup>re</sup>, ch. 12.)

XV. La vaine pâture est fondée ou sur une loi locale, ou sur un usage immémorial, ou sur un titre particulier. Hors ces trois cas, la vaine pâture n'est que précaire, et est supposée n'avoir d'autre cause que la tolérance du propriétaire sur le fonds duquel on l'exerce. En conséquence il peut en empêcher l'exercice, même sans se clore.

XVI. Si elle est fondée sur la loi locale ou sur l'usage, c'est, comme le parcours, le résultat d'une société tacite et illimitée, à laquelle on peut toujours renoncer. (*Code civil*, art. 1869.)

XVII. Si elle est fondée sur un titre, elle prend alors le caractère de servitude réelle, surtout si elle n'est pas réciproque ; et l'on appelle *titre*, non-seulement la reconnaissance volontaire du droit, mais même les sentences obtenues par celui qui prétend que la servitude lui est due.

XVIII. Les observations que nous avons faites (*art.* 2) sur les restrictions apportées aux coutumes et usages immémoriaux en matière de parcours, sont applicables aux réserves dont il s'agit en l'art. 3.

### ARTICLE 4.

« Le droit de clore et de déclore ses héritages résulte essentiellement de celui de propriété, et ne peut être contesté à aucun propriétaire. L'assemblée nationale abroge toutes lois et coutumes qui peuvent contrarier ce droit. »

XIX. Ainsi, d'après cet article, sont également abrogées les lois et coutumes qui contraignaient les particuliers à clore entièrement certaines propriétés, et celles qui, dans l'intérêt du pâturage, défendaient la clôture. Mais il faut remarquer que la loi n'a d'empire que sur les lois et coutumes antérieures qu'elle abroge : elle est sans effet sur les conventions.

### ARTICLE 5.

« Le droit de parcours et le droit simple de vaine pâture *ne pourront*, en aucun cas, *empêcher* les propriétaires de *clore* leurs héritages ; et tout le temps qu'un héritage sera clos de la manière qui sera déterminée par l'article suivant, il ne pourra être assujéti ni à l'un ni à l'autre droit ci-dessus. »

XX. Mais, par une conséquence d'équité, le propriétaire

qui veut se clore perd son droit au parcours et vaine pâture
en proportion du terrain qu'il y soustrait. (*Art.* 648 *du Code
civil.*)

XXI. Remarquez ces mots de notre article : *le droit de parcours et le droit* SIMPLE *de vaine pâture.* Ils indiquent qu'il ne s'agit ici que du droit fondé sur la coutume ou la simple tolérance, et non de celui fondé sur un titre (M. *Proudhon,* n° 3680). Ainsi on ne peut opposer les mots : *en aucun cas,* à celui dont les prétentions sont fondées sur un titre ; il a le droit d'exiger un passage pour l'exercice de la servitude, non-obstant toute clôture (*cour de cass.*, 14 *fructidor an* 9, 15 *décembre* 1808).

XXII. Il résulte enfin de la dernière partie de l'article, que le propriétaire peut, par sa volonté, en détruisant sa clôture, rendre à la vaine pâture le terrain qu'il y aura soustrait, et par conséquent retrouver les droits qu'il y avait perdus. (Voy. le mot *Clôture.*)

ARTICLE 6.

« L'héritage sera réputé clos, lorsqu'il sera entouré d'un mur de quatre pieds de hauteur avec barrière ou porte, ou lorsqu'il sera exactement fermé et entouré de palissades, ou de treillages, ou d'une haie vive, ou d'une haie sèche, faite avec des pieux ou cordelée avec des branches, ou de toute autre manière de faire les haies en usage dans chaque localité, ou enfin d'un fossé de quatre pieds de large au moins à l'ouverture et de deux pieds de profondeur. »

XXIII. Nous avons déjà remarqué, v$^{is}$ *Délits ruraux,* § 1$^{er}$, n° 8, la différence de rédaction entre cet article et l'art. 391 du Code pénal. M. Proudhon (*Usufruit,* n° 3682) fait, sur cet article, une foule d'observations pleines de justesse. Il se demande si l'état de défense cessera dans le cas où la clôture aurait été mal entretenue par le propriétaire, et il distingue :

Si l'héritage clos a été mis en prairie artificielle, il sera toujours en défends, malgré le mauvais état de la clôture (voy. l'*art.* 9). Cette décision doit s'appliquer aux autres plantations dont il s'agit dans l'art. 24 du tit. 2 (voy. t. 2, p. 265).

Si la nature des productions dont le terrain est implanté ne le met pas en défends et que l'état de ruine des clôtures ne présente plus d'obstacle aux bestiaux, le vain pâturage y reprendra son libre exercice ; mais si la destruction n'est que partielle, le savant professeur y voit une question de fait à décider, qui est entièrement du domaine du juge.

Nous pensons que, dans les lieux où la vaine pâture est d'usage, les propriétaires qui y veulent soustraire leurs propriétés doivent se conformer à la loi, et les fermer exactement. Toutes les lois pénales sont de rigueur, et c'est au père de famille qui veut être meilleur ménager que ses concitoyens, à remplir les conditions exigées par la loi pour leur soustraire un avantage coutumier. (Voy. *ci-après l'art.* 9.)

ARTICLE 7.

« La clôture *affranchira* de même du droit de vaine pâture réciproque ou non réciproque entre particuliers, *si* ce droit *n'est pas fondé sur un titre.* Toutes les lois et tous usages contraires sont abolis. »

XXIV. La loi, après avoir parlé, dans les articles précédents, du droit de vaine pâture exercé par les habitants d'une commune, s'occupe de celui qui serait exercé entre simples particuliers sur leur terrain respectif, *non ut universi, sed ut singuli.* Elle décide que ce prétendu droit n'est pas plus favorable que celui qui est exercé par la commune entière, et ne le maintient que s'il est fondé sur un titre.

Ainsi, lorsqu'il n'y a pas de titre, celui qui réclame un vain pâturage ne pourrait alléguer la possession trentenaire pour s'opposer à la clôture ou exiger un passage pour l'exercice du droit prétendu.

XXV. Mais que décider si un particulier, sans représenter de titre, alléguait que, depuis plus de trente ans, il a exercé le droit de vain pâturage dans un héritage clos ? **M. Proudhon,** n° 3684, pense que l'exercice trentenaire de ce droit pourrait tomber en preuve. Nous en doutons ; car pour avoir été exercé du consentement du propriétaire, il ne suit pas nécessairement que ce consentement ne soit pas de simple tolérance. En conséquence, la preuve ne pourrait être admise, puisqu'elle ne serait pas concluante : *frustrà probatur quod probatum non relevat.* Il faudrait surtout décider ainsi si les trente ans étaient postérieurs à la publication du Code civil, ou s'ils s'étaient écoulés sous l'empire d'une coutume qui n'admettait aucune servitude sans titre.

ARTICLE 8.

« Entre particuliers, tout droit de vaine pâture *fondé sur un titre,* même dans les bois, sera *rachetable à dire d'experts,* suivant l'avantage que pouvait en retirer celui qui avait ce droit, s'il n'était pas réciproque, ou eu égard au désavantage qu'un des propriétaires avait à perdre la réciprocité si elle existait ;

le tout sans préjudice au droit de cantonnement, tant pour les particuliers que pour les communautés, confirmé par l'article 8 du décret des 16 et 17 septembre 1790. »

XXVI. Cet article s'occupe de la vaine pâture, servitude réelle fondée sur un titre.

XXVII. Quand la vaine pâture est de tolérance ou coutumière, on s'en affranchit par la clôture; quand elle est fondée en titre, la clôture ne peut en libérer.

XXVIII. Régulièrement elle ne serait pas rachetable, parce qu'il est de la nature des servitudes réelles d'être perpétuelles.

XXIX. Mais l'intérêt de l'agriculture a fait admettre un mode particulier de dégrèvement. C'est le *cantonnement* ou attribution d'une portion de la propriété pour remplacer la servitude.

XXX. Le cantonnement seul, et non le rachat, peut être offert aux communes. *Aux termes de notre article*, elles ne pourraient racheter la servitude de vaine pâture, puisque la loi ne permet le rachat qu'entre particuliers; et le particulier qui veut racheter le droit peut être forcé de donner à l'usager un cantonnement en nature. (*Proudhon*, n° 3387.)

XXXI. Ces décisions demeurent vraies, quand le droit ne s'exerce pas dans les bois ; mais le Code forestier a changé les principes dans le cas contraire. Le droit ne peut plus être converti en cantonnement, et les communes sont soumises au rachat, comme les simples particuliers, à moins qu'il n'y ait pour elles nécessité absolue de conserver le droit. Il en est de même en matière de vive pâture. (Voy. *le Code forest.*, *art.* 63, 64, 118 *et* 120.)

ARTICLE 9.

« Dans aucun cas et dans aucun temps, le droit de parcours ni celui de vaine pâture ne pourront s'exercer sur les prairies artificielles, et ils ne pourront avoir lieu sur aucune terre ensemencée ou couverte de quelque production que ce soit, qu'après la récolte. »

XXXII. Cet article a deux parties distinctes : la première est une défense perpétuelle, la seconde est une défense temporaire.

XXXIII. *Dans aucun cas et dans aucun temps.* Ces expressions absolues doivent s'entendre, *secundum subjectam materiam,* du droit coutumier de parcours ou de *simple* vaine pâture. Ce n'est plus le cas de la servitude par titre : nous venons de voir que le propriétaire avait le rachat pour s'en libérer, faculté qu'il n'a pas pour la vaine pâture coutumière.

**XXXIV.** Planter en prairies artificielles, c'est défendre l'entrée de l'héritage; c'est le soustraire au parcours et à la vaine pâture coutumière.

**XXXV.** Il en est de même quand on emploie son héritage à des plants de vigne, oseraies, câpriers, oliviers, mûriers, orangers, et arbres du même genre, et à tous plants et pépinières d'arbres fruitiers ou autres, faits de main d'homme. (*Article 24 du tit. 2 du Code rural de 1791.*)

**XXXVI.** D'où il suit qu'on a un double moyen de soustraire son héritage à la vaine pâture et au parcours coutumier; c'est de le clore ou de l'employer, soit en prairies artificielles, soit en plantations du genre de celles désignées dans l'art. 24 du tit. 2.

Mais comme la clôture ne soustrait pas par elle-même à la servitude de *vaine pâture fondée sur un titre*, et que le genre de plantation est, dans la loi, un droit parallèle à celui de se clore, il faut dire que le genre nouveau de culture en prairies artificielles, en vignes, oseraies, etc., ne change rien au droit du fonds voisin auquel un *titre* assure la servitude de vaine pâture, sauf la faculté de rachat.

**XXXVII.** Ce que nous venons de dire nous conduit à l'examen d'une question que notre habile confrère M. Ad. Crémieux a traitée dans le *Juge de Paix*, t. 1, p. 285. Un propriétaire dont le terrain était soumis à la vaine pâture peut-il s'y soustraire et invoquer l'art. 24, tit. 2, de la loi du 6 octobre 1791, lorsque sa propriété n'est qu'entourée d'une bordure d'oseraie ou d'une ligne d'arbres fruitiers ou autres, sans rien changer à la production du sol? ou ne le peut-il qu'en faisant clore son héritage, d'après le mode prescrit par l'art. 6, section 4, tit. 1er, de la loi précitée?

M. Crémieux décide avec raison qu'il faudrait reconnaître qu'un terrain est soustrait à la vaine pâture, si une bordure d'oseraie était serrée et propre à garantir le fonds; surtout si, dans la localité où est situé l'héritage, l'usage était d'établir les haies de cette manière, puisque, dans ce cas, on rentrerait évidemment dans l'application de l'art. 6 de la loi du 6 octobre 1791. La justesse de cette solution est évidente.

Si l'on n'avait fait que placer une ligne d'arbres fruitiers *nécessairement* à certaine distance les uns des autres, le terrain ne serait pas soustrait à la vaine pâture, et nous partageons l'opinion de ce jurisconsulte; mais le motif qu'il en donne ne nous paraît pas devoir être suffisant pour décider toutes les questions : « L'intention du législateur est évidente, dit-il. Il a voulu éviter les contestations qui pourraient s'élever entre le propriétaire et l'usager; et prévoyant bien que ce but ne serait atteint qu'en exigeant que le propriétaire *fermât* sa propriété, de manière à ce qu'il *fût impossible* à l'usager de s'y introduire, il lui a tracé le mode de clôture qu'il a jugé convenable. Tout autre mode qui n'atteindrait pas le but que s'est proposé le législateur, paraît donc devoir être exclu.»

D'abord il faut relever ici une légère inexactitude, c'est celle du mot *usager*. Elle a son importance, car elle suppose, dans celui qui exerce la vaine pâture, un droit de servitude réelle ; tandis qu'il ne s'agit ici que de la vaine pâture coutumière, qui n'est qu'une mise en communauté des herbes non commerçables, et ne donne pas un droit aussi absolu à l'exercice du pacage, que l'usage, ordinairement établi comme concession à titre onéreux.

Mais ensuite, que décider si, au lieu d'une bordure d'arbres entre lesquels on peut facilement faire passer le troupeau, même sans que les bêtes s'approchent d'aucun d'eux, le propriétaire du terrain avait, dans une certaine largeur, planté des arbres en quinconces, ou s'il avait entouré sa propriété de plusieurs rangs de vignes ou d'une large bande de prairies artificielles ?

Dans ce cas, il est évident pour nous que l'intromission des troupeaux dans ces plants d'arbres, dans ces vignes, dans ces prairies artificielles, serait l'acte et par conséquent le délit rural prévu par l'art. 24 du tit. 2, qui défend de mener sur le terrain d'autrui des bestiaux d'aucune espèce, et en aucun temps, dans les prairies artificielles, dans les vignes, oseraies, etc. En effet, dès que le moyen qui doit procurer aux troupeaux la vaine pâture coutumière est qualifié délit rural, le propriétaire qui entoure son champ de manière à ce que les troupeaux ne puissent parvenir à la partie où elle peut s'exercer sans être en délit, a manifesté l'intention de tout soustraire à l'exercice de la coutume.

D'où il suit que, dans ce cas, le propriétaire a usé d'une voie légale pour diminuer les droits de ses coassociés ; mais qu'il perd de son côté à la vaine pâture commune, non-seulement dans la proportion du terrain planté en vignes, oseraies, prairies artificielles, etc., mais en proportion du terrain dont l'entrée se trouve ainsi défendue.

Cependant l'introduction des troupeaux dans son champ ne pourra être punie, parce qu'il n'y a pas de clôture proprement dite. Ce qui mériterait une peine, ce serait seulement l'introduction dans les prairies artificielles, vignes, oseraies, etc., et par conséquent, comme elles n'auront pas été closes, on appliquera seulement l'art. 479, § 10, du Code pénal, et non la peine due à la circonstance aggravante prévue par la seconde

partie de l'art. 24 du tit. 2 de la loi du 6 octobre 1791. (*Voy.*
*Délits ruraux*, t. 2, p. 265.)

XXXVIII. Rien n'est plus clair que la seconde partie de
l'art. 9. Les droits de parcours et de vaine pâture ne pourront
avoir lieu sur aucune terre ensemencée ou couverte de quelque production que ce soit, qu'après la récolte. Ainsi tout héritage ensemencé ou implanté de main d'homme, de quelque production que ce soit, même sur les assolements qui seraient en jachère, se trouve, par cela seul, de plein droit,
mis en défends contre le pâturage des bestiaux. Ainsi il n'est
pas permis de conduire les troupeaux sous les arbres, même
isolés, alors que le fruit est jacent à terre, par exemple, en
Normandie, dans le temps des grouées.

### ARTICLE 10.

« Partout où les prairies naturelles sont sujettes au parcours
ou à la vaine pâture, *ils n'auront lieu* provisoirement que *dans
le temps autorisé* par les lois et coutumes, et *jamais* tant que
*la première herbe* ne sera pas récoltée. »

XXXIX. Ainsi se trouvent abolies les dispositions des coutumes qui permettaient la vaine pâture au printemps dans les
prés, puisqu'elle ne doit plus y être exercée qu'après la levée
de la première herbe, et *jamais* auparavant.

XL. Ainsi se trouvent encore abolies les dispositions cou-
tumières qui fixaient l'époque à laquelle les foins devaient être
coupés et enlevés pour ouvrir les prairies au vain pâturage,
puisque ce texte ne veut pas que les bestiaux soient jamais
introduits sur les prairies avant la récolte de la première herbe,
et qu'il ne limite aucun temps pour faire cette récolte.

XLI. La loi défend d'exercer en aucun cas la vaine pâture
avant la récolte de la première herbe; mais elle ne déroge
pas aux usages locaux qui la prohibent avant la seconde.

XLII. Même dans les lieux où le vain pâturage est permis
après la première herbe, l'autorité administrative a le droit
d'en défendre l'exercice avant que les regains ne soient *coupés. (Lepasquier*, p. 122.)

### ARTICLE 11.

« Le droit dont jouit tout propriétaire de clore ses héritages,
a lieu même par rapport *aux prairies*, dans les paroisses où,
sans titre de propriété et seulement par l'usage, elles deviennent communes à tous les habitants, soit immédiatement
après la récolte de la première herbe, soit dans tout autre
temps déterminé. »

XLIII. Cet article est encore la suite du système de clôture si utile aux intérêts du propriétaire et à la prospérité de l'agriculture.

On voit qu'il en serait autrement si le droit de faire consommer la seconde herbe par ses bestiaux était fondé en titre; ce ne serait plus une vaine pâture proprement dite, mais une véritable servitude qui priverait du droit de se clore.

De même, si un titre donnait le droit à la vaine pâture après la première herbe, et quoique le pré fût susceptible de produire du regain, si la prairie était en état de clôture, lors de l'établissement du droit, ce serait moins une vaine pâture qu'un droit de servitude réelle, car la seconde herbe est aussi commerçable.

### ARTICLE 12.

« Dans les pays de parcours ou de vaine pâture soumis à l'usage du troupeau en commun, tout propriétaire ou fermier *pourra renoncer à cette communauté* et faire garder, par troupeau séparé, un nombre de têtes de bétail proportionné à l'étendue des terres qu'il exploitera dans la paroisse. »

XLIV. Abrogation des coutumes qui ne permettaient qu'aux seigneurs hauts-justiciers d'avoir troupeau à part; ce droit aujourd'hui appartient à tous. Nous verrons cependant qu'il n'en est pas de même dans les bois.

### ARTICLE 13.

« La quantité de bétail proportionnellement à l'étendue du terrain sera fixée, dans chaque paroisse, à tant de bêtes par arpent, d'après les réglements et usages locaux; et à défaut de documents positifs à cet égard, il y sera pourvu par le conseil général de la commune. »

XLV. Cet article contient un principe général : l'art. 14 énonce une exception en faveur des pauvres habitants de la commune.

### ARTICLE 14.

« Néanmoins tout chef de famille domicilié, qui ne sera ni propriétaire ni fermier d'aucun des terrains sujets au parcours ou à la vaine pâture, et le propriétaire ou fermier à qui la modicité de son exploitation n'assurerait pas l'avantage qui va être déterminé, pourront mettre sur lesdits terrains, soit par troupeau séparé, soit en troupeau en commun, jusqu'au nombre de six bêtes à laine et d'une vache avec son veau, sans préjudicier aux droits desdites personnes sur les terres communales, s'il y en a dans la paroisse, et sans entendre rien innover aux lois, coutumes ou usages locaux et de temps immémorial, qui leur accorderaient un plus grand avantage. »

XLVI. *Sans préjudicier*, etc. L'art. 14 est une disposition de bienfaisance et de bonne politique. Il faut que le pauvre habitant des campagnes puisse gagner sa subsistance par le pâturage des bestiaux. Le droit qui lui est accordé au vain pâturage ne doit pas nuire au droit de grasse et vive pâture qu'il aurait sur les biens communaux; et si les anciens usages lui accordaient plus que la nouvelle loi, dictée par un sentiment de bienveillance pour lui, ils doivent être suivis : autrement la loi nouvelle, rendue en sa faveur, lui deviendrait nuisible, ce qui serait contraire à son esprit.

## ARTICLE 15.

« Les propriétaires ou fermiers exploitant des terres sur les paroisses sujettes au parcours ou à la vaine pâture, et dans lesquelles ils ne seraient pas domiciliés, auront le même droit de mettre dans le troupeau commun, ou de faire garder par troupeau séparé, une quantité de têtes de bétail proportionnée à l'étendue de leur exploitation, et suivant les dispositions de l'art. 13 de la présente section ; mais dans aucun cas ces propriétaires ou fermiers ne pourront céder leurs droits à d'autres. »

XLVII. L'art. 14 s'entend des habitants domiciliés qui n'exploitent aucun terrain, et des propriétaires ou fermiers qui ne seraient pas domiciliés, mais qui exploiteraient dans la commune des terres de peu de valeur ; l'art. 15 est relatif aux cultivateurs non domiciliés, mais qui ont des terres dans la commune. C'est l'étendue de leur exploitation qui fait la mesure de leur droit ; ils peuvent profiter du troupeau commun ; ils peuvent conduire leurs troupeaux à garde séparée. C'est une conséquence des art. 12 et 13.

XLVIII. Le droit de vaine pâture, avons-nous dit plus haut, est un reste de la communion primitive. De là suit qu'il est incessible comme le droit à une société. Ce qu'un associé ne consomme pas pour l'usage auquel il a droit de participer, appartient aux autres et accroît d'autant leurs avantages. En conséquence les bestiaux qui appartiendraient à d'autres qu'aux cultivateurs non domiciliés, et qu'ils enverraient aux pâturages communs, y seraient en délit.

## ARTICLE 16.

« Quand un propriétaire d'un pays de parcours ou de vaine pâture aura clos une partie de sa propriété, le nombre de têtes de bétail qu'il pourra continuer d'envoyer dans le troupeau commun ou par troupeau séparé, sur les terres particulières des habitants de la communauté, sera restreint proportionnellement et suivant la disposition de l'art. 13 de la présente section. »

**XLIX.** Disposition juste. En abandonnant la société pour partie, et la privant de sa mise sociale, on doit cesser de participer aux profits qu'elle produit.

### ARTICLE 17.

« La commune dont le droit de parcours sur une paroisse voisine sera restreint par des clôtures faites de la manière déterminée à l'art. 6 de cette section, ne pourra prétendre, à cet égard, à aucune espèce d'indemnité, même dans le cas où son droit serait fondé sur un titre ; mais cette communauté aura le droit de renoncer à la faculté réciproque qui résultait de celui de parcours entre elle et la paroisse voisine ; ce qui aura lieu également, si le droit de parcours s'exerçait sur la propriété d'un particulier. »

### ARTICLE 18.

« Par la nouvelle division du royaume, si quelques sections de paroisse se trouvent réunies à des paroisses soumises à des usages différents des leurs, soit relativement au parcours ou à la vaine pâture, soit relativement au troupeau en commun, la plus petite partie dans la réunion suivra la loi de la plus grande, et les corps administratifs décideront des contestations qui naîtraient à ce sujet. Cependant si une propriété n'était pas enclavée dans les autres, et qu'elle ne gênât point le droit provisoire de parcours ou de vaine pâture auquel elle n'était pas soumise, elle serait exceptée de cette règle. »

### ARTICLE 19.

« Aussitôt qu'un propriétaire aura un troupeau malade, il sera tenu d'en faire la déclaration à la municipalité. Elle assignera, sur le terrain du parcours ou de la vaine pâture, si l'un ou l'autre existe dans la paroisse, un espace où le troupeau malade pourra pâturer exclusivement, et le chemin qu'il devra suivre pour se rendre au pâturage. Si ce n'est point un pays de parcours ou de vaine pâture, le propriétaire sera tenu de ne pas faire sortir de ses héritages son troupeau malade. (Voy. *Epizootie.*)

**L.** L'espace qui est ainsi assigné pour la dépaissance du troupeau malade, s'appelle aussi *cantonnement*.

**LI.** Il suffit qu'un maire de commune ait pris un arrêté portant interdiction de la vaine pâture dans les prairies, pour que les particuliers doivent s'en abstenir, sous peine d'être poursuivis devant les tribunaux. (*Cour de cass.*, 21 *avril* 1827.)

Un réglement municipal, qui ordonne au propriétaire d'un troupeau d'exercer son droit de vaine pâture sur un cantonnement déterminé, et d'y conduire son troupeau par des chemins désignés, rentre dans les attributions de l'autorité municipale, et par conséquent est obligatoire pour les tribunaux, soit qu'il existe une épizootie dont le réglement a pour but de prévenir la propagation, soit qu'il n'y ait que de simples appréhensions. ( *Cour de cassation*, 1ᵉʳ *février* 1832. )

**Sɛcт. III.** — *Des vives pâtures.*

Nous diviserons cette section en deux paragraphes, la vive pâture dans les forêts et la vive pâture dans les autres lieux.

**§ Iᵉʳ.** *Du droit et de l'exercice du pâturage dans les forêts.*

**I.** On sait que les bois et forêts qui font partie du domaine de l'état, du domaine de la couronne, possédés à titre d'apanage et de majorats reversibles à l'état, ceux des communes et des sections de communes, ceux des établissements publics, ceux enfin dans lesquels l'état, la couronne, les communes ou les établissements publics ont des droits de propriété indivis avec les particuliers, sont soumis au régime forestier (*Code forest.*, *art.* 1ᵉʳ); mais que les particuliers exercent sur leurs bois tous les droits résultant de la propriété, sous les restrictions qui sont apportées par le même code (*art.* 2).

**II.** Quoique MM. les juges de paix ne connaissent pas des délits de pâturage commis dans les bois et forêts soumis au régime forestier, et que nous ayons réuni (vⁱˢ *Délits ruraux et forestiers*, § 2 ) aux contraventions exercées dans les bois des particuliers les contraventions de pâturage qui s'y commettent et les règles de compétence à suivre, nous devons entrer ici dans un examen plus approfondi du droit en lui-même et de son exercice, non-seulement à cause des conseils que MM. les juges de paix peuvent être appelés à donner aux habitants de leur canton, mais parce que ces connaissances leur sont nécessaires comme officiers de police judiciaire, appelés à constater des délits qu'ils n'ont pas compétence pour juger.

III. Avant d'entrer en matière, ils nous permettront de leur présenter une observation générale sur l'économie du Code forestier, observation nécessaire pour bien en saisir les dispositions.

Le Code forestier est une loi exceptionnelle. La marche la plus naturelle, en apparence, semblait être de régler d'abord les bois des particuliers, et d'arriver graduellement jusqu'aux bois de l'état, dont le régime est le plus sévère et le plus éloigné du droit commun.

Les rédacteurs ont adopté la marche opposée, et l'économie de la loi produit le même effet : il faut seulement la bien connaître. Le législateur règle, dans les titres 2 et 3, les exceptions au droit commun en ce qui concerne le droit de propriété, l'administration et l'exercice des droits dans les forêts de l'état ; le titre 4 y assimile entièrement les bois et forêts du domaine de la couronne ; le titre 5 fixe les droits de l'administration forestière sur les bois et forêts possédés à titre d'apanage ou de majorats reversibles à l'état ; le titre 6 s'occupe des bois des communes et des établissements publics, fixe les règles qui leur sont spéciales, et par les art. 110, 111 et 112 détermine quelles dispositions applicables aux bois de l'état le sont également aux bois des communes et établissements publics, et quelles dispositions leur sont inapplicables. Le titre 7 est relatif aux bois et forêts indivis, et indique ce que leur qualité mixte commande d'emprunter au régime forestier ; enfin le titre 8 traite brièvement des bois des particuliers, et indique quelles dispositions des articles précédents doivent les régir.

Ainsi le Code forestier suppose d'abord l'existence du droit commun. Aussitôt il établit la plus étendue des exceptions, et ensuite, selon chaque classe de possesseurs, il procède par renvois au système exceptionnel établi pour les bois de l'état. Toutes les fois donc que, dans le titre des bois communaux ou des bois des particuliers, on ne trouvera pas un *renvoi* spécial au titre des bois de l'état, on doit hardiment décider *qu'il faut rentrer dans le droit commun.*

Partout le Code forestier procède de la même manière. Le titre 10 sur *la police et la conservation* des bois et forêts contient une section première applicable à TOUS *les bois et forêts* EN GÉNÉRAL, et par conséquent aux bois des particuliers, et une deuxième section, *applicable* SEULEMENT aux bois et forêts soumis au régime forestier ; le titre 11, une section première, *des poursuites exercées au nom de l'administration forestière,* et une seconde section, *des poursuites exercées au nom et dans l'intérêt des particuliers*. Dans cette section, l'art. 189 contient les renvois aux articles de la section précédente qui seront applicables aux poursuites exercées au nom et dans l'intérêt des particuliers. Donc si un point de la poursuite ou de l'instruction n'est déterminé ni par la section 2 ni par un des articles de la section 1re, spécialement rappelés dans l'art. 189, on devra nécessairement recourir au Code d'Instruction criminelle, qui fait le droit commun. Il faut en dire autant sur le titre 13, divisé en deux sections, pour l'exécution des jugements. Quant au titre 12, *des peines et des condamnations pour tous les bois en général*, il est commun aux bois des particuliers comme aux bois soumis au régime forestier ; et si dans ceux-ci on peut commettre des délits qui, dans les bois des particuliers, ne donneraient lieu qu'à une action civile, ces délits sont déterminés par les titres spéciaux du code sur les bois de l'état, des communes, etc.

Le lecteur nous pardonnera cette digression nécessaire pour quiconque voudra bien entendre le Code forestier, à cause de son fréquent usage dans beaucoup de provinces ; elle n'est pas d'ailleurs inutile à notre sujet.

IV. On peut avoir droit au pâturage dans les forêts, ou parce qu'on en est seul propriétaire, ou parce qu'on en est propriétaire indivis, ou parce qu'on fait partie d'une commune qui en est propriétaire, ou parce qu'on a un droit d'usage, ou enfin parce qu'on a acheté ou loué le pâturage pour un temps déterminé.

V. Quand on est seul propriétaire de la forêt, le droit de pâturage n'est qu'un des modes de jouissance de la propriété, et le propriétaire peut en user comme bon lui semble, même y introduire des moutons.

VI. Mais si son bois est grevé d'usages en bois, et que l'introduction des moutons par le propriétaire nuise d'une manière notable aux droits éventuels des usagers, ceux-ci peuvent demander que le propriétaire soit privé de ce droit, ou du moins que l'exercice en soit limité ; car, si le propriétaire a le droit d'user et d'abuser, ce n'est jamais au préjudice des droits acquis aux tiers.

VII. Lorsque plusieurs particuliers sont propriétaires indivis d'une même forêt, ils doivent se régler de gré à gré sur la manière dont ils useront chacun du pâturage ; sinon les tribunaux en connaîtront.

VIII. Lorsqu'on fait partie d'une communauté qui est propriétaire de bois ou forêts, le mode de l'exercice du pâturage dans les forêts communes est le même que le mode d'exercice, par les habitants de la commune, du droit d'usage en pâture dans les forêts de l'état (*Code forest.*, *art.* 112), à l'exception d'un petit nombre d'articles inapplicables.

Il faut donc s'occuper spécialement du droit d'usage en pâture.

IX. Le droit d'usage à la pâture dans les bois de l'état se prouve par titres. L'art. 61 du Code forestier règle la manière dont ils doivent être produits et les délais dans lesquels doivent être faites les justifications.

X. Mais cet article, qui prescrit aux usagers dans les bois de l'état de former leur demande en reconnaissance de droits d'usage dans le délai de deux ans, est inapplicable à la jouissance communale, parce que le droit à cette jouissance ne dépend point des titres de chaque communiste, mais de son domicile dans la commune.

XI. Il est inapplicable aux personnes qui réclament un usage-servitude sur une forêt appartenant à une commune ou à un établissement public, parce que les lois qui ont fixé des délais et prononcé des déchéances relativement aux productions de titres, n'ayant eu pour objet que les bois de l'état, les servitudes d'usage légalement acquises sur les biens communaux, ne peuvent s'éteindre que suivant les principes du droit commun.

XII. Il en est de même des bois des particuliers. La déchéance que prononce l'art. 61 leur est étrangère, même quand ces bois seraient d'origine domaniale, ou restitués aux anciens propriétaires émigrés.

XIII. De ces principes, il suit qu'à l'égard des bois des communes et des bois de particuliers, le droit de pacage a pu s'acquérir même par prescription. (*Cour de cass.*, 19 *juillet* 1827, 28 *novembre* 1827, 19 *août* 1829.)

XIV. Aucune concession de pâturage n'a pu être faite dans les forêts de l'état (*Code forest.*, *art.* 62) depuis la promulgation du Code forestier; il faut en dire autant des bois communaux (*art.* 112).

XV. Mais les particuliers peuvent, en vertu du droit de propriété, constituer sur leurs bois, tels droits d'usage que bon leur semble, et les droits nouvellement constitués seront rachetables par cantonnement ou indemnité comme ceux établis avant le Code forestier.

XVI. Dans les forêts de l'état, les droits aux pâturage, panage et glandée ne pourront être convertis en cantonnement; mais ils peuvent être rachetés moyennant des indemnités qui seront réglées de gré à gré, ou, en cas de contestation, par les tribunaux. (*Code forest., art.* 64.)

**XVII.** Cet article est applicable (*art.* 112) aux droits de pâturage que des tiers étrangers peuvent avoir sur les bois communaux; mais il ne l'est pas à l'usage-jouissance des membres de la commune. La nature des choses s'y opposerait, puisque, relativement aux membres de la communauté, les biens communaux sont dans une indivision forcée, et affectés au besoin des diverses générations qui se succéderont. D'ailleurs à qui accorderait-on le cantonnement ou l'indemnité? Serait-ce à la commune? Elle ne peut en même temps donner et recevoir; elle ne peut contracter avec elle-même. Serait-ce aux habitants? Mais il faudrait donc que la commune contractât avec chacun d'eux personnellement, et leur accordât des droits individuels à une part d'indemnité? Que deviendraient donc les droits éventuels de chaque famille qui s'y établirait plus tard? Que deviendrait l'art. 92 qui défend le partage des biens communaux entre les habitants?

**XVIII.** Les particuliers ont, comme l'état, le droit de s'affranchir, *par le rachat,* des droits d'usage en pâture qui grèvent leurs propriétés forestières : l'art. 8 de la sect. 4, tit. 1er, de la loi du 6 octobre 1791, ne statuait que sur le rachat de la vaine pâture. Aujourd'hui plus de distinction à faire quand la pâture s'exerce dans les bois.

**XIX.** Il y a cependant un seul cas où le rachat du droit d'usage en pâture peut être refusé. Il est indiqué par la seconde partie de l'art. 64 : « Néanmoins le rachat ne pourra être requis par l'administration dans les lieux où l'exercice du droit de pâturage est devenu d'une absolue nécessité pour les habitants d'une ou de plusieurs communes. Si cette nécessité est contestée par l'administration forestière, les parties se pourvoiront devant le conseil de préfecture, qui, après une enquête *de commodo et incommodo,* statuera, sauf le recours au conseil d'état. « Cette disposition est applicable même aux bois des particuliers.

**XX.** Dans le second paragraphe de l'art. 64, où il s'agit de l'exception, le mot *pâturage* est seul. Dans le premier, qui pose le principe général du rachat, il est accompagné des mots *panage, glandée et autres droits quelconques.* Cette différence de rédaction démontre que l'on ne peut étendre au rachat d'autres usages, de la glandée, par exemple, l'exception légale de nécessité.

**XXI.** Dans les bois soumis au régime forestier, la durée de la glandée et du panage ne pourra excéder trois mois, et l'époque de l'ouverture en est fixée chaque année par l'administration forestière (*art.* 66). Mais, d'après l'art. 120, dans les bois des particuliers on ne peut exiger plus de trois mois de glandée et de panage, et ce sont les titres ou l'usage constant des lieux qui doivent être consultés pour l'époque de l'ouverture, après la déclaration de défensabilité dont parle l'art. 119. Si les titres sont muets, et qu'il n'y ait pas d'usage constant sur ce point, l'usager ne doit point entrer dans la forêt avant l'autorisation du propriétaire. Si celui-ci la refuse, la difficulté peut être réglée en référé devant le président du tribunal civil.

**XXII.** Dans les bois soumis au régime forestier, quels que soient l'âge ou l'essence des bois, les usagers ne pourront exercer leurs droits de pâturage et de panage que dans les cantons qui auront été déclarés défensables par l'administration forestière, sauf le recours au conseil de préfecture ; et ce, *nonobstant* toutes possessions contraires. (*Cod. for.*, *art.* 67.)

**XXIII.** La défensabilité est l'état d'un bois assez fort pour que la dent des bestiaux ne puisse l'endommager. Un bois est *en défends* tant qu'il n'est pas permis d'y faire paître.

**XXIV.** C'est à l'administration *seule* qu'il appartient de déclarer les bois défensables. Il suit de là que si, par tolérance, les agents forestiers locaux permettaient une année le pâturage dans un canton non déclaré défensable, les usagers ne pourraient, l'année suivante, se prévaloir de cette permission pour mettre de nouveau leurs bestiaux en dépaissance. (*Cour de cass.*, 11 *octobre* 1822.)

**XXV.** Le pourvoi contre les décisions rendues par les conseils de préfecture, en exécution des art. 65 et 67 du Code forestier, aura effet suspensif, jusqu'à la décision rendue par le roi. (*Ordonn. d'exécut.*, *art.* 117.)

**XXVI.** Dans les bois des particuliers, les droits de pâturage, parcours, panage et glandée ne pourront être exercés que dans les parties de bois déclarées défensables par l'administration forestière, et suivant l'état et la possibilité des forêts, reconnus et constatés par la même administration. (*Code forest.*, *art.* 119.)

**XXVII.** Mais le recours contre la décision de l'administration sur l'état et possibilité des bois ne sera pas alors porté devant le conseil de préfecture ; il le sera devant les tribunaux.

**XXVIII.** De la différence de rédaction entre l'art. 119 et l'art. 67, on pourrait conclure que la défense, dans les bois des particuliers, ne serait point applicable au cas où les usagers seraient en possession de faire pacager leurs troupeaux, *même dans les lieux non défensables* ; mais sous la législation antérieure, le pâturage a toujours été prohibé dans les lieux non déclarés défensables, et ce qui était délit dans les bois de l'Etat, était délit dans les bois des particuliers. Ce n'est donc pas en vertu de l'art. 67 que le propriétaire résisterait à toutes possessions contraires, mais en vertu du principe qu'aucun délit ne peut constituer une possession ; et sa réclamation devrait être accueillie.

XXIX. Dans les bois soumis au régime forestier, l'administration forestière fixera, d'après les droits des usagers, le nombre des porcs qui pourront être mis en panage, et des bestiaux qui pourront être admis au pâturage. (*Code forestier, art.* 68.)

XXX. Si l'administration refuse d'admettre des usagers, comme n'ayant pas de droit au pâturage ou au panage, c'est une question de propriété de la compétence des tribunaux. Mais si, en reconnaissant les droits des usagers, elle n'admet en forêt qu'une partie aliquote de leurs bestiaux, soit que la glandée n'ait pas été abondante, soit que la portion de la forêt soumise à la dépaissance ne soit pas assez étendue, la question devient une question de *possibilité*, que l'art. 65 a attribuée aux conseils de préfecture.

XXXI. L'art. 68 n'étant pas déclaré applicable aux bois des particuliers, il est incontestable que l'administration forestière ne peut en aucune manière apprécier l'étendue du droit des usagers ; mais dès que ceux-ci ne peuvent user de leurs droits de pâturage que *suivant l'état et la possibilité des forêts, reconnus et constatés par ladite administration*, il suit, par une conséquence forcée, que l'administration peut et doit même examiner quelle quantité de bestiaux pourra recevoir la forêt. Elle n'excéderait ses pouvoirs que si elle déterminait la quotité de chaque usager dans ce nombre. Le droit proportionnel de chacun dépend de ses titres et est de la compétence exclusive des tribunaux.

XXXII. Les usagers ne peuvent introduire au pâturage et au panage que les bestiaux à leur propre usage, et non ceux dont ils font commerce. (*Code forest. art.* 70.)

XXXIII. Cette disposition est fondée sur la nature même de l'usage, toujours limité par les besoins personnels de 'usager, et sur ce que les pacages ont été permis ou concédés pour encourager l'agriculture.

XXXIV. Il faut cependant apporter une limitation à cet article ; c'est quand le titre de l'usage confère le droit d'envoyer en forêt une quantité déterminée de bêtes pour en faire commerce. Le contrat doit alors être exécuté ; mais c'est moins un usage proprement dit qu'une obligation personnelle du propriétaire, essentiellement rachetable, puisqu'elle n'est pas fondée sur les besoins du fonds voisin, mais sur l'utilité des personnes ou de leur commerce.

XXXV. Par ces mots *bestiaux à leur propre usage*, le Code n'exige pas que les usagers en soient propriétaires. Ainsi peuvent entrer au nombre des bestiaux admis au pacage, ceux donnés à cheptel par le propriétaire au fermier, ceux pris à louage par un pauvre usager pour faire valoir ses terres ou lui fournir ses engrais, ainsi que la vache qui lui est confiée pour la nourrir à la charge d'en rendre les veaux au bailleur, pourvu que, dans tous ces cas, ces bestiaux n'excèdent pas ses besoins et ceux de son fonds.

XXXVI. Tout ce que nous venons de dire est applicable à la jouissance des habitants dans les bois communaux (*article* 112) et aux usages en pâture dans les bois des particuliers (*art.* 120).

XXXVII. L'amende, en cas de contravention à l'art. 70, est du double de celle prononcée par l'art. 199. (Voy. *Délits ruraux et forestiers*, §. 2, n° 13 *et suiv.*)

XXXVIII. Dans les bois de l'état et des communes, les chemins par lesquels les bestiaux devront passer pour aller au pâturage ou au panage et en revenir, seront désignés par les agents forestiers (*Code forest.*, *art.* 71). Les agents forestiers doivent concilier les intérêts des usagers et de la forêt, en désignant le chemin le plus commode et le mieux défendu.

XXXIX. Mais dans les bois des particuliers, ils sont désignés par le propriétaire (*Code forest.*, *art.* 119), à moins qu'ils ne soient désignés par les titres. Et quoique l'art. 71 dise que, dans les forêts de l'état, les travaux pour garantir les taillis seront faits à frais communs par l'état et les usagers, néanmoins on n'en pourrait exiger l'application dans les forêts privées.

XL. Dans les bois sujets au régime forestier, et dans ceux des particuliers (*art.* 120), les usagers doivent réunir leurs bêtes en un troupeau commun. Pas de garde séparée, comme en matière de vaine pâture dans les prés (*voy.*, pour les peines, *l'art.* 72 *du Code forest.*, et *Délits ruraux*, § 2, n°⁵ 14 *et suiv.*). Si cependant le titre donnait le droit de faire garde séparée, il faudrait s'y conformer. Au surplus, le mélange des bestiaux de deux communes ou de deux sections de commune est aussi un délit forestier (voy. *Délits ruraux*, n° 19).

XLI. Dans les bois soumis au régime forestier, les porcs et bestiaux seront marqués d'une marque spéciale. Cette marque devra être différente pour chaque commune ou section de commune usagère (*voir*, pour les peines, *Délits ruraux*, § 2, n°15): et l'usager est tenu de déposer l'empreinte au greffe du tribunal de première instance, et le fer servant à la marque, au bureau de l'agent forestier.

XLII. Mais, dans les bois de particuliers, quoique la marque soit requise, point de dépositaire légal du fer servant à la marque; si l'usager est une commune, il reste à la mairie; si c'est un particulier, il doit le garder, à moins de convention sur le tiers qui en serait dépositaire.

XLIII. Dans tous les bois, les bestiaux en dépaissance doivent avoir une clochette, afin que le son avertisse des lieux où les bestiaux pourraient s'échapper et faire dégât, que les pâtres y courent et que les gardes se saisissent des bêtes échappées et trouvées en dommage hors des cantons désignés et publiés défensables (voy. *Délits ruraux*, § 2, n°16). L'amende serait due, même quand la bête serait trouvée dans les cantons défensables, et sans commettre de dommage. Le défaut seul de clochette est une contravention qui fait supposer une intention frauduleuse.

XLIV. L'art. 77 punit des peines prononcées par l'article 199 (voy. *Délits ruraux*, § 2, n° 12) ceux qui introduisent au pâturage un plus grand nombre de bestiaux et au panage un plus grand nombre de porcs que celui fixé par l'administration, et la peine se prononce par tête excédant le nombre fixé. Cet article, non rappelé par l'art. 120 pour les bois des particuliers, était même inutile pour les bois de l'état : introduire au pâturage plus de bestiaux qu'on n'en a le droit, c'est évidemment commettre le délit de pâturage pour l'excédant. Les peines prononcées par l'art. 199 sont donc applicables dans les deux cas.

XLV. Il est défendu à tous usagers, nonobstant tous titres et possessions contraires, de conduire ou faire conduire des chèvres, brebis ou moutons, dans les forêts ou sur les terrains qui en dépendent. (*Code forest.*, *art.* 78; voir, pour les peines, *Délits ruraux*, § 2, n° 17.) Cette disposition est applicable aux bois des particuliers.

XLVI. Aujourd'hui, si le propriétaire peut introduire ses propres moutons dans ses bois, il ne peut y constituer valablement d'usages pour le pacage des chèvres et moutons. La disposition de l'art. 78 est d'ordre public : chaque partie pourrait demander la nullité du contrat. Mais il peut donner un consentement temporaire, et il y aurait encore lieu, sous le Code forestier, à appliquer la jurisprudence de la cour de cassation, qu'il n'y a pas délit à introduire les bêtes à laine dans les forêts, du consentement du propriétaire (*Arrêts de rejet*, 26 *juillet et* 18 *octobre* 1811.)

**XLVII.** Sous le nom de chèvres on comprend les boucs et les chevreaux, comme sous celui de moutons ou brebis sont compris les agneaux et les béliers. Aussi la cour de cassation a-t-elle annulé, le 1er août 1811, un arrêt portant que le pâturage d'un bouc ne constituait pas un délit.

**XLVIII.** La dépaissance des chèvres, brebis et moutons est défendue non-seulement dans l'intérieur, mais même autour des forêts. Cette disposition est tirée de l'art. 13 du titre 19 de l'ordonnance de 1669, qui, à la défense de mener ou envoyer bêtes à laine dans les forêts et bois, ajoute : « ni même ès landes ou bruyères, places vaines et vagues aux *rives* des bois et forêts ».

**XLIX.** Dans le cas de moutons, brebis ou chèvres en dépaissance dans les forêts, la loi punit et l'usager et le pâtre, puisqu'elle qualifie délit et l'acte de les *conduire* et l'acte de les *faire conduire*. Le premier est le délit du pâtre ; le second, le délit du propriétaire de l'animal.

Le propriétaire est-il toujours frappé de cette amende, même quand il n'a pas participé au délit ? Cette question ne s'élèverait pas si un amendement adopté par la Chambre des Députés avait été inséré dans la loi par les secrétaires.

La commission de la Chambre des Députés avait proposé d'ajouter, après le mot *amende,* ceux-ci : *s'il y a lieu, qui sera double,* etc. D'après cette rédaction, adoptée dans la séance du 26 mars, il fallait que les tribunaux examinassent s'il y avait culpabilité de la part du propriétaire.

C'est évidemment par erreur de rédaction, ou plutôt par omission, que cette addition n'a pas passé dans la loi ; mais l'article conserve le même esprit, et ses termes suffisent pour écarter une application trop sévère et souvent injuste. L'article punit ceux qui ont *conduit* ou *fait conduire*. Le fait matériel de la présence, dans les bois, des chèvres et bêtes à laine ne suffit donc pas pour caractériser le délit de la part du propriétaire : il faut encore qu'il les ait *fait introduire* dans la forêt ; et si un pâtre les y conduisait malgré les défenses des usagers, ou même sans leur ordre, le pâtre seul devrait encourir l'amende. Mais le maître à qui le délit profite est facilement présumé l'avoir ordonné : c'est une question de fait.

**L.** Dans les bois de l'état, comme dans les bois des particuliers (*Code forest., art.* 78 *et* 120), ceux qui prétendraient avoir joui du pacage des moutons ou chèvres en vertu de titres valables ou d'une possession équivalente à titre, pourront, s'il y a lieu, réclamer une indemnité qui sera réglée de gré à gré, ou, en cas de contestation, par les tribunaux. Mais, nonobstant le droit à l'indemnité, l'exercice du droit de pacage est prohibé et donnerait lieu à une amende : c'est ce qui résulte du premier paragraphe de l'art. 78.

LI. Le même art. 78 réserve au roi le droit d'autoriser, dans certaines localités, le pacage des moutons dans les bois de l'état.

L'art. 110, en faisant les mêmes défenses pour les bois des communes dont les habitants jouissent, non à titre d'usage, mais de propriété communale, dit aussi que le pacage des brebis ou moutons pourra être autorisé dans certaines limites par des ordonnances spéciales du roi.

LII. Au surplus, cette permission temporaire n'est accordée qu'aux habitants exerçant leur droit de pâturage en qualité d'habitants ; mais les simples usagers dans les bois communaux ne pourraient profiter de cet article pour faire paître leurs moutons dans les bois soumis à l'usage : ils ont dû cesser ce pacage dès le jour de la promulgation de la loi, sauf leur action en indemnité, s'il y a lieu, contre la commune propriétaire.

LIII. De même, les ordonnances du roi ne peuvent autoriser le pacage des moutons dans les bois des particuliers. En effet, si, pour des intérêts de localité, le roi peut permettre la dépaissance temporaire des bêtes à laine dans les forêts de l'état, le particulier doit être seul juge en pareil cas dans sa propriété (*art.* 120).

LIV. Après avoir considéré le droit de pâturage dans la personne des propriétaires, des communistes et des usagers, il nous reste à le considérer dans la personne de ceux à qui les propriétaires accordent un droit temporaire, tels que les adjudicataires de glandée, panage et paisson.

Dans les forêts de l'état, les adjudicataires ne pourront introduire un plus grand nombre de porcs que celui qui sera déterminé par l'acte d'adjudication, sous peine d'une amende double de celle qui est prononcée par l'art. 199 (*Code forest.*, *art.* 54). Ils seront tenus de faire marquer les porcs d'un fer chaud, sous peine d'une amende de 3 francs par chaque porc qui ne serait pas marqué (*Code forest.*, *article* 55), même si le troupeau n'excédait pas le nombre réglé par l'adjudication. L'article ne punit pas la fraude, mais une contravention qui aiderait à la commettre.

LV. Si les porcs sont trouvés hors des cantons désignés par l'acte d'adjudication, ou des chemins indiqués pour s'y rendre, il y aura lieu, contre l'adjudicataire, aux peines prononcées par l'art. 199. En cas de récidive, outre l'amende encourue par l'adjudicataire, le pâtre sera condamné à un emprisonnement de cinq à quinze jours (*Code forest.*, *art.* 56).

Enfin il est défendu aux adjudicataires d'abattre, de ramasser ou d'emporter des glands, faînes ou autres fruits, semence ou production des forêts, sous peine d'une amende double de celle qui est prononcée par l'art. 144 ( *Code forest., art.* 57 ); mais ces dispositions, applicables aux bois soumis au régime forestier, ne le sont pas aux bois des particuliers. Ceux-ci peuvent imposer des conditions par le cahier des charges, et non stipuler des peines qui doivent toujours découler de la loi. Ainsi, comme l'art. 120 ne rend pas communes aux particuliers les règles des art. 54, 55, 56 et 57 du Code forestier, si l'adjudicataire ou le locateur de la glandée mettait en forêt un plus grand nombre de porcs que ne porterait le contrat, il ne serait soumis qu'à l'amende fixée par l'art. 199 ( Voy. *Délits ruraux*, § 2, n° 12 ), et non à l'amende double, nonobstant l'art. 54; il serait seulement puni comme tout homme dont les bêtes sont en délit. Il n'y aurait pas d'amende contre lui, s'il ne marquait pas les porcs d'un fer chaud, parce que dans les bois des particuliers, la loi pénale ne l'a exigé que des usagers, et que les peines ne s'étendent pas; et si le contrat imposait, pour sanctionner l'obligation de l'adjudicataire ou fermier de la glandée, de payer une amende de 3 francs par chaque tête de porc qui ne serait pas marquée, on aurait vainement stipulé que ce serait conformément à l'art. 55 du Code forestier : les stipulations des parties ne changeraient rien à la nature des choses; ce serait simplement une peine contractuelle qui pourrait, selon son importance, être appliquée par les juges de paix jugeant civilement, ou par les tribunaux ordinaires, et non pas une amende pénale, du ressort de la simple police ou des tribunaux de police correctionnelle. Si les porcs sont trouvés hors des cantons désignés par l'acte, il y aura lieu aux peines prononcées par l'art. 199, non à cause de l'art. 56, mais parce que l'art. 199 punit tout propriétaire de bêtes en délit. Enfin, si le fermier de la glandée chez un particulier abat, ramasse, ou emporte des glands, faînes ou autres fruits, semences ou productions des forêts, au-delà de ce qui est porté par le contrat, ce ne sera pas, malgré l'art. 57, une amende double de celle portée à l'article 144, mais celle de l'art. 144 lui-même qu'il faudra prononcer, comme contre tous ceux qui dérobent ces productions. Une circonstance aggravante ne peut être appliquée que pour le cas spécial de la loi.

On reconnaît ici l'application de la doctrine que nous avons professée sur l'économie du Code forestier.

§ II. *De la vive pâture ailleurs que dans les forêts.*

I. On sent facilement que les règles de la vive pâture doivent avoir de l'analogie entre elles dans quelque lieu qu'elle soit exercée. Dans les bois et forêts, c'est plutôt le système pénal qui est modifié que le fond du droit. Il y a aussi beaucoup de dispositions relatives à la vaine pâture, applicables à la vive pâture, quoique le fond du droit soit souvent différent : ce sont les dispositions pénales, et la raison en est simple. La plupart des délits de vaine pâture consistent à envoyer les troupeaux dans des lieux où la pâture est vive ; et dans le cas où celui qui met ses bêtes en délit dans un pâturage gras et vif, il importe peu qu'il ait un droit à la pâture vaine. A l'égard de la vive pâture, il est sans droit, aussi complétement que celui qui ne pourrait prétendre à un pâturage quelconque.

II. Le propriétaire qui n'est grevé d'aucun usage, jouit de ses pâturages de la manière la plus absolue et y peut mettre toute espèce de bestiaux et en tout temps. On a vu qu'il était même libre sur ce point dans ses forêts.

III. On peut avoir le droit de mener paître ses troupeaux dans les gras pâturages d'autrui, à titre de convention, par exemple, par location. Le droit est alors réglé par les termes du contrat.

IV. Le droit à la vive pâture peut avoir lieu aussi au profit des habitants d'une commune sur leurs biens communaux. Il se règle par les usages locaux. Il y a, par exemple, des communautés où les habitants ne peuvent jamais faire paître leurs bêtes à laine dans les communaux, parce qu'ils sont uniquement destinés au pâturage des chevaux, des bœufs et des vaches. Dans d'autres paroisses, les bêtes à laine ne peuvent paître dans les communaux que depuis la Saint-Jean jusqu'au 1<sup>er</sup> mars.

V. Il est défendu partout de mener les cochons paître dans les vignes et dans les prés. On ne peut les envoyer que dans les jachères et dans les terres en friche.

VI. Le droit à la vive pâture peut aussi être constitué à titre de servitude d'usage. Dans ce cas il doit être fondé sur un titre, et depuis la publication du Code civil, il n'a pu s'acquérir par la prescription trentenaire, ailleurs que dans les forêts. C'est une servitude discontinue (*Code civ.*, *art.* 691). Il faut que l'usage soit constitué dans les bois et forêts, pour participer au bénéfice de l'art. 636 du Code civil.

VII. C'est aux titres et aux usages locaux qu'il faut se

reporter pour connaître l'étendue du droit d'usage à la vive pâture. (Voy. les articles *Bestiaux, Délits ruraux*, § 1, *Epizootie, Fourrière, Question préjudicielle, Récidive, Responsabilité civile.*)

Coin Delisle, *avocat à la cour royale de Paris.*

**VENDANGE. Voy.** *Ban de Vendange.*

**VENTE.** La vente est une convention par laquelle l'un s'oblige à livrer une chose, et l'autre à la payer. (*Art.* 1582 *du Code civil.*)

Les expressions employées dans cet article semblent, au premier coup d'œil, laisser incertaine la question de savoir si le vendeur n'est tenu que de livrer la chose vendue, ou si son obligation s'étend à rendre l'acheteur propriétaire. L'on sait, en effet, que dans le droit romain le vendeur n'était obligé qu'à faire tradition de l'objet vendu, mais qu'il n'était pas soumis à transférer la propriété à l'acquéreur. Cette doctrine, soutenue avec chaleur par Dumoulin et par Pothier, avait été aussi adoptée dans l'ancien droit français; mais elle s'évanouit devant un examen sérieux et devant la disposition précise de l'art. 1583. qui porte que « la vente est parfaite entre les parties. et que *la propriété est acquise de droit à l'acheteur*, à l'égard du vendeur, dès qu'on est convenu de la chose et du prix. »

Sect. I<sup>re</sup>. — *De la nature de la vente.*

**I.** La vente est un contrat *consensuel*, c'est-à-dire qu'il exige nécessairement le consentement des parties sur la matière qui en fait l'objet.

C'est un contrat *synallagmatique*, parce qu'il en résulte des obligations respectives entre le vendeur et l'acheteur.

Il est *commutatif*, parce que, dans l'intention des parties, chacune d'elles y reçoit l'équivalent de ce qu'elle donne.

**II.** Pour qu'un contrat de vente offre les signes et les conditions qui le caractérisent et qui forment sa substance, il faut 1° une *chose* que l'un s'oblige à livrer; 2° un *prix* que l'autre s'oblige à payer; 3° enfin un *consentement* certain de part et d'autre. C'est ce que les jurisconsultes romains ont exprimé énergiquement par ces trois mots : *res, pretium* et *consensus.*

Cette disposition se retrouve en d'autres termes dans le Code civil. L'art. 1583 parle aussi de la *chose*, du *prix* et de la *convention*, qui n'est autre ici que le consentement lui-même.

**III.** De ce qui vient d'être dit sur la *chose,* il résulte que si la chose vendue avait cessé d'exister au moment où la vente a été consentie, il n'y aurait pas eu de vente.

**IV.** Pour ce qui regarde le *prix,* il faut que ce prix soit *sérieux;* il faut qu'il soit *déterminé;* il faut qu'il consiste dans *une somme d'argent.*

**V.** Le prix doit être sérieux. S'il était simulé, s'il n'avait été stipulé qu'avec l'arrière-pensée de ne pas l'exiger, le contrat ne serait plus une vente, mais une véritable donation. Il y aurait également donation, si le prix était tellement minime qu'il fût tout-à-fait hors de proportion avec la valeur de la chose.

**VI.** Mais il n'est pas nécessaire que le prix soit absolument égal à la juste valeur de l'objet vendu. Le vendeur peut stipuler un prix inférieur et même très-modique : cela n'ôte pas au contrat son véritable caractère de vente.

En effet le prix, dans la vente, n'est pas la juste représentation de la valeur de la chose, mais seulement de l'estimation qui y est donnée par les parties, qui peuvent la fixer trop bas, sans que la nature du contrat en soit altérée. Il suffit à sa validité que le prix convenu ne soit pas une somme illusoire, et qu'on puisse y voir une sorte de proportion avec la valeur de la chose vendue.

**VII.** Il faut, en second lieu, que le prix soit *déterminé.* C'est la disposition de l'art. 1591 du Code civil, qui ajoute que le prix doit être *désigné par les parties.* Ainsi, il n'y aurait pas de vente, si l'une des parties restait maîtresse de déterminer arbitrairement ce qu'elle devra payer ou recevoir.

**VIII.** Le prix peut cependant être laissé à l'arbitrage d'un tiers. C'est une limitation apportée par l'art. 1592 au principe consacré par l'art. 1591. Si le tiers ne veut ou ne peut faire l'estimation, la vente n'a pas lieu.

**IX.** La troisième et dernière condition requise, quant au prix, c'est qu'il doit consister dans une *somme d'argent.* Si le prix consistait dans toute autre chose, il n'y aurait plus vente, mais échange.

Cependant ce serait toujours un contrat de vente, si, outre la somme d'argent convenue pour le prix, l'acheteur s'obligeait à donner quelque objet en nature comme supplément de prix. (L. 6, D. *De cont. empt.*)

**X.** Enfin le *consentement* des parties est aussi de la substance du contrat de vente. Il doit intervenir sur la chose, sur le prix et sur la nature du contrat.

**XI.** Il doit intervenir sur la chose vendue. Si l'une des parties entend vendre une chose, et que l'autre partie entende acquérir une autre chose, il n'y a pas de vente, car il y a erreur; il n'y a pas accord, en d'autres termes, il n'y a pas *consentement* sur la chose dont il s'agit.

XII. Le consentement doit intervenir sur le prix; mais peu importe d'ailleurs la dénomination qui serait donnée au prix. Il faut entendre, par ce mot, tout ce que le vendeur reçoit de l'acquéreur en échange de la chose qu'il lui vend, lors même qu'une partie de la somme serait appelée *pot de vin* ou autrement.

XIII. Enfin le consentement doit intervenir sur la nature du contrat. Si, par exemple, une des parties avait entendu vendre, et l'autre louer, il n'y aurait ni vente, ni louage; il n'y aurait pas même de contrat.

XIV. La vente peut être faite purement et simplement, ou sous une condition, soit suspensive, soit résolutoire. (*Article* 1584.)

La condition résolutoire y est même toujours sous-entendue de plein droit, quand l'une des parties refuse de remplir ses obligations. (*Art.* 1654.)

XV. Si la vente est conditionnelle, il ne faut pas que la condition dépende de la volonté unique de l'une des parties.

Ainsi, si la vente a été faite sous l'une de ces deux conditions, *si le vendeur ou l'acheteur le veut*, elle est entièrement nulle.

XVI. Lorsqu'il s'agit de marchandises vendues en bloc, la vente est pure et simple; elle est parfaite par le seul consentement des parties.

XVII. Si la vente, au lieu d'être faite en bloc, est faite au poids, au compte, ou à la mesure, la vente n'est pas parfaite, en ce sens que la chose vendue est au risque du vendeur, jusqu'à ce qu'elle soit comptée, pesée ou mesurée. (*Art.* 1585.)

XVIII. La vente de marchandises, faite à tant la mesure, transfère-t-elle la propriété à l'acheteur, même avant le mesurage, si les parties sont d'accord sur la vente et sur le prix?

Un arrêt de la cour de cassation, rapporté par M. Dalloz, vº *Vente*, p. 853, et dont la doctrine a été adoptée par MM. Pardessus, Merlin et Duranton, semble décider la question d'une manière affirmative. On se fonde surtout sur les dispositions de l'art. 1583; mais nous pensons avec M. Troplong, qui, dans son Traité de *la Vente*, combat victorieusement cette opinion, que la cour de cassation a fait une fausse application de cet article, et que dans ce cas la propriété n'est pas transférée.

La raison de décider est qu'il ne peut y avoir translation

du domaine de la chose, lorsque cette chose n'est pas certaine. ou que le prix est en suspens, et que sa détermination dépend d'une condition qui n'est pas accomplie.

XIX. S'il s'agit de vin, d'huile, ou d'autres choses que l'on est dans l'usage de goûter avant d'en faire l'achat, il n'y a point de vente, tant que l'acheteur ne les a point goûtées et agréées. (*Art.* 1587.)

Cet article, quelque claire qu'en soit la rédaction, peut donner lieu, dans son application, à plusieurs questions graves et délicates qui se rapportent surtout au droit commercial, et que, pour cette raison, nous nous dispenserons de traiter ici.

XX. Une vente qui ressemble, sous beaucoup de rapports, à la vente avec dégustation, est la vente faite à l'essai, dont s'occupe l'art. 1588. Aussi, contrairement à l'opinion de Pothier, le Code civil déclare-t-il que cette sorte de vente est toujours présumée faite sous une condition suspensive.

La condition d'essai doit être expresse, et sortir de la convention même. La loi ne la sous-entend pas de plein droit.

XXI. La promesse de vente vaut vente, lorsqu'il y a consentement réciproque des parties sur la chose et sur le prix. (*Art.* 1589.)

Mais quand la promesse de vente, au lieu d'être synallagmatique, n'est qu'unilatérale, doit-elle être considérée comme obligatoire ?

Y a-t-il lieu seulement à des dommages-intérêts en cas d'inexécution? ou bien celui au profit de qui la promesse a été faite peut-il, en offrant le prix convenu, exiger que la vente soit consommée et que la chose soit délivrée?

M. Merlin, *Répert.*, v° *Vente*, soutient que toute promesse de vente est nulle, si elle n'est pas accompagnée de la promesse d'acheter, et qu'elle n'est pas obligatoire pour celui qui l'a faite. Mais, contrairement à cette opinion, la cour royale de Paris, par arrêt du 10 mai 1826, a jugé que l'auteur de la promesse devait être condamné à passer contrat dans un délai déterminé, faute de quoi la sentence vaudrait contrat de vente.

XXII. Quand la promesse de vente a été faite avec des arrhes, elle n'est pas obligatoire. Chacun des contractants est maître de s'en départir, celui qui les a données, en les perdant, et celui qui les a reçues, en restituant le double. C'est la disposition de l'art. 1590, qui forme exception au principe posé dans l'art. 1589, d'après lequel la promesse de vente vaut vente, lorsqu'il y a consentement réciproque des parties. (Voy. *Arrhes.*)

### Sect. II. *Qui peut acheter ou vendre.*

I. Tous ceux auxquels la loi ne l'interdit pas, peuvent acheter ou vendre. (*Art.* 1594.)

La liberté de vendre et d'acheter est de droit commun, et forme la règle générale, dit M. Troplong dans son *Commentaire sur la vente*, t. 1, p. 265. Il n'y a que ceux à qui il est expressément défendu d'acheter ou de vendre, qui soient privés de ce droit.

II. Celui qui a le droit de donner, a aussi le droit de vendre et d'aliéner. (L. 163, D. *de reg. jur.*)

III. Nul doute que le père ne puisse vendre à l'un de ses enfants. (*Chabot*, sur l'art. 745; *Duranton*, t. 7, n° 355.)

IV. Les dispositions des art. 1595, 1596, 1597, n'entrent pas dans notre sujet. (Voy. *Action litigieuse.*)

V. Quant aux fonctionnaires publics qui ont le droit de procéder à certaines ventes, voyez *Officiers-Priseurs.*

### Sect. III. *Des choses qui peuvent être vendues.*

I. Toutes les choses qui sont dans le commerce peuvent être vendues (*art.* 1598), lorsque des lois particulières n'en ont pas prohibé l'aliénation.

II. On peut vendre non-seulement les choses qu'on possède actuellement, mais encore celles qu'on peut avoir par la suite. Cela résulte bien clairement de la disposition de l'article 1130 du Code, qui porte que les choses futures peuvent être l'objet d'une obligation. (Voyez M. Pardessus, *Droit commercial*, t. 2, n° 503.)

Ainsi, par exemple, on peut vendre les fruits qui naîtront d'une terre, le croît d'un animal, les produits qui seront fabriqués dans une manufacture. Une telle vente est conditionnelle. Elle ne se réalise qu'autant que l'événement la rend possible, et alors elle produit un effet rétroactif au jour du contrat.

III. On peut même traiter d'une espérance, d'une chance incertaine, comme un coup de filet. L'histoire et la jurisprudence ont mentionné la contestation qui s'éleva au sujet du fameux trépied d'or réclamé à la fois par des pêcheurs, et par des Milésiens qui leur avaient acheté leur coup de filet. On connaît la décision de l'oracle, décision beaucoup plus intéressée que conforme aux règles de la justice et du droit.

IV. La vente de la chose d'autrui est nulle : elle peut donner lieu à des dommages et intérêts, lorsque l'acheteur a ignoré que la chose fût à autrui. (*Art.* 1599.)

La vente de la chose d'autrui était permise dans le droit romain, et elle devait être aussi autorisée dans l'ancien droit français, comme conséquence de cette doctrine de Pothier, que l'objet du contrat de vente n'était pas de rendre l'acheteur propriétaire, mais seulement de le mettre en possession de l'objet vendu, et de le défendre de tous troubles et évictions.

Ce système fut justement qualifié de *ridicule* par M. Tronchet parlant au Conseil d'Etat ; il devenait incompatible avec les principes du Code civil. Aussi ce code, par l'art. 1599, déclare-t-il nulle la vente de la chose d'autrui.

V. La vente des *meubles* d'autrui est-elle nulle ? D'après les termes absolus dans lesquels est conçu l'art. 1599, il semble que la solution de cette question ne peut pas être susceptible de doute, et qu'il n'y a pas lieu de faire la moindre différence entre les *meubles* et les *immeubles*.

Cependant le rapprochement de quelques autres articles, et surtout des art. 2279 et 2280 peut conduire à une solution contraire, ou du moins jeter des doutes sérieux sur cette question.

D'abord l'art. 2279 pose en principe qu'en fait *de meubles* la possession vaut titre. Il est vrai que cet article ajoute que celui qui a perdu ou auquel il a été volé une chose, peut la revendiquer pendant trois ans, à compter du jour de la perte ou du vol, contre celui dans les mains duquel il la trouve ; sauf à ce dernier son recours contre celui duquel il la tient.

Mais l'art. 2280 porte que si la chose volée ou perdue a été achetée dans une foire ou dans un marché, ou dans une vente publique, ou d'un marchand vendant des choses pareilles, le propriétaire originaire ne peut se la faire rendre qu'en remboursant au possesseur actuel le prix qu'elle lui a coûté.

Ces articles supposent que l'acheteur est de bonne foi ; car si le vendeur et l'acheteur connaissaient tous deux l'origine de la chose volée, il n'y aurait obligation d'aucun côté.

La possession de l'acheteur est donc, sinon garantie complétement par ces deux articles, du moins considérée avec faveur et entourée d'une certaine protection. Le parlement de Paris est allé plus loin : il a jugé, par un arrêt du 6 avril 1781, que celui qui avait acheté de bonne foi des huiles d'un voiturier infidèle, qui les avait détournées au préjudice de son commettant, et qui, pour les vendre, avait pris un faux nom, ne devait être exposé à aucune recherche de la part du propriétaire. Cet arrêt est rapporté dans le Répertoire de M. Merlin, au mot *Vol,* p. 824.

Nul doute que si ces principes étaient adoptés aujourd'hui, il ne fût de certains cas où la vente du meuble d'autrui pourrait être déclarée valable.

VI. Comme il n'y a pas de vente sans une chose qui en fasse la matière, il s'ensuit que si la chose que l'un a eu l'intention de vendre et l'autre d'acheter, était périe en totalité au moment de la vente, la vente serait nulle : c'est la disposition de l'art. 1601.

M. Troplong remarque avec raison que, dans ce cas, la vente est plus que nulle, si l'on peut parler ainsi ; elle n'a pas d'existence, elle n'est pas née viable, il n'est pas nécessaire de la faire annuler, parce que l'action en nullité n'a d'utilité que contre ce qui existe ; il lui manque ce qui est de l'essence d'une convention de ce genre, c'est-à-dire l'objet, la chose, dont traitent les parties ; c'est un engagement sans cause ; il y a lieu tout simplement à répétition de ce qui a été payé par erreur. Ce n'est pas le cas de l'action en nullité dont s'occupe l'art. 1304, et qui est limitée au laps de dix ans ; c'est l'action connue sous le nom de *conditio indebiti*, qui dure trente ans.

VII. Si une partie seulement de la chose est périe, l'acquéreur a le choix d'abandonner la vente ou de demander la partie conservée, dont on détermine dans ce cas le prix par ventilation (*art.* 1601). Par là, la vente qui, dans l'origine, était pure et simple, se trouve soumise à une condition potestative résolutoire.

Sᴇᴄᴛ. IV.—Des obligations du vendeur.

Dispositions générales.

I. Le vendeur est tenu d'expliquer clairement ce à quoi il s'oblige. Tout pacte obscur s'interprète contre lui. (*Article* 1602.)

La raison de la rigueur avec laquelle la loi s'exprime contre le vendeur se trouverait, au besoin, dans l'art. 1162 du Code, au titre *des Obligations en général*, qui est ainsi conçu : « Dans le doute, la convention s'interprète contre celui qui a stipulé, et en faveur de celui qui a contracté l'obligation. » En effet, dans la vente, qui est un contrat commutatif, le vendeur ne figure pas seulement comme obligé, il figure aussi comme créancier.

II. Mais l'interprétation ne doit tourner contre le vendeur que lorsque les autres présomptions admises par le droit comman pour découvrir le sens caché des actes viennent à manquer. Avant tout, il faudra s'attacher à la volonté des parties, aux vraisemblances, aux usages locaux. Toute la section 5 du chapitre 3 du titre *des Obligations conventionnelles en général* renferme, sur ce sujet, des règles sages et équitables, que le juge devra consulter et appliquer avant de recourir au remède extrême indiqué par l'art. 1602, et dont il ne faut user qu'à défaut des moyens ordinaires de s'éclairer par les termes mêmes du contrat. (Voy. *Interprétation.*)

III. Le vendeur a deux obligations principales : celle de délivrer et celle de garantir la chose qu'il vend. (*Art.* 1603.)

Nous allons entrer dans quelques détails sur ces deux sortes d'obligations.

### § I<sup>er</sup>. *De la Délivrance.*

1. Domat, avec la clarté et la plénitude d'expression qui le caractérisent, avait défini la délivrance *le transport de la chose vendue en la puissance et possession de l'acheteur.* Le Code civil, dans l'art. 1604, n'a fait que répéter mot à mot cette définition.

Nous avons déjà vu que les jurisconsultes romains et, après eux, la plupart des auteurs qui ont écrit sur notre ancien droit français, n'attachaient pas à la *délivrance* une idée aussi complète ni des résultats aussi importants. L'art. 1604, en disant que la délivrance est le transport de la chose *en la puissance* de l'acheteur, fournit un nouvel argument en faveur de l'opinion qui veut que le vendeur soit obligé de transférer à l'acquéreur la propriété de la chose qu'il lui vend.

II. La délivrance des effets mobiliers s'opère,

Ou par tradition réelle ;

Ou par la remise des clefs des bâtiments qui les contiennent ;

Ou même par le seul consentement des parties, si le transport ne peut pas s'en faire au moment de la vente, ou si l'acheteur les avait déjà en son pouvoir à un autre titre. (*Article* 1606.)

III. La tradition se compose de trois éléments : 1° l'abandonnement volontaire de la chose par le propriétaire ; 2° l'appréhension de cette chose par l'acquéreur ; 3° l'intention de la part de ce dernier de se l'approprier.

IV. Les anciens jurisconsultes distinguaient entre la tradition *réelle* et la tradition *feinte*, et dans celle-ci ils distinguaient diverses traditions symboliques, les traditions *longâ manu*, celles appelées *brevi manu*, etc.

Le Code civil a rendu aux faits moraux leur puissance.

Sous son empire il n'y a que des traditions réelles, même celles qui ne sont pas accompagnées du contact matériel de la chose. Le pouvoir de manier la chose a le même effet que le maniement même, dit M. Troplong. Dans ce système, tout spiritualiste, le Code n'a fait que rendre hommage à la puissance de la volonté, qui est le plus noble attribut de l'homme. Tout acte physique est rejeté comme inutile ; il n'ajoute rien à la force de la volonté ; l'intention, jointe à la faculté d'agir, est considérée comme ayant la même énergie que l'acte lui-même.

C'est là, ajoute le même auteur, une importante et profonde modification. De là la conséquence qu'il n'y a pas de tradition feinte dans le système du Code civil ; il n'y a que des traditions réelles.

V. Entre deux acheteurs d'objets mobiliers, la préférence est accordée à celui qui a été mis en possession. C'est la disposition précise de l'art. 1141 du Code, qui veut que, quand la chose qu'on s'est obligé de livrer à deux personnes successivement, est purement mobilière, celle des deux qui en a été mise en possession réelle soit préférée et en demeure propriétaire, encore que son titre soit postérieur en date, pourvu toutefois que la possession soit de bonne foi.

VI. Si la délivrance ne peut se faire au moment de la vente, et que le vendeur donne ordre de délivrer la chose, l'acheteur est-il saisi à l'égard des tiers?

Sans doute, l'ordre de délivrance suffit à l'acheteur pour écarter le vendeur. Mais nous pensons, avec M. Duranton, que la dépossession du vendeur n'est pas complète, et que, puisqu'il continue à détenir la chose, et qu'il peut la déplacer et la mettre dans les mains d'un tiers, le nouvel acheteur qui aura été saisi effectivement doit être préféré à celui qui n'a aucune possession à invoquer en sa faveur.

VII. La tradition des droits incorporels se fait, ou par la remise des titres, ou par l'usage que l'acquéreur en fait du consentement du vendeur. (*Art.* 1607.)

VIII. Les frais de délivrance sont à la charge du vendeur, et ceux d'enlèvement à la charge de l'acheteur, s'il n'y a eu stipulation contraire. (*Art.* 1608.)

Ainsi, à moins d'un usage local contraire, le mesurage, le comptage, le pesage nécessaire pour consommer la tradition, sont, de droit, aux frais du vendeur.

Mais puisque les frais d'enlèvement regardent l'acheteur, il doit supporter les dépenses d'emballage, de chargement et de transport, toujours *à moins de stipulation contraire*, aux termes de l'art. 1608.

IX. Dans quel lieu et dans quel temps doit se faire la délivrance de la chose vendue?

Ces questions, et celles qui pourraient s'y rattacher, sont l'objet des dispositions des art. 1609 et 1610.

La délivrance doit se faire au lieu et au temps convenus. S'il n'y a pas eu de convention à cet égard, la délivrance doit être faite au lieu où était la chose au moment de la vente, et l'acheteur doit la faire enlever à ses frais, comme nous l'avons déjà vu.

Si le vendeur manque à faire la délivrance dans le temps convenu entre les parties, l'acquéreur pourra, à son choix, demander la résolution de la vente ou sa mise en possession. si le retard ne vient que du fait du vendeur. (*Art.* 1610.)

X. Cette disposition est-elle tellement rigoureuse, qu'il ne puisse, dans certaines circonstances, être accordé un délai au vendeur; par exemple, s'il y a eu force majeure qui ait empêché la délivrance?

La cour de cassation, par un arrêt du 8 octobre 1807, a décidé que le délai pouvait être accordé.

XI. Mais, dans tous les cas, le vendeur doit être condamné à des dommages-intérêts envers l'acheteur, s'il est résulté quelque préjudice pour ce dernier du défaut de délivrance au terme convenu. (*Art.* 1611.)

XII. Si la délivrance est empêchée par force majeure, avant la mise en demeure, ou si la chose vendue est volée ou périe, le vendeur ne doit être tenu d'aucuns dommages intérêts, bien entendu que la perte de la chose a eu lieu sans dol ni faute de la part du vendeur.

XIII. Le vendeur n'est pas tenu de délivrer la chose, si l'acheteur ne paie pas le prix, et que le vendeur ne lui ait pas accordé délai pour le paiement. (*Art.* 1612.)

Cette disposition est empruntée au droit romain et conforme à la saine équité. La vente est en effet un contrat synallagmatique, et il ne serait pas juste qu'une partie fût tenue de remplir ses obligations, tandis que l'autre s'en affranchit.

Par la même raison, l'acheteur ne serait pas fondé, pour obtenir la délivrance, à n'offrir qu'une portion du prix. Il faut qu'il s'acquitte en entier, sans quoi le vendeur serait autorisé à garder la chose pour le total.

XIV. Ce n'est pas tout : quoiqu'il y ait un terme convenu pour le paiement, le vendeur ne peut être contraint de délivrer la chose vendue, si depuis la vente l'acheteur est tombé en faillite ou en état de déconfiture, de manière qu'il y ait danger imminent de la perte du prix, à moins que, dans ce cas, l'acheteur ne donne caution pour sûreté du paiement au terme convenu. (*Art.* 1613.)

M. Portalis, définissant ce qu'on doit entendre par le mot de *déconfiture*, disait, dans son exposé au corps législatif, qu'il fallait, pour se placer dans l'hypothèse de l'article, *un état de décadence qui puisse sérieusement menacer la sûreté du vendeur.* Et M. Faure, orateur du Tribunat, voulait *une situation telle qu'il y eût pour lui danger imminent de perdre le prix.* Ce sont, du reste, les termes même employés par l'art. 1613.

Mais si les changements survenus dans la position de l'acheteur n'ont pas un caractère de gravité tel qu'il y ait lieu à élever des doutes, le vendeur sera-t-il fondé à demander caution? Évidemment non : c'est ce qui a été jugé par un arrêt de la cour de Turin de 1810, rapporté par M. Dalloz, au mot *Vente*, p. 865 et 866.

Du reste, on sent que c'est là une question de fait.

XV. La chose doit être délivrée en l'état où elle se trouve au moment de la vente.

Depuis ce jour, tous les fruits appartiennent à l'acquéreur. (*Art.* 1614.)

L'obligation de délivrer la chose comprend ses accessoires et tout ce qui a été destiné à son usage perpétuel. (*Article* 1615.)

XVI. Dans les ventes conditionnelles, le vendeur n'est tenu de la délivrance que dans l'état où la chose se trouve à l'événement de la condition.

Lorsque le contrat est pur et simple, tous les fruits appartiennent à l'acheteur, dès l'instant de la vente. Les fruits font en effet partie de la chose, et l'acheteur est censé en avoir payé le prix.

XVII. La question de savoir sur qui, du vendeur ou de l'acheteur, doit tomber la perte ou la détérioration de la chose vendue, avant la livraison, est jugée d'après les règles prescrites au titre *des contrats ou des obligations conventionnelles en général.*

La plupart des questions très-nombreuses et des difficultés très-réelles auxquelles peut donner lieu l'application de cet article, sont susceptibles d'être éclaircies par deux principes fondamentaux ; le premier, que, pendant le temps qui s'écoule entre le contrat et la tradition, le vendeur est chargé d'apporter à la conservation de la chose les soins d'un bon père de famille (*art.* 1136); le second, que la vente une fois parfaite et la propriété transférée à l'acheteur, c'est ce dernier que regarde le péril de la chose (*art.* 1138).

## § II. *De la garantie.*

**I.** La garantie que le vendeur doit à l'acquéreur, a deux objets : le premier est la possession paisible de la chose vendue; le second, les défauts cachés de cette chose ou les vices rédhibitoires. (*Art.* 1625.)

**II.** On distingue deux sortes de garantie : la garantie de droit et la garantie de fait. Quoique le Code civil n'ait pas admis littéralement ces dénominations, elles résultent néanmoins des dispositions de plusieurs articles de la section 3, chap. 4 du titre *de la Vente.*

Voyez, au surplus, *Garantie* et *Vices rédhibitoires.*

### Sect. V. —*Des obligations de l'acheteur.*

**I.** La principale obligation de l'acheteur est de payer le prix aux jour et lieu réglés par la vente (*art.* 1650). Cette obligation résulte de la nature même du contrat.

Elle est tellement précise, que le législateur a donné au vendeur un *privilége* sur la chose pour la recouvrer, et que, par exception à la règle consacrée par l'art. 1583, il lui ouvre la voie de la *revendication*. Enfin il ajoute à ces garanties une troisième, en accordant au vendeur l'action en résolution, dont nous traiterons plus bas.

**II.** A défaut de convention sur le lieu et l'époque du paiement, il doit être fait au lieu et dans le temps où se fait la délivrance. (*Art.* 1651.)

Il faut néanmoins combiner les dispositions de cet article avec celles de l'art. 1247 du même Code, au titre *des Contrats* en général, d'après lequel le paiement doit être fait au domicile du débiteur, excepté quand il y a eu désignation du lieu pour l'exécution du paiement, ou lorsqu'il s'agit d'un corps certain et déterminé, auquel cas le paiement doit être fait au lieu où était, au temps de l'obligation, la chose qui en fait l'objet.

Il paraîtrait, d'après le rapprochement de ces deux articles, qu'il faut distinguer entre les ventes faites au comptant et les ventes à terme; que ce n'est qu'aux premières que s'appliqueraient les dispositions de l'art. 1651, et que, quant aux ventes à terme, le prix en serait payable au domicile du débiteur.

**III.** Nous pensons aussi que le même art. 1651 n'est applicable qu'au paiement du prix des choses sujettes à une délivrance proprement dite, comme les meubles, et non au prix des immeubles. C'est l'opinion de M. Toullier, t. 7, n° 92.

IV. Outre le paiement du prix, l'acheteur doit encore les intérêts dans trois cas fixés par la loi :

1° Si le paiement des intérêts du prix a été convenu lors de la vente;

2° Si la chose vendue et livrée produit des fruits ou autres revenus;

3° Si l'acheteur a été sommé de payer; mais, dans ce dernier cas, les intérêts ne courent que du jour de la sommation. (*Art.* 1652.)

V. Si l'acheteur ne paie pas le prix, le vendeur peut demander la résolution de la vente. (*Art.* 1654.)

Quand il s'agit de vente de denrées et d'effets mobiliers, la résolution de la vente a lieu de plein droit et sans sommation, au profit du vendeur, par la seule expiration du délai fixé pour le retirement, sans qu'il ait été effectué. (*Art.* 1657.)

Le Code, comme on voit, ne s'occupe que des cas où les effets mobiliers n'ont pas été retirés, quoique le délai fixé pour le retirement soit expiré. Mais si les meubles ont été livrés, la vente est-elle résoluble pour défaut de paiement du prix ?

Nous pensons que la question doit être décidée affirmativement. La seule différence entre le cas prévu par l'art. 1657 et celui où nous nous plaçons, c'est que, dans le premier, la résolution de la vente a lieu de plein droit et sans sommation (ce sont les termes du Code); et que, dans le cas où la livraison a eu lieu, il faudra nécessairement recourir à l'intervention de la justice pour remettre les choses au même état où elles étaient avant la vente.

Mais il ne serait juste d'opposer au vendeur l'excès de confiance et de bonne foi qui lui a fait livrer la chose avant d'être nanti du prix. On ne peut pas créer une fin de non-recevoir aussi arbitraire; et ce serait mal entendre la maxime qu'*en fait de meubles la possession vaut titre*, que de l'appliquer au cas dont il s'agit.

### Sect. VI. — *De la nullité et de la résolution de la vente.*

I. Indépendamment des causes de nullité déjà expliquées précédemment, le contrat de vente peut encore être résolu par le consentement mutuel des parties. Dans ce cas l'acte prend le nom de *résiliation*. La volonté des parties peut défaire ce qu'elle a fait.

II. Le contrat de vente peut aussi être résolu par l'exercice de la faculté de rachat (*art.* 1658) ; mais il ne peut l'être pour vilité du prix en matière mobilière. (Pothier, *de la Vente,* n° 340 ; *Troplong,* n° 789.)

III. La faculté de rachat ou de réméré est un pacte par lequel le vendeur se réserve de reprendre la chose vendue, moyennant la restitution du prix principal et le remboursement de diverses dépenses faites par l'acquéreur pendant sa possession , et dont le détail est donné par le Code à l'article 1673. (*Art.* 1659.)

IV. La faculté de réméré a-t-elle lieu en matière mobilière ?

Le Code civil, dans la section 1re du chapitre 6 du titre de la vente, qui est consacrée au contrat de réméré, ne dit nulle part que cette sorte de contrat est prohibée en matière mobilière. On pourrait donc, à la rigueur, et en se fondant sur la littéralité de ses dispositions, soutenir que la vente avec faculté de rachat peut tout aussi bien avoir pour objet les meubles que les immeubles.

Cependant, en examinant avec attention la nature de ce contrat, les habitudes qui s'y rattachent, et aussi quelques expressions du Code, nous pensons qu'on se convaincra facilement que le pacte de réméré ne doit se rapporter qu'aux immeubles.

D'abord, en consultant l'histoire du droit romain auquel il remonte, et celle du moyen-âge dans lequel on en faisait un usage très-fréquent, on verra qu'il tenait vraiment lieu de régime hypothécaire, à cette double époque où une civilisation peu avancée faisait rechercher de préférence les sûretés matérielles et les garanties que le prêteur tient sous sa puissance.

Aujourd'hui même encore, on peut dire que ce n'est que pour avoir en quelque sorte une surabondance d'hypothèque, que l'on a recours au contrat de réméré. La plupart des acquéreurs, qui voient la propriété en suspens dans leurs mains, ne peuvent s'y affectionner, et dans leur pensée, c'est moins une acquisition qu'ils ont faite, qu'une somme qu'ils ont prêtée sur un gage qui tient pour eux de la nature hypothécaire.

Enfin, quoique le Code civil, dans la définition qu'il donne de la faculté de rachat, art. 1659, n'emploie que ce mot *la chose vendue,* sans dire en quoi elle consiste, il résulte de la plupart des articles dans lesquels le législateur traite de ce droit, qu'il n'a entendu évidemment parler que des immeubles. Les articles 1665, 1667, 1668, 1669, 1670, 1671, 1673, ne parlent que d'*hypothèques,* d'*immeubles,* d'*héritages,* expressions qui excluent la pensée que la faculté de rachat puisse avoir lieu en matière mobilière. L'art. 1673, entre autres, dit que le vendeur qui use du pacte de rachat, doit rembourser non-seulement le prix principal, mais encore les frais et loyaux coûts de la vente, *les réparations nécessaires et celles qui ont augmenté la valeur du fonds*, jusqu'à concurrence de cette augmentation, et qu'il ne peut entrer en possession qu'après avoir satisfait à toutes ces obligations.

Le même article ajoute que, lorsque le vendeur rentre dans son *héritage* par l'effet du pacte de rachat, il le reprend exempt de toutes *les charges et hypothèques* dont l'acquéreur l'aurait grevé, et qu'il est tenu d'exécuter les *baux* faits sans fraude par l'acquéreur.

En voilà assez sans doute pour justifier l'opinion que nous avons émise.

Nous ne dissimulerons pas cependant que MM. Delvincourt, t. 3, p. 158, Duranton, t. 16, n° 391, Dalloz, v° *Vente*, et Troplong, t. 2, n° 706, sont d'une opinion contraire. Mais bien évidemment le vendeur d'un meuble avec pacte de rachat ne pourrait attaquer le tiers auquel son acquéreur l'aurait revendu. Le tiers répondrait avec raison qu'il possède et que c'est là son titre. Donc l'action en réméré ne peut s'exercer en matière de meubles, puisqu'elle a pour objet de faire rentrer le vendeur dans la propriété de la chose vendue. (*Article* 1673.) Néanmoins il n'est pas douteux que si le pacte de réméré se trouvait joint à une vente mobilière, il ne donnât droit au vendeur à des dommages-intérêts contre l'acheteur qui ne voudrait ou ne pourrait pas l'exécuter; mais là se bornerait son effet.

<h3>Sect. VII. — Du transport des créances et autres droits incorporels.</h3>

I. Le mot *vente* est employé quand il s'agit de la cession des objets corporels, meubles ou immeubles.

Le mot *transport* est réservé pour exprimer la cession d'une créance, d'une action, d'un privilége, d'une hypothèque, ou de toute autre chose incorporelle.

II. Entre les parties, le transport d'une créance est parfait, comme toutes les ventes, par le consentement réciproque sur la chose et sur le prix.

Il n'est pas nécessaire que le débiteur y intervienne. La cession peut avoir lieu en son absence, et même malgré lui.

III. Dans le transport d'une créance, d'un droit ou d'une action sur un tiers, la délivrance s'opère entre le cédant et le cessionnaire par la remise du titre. (*Art.* 1689.)

L'art. 1607 avait déjà disposé que la tradition des droits incorporels se fait aussi par la remise des titres.

IV. Mais le cessionnaire n'est saisi à l'égard des tiers que par la signification du transport faite au débiteur.

Néanmoins le cessionnaire peut être également saisi par l'acceptation du transport faite par le débiteur dans un acte authentique. (*Art.* 1690.)

V. Si, avant la signification du transport au débiteur, celui-ci avait payé le cédant, il sera valablement libéré. (*Art.* 1691.)

Le cessionnaire n'aurait aucun droit pour le rechercher. Il n'aurait, dans ce cas, de recours que contre son cédant.

VI. Entre plusieurs cessionnaires successifs, c'est la date de la signification qui règle la préférence.

Entre deux cessionnaires, dont l'un est déjà nanti des titres, dont l'autre a pour lui la signification faite au débiteur, lequel doit être préféré ?

Un arrêt rendu par la cour de Bordeaux le 21 août 1831, et rapporté par M. Dalloz, 31, 2, 23, a décidé que c'était la signification au débiteur qui réglait la possession.

VII. La vente ou cession d'une créance comprend les accessoires de la créance, tels que caution, privilége et hypothèque. (*Art.* 1692.)

VIII. Dans la vente d'une créance, comme dans la vente de tout autre objet, la garantie du droit est toujours sous-entendue. Le cédant doit donc garantir au cessionnaire l'existence de la créance, au temps du transport, quoiqu'il soit fait sans garantie. (*Art.* 1693.)

IX. Il ne répond de la solvabilité du débiteur que lorsqu'il s'y est engagé, et jusqu'à concurrence seulement du prix qu'il a retiré de la créance. (*Art.* 1694.)

Du reste, à moins de stipulation expresse, cette garantie ne s'entend que de la solvabilité actuelle, et ne s'étend pas au temps à venir. (*Art.* 1695.)

X. Les trois derniers articles du titre de la vente s'occupent de la cession des droits litigieux et complètent la matière du transport.

Par le droit romain, il n'était pas permis de vendre un droit litigieux. Ces lois n'ont jamais été observées en France ; mais on y a cherché à mettre un frein à l'avidité des acheteurs de procès.

XI. Qu'entend-on par droit litigieux ? L'art. 1700 du Code civil nous en donne la définition.

« La chose est censée litigieuse, dit cet article, dès qu'il y a procès et contestation sur le fond du droit. »

Il ne suffit donc pas qu'il y ait crainte ou possibilité d'une contestation sur le droit vendu ; il faut que le procès soit commencé.

**XII.** La disposition de l'art. 1700 doit-elle être considérée comme limitative ?

L'affirmative a été jugée par arrêt de la cour de cassation du 5 juillet 1819. Il faut donc regarder cet article 1700 comme essentiellement caractéristique du litige.

**XIII.** Celui contre lequel on a cédé un droit litigieux, peut s'en faire tenir quitte par le cessionnaire en lui remboursant le prix réel de la cession avec les frais et loyaux coûts, et avec les intérêts, à compter du jour où le cessionnaire a payé le prix de la cession à lui faite. (*Art.* 1699.)

En un mot, il doit rendre le cessionnaire entièrement indemne.

**XIV.** Il y a pourtant des exceptions portées à la disposition de l'article précédent.

La première a lieu dans le cas où la cession a été faite à un cohéritier ou co-propriétaire du droit cédé.

La seconde a lieu lorsque la cession a été faite à un créancier en paiement de ce qui lui est dû. Ici la position du créancier est entièrement favorable. Il n'est pas présumé agir dans un esprit de vexation ; il ne fait que prendre d'un mauvais payeur ce qui lui offre quelques chances du remboursement de sa créance.

Enfin, la troisième exception a lieu lorsque la cession est faite au possesseur de l'héritage sujet au droit litigieux.

**XV.** Que faudrait-il décider si la cession du droit litigieux était faite à titre gratuit ?

Le Code n'a pas compris ce cas parmi les exceptions à l'article 1699 ; mais la donation d'un droit litigieux n'ayant rien de défavorable, et l'impossibilité d'appliquer cet art. 1699 au cas d'une donation étant évidente, il faut bien admettre ce cas comme constituant une quatrième exception.

E. TEULON, conseiller à la cour royale de Poitiers.

**VICES RÉDHIBITOIRES.** On appelle ainsi certains défauts cachés qui sont de nature à rendre une chose impropre à l'usage auquel on la destine, ou qui diminuent tellement cet usage que l'acheteur ne l'aurait pas acquise, ou n'en aurait donné qu'un moindre prix, s'il les avait connus. (*Code civil, art.* 1641.)

I. Les causes de rédhibition sont générales ou spéciales.

Les causes générales sont celles dont parle l'article que nous venons de citer. Elles s'appliquent à tous les objets, soit mobiliers, soit immobiliers.

Les causes spéciales sont celles qui s'appliquent aux chevaux, aux porcs, aux bêtes à laine ou à cornes. Elles sont prévues et limitées par d'anciennes coutumes locales ou par des réglements et usages qu'il a été dans l'intention du législateur de maintenir. On ne peut donc, à moins de circonstances particulières, avoir égard à d'autres cas rédhibitoires qu'à ceux dont ces coutumes ou ces réglements font mention. « La raison de ceci, dit M. Troplong, *Commentaire sur la Vente*, t. 2, n° 549, se puise moins dans l'art. 1648, qu'on cite quelquefois, assez mal à propos, au soutien de cette proposition, que dans l'intention qui a dû nécessairement présider au marché intervenu entre les parties. Le vendeur et l'acheteur sont censés avoir voulu obéir à cet usage, qui, depuis les temps les plus anciens, est la règle de pareilles transactions. On ne peut admettre qu'ils aient entendu réserver d'autres cas de rédhibition et faire une innovation. L'habitude, les coutumes, les idées répandues dans la contrée, la connaissance vulgaire que l'on a de ce qui entre dans de pareils marchés, sont la meilleure interprétation de ce qu'ont voulu faire les deux parties contractantes.

» Néanmoins, ajoute le même auteur, s'il était prouvé qu'une nouvelle impulsion donnée à une des branches d'industrie dont les animaux dont nous avons parlé sont l'objet, eût modifié les idées précédemment reçues, il ne faudrait pas hésiter à tenir compte de ces modifications et à regarder comme rédhibitoires les cas qui rendraient inutiles ou sans profit les achats opérés par ceux qui se livrent à ces spéculations.

» Ainsi, dit-il plus loin, n° 553, depuis que l'introduction des mérinos en France a fait attacher un nouveau prix à la belle qualité des laines, on ne doit pas seulement prendre en considération les maladies qui ôtent à la chair du mouton sa véritable valeur, mais encore celles qui altèrent sa laine, et nuisent sous ce rapport aux spéculations des acheteurs. C'est pourquoi il a été décidé par le tribunal d'Orléans (4 mai 1812) que la cachexie, ou pourriture des moutons, que l'ancienne coutume ne mettait pas au nombre des vices rédhibitoires, doit être considérée aujourd'hui comme telle. Cette décision me paraît très-raisonnable. »

On trouvera, à la fin de cet article, la nomenclature des vices rédhibitoires qui étaient admis dans les anciennes provinces de France, par rapport aux animaux. Nous nous bornerons à rappeler ici que toute maladie contagieuse dont un animal est atteint, forme un cas de rédhibition. (*Abrégé d'Hippiatrique*, p. 113.)

II. Quant à la vente d'autres objets mobiliers ou immobiliers, on ne peut pas regarder comme vice rédhibitoire une différence ou une erreur dans la qualité ou dans la quantité, toutes les fois que cette différence ne rend pas la chose vendue impropre à l'usage auquel on la destinait. Ainsi vous me vendez un cachemire français pour un cachemire de l'Inde : la vente pourra être attaquée, mais ce ne sera point par l'action rédhibitoire. Ainsi encore, vous m'avez vendu un pièce de marchandise où se trouve un défaut d'aunage : il n'y a pas lieu à rédhibition. (*Cour de Bordeaux*, 25 *avril* 1828.)

Mais il y a vice rédhibitoire 1° dans une poutre pourrie intérieurement ; 2° dans des tonneaux fûtés, c'est-à-dire faits avec un bois qui donne au vin un mauvais goût ; 3° dans des étoffes tarées ; 4° dans des blés naufragés et corrompus, impropres à faire du pain ; dans des amandes gâtées et de mauvaise récolte, etc. (*Boniface*, t. 4, p. 446 et 449.)

On ne peut considérer comme motif de rédhibition la circonstance que des grains achetés pour semences n'ont pas poussé. Ce n'est point, en effet, une preuve irrécusable qu'ils fussent impropres à cet usage. Le mauvais temps, l'influence de la saison, les ravages des animaux, etc., pourront les avoir étouffés ou détruits. Basnage nous apprend que le parlement de Normandie a rendu de nombreux arrêts dans ce sens.

III. Le vendeur est tenu des vices cachés, quand même il ne les aurait pas connus (*art.* 1643), mais non des vices apparents, et dont l'acheteur a pu se convaincre lui-même (*art.* 1642). On présume alors que l'acheteur a voulu traiter malgré le vice de la chose, et *volenti non fit injuria*. S'il a négligé de faire une vérification que lui commandait la prudence, il ne peut s'en prendre qu'à lui-même : la loi ne vient point au secours des négligents. (Voy. *le Juge de Paix*, t. 2, p. 28.)

C'est donc avec raison que M. Duvergier, dans son *Traité de la Vente*, n° 391, critique cette décision de Pothier, adoptée par plusieurs jurisconsultes, que « des trous dans une étoffe sont des vices rédhibitoires ». Il n'y a rien de plus apparent, dit-il, que des trous dans une étoffe, si l'on prend la peine de la déployer : dès lors ce n'est plus un vice caché.

IV. Le vendeur a un moyen de s'exonérer de la garantie même des vices cachés : c'est d'en faire la déclaration à l'acheteur, s'il les connaît ; et, s'il ne les connaît pas, de stipuler qu'il ne sera tenu d'aucun cas rédhibitoire (*art.* 1643). On regarde comme une stipulation de non-garantie, dans la vente d'un cheval ou de tout autre animal sujet aux vices rédhibitoires, la clause qu'on le vend à la queue. La même conséquence se tire de ces termes : *vendre à tous risques, hasards et fortunes*, ou *acheter à ses risques et périls*. (*Bourjon*, t. 1, p. 463.)

V. Dans le cas des art. 1641 et 1643, c'est-à-dire lorsque la chose vendue est frappée d'un vice rédhibitoire, et qu'il n'y a pas stipulation de non-garantie, l'acheteur a le droit ou de rendre la chose et de se faire restituer le prix, ou de garder la chose et de se faire rendre une partie du prix, telle qu'elle sera arbitrée par experts (*art.* 1644). La première de ces actions s'appelle *rédhibitoire;* la seconde, *estimatoire* ou *quanti minoris*.

VI. L'acheteur a le choix d'intenter l'une ou l'autre de ces actions, même lorsque le vice de la chose ne fait qu'en diminuer l'usage; mais lorsqu'il a succombé dans l'une, l'autre lui est fermée. (*Toullier*, t. 10, n° 163.)

VII. Si le vendeur connaissait les vices de la chose, il est tenu, outre la restitution du prix qu'il a reçu, de tous les dommages-intérêts envers l'acheteur (*art.* 1645); mais s'il les ignorait, il n'est tenu qu'à la restitution du prix, et à rembourser à l'acquéreur les frais occasionés par la vente (*art.* 1646), tels qu'honoraires du notaire, frais d'enregistrement, frais de voiture, de douanes, etc.

VIII. Dans le cas où la chose aurait péri avant l'annulation de la vente, il faut faire une distinction pour savoir qui doit en supporter la perte.

A-t-elle péri par suite de sa mauvaise qualité, de son vice rédhibitoire? le vendeur est tenu de restituer le prix entier à l'acheteur, qui, de son côté, doit rendre ce qui reste de l'animal, comme sa peau, ses fers, et les accessoires, tels que la bride, la selle, etc. (*Art.* 1647.)

Si c'est un cas fortuit qui a causé la mort de l'animal, la perte est pour l'acheteur. La législation romaine, qui la mettait à la charge du vendeur, nous semble plus équitable. Si l'animal eût vécu, j'aurais obtenu l'annulation du contrat et la restitution du prix. Il meurt sans qu'il y ait de ma faute, et mon droit meurt avec lui! La position du vendeur et la mienne changent par un fait auquel nous sommes également étrangers! On pourrait, selon nous, attaquer victorieusement ce principe, s'il n'avait pour lui que l'autorité de quelques jurisconsultes ou même des tribunaux; mais il est formellement érigé en disposition législative (*art.* 1647) : nous lui devons respect et obéissance.

IX. Dans quel délai doit être intentée l'action rédhibitoire?

L'art. 1648 contient à ce sujet une disposition qui a donné lieu à de nombreuses controverses. Il est ainsi conçu : «L'action résultant des vices rédhibitoires doit être intentée par l'acquéreur dans un bref délai, suivant la nature des vices rédhibitoires et l'usage du lieu où la vente a été faite. »

Nous indiquerons, à la fin de cet article, les différents délais établis dans nos anciennes provinces, pour exercer l'action en garantie provenant des vices de certains animaux : mais la difficulté consiste à savoir de quelle époque ces délais commencent à courir.

Quelques jurisconsultes veulent qu'on les compte à partir du jour de la vente ; d'autres, du jour de la tradition de l'objet vendu ; d'autres enfin du jour où le vice a été découvert.

Cette dernière opinion nous paraît la plus équitable et la plus conforme à l'esprit de l'art. 1648, qui fait concourir le délai fixé par l'usage du lieu, avec la nature des vices rédhibitoires. Que servirait, en effet, d'avoir une action en garantie contre le vendeur, si la prescription pouvait s'en acquérir avant que le vice qui donne ouverture à l'action se fût manifesté ? M. Malleville cite un arrêt par lequel il a été jugé, au sujet d'un cheval *lunatique*, vendu le lendemain du jour où la vue lui revenait, que la prescription n'avait commencé à courir qu'environ un mois après, époque où le vice périodique avait reparu. Telle était aussi la disposition de la loi romaine : *ex quo patet vitium*. Enfin ce principe a été consacré par la cour de Lyon, le 5 août 1824. (Voy. *le Juge de Paix*, t. 1, p. 145.)

Nous croyons donc que, pour un vice habituel, qui se manifeste à chaque instant, la prescription commence du jour de la tradition, et pour un vice périodique, du jour où il s'est déclaré.

X. Les jurisconsultes et les tribunaux ne sont pas d'accord sur la question de savoir si, lorsque l'action rédhibitoire est exercée dans le temps prescrit, il y a présomption légale que le vice existait à l'époque de la vente, ou s'il faut au contraire que l'acheteur prouve l'existence du vice à la même époque.

La cour de Bruxelles s'est prononcée dans ce dernier sens, le 29 messidor an 13 ; mais nous préférons la doctrine adoptée par la cour de Besançon dans l'arrêt qui suit :

« Considérant que la prescription de quarante jours, fixée pour l'exercice de l'action rédhibitoire, emporte présomption légale que l'animal qui, pendant ce délai, à dater de la vente, est attaqué d'un vice rédhibitoire, en était déjà affecté lors de la vente ; que ce point est d'autant plus certain, que les trois maladies des chevaux appelées *morve*, *pousse* et *courbature*, sont, dans leur principe, réputées cachées, et ne deviennent sensibles, même pour ceux qui sont experts en cette partie, que lorsqu'elles ont fait des progrès considérables ; que dès lors l'acheteur qui prouve que, dans le délai de quarante jours, l'animal qui lui a été vendu est affecté de l'une des maladies ci-dessus mentionnées, justifie par là suffisamment qu'il a droit à l'action rédhibitoire, etc. (13 *juillet* 1808.)

Il est juste néanmoins de faire une distinction. « S'il s'agit de vices à l'égard desquels la loi ou l'usage ait fixé un délai court, dit M. Delvincourt, t. 3, note 7 sur la page 76, par cela seul que l'action a été intentée dans le délai, il y a présomption légale que le vice existait lors de la vente ; mais cette présomption n'exclura point la preuve contraire. Mais si le vice est du nombre de ceux à l'égard desquels il n'y a pas de délai fixé et déterminé, la même présomption n'a plus lieu, et ce sera à l'acquéreur à prouver que le vice existait lors de la vente. » M. Duranton professe la même doctrine. (Voy. aussi *Duvergier*, n°. 403, et *Troplong*, t. 2, n°. 569.)

XI. La cour de cassation a jugé, le 18 mars 1833, que la loi ne distinguant pas entre l'action principale et l'action récursoire, l'une comme l'autre doit être dirigée contre le premier vendeur dans le délai fixé par la coutume, l'usage du lieu ou les réglements. (Voy. le *Juge de Paix*, t. 3, p. 221.) Cette décision nous paraît rigoureuse, et la conséquence en serait souvent de priver le premier acheteur de son recours contre le vendeur. J'achète un cheval en Normandie, où l'action rédhibitoire doit être intentée dans les trente jours. Je le revends au bout de quinze jours, sans qu'aucune maladie se soit déclarée. Huit jours après, le cheval devient *lunatique*. Mon acheteur, qui a un mois pour m'actionner, attend l'expiration du délai. J'appelle alors mon vendeur en garantie : il m'oppose la prescription, et me voilà obligé de reprendre le cheval malade et de le garder pour mon compte ! À moins qu'une loi formelle ne consacrât une telle iniquité, on trouvera difficilement des magistrats qui veuillent s'en rendre complices.

La prescription est une peine qui frappe l'acheteur négligent. Ici, quelle négligence peut-on me reprocher ? Tant que j'ai eu le cheval en mon pouvoir, je ne lui ai découvert aucun vice : je ne pouvais me plaindre. Le cheval est revendu ; l'acquéreur s'aperçoit, après huit ou quinze jours, que l'animal est *lunatique*, et il m'actionne quelques jours après en résolution de la vente. C'est alors seulement que j'ai connaissance de la cause de rédhibition, c'est alors seulement qu'il m'a été possible d'attaquer mon vendeur ; et comme il s'est écoulé plus de trente jours depuis la vente, mon droit se sera évanoui ! je serai déclaré forclos !

Mais ce serait ouvertement encourager la fraude. ce serait

dire aux fripons : « Lorsque vous aurez un cheval atteint d'un vice rédhibitoire, vendez-le à une époque où le vice ne paraîtra point. Qu'un de vos associés secrets, qu'un complice cherche à le racheter quelques jours après, en offrant à votre acquéreur un bénéfice considérable; et quand le vice se sera déclaré, au lieu d'attaquer immédiatement son vendeur, qui vous appellerait en garantie, votre complice attendra l'expiration des trente jours, à dater de la première vente, afin que le recours qui aurait pu vous atteindre se soit brisé contre la prescription. » La loi n'a pu se prêter à de pareilles combinaisons.

XII. L'action résultant des vices rédhibitoires n'a pas lieu dans les ventes faites *par autorité de justice* (*art.* 1649.) Mais, comme l'enseigne M. Toullier, on ne doit entendre par ces mots que les *ventes forcées* : celles-là seulement sont soustraites à l'action rédhibitoire, parce qu'il n'y a, à proprement parler, aucun vendeur. Le débiteur poursuivi ne vend pas volontairement, et le poursuivant, qui doit déposer le cahier des charges, ne connaît ni la qualité intrinsèque de la chose, ni ses vices cachés. — L'art 1649 n'est point applicable aux ventes non forcées, quoique faites par autorité de justice, car elles ne cessent point d'être volontaires.

*Tableau des usages qui établissent, pour la vente des animaux domestiques, dans les anciennes provinces de France, les vices rédhibitoires et les délais dans lesquels l'action en garantie doit être intentée.*

ÎLE-DE-FRANCE (comprenant les départements de la Seine, Seine-et-Oise, Oise, Aisne, Seine-et-Marne) :

*Pour le cheval, l'âne, le mulet*, morve, pousse, courbature, immobilité, cornage ou sifflage ou halley, claudication de vieux mal, si l'animal n'était point boiteux au moment de la vente, tic non apercevable à l'usure des dents;

*Pour le bœuf et la vache*, épilepsie ou mal caduc, pommelière ou phthisie pulmonaire;

*Pour le cochon*, ladrerie;

*Pour le mouton*, claveau;

Dans le Soissonnais et le Laonnais, qui faisaient partie de l'Île-de-France, on ne connaît, comme cas rédhibitoires, que la morve, la pousse et la courbature. Il ne paraît pas y avoir de vices rédhibitoires pour les animaux autres que les chevaux.

(Voy. les *arrêts du parlement de Paris*, des 4 septembre

1663, 7 septembre 1765, 16 juillet 1769, 15 janvier 1781 ; *ordonnances de police*, des 14 avril 1769, 16 vendémaire an 10 ; Bourjon , *Droit commun de la France ; Nouveau Dénisart*, v^is *Cas rédhibitoires ;* Merlin, *Répertoire*, v° *Sifflage ;* Alletz, *Dictionnaire de police moderne.*)

Le délai pour intenter l'action est de huit jours(Coquille, *Instit. au droit français*, des Contrats, p. 147). Loisel dit *huit jours après la délivrance faite*. Cependant, pour le tic, la demande doit être formée dans les vingt-quatre heures qui suivent la vente. Les marchands forains sont garants, pendant neuf jours, de la mort de leurs bœufs vendus aux bouchers de Paris (*Ordonnance de police du 14 avril 1769*).

ARTOIS (Pas-de-Calais) :

*Pour le cheval*, morve, pousse , courbature, cornage ou sifflage ;
*Pour les vaches, moutons et porcs*, les vices qui ne se reconnaissent qu'à l'ouverture du cadavre.

Le délai est de quinze jours pour les chevaux, huit jours pour les moutons, quarante jours pour les autres animaux. Si les vices ne peuvent être constatés dans l'étendue de la province, les délais sont augmentés d'un jour par dix lieues. (*Réglement provincial du 12 janvier 1785.*)

CAMBRÉSIS (Nord) :

*Pour le cheval*, morve, pousse. La Coutume de Douai y ajoute le cheval *rebours* et *fèle de la dent*, c'est-à-dire, celui qui mord et qui rue. (*Instruction et observations sur les maladies des animaux domestiques*, t. 2, 1^re partie.)

Délai, quarante jours. (*Coutume de Cambrai*, tit. 21, art. 5; *Encyclopédie méthodique.*)

LORRAINE (Meuse, Moselle, Meurthe, Vosges) :

*Pour le cheval*, morve, pousse. Dans le ci-devant duché de Bar, il y a en outre la courbature.

Délai, quarante jours (*Coutume de Bar, tit.* 14, *art.* 204). Dans la partie régie par la Coutume de Bassigny, le délai est de huit jours *après la tradition* (*art.* 91).

CHAMPAGNE (Haute-Marne, Aube, Marne, Ardennes) :

*Pour le cheval*, morve, pousse, courbature.

Délai, huit jours suivant M. Troplong, et neuf jours d'après M. Gohier et M. Paillet sur les *Usages de Reims*. Dans le Bassigny, huit jours après la tradition. (*Coutume, art.* 91.)

BOURGOGNE (Yonne, Côte-d'Or, Saône-et-Loire, et une partie de l'Ain) :

*Pour le cheval*, morve, pousse, courbature, courbe.

Délai, huit jours (*Coutume du bailliage de Sens, tit.* 21, *article* 260; *arrêt du parlement de Dijon, du* 9 *juin* 1665). L'action se reçoit le neuvième jour, d'après la maxime *dies à quo non computatur in termino* (*argum. de la Coutume de Bassigny*).

BOURBONNAIS (Allier) :

*Pour le cheval*, morve, pousse, courbature, courbe.

Délai, huit jours après la tradition. (*Coutume du pays et duché de Bourbonnais, chap.* 22, *art.* 87; Pothier, *de la Vente,* n° 205.)

BERRY (Indre, Cher) :

*Pour le cheval*, morve, courbature, pousse;
*Pour les bœufs et vaches*, le fait ou l'épilepsie;
*Pour les bêtes à laine*, la gale;
*Pour les cochons*, le pian et le tal ou ladrerie.

Délai, neuf jours. Il n'y a guère que cette Coutume, dit Gohier, qui place la gale au nombre des affections rédhibitoires.

ORLÉANAIS (Loiret, une partie d'Eure-et-Loir, Loir-et-Cher) :

*Pour le cheval, l'âne, le mulet*, morve, pousse, courbature;
*Pour la vache*, épilepsie, pommelière ou phthisie pulmonaire (*Usages*);
*Pour le porc*, ladrerie ou mézellerie (*Coutume d'Orléans, art.* 415);
*Pour le mouton*, clavelée, pourriture (*Arrêt d'Orléans du* 4 *mai* 1812).

Délai, quarante jours après la tradition. (Pothier, *sur la Coutume d'Orléans, tit.* 19, *chap.* 3, *n°* 5.) Cependant, pour les porcs, quelques auteurs prétendent que la rédhibition n'a lieu que pendant vingt-quatre heures; mais la coutume ne porte pas cette exception.

NIVERNAIS (Nièvre) :

*Pour le cheval*, morve, pousse, courbature.

Délai, huit jours. (Coquille, *Instit. au droit français*, des Contrats, p. 127.)

PERCHE (une partie de l'Orne, une partie d'Eure-et-Loir) :

*Pour le cheval*, morve, pousse, courbature;
*Pour la vache*, pommelière.

Délai, huit jours, non compris celui de la vente. (Coquille, *Instit.*)

NORMANDIE (Eure, une partie de l'Orne, Manche, Seine-Inférieure, Calvados) :

*Pour le cheval,* morve, pousse, courbature. Selon Delatournerie, ne sont pas vices rédhibitoires les tics, ni la fluxion des yeux, ni les corbes ou courbes. Basnage et Olivier Estienne admettent ces deux derniers vices, mais le réglement du parlement de Rouen du 30 janvier 1718 n'en parle point (*Flaust,* t. 2). Le tribunal de commerce de Caen regarde comme rédhibitoire le sifflage ou cornage (*Cours d'agriculture et de médecine vétérinaire,* v° *Sifflage*) ; M. Gohier dit qu'il n'est rédhibitoire en Normandie, comme à Paris, en Artois, en Auvergne, etc., que depuis 1781 (*Instruct. et Observat. sur les maladies des animaux domestiques,* t. 1er, 1re part. ; *Collection des décisions nouvelles et notions relatives à la jurisprud.,* par Denizart, t. 4, p. 276).

*Pour les bœufs, taureaux, vaches,* mal caduc, pommelière, dite gravelle, hydropisie de poitrine (*Flaust,* t. 2, p. 63 ; M. *Gohier*). Roupnel et Frigot ajoutent la rage et la folie (Delatournerie, *Traité des fins de non-recevoir.*) Suivant Houard, v° *Vices,* la pousse n'est pas un vice rédhibitoire pour les bœufs et vaches. En Basse-Normandie, on admet le tournoiement ou étourdissement des bœufs, vaches, génisses. (*Flaust,* t. 2, p. 62 et 63).

*Pour les moutons,* mal caduc, claveau. (*Olivier Estienne.*) D'après un arrêt du parlement de Rouen, du 9 juin 1695, l'action rédhibitoire est admise dans la vente des moutons qui se trouvent gâtés.

*Pour les porcs,* ladrerie ou mézellerie. Le vendeur est affranchi de toute garantie, quand il fait *langueyer* en livrant. (*Traité des fins de non-recevoir ; Traité de la police* par Delamarre.)

Le délai était autrefois de quarante jours ; mais un arrêt de réglement du parlement de Rouen, en date du 30 janvier 1728, porte que l'action doit être intentée dans les trente jours pour les chevaux ; un autre arrêt du 19 juillet 1713, dans les neuf jours après la délivrance, pour les vaches et moutons ; un autre enfin, du 28 février 1721, dans les neuf jours pour les taureaux, bœufs et porcs. (*Flaust,* t. 2, p. 62 ; Basnage, *sur l'art.* 401 *de la Coutume de Normandie.*)

BRETAGNE (Finistère, Côtes-du-Nord, Ille-et-Vilaine, Morbihan, Loire-Inférieure) :

*Pour le cheval,* morve, pousse, courbature, farcin ;

*Pour le cochon*, ladrerie. Cette coutume, dit **M. Gohier**, est à peu près la seule d'après laquelle le farcin soit mis au nombre des vices rédhibitoires.

Délai, quinze jours pour les chevaux ; six mois pour tout autre animal. (*Coutume de Bretagne, d'Argentrée, art.* 282, 295 ; *Traité des fins de non-recevoir.*)

**MARCHE** (Creuse, Haute-Vienne) :

*Pour le cheval*, morve, pousse, courbature ;
*Pour les bêtes à cornes*, pommelière ou phthisie pulmonaire, pissement de sang.
Délai, neuf jours.

**MAINE** (Sarthe, partie de la Mayenne) :

*Pour le cheval*, morve, pousse, courbature ;
*Pour les bœufs et vaches*, pommelière, mal caduc (*arrêts du présidial du Mans, des* 27 *mars* 1691, 7 *juin* 1697, 7 *septembre* 1765 ; *Olivier de Saint-Vast*, t. 4) ;
*Pour les moutons*, tournis, vraisemblablement, dit M. Gohier, celui qui est dû au *tenia cerebralis*.
Délai, neuf jours (*Olivier de Saint-Vast*, t. 4, p. 485). MM. Gohier et Pailliet disent qu'on leur a assuré que dans le Haut-Maine (la Sarthe) il n'y a de cas rédhibitoires que pour les chevaux.

**ANJOU** (Maine-et-Loire) :

*Pour le cheval*, morve, pousse, tic. Il n'est point expliqué si le tic doit être ou non visible à l'usure des dents, comme à Paris ;
*Pour les bêtes à cornes*, pommelière ;
*Pour les moutons*, le tournis, dû au *tenia cerebralis*, appelé dans le pays *le lourd*.
Délai, neuf jours. (*Olivier de Saint-Vast*, t. 4, p. 485.)

**LYONNAIS** (Rhône, une grande partie de la Loire) :

*Pour le cheval*, morve, pousse, courbature, épilepsie, cornage, etc. L'arrêt du parlement de Paris du 25 janvier 1781 a force de loi dans ce ressort.
Délai, huit jours après la délivrance.

**BRESSE** (la plus grande partie de l'Ain) :

*Pour le cheval*, morve, pousse, courbature, épilepsie.
Délai, huit jours après la délivrance.

**AUVERGNE** (Puy-de-Dôme, Cantal) :

*Pour le cheval*, morve, pousse, courbature, cornage ou sifflage ;

*Pour les vaches*, pommelière ;

*Pour les moutons*, claveau.

La garantie dure quarante jours, mais l'action doit être intentée dans les huit jours qui suivent la vente.

GASCOGNE (Landes, Gers, partie des Hautes-Pyrénées et de l'Ariége) :

*Pour le cheval*, pousse, morve, fluxion périodique ;

*Pour les bêtes à cornes*, phthisie pulmonaire, connue dans le pays sous le nom de *toux*, mal caduc ou épilepsie, renversement de la matrice.

Délai, quarante jours.

BIGORRE (la plus grande partie des Hautes-Pyrénées) :

*Pour le cheval*, pousse, morve, fluxion périodique, courbature ;

*Pour les bêtes à cornes*, haut mal ou épilepsie, pissement de sang, pourriture, appelée *autée* dans le pays ;

*Pour les bêtes à laine*, pourriture, connue sous le nom d'*amoredat*, tournis.

Délai, quarante jours pour la morve et la courbature ; trente pour la fluxion périodique ; neuf pour la pousse et le pissement de sang ; quarante pour l'épilepsie ; quatre mois pour la pourriture des bêtes à cornes ; trois mois pour celle des moutons ; trente jours pour le tournis.

ARMAGNAC (Gers) :

*Pour le cheval et le mulet*, pousse, morve, courbature, fluxion périodique, tic ;

*Pour les bœufs et vaches*, pousse, appelée *toune*, épilepsie, pissement de sang, chute de la matrice.

Délai, quarante jours.

PÉRIGORD (Dordogne) :

*Pour le cheval*, morve, pousse, courbature.

Délai, huit jours, non compris celui de la tradition.

BÉARN (la plus grande partie des Basses-Pyrénées) :

*Pour le cheval*, morve, pousse, fluxion périodique, connue dans le pays sous le nom de *tour de lune*. (*Répertoire*, v° *Cheval*.)

Délai, huit jours, non compris celui de la tradition, pour la morve et la pousse, et quarante jours pour la fluxion périodique.

LANGUEDOC (Hérault, Aude, Tarn, Haute-Garonne, Lozère, Ardèche et partie de la Haute-Loire) :

*Pour le cheval*, morve, pousse, courbature, fluxion périodique;

*Pour les bêtes à laine*, tournis ou tournoiement, pourriture, nommée dans le pays *gamer* ou *gaminge*. (*Instruct. et Observ. sur les maladies des animaux domestiques*, t. 2, p. 163.) Serres dit, *Instit. au droit français*, que la morve est un vice rédhibitoire pour les mulets dans le ressort du parlement de Toulouse.

Délai, quarante jours pour le cheval; quinze jours pour le tournis; quarante jours pour la pourriture.

Roussillon (Pyrénées-Orientales) :

*Pour le cheval*, morve, pousse, fluxion périodique. M. Gohier assure qu'il n'y a pas de cas rédhibitoires, dans le Roussillon, pour d'autres animaux.

Délai, quarante jours.

Dauphiné (Hautes-Alpes, Drôme, Isère) :

*Pour le cheval*, morve, pousse, courbature. Dans le Haut-Dauphiné, fluxion périodique, claudication de vieux mal;

*Pour les cochons*, ladrerie.

Délai, neuf jours pour le cheval; vingt-quatre heures pour les cochons; quarante jours dans le Haut-Dauphiné pour la fluxion périodique et la claudication de vieux mal.

Provence (Basses-Alpes, Var, Bouches-du-Rhône, partie de Vaucluse) :

*Pour le cheval*, morve, pousse, courbature;

*Pour les moutons*, pourriture, nommée dans le pays *né-blade* ou *jastade.*

Délai, neuf jours pour le cheval; trois mois pour les moutons. Quand l'usage était muet, on suivait le droit romain, qui accordait six mois (*Boniface*, t. 4). Si la pourriture se déclare dans le temps fixé, l'action rédhibitoire se prolonge, suivant M. Gohier, de trois mois en trois mois, et pendant des années entières. En cas de pourriture dans le délai, l'acheteur peut faire résilier la vente de tout le troupeau, ou ne rendre que les bêtes malades, et s'en faire restituer le prix avec le prix de la garde et de la nourriture.

Comtat Venaissin (la plus grande partie de Vaucluse) :

*Pour le cheval*, morve, pousse, courbature. Le tribunal d'Avignon a admis, en 1810, des ulcères chancreux, situés dans le canal de l'urètre (*Correspond. sur les Animaux domestiques*, par M. Fromage de Feugré, t. 3, p. 185);

*Pour les vaches laitières et amouillantes,* c'est-à-dire près de mettre bas, mal caduc, pourriture.

Délai, quarante jours. (*Arrêt du parlement de Paris, du 15 juin 1721.*)

FRANCHE-COMTÉ (Haute-Saône, Doubs, Jura) :

*Pour le cheval,* morve, pousse, courbature;

*Pour les bêtes à cornes,* pourriture, mal caduc ou épilepsie, étranguillon ou esquinancie, pissement de sang. On a mis, en Franche-Comté, au nombre des cas rédhibitoires, toutes les maladies non visibles au moment de la vente.

Délai, quarante jours; mais quant au pissement de sang, il doit être déclaré dans la huitaine. L'acheteur a ensuite quarante jours pour intenter l'action en garantie.

VIOLENCE. C'est la force dont on use contre le droit commun, contre les lois, contre la liberté publique.

I. Comme le consentement est une des conditions essentielles pour la validité des conventions, la loi a dû faire, de la violence, une cause de nullité, alors même que cette violence a été exercée par un autre que celui au profit duquel la convention a été souscrite (*Code civ., art.* 1109 et 1111 ), ou qu'elle a été exercée sur l'époux de la partie contractante, sur ses descendants ou ses ascendants (*art.* 1113).

II. Il n'y a violence, aux yeux de la loi, que lorsqu'elle est de nature à faire impression sur une personne raisonnable, et qu'elle peut lui inspirer la crainte d'exposer sa personne ou sa fortune à un mal *considérable* et *présent.* On a égard, en cette matière, à l'âge, au sexe et à la condition des personnes (*art.* 1112); mais la seule crainte révérentielle envers le père et la mère ou autre ascendant, sans qu'il y ait eu de violence exercée, ne suffit point pour annuler le contrat (*art.* 1114). Il en est de même de la crainte que peut avoir un débiteur d'être incarcéré en vertu d'un jugement ( *cour de cassation, 29 messidor an* 11 ).

III. La convention contractée par violence n'est pas nulle de plein droit; elle donne seulement lieu à une action en nullité ou en rescision, dans les cas et de la manière expliqués dans les art. 1304 et suivants du Code civil. (*Art.* 1117.)

IV. La preuve de la violence peut toujours être faite par témoins; mais il est nécessaire que celui qui se plaint articule d'une manière précise les faits de violence ou les menaces qu'on lui a faites. (*Toullier,* t. 9, n° 177. )

V. Un contrat ne peut plus être attaqué pour cause de violence, si, depuis que la violence a cessé, ce contrat a été approuvé, soit expressément, soit tacitement, soit en laissant passer le temps de la restitution fixé par la loi, c'est-à-dire dix ans. (*Art.* 1115 et 1304.)

VI. Quant aux actes de violence considérés sous le rapport pénal, voyez *Voies de fait.*

**VISA.** Formule par laquelle un fonctionnaire public certifie qu'une pièce, un acte, lui a été présenté. (Voy. *Contrainte.*)

I. On a vu, à l'article *Douanes,* que les juges de paix sont chargés de viser ou de rendre exécutoires les contraintes décernées par l'administration des douanes. Mais si la contrainte est attaquée par voie d'opposition, quel sera le tribunal compétent pour en connaître ?

Ceux qui contestent la compétence du juge de paix s'appuient sur ce que ce magistrat ne peut connaître de l'exécution de ses jugements.

Mais les contraintes, quoique emportant exécution, ne sauraient être assimilées à une sentence judiciaire ; elles ne sont qu'un titre sujet à contestation. Aussi la cour suprême a-t-elle décidé, par arrêt du 8 novembre 1810, que « c'est aux juges de paix, et non aux tribunaux civils, qu'il appartient de connaître des actions civiles concernant les douanes, encore qu'elles n'aient lieu que par exception et sur opposition à des contraintes visées par le juge de paix ».

II. L'original des assignations données à l'état, à raison des domaines et droits domaniaux, au trésor royal, aux administrations ou établissements publics, au roi pour les domaines, et aux communes, doit être visé par celui à qui la copie de l'exploit est laissée. En cas d'absence ou de refus, le visa est donné soit par le juge de paix, soit par le procureur du roi près le tribunal de première instance, auquel, en ce cas, l'huissier remet la copie. (*Code de Procéd.,* art. 69.)

III. M. Carré, t. 3, n° 2365, enseigne que, dans le cas où l'exploit est adressé au maire, le *visa* de l'adjoint ne suffirait pas si le maire était absent, et qu'il faudrait nécessairement celui du juge de paix. C'est une erreur manifeste. Les fonctions publiques ne sont jamais vacantes ; leurs titulaires, en cas d'absence, d'abstention, de démission, mort ou maladie, sont toujours remplacés par ceux qui, dans la hiérarchie, viennent immédiatement après eux. Ainsi la copie d'un exploit adressé au maire, comme représentant la commune, doit, en son absence être laissée à l'adjoint. (*Cour de cass.,* 8 mars 1834 ; *le Juge de Paix,* t. 4, p. 106.) Il en serait autrement, à notre avis, si le maire était présent et qu'il refusât de viser. En ce cas, la copie devrait être portée au juge de paix ou au procureur du roi. L'adjoint peut viser en l'absence du maire parce qu'il le remplace : mais il ne le remplace pas lorsque le maire est présent, et il ne peut opposer son autorité à celle de son chef.

IV. Le visa est donné *gratis*.

**VISITE DES LIEUX.** Dans le Code de Procédure, l'accès des lieux dont il faut constater l'état, est appelé *descente sur les lieux* par rapport aux tribunaux de première instance, et *visite des lieux* par rapport aux juges de paix.

I. Le juge de paix visite les lieux non-seulement pour en constater l'état, mais encore pour apprécier la valeur des indemnités et dédommagements (*Code de Procéd. civ., art.* 41). Il est alors lui-même expert avec pouvoir de juger.

II. La visite peut être ordonnée d'office par le juge de paix, ou sur la demande des parties intéressées, soit par jugement contradictoire, soit par jugement par défaut.

III Le juge de paix ne doit ordonner une visite des lieux que dans les cas où elle lui paraît indispensable pour éclairer sa décision. Distributeur d'une justice toute patriarcale, il doit épargner aux parties des frais inutiles, qui pourraient lui enlever la considération dont il est essentiel qu'il jouisse parmi les plaideurs.

IV. Toutes les fois que le juge de paix se transportera sur le lieu contentieux, soit pour en faire la visite, soit pour entendre les témoins, il sera toujours accompagné du greffier, qui apportera la minute du jugement préparatoire. (*Code de Procéd. civ., art.* 80.)

V. Le jugement qui ordonne une visite des lieux, doit indiquer le jour et l'heure où elle devra se faire. Les parties devront s'y trouver sans qu'il soit besoin de les citer; à moins que le jugement n'ait pas été rendu contradictoirement, ou n'ait pas été prononcé en leur présence (*Code de Procéd., art.* 28); mais lorsqu'une enquête est commencée, si le juge de paix estime qu'il y a nécessité ou utilité de se transporter sur les lieux et d'y entendre les témoins, on ne doit point donner de nouvelle citation aux témoins qui ont comparu, ni à la partie, encore qu'elle fût absente lors de la prononciation du jugement (*Code de Procéd., art.* 267).

VI. Lorsqu'un juge de paix est chargé de faire une visite des lieux par une commission rogatoire, il doit rendre, sur la requête de la partie la plus diligente, une ordonnance qui fixe les lieu, jour et heure où elle se fera. La signification de cette ordonnance vaut sommation. (*Art.* 297.)

VII. Quand l'objet de la visite ou de l'appréciation exige des connaissances étrangères au juge de paix, il ne peut l'ordonner que sur la demande de l'une des parties ; car à la requête de qui seraient cités les experts ? A cet égard, l'art. 29 du Code de Procédure nous paraît formel ; il porte : « Si le jugement ordonne une opération par des gens de l'art, le juge délivrera à la partie requérante, cédule de citation pour appeler les experts ; elle fera mention du lieu, du jour, de l'heure, et contiendra le fait, les motifs, et la disposition du jugement relative à l'opération ordonnée. » Le juge de paix doit nommer dans le jugement qui ordonne la visite, les personnes qui la feront avec lui ; et il a la faculté de juger sur les lieux sans désemparer (*Code de Procéd.*, *art.* 42, 325). Le jugement énoncera les noms des experts, la prestation de leur serment et le résultat de leur avis, que la décision du juge y soit ou non conforme (*Code de Procéd. art.* 43).

VIII. Dans les causes sujettes à appel, toutes les fois que le juge de paix aura ordonné que des experts feront avec lui la visite, il sera dressé un procès-verbal, qui sera signé par le juge de paix, le greffier et les experts, ou mention sera faite qu'ils ne savent ou ne peuvent signer (*Code de Procéd.*, *article* 42).

IX. Il est à remarquer, sans considérer si la cause est ou non sujette à appel, que lorsque le juge de paix fait la visite à lui seul, soit d'office soit sur demande, il n'est exigé aucun procès-verbal ; mais qu'au contraire lorsqu'il y a enquête ou expertise, si la cause est sujette à appel, il faut toujours dresser un procès-verbal. (*Code de Procéd. art.* 39, 40, 42, 43.)

X. Il est alloué une ou plusieurs vacations, suivant les circonstances, au juge de paix et à son greffier, pour transport à l'effet de visiter les lieux contentieux ou à l'effet d'entendre des témoins, mais seulement lorsque le transport aura été expressément requis par l'une des parties. Encore faut-il que le procès-verbal fasse mention de la réquisition de la partie ; de telle sorte qu'il n'est rien alloué si cette mention manque ou si l'accès des lieux est ordonné d'office. (*Tarif des frais et dépens ; décret du* 16 *février* 1807, *art.* 8 *et* 12.)

XI. Le juge de paix est sujet à récusation pour l'une des causes exprimées dans l'art. 44 du Code de Procédure civile. On ne doit point appliquer le délai de trois jours exigé par l'art. 383 du même Code, parce qu'il n'est pas juge commis ; excepté le cas où il fait la visite en vertu d'une commission rogatoire ; et ce, quand même elle émanerait d'un juge de paix. Ainsi, dans cette hypothèse, le délai de trois jours pour récuser commencerait à courir du jour du jugement, s'il est contradictoire ; et si le jugement est rendu par défaut, du jour où l'opposition n'est plus recevable, ou du jour du débouté d'opposition, même par défaut. (*Code de Procéd. art.* 20, 21, 22.)

XII. Relativement aux visites des lieux en matière de simple police, voyez *Instruction* et *Tribunal de police.*

A. Sautayra, *docteur en droit.*

## VISITE DOMICILIÈRE. Voy. *Flagrant Délit.*

**VOIES DE FAIT.** En général, on entend par *voies de fait* toutes les actions qui blessent une personne dans son corps, son honneur, ses propriétés, ou même qui contrarient ses prétentions, comme dommages, méfaits, constructions ou destructions d'ouvrages, dégradations, détériorations, innovations, spoliations, en un mot, tout ce que les jurisconsultes comprennent sous le mot *d'injures réelles.*

I. Il résulte de cette définition générale que les voies de fait se divisent en deux classes, la première comprenant celles qui blessent les personnes dans leur corps ou dans leur honneur, la deuxième comprenant celles qui blessent les personnes dans leurs propriétés.

II. Toutes les voies de fait ne sont pas également répréhensibles; il faut distinguer entre celles qui sont licites et celles qui sont illicites. Ici reviennent ces règles de la sagesse romaine : *juris executio non habet injuriam* (L. 13, § 1, Dig., *de Injuriis*); *non videtur vim facere qui jure suo utitur* (L. 55, § 1, Dig., *de Regulis juris*). Posons quelques exemples des unes et des autres.

### *Voies de fait licites contre les personnes.*

III. Celui qui repousse la violence par la violence, use d'un droit naturel. Sa violence ne peut donner lieu à aucune réparation. « Il n'y a ni crime ni délit, porte l'art. 328 du Code pénal, lorsque l'homicide, les blessures, les coups étaient commandés par la nécessité actuelle de la légitime défense de soi-même ou d'autrui. »

On peut voir, dans les art. 321, 322, 323, 324, 325 et 329 du même Code, diverses règles que le législateur a établies à ce sujet.

IV. Les voies de fait contre l'honneur ne présentent, dans quelques circonstances, aucun caractère répréhensible. Ainsi le témoin qui est appelé en justice ne peut, à raison de sa déposition, être poursuivi par l'accusé en réparation d'injures : il ne compète à celui-ci que l'action en faux témoignage. (*Art.* 330 *du Code d'Instruct. crim.*)

*Voies de fait licites contre les propriétés.*

**V.** Au premier rang des voies de fait contre la propriété, licites ou du moins justement tolérées, se placent la destruction, la démolition, la construction, par lesquelles le dernier possesseur annal, propriétaire ou non, rentre dans la possession dont il a été dépouillé par violence. Celui qui l'a dépouillé n'a pas à se plaindre, et par conséquent ne peut agir contre lui par réintégrande. Mais il n'en serait pas ainsi s'il n'y avait que trouble. ( GARNIER, *Traité des actions possessoires*, p. 42 et suivantes. )

**VI.** Lorsque la voie publique est absolument impraticable, chacun a le droit de se frayer un chemin sur les champs voisins. (*Art. 41, tit. 2, de la loi du 28 septembre 1791.*)

**VII.** Chacun a droit de couper les racines des arbres qui, du champ voisin, s'étendent dans le sien. ( *Art. 672 du Code civil.* )

**VIII.** On peut voir, dans le Répertoire de jurisprudence de M. Merlin, v<sup>is</sup> *Voies de fait*, nombre d'autres exemples de voies de fait licites contre les propriétés. Mais nous devons faire remarquer que nous ne les admettons comme licites qu'autant qu'elles peuvent se retrancher derrière une disposition spéciale de la loi. Aussi nous ne saurions admettre l'exemple où ce célèbre jurisconsulte avance que chacun peut couper, jusqu'à la hauteur de 15 pieds, les extrémités des branches d'arbres qui, du fonds voisin, s'étendent sur son héritage. Les usages avaient fait adopter autrefois un pareil principe dans la plupart des provinces. *Le Réglement du sort* de la ville de Marseille, n° 4, en contient même une disposition expresse ; mais ce principe serait aujourd'hui en contradiction avec la lettre et l'esprit du § 2 de l'art. 672 du Code civil.

**IX.** Après avoir posé quelques exemples de voies de fait licites contre les personnes et les propriétés, nous n'avons pas à définir les voies de fait illicites ; elles embrassent tout ce qui est défendu par la raison, l'équité et la loi. Vainement a-t-on souffert dans sa personne ou dans ses biens ; si l'on ne se trouve pas dans un des cas spéciaux où les voies de fait sont déclarées licites, on ne peut ni blesser autrui soit dans son corps, soit dans son honneur, soit dans ses propriétés, ni même se rendre justice à soi-même. Si on le fait, on encourt la responsabilité de ses œuvres.

**X.** Déterminons maintenant la compétence des juges de paix par rapport *aux voies de fait illicites.*

*Voies de fait illicites contre les personnes.*

XI. L'art. 10, n°6, tit. 3, de la loi du 24 août 1790 porte que le juge de paix connaît sans appel, jusqu'à la concurrence de 50 livres, et à la charge d'appel à quelque valeur que la demande puisse monter, des actions pour injures verbales, *rixes et voies de fait* pour lesquelles les parties ne se seront pas pourvues par la voie criminelle.

'Il semblerait résulter des derniers mots de cet article, que le juge de paix n'est compétent, à raison des rixes et voies de fait, que dans le cas où la partie lésée croirait devoir recourir à l'action civile. Il n'en est cependant pas ainsi. En 1790, la police municipale n'ayant pas encore été confiée aux juges de paix, ce n'était pas devant eux qu'on devait porter l'action criminelle; mais depuis la promulgation du Code des Délits et des Peines, du 3 brumaire an 4, la police municipale ayant été attribuée à ces juges, c'est maintenant devant eux qu'on peut se pourvoir, soit par action civile, en les considérant comme juges civils, soit par action criminelle, en les considérant comme juges de police.

XII. Le Code des Délits et des Peines, art. 605, n° 8, portait : « Sont punis des peines de simple police..... les auteurs des rixes et attroupements injurieux ou nocturnes, *voies de fait ou violences légères, pourvu qu'ils n'aient blessé ou frappé personne.....* auquel cas ils ne peuvent être jugés que par le tribunal correctionnel. » Cette définition manque de clarté; mais elle avait été éclaircie par la jurisprudence. Cet article ne se retrouve pas dans le Code pénal. Les art. 279, 309 et 310 de ce Code s'occupent des violences, blessures et des coups volontaires non qualifiés meurtres, mais qui sont d'une nature telle que la connaissance en est attribuée, suivant les circonstances, soit aux cours d'assises, soit aux tribunaux correctionnels. Le livre 4 contient seulement trois dispositions sur la matière qui nous occupe.

*Art.* 471, n° 12. « Seront punis d'une amende, depuis un franc jusqu'à cinq francs, ceux qui auront imprudemment jeté des immondices sur quelques personnes. »

*Art.* 475, n° 8. « Seront punis d'amende, depuis six francs jusqu'à dix francs inclusivement, ceux qui volontairement auraient jeté des corps durs ou immondices sur quelqu'un. »

*Art.* 479, n° 8. « Seront punis d'une amende, depuis onze francs jusqu'à quinze francs inclusivement, les auteurs ou complices de bruits ou tapages injurieux ou nocturnes troublant la tranquillité des habitants. »

Ainsi le Code pénal n'a pas reproduit explicitement la disposition de l'art. 10, n° 6, tit. 3 de la loi du 24 août 1790, qui attribuait aux juges de paix la connaissance des *rixes et voies de fait*. Ainsi il n'a pas également reproduit la partie de la disposition de l'art. 605, n° 8, du Code des Délits et des Peines, qui leur attribuait la connaissance *des voies de fait ou violences légères, pourvu qu'on n'eût blessé ni frappé personne*.

S'ensuit-il que les voies de fait, les violences légères ne soient plus dans les attributions des juges de police, lorsque personne n'a été blessé ni frappé ?

C'est ce que décide implicitement le vénérable Henrion de Pansey, dans son ouvrage sur la compétence des juges de paix. Le respect que nous professons pour ce jurisconsulte ne peut cependant nous décider à partager son opinion. Si l'art. 10 de la loi du 24 août 1790 ne se retrouve pas dans le Code pénal, si l'on n'y retrouve pas non plus l'art. 605, n° 8, du Code de brumaire an 4, c'est que ce Code ne renferme pas un corps complet de pénalité. Ses rédacteurs l'ont tellement senti qu'ils ont terminé la série de ses articles par celui-ci : « Dans toutes les matières qui n'ont pas été réglées par le présent Code, et qui sont régies par *des lois* et *réglements particuliers*, les cours et tribunaux continueront de les observer. » (*Art.* 484.)

Or, si non-seulement l'art 605, n° 8, du Code des Délits et des Peines n'a pas été virtuellement aboli, mais si même il est compris dans la prévoyance de l'art. 484 du Code pénal, pourquoi aujourd'hui ne recevrait-il pas son application ? La loi sur la police rurale du 28 septembre 1791 n'a-t-elle pas des dispositions qui, depuis la promulgation du Code pénal, sont chaque jour appliquées par les tribunaux ?

La cour de cassation a consacré ce principe dans son arrêt du 30 mars 1832. Un juge de paix avait statué sur des voies de fait sans coups ni blessures, en partant de l'art. 605 du Code des Délits et des Peines ; mais en même temps il avait combiné cet article, par rapport à l'application de la peine, avec les art. 464, 465 et 466 du Code pénal. La cour cassa son jugement, par le motif qu'il avait violé l'art. 606 du Code des Délits et des Peines, qui établissait la peine *et dont il avait à faire une juste application*. Cet arrêt est rapporté dans *le Juge de Paix*, tom. 3, page 27.

*Voies de fait illicites contre les propriétés.*

XIII. Les voies de fait illicites contre les propriétés, dont la connaissance est dévolue aux juges de paix, sont, aux termes de l'art. 10, titre 3, de la loi du 24 août 1790,

1° Les dommages faits soit par les hommes, soit par les animaux, aux champs, fruits et récoltes ; 2° les déplacements de bornes, les usurpations de terres, arbres, haies, fossés et autres clôtures, commises dans l'année ; les entreprises sur les cours d'eau servant à l'arrosement des prés, commises pareillement dans l'année, et toutes autres actions possessoires.

L'art. 7 du Code de Procédure renferme une nomenclature de voies de faits illicites contre les propriétés, dont les juges de paix doivent connaître, qui est, à quelques mots près, calquée sur celle de 1790. Elle consiste dans les faits suivants : 1° déplacements de bornes, usurpations de terre, arbres, haies, fossés et autres clôtures commises dans l'année, entreprises sur les cours d'eau, commises pareillement dans l'année, et toutes les autres actions possessoires; 2° dommages aux champs, fruits et récoltes. Cet article reproduit d'ailleurs une partie des dispositions de la loi de 1790 sur des matières qui ne peuvent être appelées voies de fait.

Les difficultés auxquelles peuvent donner lieu les actions pour réparation de ces voies de fait, sont traitées dans cet ouvrage sous les différents mots auxquels elles correspondent: nous n'avons donc pas à nous en occuper. Mais à la nomenclature que nous en avons donnée nous devons ajouter, 1° le genre de dégâts vulgairement appelé *reprises de terres* (voy. ce mot) ; 2° le parcours dans les champs moissonnés, avant le délai fixé par la loi; 3° le maraudage qui ne se rattache pas aux dispositions du 1er n° de l'art. 479 du Code pénal, et rentre dans la disposition de la loi du 6 octobre 1791 ; 4° la divagation des chèvres dans les lieux non sujets à parcours ; 5° la simple violation des clôtures, commises dans les champs par les voyageurs. On peut étendre cette nomenclature, en s'aidant notamment de la loi sur la police rurale du 28 septembre 1791, et des articles du Code pénal que nous citerons vers la fin de cet article.

*Observations générales sur la compétence des juges de paix en matière de voies de fait soit contre les personnes, soit contre les propriétés.*

XIV. Le juge de paix, comme juge civil, connaît sans appel jusqu'à la valeur de 50 livres, et à charge d'appel à quelque valeur que la demande puisse monter, de toutes les actions qu'aux termes de la loi de 1790 nous avons considérées comme prenant leur source dans une voie de fait illicite.

Dans le nombre de ces actions il en est dont il peut également connaître comme juge civil et comme juge de police : ce sont les actions pour injures verbales, rixes et voies de fait ; pour dommages faits aux champs, fruits et récoltes ; pour déplacement de bornes ; pour usurpations de terres, arbres, fossés et autres clôtures, commises dans l'année ; mais comme juge de police sa compétence est plus restreinte que comme juge civil. En effet, si l'action tend à faire infliger une amende au-dessus de 15 fr., il n'a pas le droit de statuer ; il faut donc, dans ce cas, ne se pourvoir devant lui que comme juge civil. Ainsi, par exemple, s'il s'agit d'une action dérivant d'un fait prévu par les art. 444, 445, 446, etc., du Code pénal, ou il faut l'investir comme juge civil, ou il faut porter l'action devant le tribunal correctionnel. Dans l'action pour *reprises de terres*, on ne pourrait également se pourvoir devant le juge de paix comme juge de police, si on évaluait le dommage à plus de 15 fr., par la raison que l'amende à prononcer, qui doit être égale au dédommagement, excéderait la compétence du tribunal de police.

Enfin, et en règle générale, on ne doit porter devant le juge de paix, comme juge de police, que les actions qui, dérivant soit du Code pénal, soit d'une loi spéciale, n'entraîneraient pas une amende plus forte que celle que le Code pénal lui permet de prononcer.

Ce principe, mis en regard des art. 444, 445, 446, 447, 448, 449, 450, 471, 474, 475, 478 du Code pénal, et des diverses lois spéciales qui se rapportent à la matière, résout toutes les difficultés.

Nous ne parlons pas des violences exercées dans les cas prévus par les art. 222 et suivants du Code pénal, parce qu'elles sont relatives aux magistrats dans l'exercice de leurs fonctions, et punies de peines excédant celles de simple police.

On trouvera, sous le mot *Injure*, tout ce qui a rapport aux *injures verbales* dont la connaissance est attribuée aux juges de paix.

Audiffret, avocat à Marseille.

VOIRIE. Le mot *voirie*, dans son acception la plus générale, comprend toutes les voies publiques de terre et de mer.

I. Le gouvernement a, de tout temps, considéré cette matière comme une des branches importantes de l'administration. « C'est elle, dit M. Cormenin, qui facilite les débouchés du commerce et de l'industrie, les transports de l'agriculture, la circulation des personnes et des approvisionnements, la

communication des villages et des cités, le passage des troupes, les recherches de la justice, l'exécution des lois; c'est
elle, en un mot, qui sert à distribuer avec égalité, dans un
vaste pays, l'ordre, l'abondance, la sûreté et toutes les com-
modités de la vie.»

II. La voirie se divise en grande et petite voirie. Cette division, dit le savant Carré, prend sa source dans la nature même
des communications, en tant que, par leur degré d'importance
et le genre de leur service, l'état, les départements, les arrondissements et les communes en ont la propriété ou sont chargés de leur entretien en tout ou en partie.

III. La petite voirie rentrant seule dans la compétence des
tribunaux de police, nous nous occuperons d'elle plus spécialement. Quant à ce qui concerne la grande voirie, nous nous
bornerons à retracer succinctement les principales règles
qui la régissent.

### Sect. 1<sup>re</sup>. — *De la grande voirie.*

I. On comprend, sous la dénomination de *grande voirie*, le
classement, l'entretien, la plantation, la police et la propreté
tant des routes royales et départementales, que des canaux
et rivières navigables. (Favard de Langlade, *Répertoire*, v°.
*Voirie.*)

II. Avant la révolution de 1789, la grande voirie était dans
les attributions des trésoriers de France : aujourd'hui c'est
l'administration générale des ponts et chaussées qui est chargée de l'exécution et de la comptabilité de tous les objets de
grande voirie. Cette exécution s'exerce par l'intermédiaire
des préfets, auxquels la loi confère les attributions suivantes :

1° De donner, sauf l'approbation du gouvernement, les
alignements dans les rues des villes, bourgs et villages qui
servent de grandes routes (*décis. du* 13 *avril* 1809; *ordon. du*
18 *juillet* 1821 *et du* 21 *mai* 1825);

2° D'ordonner, par provision, ce que de droit, pour faire
cesser les dommages commis sur les grandes routes, fleuves
et rivières navigables, sur les arbres qui les bordent, etc. ;

3° D'ordonner d'office, pour cause de ruine ou de vétusté,
ou pour utilité publique, ou pour contravention aux alignements reçus, la démolition des murs, usines, maisons ou de
toutes autres constructions, même aux frais du propriétaire;
sauf, s'il y a lieu, le renvoi devant les tribunaux pour les questions de propriété et d'indemnité (*décis. des* 21 *janvier,* 3 *février,*
14 *avril* 1813, 15 *mai* 1815; — *ordon. des* 21 *janvier,* 3 *juillet*
1816, 30 *juillet* 1817, 2 *juillet,* 23 *août* 1820);

4° D'autoriser les particuliers à placer des conduits d'eau sous les routes royales (*ordon. du 4 août 1824*) ;

5° De donner leur avis sur l'utilité, la convenance et le mérite des projets dressés par les maires pour l'embellissement, la salubrité ou l'agrandissement des places dans les villes ;

6° De rappeler l'exécution des lois et de faire publier les réglements non abrogés sur les routes d'exploitation des forêts de l'état ;

7° De suspendre ou même d'interdire les constructions soit dangereuses pour la sûreté publique, soit gênantes pour les propriétaires voisins, soit contraires aux règles de l'art, soit exécutées sur la voie publique, soit faites à la distance prohibée des forêts domaniales, soit nuisibles à la navigation (Cormenin, *Questions de droit administratif*, v° *Voirie*).

III. Le contentieux de la grande voirie appartient aux conseils de préfecture en première instance, et au conseil d'état (comité du contentieux) en appel : c'est ce qui résulte de la loi du 28 pluviôse an 8, qui porte, *art.* 4 : « Le conseil de préfecture prononcera sur les difficultés qui pourront s'élever entre les entrepreneurs des travaux publics et l'administration, concernant le sens ou l'exécution des clauses de leurs marchés ;

» Sur les réclamations des particuliers qui se plaindront de torts et dommages procédant du fait personnel des entrepreneurs, et non du fait de l'administration ;

» Sur les demandes et contestations concernant les indemnités dues aux particuliers, à raison des terrains pris ou fouillés pour la confection des chemins, canaux et autres ouvrages publics ;

» Enfin *sur les difficultés qui pourront s'élever en matière de grande voirie.* »

IV. La généralité de ces expressions avait fait naître quelques doutes. La loi du 29 floréal an 10 s'explique avec plus de précision. Elle porte, art. 1er :

« Les contraventions en matière de grande voirie, telles qu'anticipation, dépôt de fumier ou d'autres objets, et toutes espèces de détériorations commises sur les grandes routes, sur les arbres qui les bordent, sur les fossés, ouvrages d'art et matériaux destinés à leur entretien; sur les canaux, fleuves et rivières navigables; leurs chemins d'attelage, francs-bords, fossés et ouvrages d'art, seront constatées, réprimées et poursuivies par voie administrative. »

*Art.* 2. « Les contraventions en matière de grande voirie seront constatées concurremment par les maires ou adjoints, les ingénieurs des ponts et chaussées, leurs conducteurs, les

agents de la navigation, les commissaires de police, et par
la gendarmerie. »

*Art.* 3. « Les procès-verbaux sur les contraventions seront
adressés au sous-préfet, qui ordonnera par provision, et sauf
le recours au préfet, ce que de droit, pour faire cesser les
dommages. »

*Art.* 4. « Il sera statué définitivement en conseil de préfecture : les arrêts seront exécutés sans visa ni mandement
des tribunaux, nonobstant et sauf tout recours. »

**V.** Ajoutons que le décret du 18 août 1810 donne également aux préposés de la régie des contributions indirectes et
des octrois qualité pour constater les contraventions en matière de grande voirie.

**VI.** Les procès-verbaux des agents de la voirie, qui constatent les contraventions, doivent être affirmés, à peine de
nullité. (*Décret du 18 août 1810.*)

**VII.** Ils font foi jusqu'à preuve contraire. (*Ordonn. royale
du 8 juin* 1832 ; Deloche, *Recueil d'Arrêts du Conseil*, t. 2,
p. 309.)

**VIII.** Ces principes s'appliquent à tous les procès-verbaux,
soit qu'il s'agisse de contraventions de grande voirie, soit
qu'il s'agisse de contraventions de petite voirie. Nous en fai-
sons ici la remarque pour ne plus y revenir.

**IX.** Il demeure bien entendu que l'attribution conférée
aux conseils de préfecture par la loi du 29 floréal an 10, de
constater et de punir les contraventions en matière de grande
voirie, est uniquement relative aux contraventions qui auraient lieu au préjudice de l'intérêt public, mais que lorsque
c'est un particulier qui est lésé, ou qui réclame, la contestation doit être soumise aux tribunaux ordinaires. (*Ordonn. du
roi, du 18 juillet* 1817 ; Sirey, 20, 2, 152.)

**X.** Un décret du 16 décembre 1811, s'occupant de la répression des délits de grande voirie, dispose :

*Art.* 114. « Il sera statué, sans délai, par le conseil de préfecture, tant sur les oppositions qui auraient été formées par
les délinquants que sur les amendes encourues par eux, nonobstant la réparation du dommage.

» Seront, en outre, renvoyés à la connaissance des tribunaux, les violences, vols de matériaux, voies de fait ou réparations de dommages réclamés par des particuliers. »

*Art.* 115. « Un tiers des amendes de grande voirie appartiendra à l'agent qui aura constaté le délit ; le deuxième tiers,
à la commune du lieu où le délit a été commis ; le troisième
tiers sera versé, comme fonds spécial, au trésor royal, et
affecté au service des ponts et chaussées. »

*Art.* 116. « La rentrée des amendes prononcées par les conseils de préfecture, en matière de grande voirie, sera poursuivie à la diligence du receveur général du département, et dans la forme établie pour la rentrée des contributions publiques. »

**XI.** Il suit de l'art. 114 du décret du 16 décembre 1811, qui renvoie aux tribunaux la connaissance des dommages réclamés par des particuliers qui ont à se plaindre d'une contravention en matière de grande voirie, que si le chiffre de ces dommages n'excède pas la compétence des juges de paix, ceux-ci doivent y statuer comme en toute autre matière.

**XII.** Hors ce cas, nous le répétons, toutes les contraventions aux réglements sur la police de la grande voirie, sont réservées aux conseils de préfecture, qui ne statuent, au surplus, que sur les peines pécuniaires, et doivent renvoyer devant les tribunaux ordinaires quant aux peines corporelles. Ainsi jugé par ordonnance royale du 17 avril 1822 (*Macarel.* 1822, t. 5, p. 297), et par un décret du 2 février 1808 (*Sirey*, 16, 2, 513; Henrion de Pansey, *Compét. des Juges de Paix*, chap. 28; Garnier, *Traité des Chemins*, p. 221). Voyez cependant *Voitures publiques.*

**XIII.** Les arrêtés des conseils de préfecture, rendus en matière de grande voirie, sont exécutoires nonobstant le recours au conseil d'état : il n'y a lieu à surseoir que lorsque l'exécution pourrait causer à la partie un dommage irréparable dans le cas où l'arrêté attaqué serait annulé.

La jurisprudence du conseil d'état, long-temps incertaine sur ce point, est aujourd'hui irrévocablement fixée. (*Voyez plusieurs ordonnances conformes, rapportées dans le Recueil des Arrêts du conseil, par M. Macarel, continué par M. Deloche.*)

**XIV.** Nous verrons plus bas que les contraventions aux réglements de police sur les rivières non navigables ni flottables, et autres petits cours d'eau, doivent, d'après les dispositions du Code civil et des lois existantes, être portées, suivant leur nature, devant les tribunaux de police municipale ou correctionnelle.

De là il résulte qu'un conseil de préfecture n'est pas compétent pour connaître d'une contestation relative à l'exhaussement, tant de l'ancien repère d'une usine que des eaux d'un étang non navigable ni flottable. (*Ordonn. royale du* 24 *déc.* 1825; *Macarel*, t. 5, p. 856.)

**XV.** Est-ce au conseil de préfecture ou au tribunal de simple police que l'on doit déférer les contraventions commises dans les rues servant de grande route, lorsque la loi en a attribué la connaissance tout à la fois au tribunal de police et au conseil de préfecture?

Jugé par la cour de cassation, le 13 juin 1811, que les contrevenants peuvent être, dans ce cas, poursuivis concurremment devant l'autorité judiciaire, conformément à la loi du 26 août 1790, et devant l'autorité administrative, conformément à la loi du 29 floréal an 10, et que le jugement appartient à celle qui est saisie la première.

C'est aussi l'opinion de M. Carré, *Droit français*, t. 4, p. 438.

XVI. La cour de cassation a également jugé, le 15 avril 1824, que les grandes routes, dans les points qui traversent les villes, bourgs et villages, ne sont pas de la grande voirie, *en tant qu'il s'agit de la commodité, sûreté ou salubrité;* que dès lors il ne faut pas consulter la loi du 29 floréal an 10 touchant les contraventions commises dans ces parties des grandes routes, mais plutôt la loi des 16-24 août 1790, tit. 2, art. 3, touchant les contraventions sur les voies publiques.

Ainsi les contraventions de cette nature doivent être réprimées par les tribunaux de police, et non par les conseils de préfecture.

### Sect. II. — *De la petite voirie.*

I. La petite voirie comprend, en général, tout ce qui tient à la confection, à l'entretien et à la police des chemins vicinaux ou communaux; des rues, quais, promenades; des canaux et rivières non navigables ni flottables, en ce qui concerne leur ouverture, leur situation, leur largeur; à l'alignement des maisons, la sûreté et la liberté des communications.

II. La petite voirie se subdivise en *voirie vicinale* et en *voirie urbaine.*

III. Nous renvoyons, quant à la *voirie vicinale,* au mot *Chemins,* où toutes les questions qui se rattachent à cette matière ont été traitées avec étendue.

IV. La *voirie urbaine,* dont nous allons nous occuper, est celle qui s'applique aux rues, places, quais et promenades des villes, bourgs et villages, qui ne font partie ni des grandes routes ni des routes vicinales.

V. Nous ferons remarquer, d'après un arrêt de la cour de cassation, du 4 février 1825, que les voies publiques, même dans l'intérieur d'un village, n'ont pas besoin, pour être considérées comme des rues ou des places, qu'il existe des arrêtés de l'autorité administrative qui leur donnent cette qualité; qu'il faut donc appliquer la disposition de la loi à tout chemin public, *entre les maisons*, dans une ville, bourg ou même village, circonstance qui caractérise ce que l'on appelle *une rue*, et à tout lieu public, ne fût-il pas bordé de maisons, qui serait destiné également, dans l'intérieur d'une ville, bourg ou village, à leur embellissement ou à la commodité du commerce, et qui prend le nom de *place*.

VI. La voirie urbaine s'exerce, à Paris, par le préfet de police, et, dans les départements, par les maires, sauf recours au ministre de l'intérieur contre les décisions du préfet de police, et aux préfets, et ensuite au ministre de l'intérieur contre les décisions des maires.

VII. Les contraventions de voirie urbaine naissent de l'infraction, soit aux arrêtés ou réglements de police qui ont pour but la salubrité, la propreté, la sûreté et la commodité de la voie publique, soit aux dispositions de la loi concernant les mêmes objets.

VIII. La nature des contraventions de voirie urbaine et des peines qui leur sont applicables, sont définies dans la loi additionnelle du 28 avril 1832, qui, en cette matière, forme le dernier état de la législation. (Voy. *les art.* 95, nᵒˢ 4, 5, 6 et 7; 96, nᵒ 4, et 100, nᵒˢ 11 et 12 *de cette loi.*)

IX. A la différence des contraventions de grande voirie, qui doivent être jugées par les conseils de préfecture, conformément à la loi du 10 floréal an 8, sauf les exceptions signalées dans les art. 96 et 100 de la loi du 28 avril 1832, modificatifs des art. 475 et 479 du Code pénal de 1810, et qui rentrent dans les attributions des tribunaux de police, les contraventions de la voirie urbaine sont exclusivement de la compétence de l'autorité judiciaire.

X. L'action répressive des contraventions de police en matière de petite voirie se prescrit, comme toutes les autres contraventions de police, par une année révolue à compter du jour où la contravention a été commise, même quand il y a eu procès-verbal, saisie, instruction ou poursuite. (*Article* 640 *du Code d'Instruction criminelle.*)

Toutefois il a été jugé que lorsqu'il existe un arrêté spécial qui ordonne une mesure de police, la destruction d'un mur, par exemple, l'année pour la prescription ne court qu'à partir du délai assigné par cet arrêté pour faire volontairement cette démolition. (*Cour de cass.*, 25 *mars* 1830.)

XI. Les difficultés qui peuvent s'élever en matière de voirie urbaine, ne pouvant être résolues que par la jurisprudence, nous allons retracer les décisions les plus importantes rendues jusqu'à ce jour sur la matière.

XII. Nous commencerons par faire remarquer que la loi

du 28 avril 1832 a apporté un changement notable dans la législation, en ce qui touche les usurpations commises sur la voie publique.

XIII. Avant cette loi, la cour de cassation avait jugé, par un arrêt du 29 juin 1820, que le fait d'avoir *usurpé sur la voie publique* en y faisant une construction (cas prévu par l'art. 40, tit. 2, du Code rural des 28 sept.-6 oct. 1791) ne devait pas être confondu avec le fait d'avoir *embarrassé la voie publique* en y déposant des matériaux (cas prévu par l'art. 471, n° 4, du Code pénal de 1810); que le second délit était de simple police, tandis que le premier était de la compétence des juges correctionnels.

Aujourd'hui une pareille distinction est impossible; elle est repoussée par le texte de l'art. 100, n° 11, de la loi du 28 avril, qui met au nombre des contraventions punissables par les tribunaux de simple police, le fait d'avoir usurpé sur les chemins publics. La seule différence qui existe est dans la quotité de la peine, c'est-à-dire que le fait d'avoir embarrassé la voie publique est puni d'une amende depuis 1 fr. jusqu'à 5 fr. inclusivement, tandis que le fait d'avoir usurpé sur cette même voie publique est puni d'une amende de 11 fr. jusqu'à 15 fr. inclusivement, maximum de la peine pécuniaire que peuvent prononcer les tribunaux de police.

XIV. Nous examinerons la jurisprudence sous le double rapport des droits de l'autorité municipale et de la juridiction des tribunaux de police.

§ⁱ. *Jurisprudence en matière de petite voirie, sous le rapport des droits de l'autorité municipale.*

I. Il est aujourd'hui de principe incontestable que les arrêtés municipaux rendus en matière de petite voirie, comme en toutes choses confiées à la surveillance de l'autorité municipale par la loi du 24 août 1790, ne sont obligatoires qu'autant qu'ils ne s'écartent pas des prescriptions de la loi. (Voy. *Autorité municipale* et *Poids* et *Mesures*.

II. La question s'est élevée de savoir si l'autorité municipale, qui a la voie criminelle pour arriver à l'exécution d'un arrêté pris en matière de petite voirie et ordonnant, par exemple, dans l'intérêt de la sûreté publique, la démolition d'une maison qui menace ruine, peut, à son choix, lorsque le prévenu se refuse à cette exécution, le citer devant le tribunal civil à l'effet de l'y contraindre. — L'affirmative a été jugée par la cour de cassation le 14 août 1832.

Quelque respect que nous professons pour les décisions

de la cour suprême, il nous est impossible de ne pas faire suivre celle que nous venons de rappeler de quelques observations que nous soumettons à nos lecteurs avec la plus entière confiance.

Les tribunaux civils ne peuvent connaître de l'exécution des réglements ou arrêtés pris par l'autorité administrative : il n'est aucune vérité plus incontestable. C'est au tribunal de simple police que doit être dénoncée toute infraction à ces arrêtés et réglements (*art. 471, n° 5, du Code pén.*). Il importe peu que l'autorité municipale, poursuivant l'exécution de ses décisions, ne demande que des réparations civiles. Les réparations civiles ne peuvent être que la conséquence d'un délit ou d'une contravention aux ordres de l'autorité municipale. Or, qui doit constater la contravention ? Ce n'est point la juridiction civile ordinaire. Cette constatation, de laquelle naît l'action en réparation, est de la compétence exclusive du tribunal de simple police. Le juge civil ne pouvant, dès lors, statuer sur le principal, n'a pas le pouvoir de prononcer sur l'accessoire. En tout cas, il nous paraît qu'il devrait surseoir à statuer jusqu'à ce que la contravention ait été légalement déclarée par le juge compétent. C'est ce qui résulte des art. 139, 159, 161 et 172 du Code d'Instruction criminelle.

Sans doute, en règle générale, les tribunaux de première instance sont juges de toutes les matières; mais leur juridiction cesse là où la loi a mis une barrière à leur compétence. Or, la loi du 24 août 1790 et l'art. 471 du Code pénal déjà cité, exceptent positivement de la compétence des tribunaux civils le contentieux de la police municipale.

III. Ce n'est pas seulement dans les rues, lieux et édifices publics, que l'autorité municipale peut ordonner l'enlèvement des immondices; son action, pour la salubrité, s'étend même sur les lieux qui sont des propriétés particulières, comme des ruelles, des cours, etc. Cette décision, rendue par la cour de cassation le 6 février 1823, est importante.

IV. L'autorité municipale a le droit d'ordonner que nul propriétaire ne pourra toucher aux pavés des rues pour faire des rigoles ou réparer le seuil des portes, sans en avoir demandé l'autorisation, pour que le niveau en soit désigné par l'architecte-voyer. (*Cour de cass.. 27 juin 1823.*)

§ II. Jurisprudence en matière de petite voirie, sous le rapport de la compétence des tribunaux de police.

I. Nous avons dit *suprà* que les contraventions de petite voirie demeurent exclusivement dans les attributions des tribunaux de police : nous ajouterons que la juridiction de ces tribunaux s'étend même à toutes les infractions aux réglements faits sur des objets de petite voirie non prévus par une disposition particulière de la loi.

C'est ce qui a été décidé par plusieurs arrêts dont les espèces sont rapportées par M. Boucher d'Argis, *Code de simple Police*, p. 119, notes.

On appliquera donc, comme le dit M. Boucher d'Argis, la disposition de l'art. 471 du Code pénal à toutes les contraventions aux réglements de police relatifs à ces objets, et notamment à ceux qui prescrivent à certaines époques le curage des rivières, canaux et ruisseaux non navigables, à ceux qui défendent d'y faire rouir du lin ou du chanvre, ou d'y jeter des immondices, et enfin, à ceux qui règlent le service des vannes et écluses, ainsi que le mode d'irrigation des propriétés qui bordent les rivières, canaux ou ruisseaux non navigables. (Carré, *Droit français*, t. 4, p. 446.)

II. Les tribunaux de police ne peuvent admettre des excuses non autorisées par la loi pour renvoyer les contrevenants de la plainte contre eux portée.

Ainsi, le dépôt de matériaux sur la voie publique ne peut être excusé par le tribunal de police, par le motif que le prévenu avait précédemment donné des ordres par leur enlèvement, ou qu'il attendait une occasion pour les enlever, alors d'ailleurs qu'il n'est pas reconnu qu'il y ait eu nécessité de les déposer, et que ce fait n'avait ni empêché ni diminué la facilité du passage. (*Cour de cassation*, 16 *février* 1833.)

Vainement, pour se soustraire à la peine de la contravention, le prévenu cité au tribunal de simple police, se prévaudrait-il de ce qu'il aurait la possession immémoriale de déposer sur la voie publique des objets qui en gêneraient le passage. La cour de cassation, par arrêt du 4 octobre 1823, a jugé, avec raison, qu'une semblable exception devait être rejetée, attendu qu'aucune possession immémoriale, contraire à la loi, ne saurait affranchir des obligations que la loi impose.

III. Mais si le prévenu prétendait, soit que le chemin que l'on qualifierait *voie publique*, est établi sur sa propriété et qu'il n'existe que par simple tolérance ou à titre de servitude, soit que le terrain encombré ou sur lequel il a été entreposé des matériaux ou fait des excavations, lui appartient ou ne fait pas partie de la voie publique, cette exception donnerait lieu à une question préjudicielle qui ne pourrait être jugée que par le tribunal civil.

En ce cas, le tribunal de police doit, conformément à l'art. 3 du Code d'Instruction criminelle, surseoir à statuer sur l'action dont il est saisi, jusqu'à ce que la question de propriété ait été jugée.

La jurisprudence est constante sur ce point.

C'est ici le cas de faire remarquer que la disposition de l'art. 182 du Code forestier s'applique à toutes les matières qui sont susceptibles de son application, et spécialement à la petite voirie. En d'autres termes, les tribunaux de police sont appréciateurs du mérite de la question préjudicielle élevée devant eux par le prévenu. (*Cour de cassation*, 19 *mars* 1835.)

IV. Par suite du principe que les tribunaux de police ne peuvent admettre des excuses non admises par la loi, il a été jugé que le particulier qui a reconstruit une maison, sans l'autorisation du maire, en contravention aux réglements municipaux d'alignement d'une ville, ne peut être renvoyé de la plainte, sous le prétexte que le voyer de la ville aurait autorisé cette construction. (*Cour de cassation*, 17 *novembre* 1831.)

V. Jugé de même que la circonstance qu'on aurait construit sur un emplacement qui ne serait situé ni sur une place publique, ni sur une rue, mais en dedans et à une certaine distance des limites tracées par un arrêté municipal portant qu'on doit demander l'alignement lorsqu'on construit, soit dans les rues et places, *soit dans leur voisinage*, ne saurait être considérée par le tribunal de police comme un fait d'excuse et empêcher l'application des peines portées par l'art. 471 du Code pénal. (*Cour de cassation*, 15 *novembre* 1833.)

VI. Toujours par suite du même principe, la cour de cassation a décidé que, lorsque la police de voirie a ordonné la démolition d'un mur comme menaçant ruine, le propriétaire qui ne démolit qu'une partie du mur voué à la démolition, est passible de la peine portée par l'art. 471. Il n'appartient pas au tribunal de police d'examiner si la partie restante du mur est ou n'est pas solide, pour en conclure qu'il n'y a pas lieu à appliquer la peine. (28 *août* 1827.)

VII. Lorsqu'un arrêté de police ordonne que des bornes établies en saillie dans les rues d'une ville seront enlevées, un tribunal de police ne peut refuser de condamner un individu qui ne se conforme pas à cet arrêté, sous le prétexte que, les bornes existant avant l'arrêté, ce serait violer le principe de non rétroactivité que d'en ordonner l'enlèvement (*Cour de cass.*, 4 *juin* 1830.)

VIII. Dès qu'un dépôt de matériaux sur la voie publique est constant et que *la nécessité* de ce dépôt ne l'est pas, le tribunal de police n'a pas le droit d'examiner si la rue en a été embarrassée ou non. (*Cour de cass.*, 2 *juin* 1825.)

IX. Le pouvoir de déterminer l'alignement des maisons

qui bordent les rues des villes, bourgs et villages étant une mesure qui intéresse essentiellement la sûreté et la commodité des passages, entre dans les attributions municipales.

Mais, à cette occasion, une question grave s'est élevée : c'est celle de savoir si les tribunaux de police, appelés à statuer sur les contraventions en matière d'alignement, peuvent, en appliquant les peines de la contravention, se refuser à ordonner la démolition des constructions faites illégalement.

M. Boucher d'Argis, *loc. cit.*, soutient l'affirmative, « parce que, dit-il, la compétence de ces tribunaux se borne à appliquer la peine contre le refus d'obéir, et que le pouvoir d'ordonner les démolitions appartient à l'autorité administrative. »

Mais la cour de cassation a consacré la doctrine contraire par plusieurs arrêts, « attendu que le devoir des tribunaux de simple police n'est pas moins de faire cesser les contraventions que d'en punir les auteurs, et qu'un jugement qui prononce une amende à raison d'un fait dont il laisse subsister les traces, présente la contradiction de maintenir les contraventions qu'il réprime ».

Cela s'applique même au cas où un arrêté municipal aurait permis à un individu de faire tous les travaux de réparation et d'entretien qui ne sont pas contraires aux réglements de voirie, s'il a fait faire des travaux tendant à consolider des bâtiments placés en saillie hors de l'alignement tracé. Ces travaux doivent être détruits. (*Cour de cass.*, 6 *déc.* 1833.)

Voyez, dans *le Juge de Paix*, un grand nombre de décisions sur la même matière.

CHAS, ancien avoué.

**VOITURES PUBLIQUES.** Les entrepreneurs de voitures publiques pour le transport des voyageurs ou pour celui des marchandises, sont soumis à des obligations civiles et à des obligations de police. Nous ne traiterons ici que de ces dernières, et nous réserverons pour notre supplément tout ce qui a rapport aux contestations qui peuvent s'élever entre les voyageurs et les voituriers ou bateliers, pour retard ou perte d'effets. Il est probable que la loi promise sur l'organisation judiciaire attribuera aux juges de paix la connaissance exclusive de ces contestations, qui ne leur appartient maintenant que lorsque la demande ne sort pas des limites de leur compétence sur les actions personnelles et mobilières. (Voy. *Commerce*, n° 4.)

I. Nous avons déjà cité à l'article *Bêtes de trait, de charge ou de monture*, n° 2, les dispositions de l'art. 475, n° 5 du Code pénal, qui obligent les conducteurs de voitures quelconques de se tenir constamment à portée de leurs chevaux, de n'occuper qu'un seul côté du chemin, etc. Il nous reste à parler du n° 4, qui punit de la même peine ( amende de 6 à 10 fr. et emprisonnement facultatif de un à trois jours, *art.* 496)

1° Ceux qui auront violé les réglements contre le chargement, la rapidité ou la mauvaise direction des voitures (*publiques ou non*);

2° Ceux qui contreviendront aux dispositions des ordonnances et réglements ayant pour objet la solidité des voitures publiques ; leur poids ; le mode de leur chargement ; le nombre et la sûreté des voyageurs ; l'indication, dans l'intérieur des voitures, des places qu'elles contiennent et du prix des places ; l'indication, à l'extérieur, du nom du propriétaire.

II. Il nous paraît hors de doute que cette disposition, introduite dans le Code pénal de 1832 et empruntée à l'ordonnance royale du 28 juin 1829, déroge complétement aux lois antérieures qui attribuaient à l'autorité administrative le jugement des contraventions prévues par la nouvelle loi. *Posteriora derogant prioribus.* (Voy. *le Juge de Paix*, t. 5, p. 253.)

III. Le poids des voitures de roulage est fixé par le tit. 2 du décret du 23 juin 1806, combiné avec l'ordonnance royale du 4 février 1820 et avec celle du 20 juin 1821.

IV. Une autre ordonnance du 16 juillet 1828, après avoir prescrit les mesures relatives à la solidité des voitures publiques, porte :

« *Art.* 18. Deux ans après la promulgation de la présente ordonnance, le poids des voitures publiques, diligences et messageries, et des fourgons allant en poste ou avec des relais, sera fixé, savoir :

» Avec bandes de 8 centimètres, à . . . . . 2,560 kilog.
» *Idem*, de 11 *id.*, à . . . . . . . . . . . . 3,520
» *Idem*, de 14 *id.*, à . . . . . . . . . . . . 4,000

*Art.* 19. « Il est accordé une tolérance de cent kilogrammes sur les chargements fixés par l'article précédent, au-delà de laquelle les contraventions seront rigoureusement constatées et poursuivies conformément à la loi du 29 floréal an 10 et au décret du 23 juin 1806. »

V. L'art. 14 permet de placer sur l'impériale des voitures publiques une banquette destinée au conducteur et à deux voyageurs.

Aucun paquet ne peut être placé sur cette banquette.

VI. Aucune partie du chargement ne doit dépasser la hauteur de la traverse qui se trouve sur le coffre dans le cas où le couvercle incompressible n'est pas mis en usage. (*Art.* 15.)

VII. Il ne peut être attaché aucun objet ni autour de l'impériale, ni en dehors du couvercle incompressible de la bache. (*Art.* 16.)

VIII. « Nulle voiture publique à quatre roues ne peut avoir, du sol au point le plus élevé du couvercle de la bache ou du coffre de derrière, plus de trois mètres, quelle que soit la hauteur des roues.

» Nulle voiture publique à deux roues ne peut avoir, entre les mêmes points, plus de deux mètres soixante centimètres. » (*Art.* 17.)

IX. L'art. 26 défend expressément aux postillons de conduire les voitures au galop sur les routes, et autrement qu'au petit trot dans les villes ou communes rurales, et au pas dans les rues étroites.

X. *Art.* 34. « Conformément aux dispositions de l'art. 16 du décret du 28 août 1808, et de l'ordonnance de 1820, les rouliers, voituriers, charretiers, continueront à être tenus de céder la moitié du pavé aux voitures des voyageurs, sous les peines portées par l'art. 475, n° 3, du Code pénal. »

XI. Un arrêt de la cour de cassation, du 9 septembre 1826, décide que la disposition de l'art. 10 de l'ordonnance du 4 février 1820, qui oblige les propriétaires et entrepreneurs de voitures publiques à n'en confier la conduite qu'à des hommes pourvus de livrets, est une mesure de police contre la mauvaise direction de ces voitures. Les contraventions à cette disposition rentrent donc dans l'application de l'art. 475, n° 4, du Code pénal, et soumettent conséquemment aux peines qu'il prononce les propriétaires et entrepreneurs qui auraient confié leurs voitures à des hommes dépourvus de livret.

XII. La contravention basée sur le nombre excessif de voyageurs que porte une voiture, ne peut être excusée sous prétexte que les places d'excédant ont été données gratuitement. (*Cour de cass.*, 15 *octobre* 1819.)

XIII. Il entre dans les attributions de l'autorité municipale de prendre un arrêté par lequel elle défend aux directeurs de postes et entrepreneurs de messageries et autres voitures publiques, par terre ou par eau, d'inscrire des voyageurs autrement que sur la présentation d'un passeport délivré ou visé depuis dix jours au plus, et leur ordonne de tenir un registre coté et paraphé, contenant la désignation détaillée des voyageurs, la date du passeport ou du dernier visa, l'autorité qui l'a visé, et la destination des voyageurs. (*Cour de cass.*, 20 *octobre* 1831.)

XIV. Les plaques dont les voitures sont revêtues ayant pour objet d'offrir le moyen de reconnaître les contrevenants, le procès-verbal dressé par un officier compétent contre un individu qui a abandonné son cheval et sa voiture sur la place publique, est valable, quoiqu'il se soit borné à prendre les noms du contrevenant sur la plaque même de la voiture, sans décrire cette voiture ni le cheval, et sans constater autrement l'identité de l'auteur de la contravention. ( *Cour de cassation,* 22 *janvier* 1831. )

Les contraventions aux lois et réglements sur le poids des voitures et sur la police du roulage sont constatées par les mêmes fonctionnaires publics qui constatent les contraventions en matière de grande voirie. ( *Art.* 1er *du décret du* 18 *août* 1810. ) Voy. *Voirie,* sect. 1re, nos 4 et suiv.

XVI. Aucune forme n'ayant été prescrite pour la régularité des procès-verbaux dressés par les gendarmes, ces procès-verbaux, dans le cas où ils constatent une contravention sur la police des voitures publiques, ne peuvent être annulés sous le prétexte d'omission de formes, et, par exemple, soit parce qu'il n'en aurait pas été donné lecture aux affirmants, soit parce qu'ils n'énonceraient pas l'heure où ils ont été dressés. ( *Cour de cass.,* 11 *mars* 1825).

**VOL.** Voy. *Maraudage.*

**VOLAILLE.** Voy. *Pigeons,* n°. 7.

**VOYAGE.** Voy. *Frais et Dépens,* § 2, n° 22.

**VUES.** Voy. *Servitudes,* sect. 2, § 2, art. 2.

# TABLE DES MATIÈRES

# U.



# V.



FIN DE LA TABLE DU CINQUIÈME VOLUME.

# FORMULES D'ACTES.

## A.

**ACCEPTATION DE DONATION ET DE SUCCESSION.** Voy. *Conseil de Famille*, n° 18.

**ACTE DE NOTORIÉTÉ.** *Pour suppléer l'acte de naissance, en cas de mariage;* voy. t. 1, p. 38.

*Pour suppléer au défaut d'actes respectueux;* t. 1, p. 41.

*Relatif à la création d'un majorat;* t. 1, p. 42.

*Pour retirer le cautionnement, la pension ou les inscriptions dus au défunt;* t. 1, p. 43.

**ACTIONS POSSESSOIRES.** Voy. t. 1, p. 75.

### *Demande en complainte.*

L'an 183   et le          , à la requête du sieur Paul Merlin, propriétaire, domicilié à Paris, rue de Condé, n°     , je          . huissier, etc., me suis transporté en la demeure du sieur Thomas, également propriétaire à Paris, rue Saint-Honoré, n°     , où étant et parlant à      , je lui ai exposé que le requérant possède depuis long-temps une pièce de terre située au quartier des Sablons, confrontant, etc., et qu'au mépris de cette possession ledit sieur Thomas s'est permis, le 20 du mois dernier, de faire des travaux de culture dans ledit champ. C'est pourquoi, attendu que ces travaux constituent un trouble à la possession du sieur Merlin, j'ai cité ledit sieur Thomas à paraître devant M. le juge de paix du          arrondissement de la ville de Paris, au lieu ordinaire de ses audiences, le          prochain, à          heures, pour s'entendre condamner en vingt francs de dommages-intérêts envers le requérant, à raison du préjudice que lui ont causé les travaux sus-mentionnés, et se voir faire inhibition et défense de troubler à l'avenir le sieur Merlin dans la jouissance dudit champ, avec dépens auxquels ledit sieur Thomas sera condamné. Et afin qu'il n'en prétende cause d'ignorance, je lui ai laissé copie du présent exploit, parlant comme dessus. En foi de quoi, etc.

### Demande en réintégrande.

L'an, etc. (*jusqu'à* je lui ai exposé) qu'il s'est indûment mis en possession, pendant l'absence du requérant, d'une maison qui appartient à celui-ci, et qui est située à Paris, rue de          , n°      . En conséquence, et attendu que cet acte d'usurpation a eu lieu depuis moins d'une année, j'ai cité le sieur Thomas à comparaître devant M. le juge de paix, etc., pour s'entendre condamner, même par corps : 1° à réintégrer le sieur Merlin dans la possession et jouissance de ladite maison, et ce, dans le délai de trois jours à dater de la signification du jugement à intervenir; 2° à payer audit sieur Merlin la somme de trois cents francs à titre de dommages-intérêts ; 3° aux dépens de l'instance. Et afin, etc.

### Dénonciation de nouvel œuvre.

L'an, etc. (*jusqu'à* je lui ai exposé) que le requérant possède une vigne située à          , au quartier de          , enclavée au milieu des propriétés du sieur          au levant, du sieur          au couchant, etc. ; qu'il n'existe d'autre chemin pour arriver à cette vigne que celui qui traverse le champ du sieur Thomas, et sur lequel le requérant a un droit de passage consacré par une longue jouissance; que néanmoins, au mépris de ce droit, ledit sieur Thomas s'est permis de construire, il y a peu de jours, un mur qui intercepte la communication de son champ avec la vigne du sieur Merlin. Comme cette construction est un trouble évident à la jouissance plus qu'annale où était le requérant du droit de passer sur le chemin intercepté, j'ai cité ledit sieur Thomas à comparaître, etc., pour voir dire et prononcer que ledit sieur Merlin sera maintenu dans la possession du droit de passage dont il a été privé par le nouvel œuvre de Thomas, et qu'en conséquence, celui-ci sera tenu de démolir le mur ci-dessus désigné, et de remettre les lieux dans l'état où ils étaient auparavant, dans le délai de trois jours, après lequel délai, et faute par ledit sieur Thomas d'exécuter cette condamnation, le sieur Merlin sera autorisé à faire procéder lui-même à la démolition du mur et au rétablissement des lieux, le tout aux frais du sieur Merlin, lequel sera, en outre, condamné à vingt francs de dommages-intérêts et aux dépens. Et afin, etc.

ADOPTION. Voy. t. 1, p. 113.

AFFIRMATION DES PROCÈS-VERBAUX. Voy. t. 1, p. 116.

APPEL. L'an 185  , le           , à la requête du sieur Pierre Jacquin, menuisier, demeurant à Loriol, pour lequel élection de domicile est faite en l'étude de M<sup>e</sup>          , avoué près le tribunal de Valence, qui occupera pour lui aux fins du présent, je soussigné, huissier, etc., ai déclaré au sieur Théodore Muret, boulanger, habitant audit Loriol, que le requérant interjette appel du jugement définitif rendu le          , par M. le juge de paix du canton de Loriol, au profit dudit Muret. Cet appel est fondé sur ce que (*énonciation des griefs*).

En conséquence, j'ai donné assignation au sieur Muret à comparaître dans les délais de la loi devant le tribunal de première instance séant à Valence, au Palais de Justice, et aux audiences suivantes, si besoin est, pour voir dire et prononcer qu'il a été mal jugé, bien appelé, voir réformer ledit jugement, et par nouveau s'entendre ledit sieur Muret condamner à (*conclusions de l'appelant, s'il était demandeur en première instance. Dans le cas contraire on met :*) s'entendre ledit Muret débouter de la demande par lui formée contre le requérant, dans laquelle il sera déclaré non recevable et à toutes fins mal fondé, et condamner en tous les dépens, tant de première instance que d'appel. Et pour qu'il n'en prétende cause d'ignorance, je lui ai laissé copie du présent exploit, en sa demeure, parlant à          .
Le coût est de           .

(Voyez t. 1<sup>er</sup>, p. 143.)

APPOSITION DE SCELLÉS. Voy. t. 5, p. 21.

ARBITRAGE. Voy. t. 1, pages 151, 152, 159, 161.

ARRESTATION D'UN DÉBITEUR. Voy. *Contrainte par corps*, sect. 2, n° 4.

*Requête et ordonnance pour cette arrestation.*

A M. le juge de paix du canton de           .

Auguste Mallet, négociant, demeurant à           a l'honneur d'exposer qu'il a obtenu, le 20 du mois dernier, du tribunal de commerce de la ville de           un jugement contradictoire qui condamne, même par

corps, le sieur Antoine Bouvat, marchand, demeurant
à            , à lui payer la somme de douze cents francs,
montant d'une lettre de change, etc. Ce jugement a été
signifié au sieur Bouvat, le            , par exploit de            ,
huissier, enregistré, sans que ledit Bouvat se soit mis en
mesure de l'exécuter.

Pour arriver à ce but, et voulant user de la contrainte
personnelle qui est prononcée contre son débiteur par le
jugement sus-énoncé, le sieur Mallet s'adresse à vous,
M. le juge de paix, pour qu'il vous plaise, vu l'expédition
en forme dudit jugement, et l'original de la signification
qui en a été faite, l'autoriser à faire appréhender au corps
ledit sieur Bouvat, dans sa demeure où il se tient caché, par
le premier huissier requis, en votre présence, les jour et
heure qu'il vous plaira indiquer; et ferez justice.

(Signature de la partie.)

Nous, juge de paix, vu la requête ci-dessus, l'expédition
du jugement et la signification qui y sont énoncées, au-
torisons le sieur Mallet à faire saisir au corps le sieur Bouvat dans son domicile par un huissier, le        de ce mois,
à        heures du        , et en notre présence, conformément à la loi.

Fait à            , le            185    .

(Signature du juge de paix.)

**AVIS DE PARENTS** *pour la réduction de l'hypothèque légale de la femme.* Voy. t. 1, p. 182.

L'an, etc., pardevant nous, juge de paix du canton
de            , s'est présenté le sieur Michel Bariton, propriétaire, habitant à            , lequel nous a exposé que,
par suite de l'hypothèque légale de sa femme qui frappe
sur tous ses immeubles, il se voit gêné dans la disposition de ses biens, et qu'il ne trouve ni à les vendre ni à les
hypothéquer, ce qui l'empêche de se livrer à des opérations
lucratives qu'il aurait en vue. C'est pourquoi il a le projet
de demander au tribunal de première instance la réduction
de l'hypothèque de sa femme sur une partie de ses immeubles suffisante pour répondre de la dot et des reprises matrimoniales; et il nous prie en conséquence de recevoir l'avis
des quatre plus proches parents de sa femme qu'il a fait
convoquer pour cejourd'hui à cet objet; et a signé.

(Signature.)

Obtempérant à cette réquisition, nous, juge de paix,
avons réuni en assemblée de famille les parents ci-dessus

désignés de la femme Bariton, lesquels ont déclaré se nommer 1°      , oncle de ladite femme Bariton ; 2°      , son cousin-germain, etc.

Et immédiatement a comparu la femme Bariton elle-même, laquelle nous a déclaré qu'elle donnait son consentement à la réduction demandée par son mari, dont elle reconnaît l'utilité pour lui, sans qu'il y ait aucun inconvénient pour elle ; et a signé.

(Signature de la femme.)

*Lorsque la femme ne se présente point à l'assemblée de parents, le mari doit rapporter son consentement par écrit. L'acte authentique ou privé qui le renferme, est énoncé dans le procès-verbal et y reste annexé.*

L'assemblée, délibérant sous notre présidence ; vu le consentement ci-dessus donné par la femme Bariton à la réduction de son hypothèque légale sur les biens de son mari ;

Considérant qu'aux termes de son contrat de mariage, dont expédition a été produite, les droits de la femme Bariton ne s'élèvent qu'à une somme de dix mille francs ;

Considérant que la fortune immobilière de son mari est d'une valeur de cinquante mille francs au moins ;

Que, dès lors, on peut soustraire à l'hypothèque légale la moitié des immeubles du mari, sans que la femme coure aucune chance de perte ;

A été d'avis, à l'unanimité, qu'il y avait lieu de faire droit à la demande du sieur Bariton et de restreindre l'effet de l'hypothèque légale de sa femme aux immeubles ci-après désignés, savoir : 1° une maison située, etc. ; 2° un fonds de dix arpents en terres labourables, situé au quartier de      , confrontant, etc., lesquels immeubles sont évalués vingt-quatre ou vingt-cinq mille francs.

De tout quoi nous avons dressé procès-verbal, qui a été signé par les membres de l'assemblée, par nous et par notre greffier, le      183  .

(Signatures.)

*Une pareille demande en réduction d'hypothèque peut être formée par le tuteur (art. 2143 du Code civil). Dans ce cas, le conseil de famille qui donne son avis, doit être composé comme il est dit à l'art. 407, c'est-à-dire, de ses parents ou alliés. Le consentement du mineur n'est pas nécessaire. Il est représenté, dans l'instance, par son subrogé-tuteur.*

## B.

**BILLET D'AVERTISSEMENT. M.** est invité à se rendre mardi prochain, 15 du courant, à onze heures du matin en l'auditoire de la justice de paix du canton de , pour s'entendre, s'il est possible, avec le sieur , et prévenir ainsi l'action judiciaire que celui-ci a le projet de lui intenter.

(*Signature du juge de paix.*)

*En matière de police.*

Le sieur , demeurant à , est invité à se trouver le prochain, à heures, dans l'auditoire du tribunal de police du canton de , pour répondre sur la plainte portée contre lui par .

A , le 183 .

(*Pour les témoins on met :*) pour déposer des faits sur lesquels ils seront interrogés dans l'affaire entre , demandeur, et , défendeur.

**BORNES.** Voy. t. 1, p. 275.

*Citation en replacement de bornes.*

L'an, etc., à la requête du sieur Philippe Martin, propriétaire, demeurant et domicilié à , je soussigné, huissier, etc., me suis rendu en la demeure du sieur Pierre Mathon, propriétaire au même lieu, où, étant et parlant à , je lui ai exposé qu'aux confins de son champ et de celui du requérant, situés au quartier de , il existait, de temps immémorial, deux bornes qui servaient de limites aux propriétés respectives desdits sieurs Martin et Mathon ; que, depuis quelques jours, ces bornes ont été déplacées et reculées de cinq pieds dans le champ du requérant. Comme cet acte tend à consacrer une usurpation de terrain qu'il importe au sieur Martin de réprimer, j'ai cité le sieur Mathon à comparaître devant M. le juge de paix de , au lieu ordinaire de ses audiences, le prochain, à heures, pour s'entendre condamner à replacer dans trois jours les bornes ci-dessus désignées à l'endroit où elles étaient auparavant, faute de

quoi elles seront replacées judiciairement en présence de
M. le juge de paix, qui en dressera procès-verbal, et aux
frais du sieur Mathon, lequel sera condamné en outre,
dans tous les cas, à quinze francs de dommages-intérêts
et aux dépens. Et pour que ledit sieur Mathon n'en prétende cause d'ignorance, etc.

*Procès-verbal de rétablissement des bornes.*

L'an, etc., nous, juge de paix du canton de          ;

Vu le jugement contradictoire par nous rendu le
dernier, entre les sieurs Philippe Martin et Pierre Mathon,
par lequel nous avons ordonné que les bornes séparatives
des propriétés des deux parties seraient rétablies dans les
trois jours par le sieur Mathon dans le lieu où elles exis-
taient auparavant, faute de quoi elles seraient replacées
judiciairement aux frais dudit Mathon;

Attendu que ce dernier n'a point exécuté l'obligation
qui lui était imposée;

Nous nous sommes transporté, à la requête du sieur Martin, qui a fait citer le sieur Mathon pour assister à cette opération, et assisté de notre greffier, sur le terrain objet du
litige, situé au quartier de          ;

Là nous avons trouvé les deux parties qui nous atten-
daient.

Le sieur Martin a requis qu'il fût procédé immédiatement au rétablissement des bornes sur les limites de son
héritage, et à l'endroit où elles se trouvaient avant leur déplacement.

A quoi le sieur Mathon a répondu qu'il ne s'opposait
point au rétablissement ordonné, mais que les bornes, avant
leur déplacement, n'étaient point aussi avancées du côté
de son champ que le prétendait le sieur Martin; que l'une
était placée à (*désigner l'endroit*), et l'autre à          ; que
les placer au-delà, ce serait empiéter sur sa propriété.

Pour apprécier ces prétentions contraires, nous avons recherché les vestiges qui pouvaient exister de l'ancienne position des bornes, et nous avons reconnu que (*énoncer les résultats des investigations du juge. Si elles ont été infructueuses, on
met :*) Et, comme nos recherches n'ont amené aucun résultat
satisfaisant, nous avons, du consentement des parties,
appelé deux propriétaires voisins (ou deux cultivateurs), lesquels, ayant déféré à notre invitation, nous ont déclaré n'é-

tre parents ni alliés des parties, et ont prêté serment de dire toute la vérité. Après quoi, ils ont déposé en ces termes :

Jacques Bourdon, propriétaire, etc., a dit, etc.

Paul Jolivet, etc.

Comme il résulte de ces dépositions que les bornes étaient placées, savoir, la première à (*désigner exactement l'endroit*), la seconde à          , nous avons fait rétablir et sceller les deux bornes dans les lieux indiqués, et nous avons dressé procès-verbal de cette opération pour servir et valoir ce que de droit.

Fait à          , le          .

BREVET D'INVENTION. Comme les difficultés relatives aux brevets d'invention vont être probablement soustraites à la juridiction des juges de paix, nous croyons inutile de donner les formules des actes qu'ils sont appelés à faire maintenant en cette matière.

BRIS DE SCELLÉS. Voy. t. 5, p. 58.

*Procès-verbal d'un bris de scellés, suivi de vol.*

L'an, etc., nous, juge de paix du canton de          , agissant en notre qualité d'officier de police judiciaire, à la réquisition du sieur Paul Massot, gardien des scellés apposés par nous le          , dans la demeure du sieur          , située à          , nous nous sommes transporté avec notre greffier dans ladite maison, où étant, nous avons trouvé ledit Massot qui nous a déclaré que ce matin, en faisant la visite des différentes portes sur lesquelles nous avions placé le scellé, il s'est aperçu que celle du salon, où avaient été déposés les objets les plus précieux de la succession, était fracturée ; et que, s'étant introduit dans ledit salon, il avait remarqué que la plupart des objets mobiliers que nous y avions renfermés avaient disparu.

Sur cette déclaration nous avons procédé ainsi qu'il suit à la constatation du crime dénoncé.

Le scellé apposé sur la porte dont il s'agit est complétement rompu, et la serrure a été forcée. (*Indiquer ici les diverses traces du crime et les moyens probables qu'on a employés pour le commettre.*)

Dans le salon, où nous avions déposé tels et tels meubles, nous n'avons plus trouvé que. . . . . Une commode sur laquelle le scellé avait été mis également, a été enfoncée, et tout le linge qu'elle contenait a été enlevé, etc.

De tout quoi nous avons dressé le présent procès-verbal pour être transmis à M. le procureur du roi, et avons signé avec ledit Massot et notre greffier.

*Si le juge de paix peut obtenir, soit du gardien, soit des voisins, quelques renseignements propres à mettre la justice sur les traces des coupables, il doit en dresser également procès-verbal.*

### Bris de scellés, par inadvertance.

L'an, etc., devant nous, juge de paix, etc., s'est présenté le sieur Gabriel Massot, établi par nous gardien des scellés apposés sur les effets mobiliers de la succession du sieur R....., lequel nous a déclaré que ce matin, en transportant, avec le sieur Jacques Badon, une table de cuisine, et passant devant la porte de la chambre qu'occupait le défunt, la table, pressée par mégarde contre la porte qui forme saillie, a endommagé le scellé ; de quoi le sieur Massot a cru devoir nous faire sa déclaration immédiate, afin que nous prissions telle mesure qui nous paraîtra convenable.

Vu ladite déclaration, et attendu que toute altération de scellé doit être constatée judiciairement, nous nous sommes aussitôt transporté, assisté de notre greffier, dans la maison du sieur R...., située rue            , dans laquelle a eu lieu l'accident dont il s'agit. Là, nous avons examiné avec soin le scellé apposé par nous sur la porte de la chambre dudit sieur R.... , et nous avons reconnu (*décrire le changement qu'a subi le scellé*) ; mais nous avons remarqué en même temps qu'il n'y a aucune trace d'effraction à ladite porte, et qu'il ne paraît pas qu'elle ait été ouverte.

Nous avons fait venir ensuite devant nous le sieur Badon, pour lui demander des éclaircissements sur le fait dont il a été témoin. Il nous a dit (*relater la déclaration du témoin*).

Après avoir reçu ces explications, nous avons fait ouvrir la porte dont le scellé n'était plus entier, et nous avons reconnu que tous les meubles renfermés dans cette pièce se trouvaient en ordre, que rien ne semblait y avoir été dérangé. Alors, ayant fait refermer ladite porte dont la clef a été rendue au greffier, nous y avons apposé un nouveau scellé, en laissant subsister néanmoins les empreintes du premier, pour y avoir recours, s'il y a lieu. De tout quoi nous avons dressé procès-verbal, etc.

# C.

**CARENCE** (*Procès-verbal de*). Voy. t. 2, p. 4.

**CASSATION.** Voy. t. 2, p. 10 et suivantes.

*Pourvoi en cassation contre un jugement de simple police.*

L'an, etc., devant nous, greffier du tribunal de police du canton de Pierrelatte, soussigné, et dans le greffe dudit tribunal, a comparu le sieur Pierre Mathon, propriétaire, demeurant à Saint-Paul-Trois-Châteaux, où il fait élection de domicile, lequel nous a déclaré se pourvoir en cassation contre le jugement en dernier ressort rendu contre lui, le          dernier, par le tribunal de police de Pierrelatte, et qui le condamne à          . Ce recours est fondé sur la violation (ou *sur la fausse application*) de l'article          de telle loi, et sur d'autres griefs que le comparant se réserve de faire valoir plus tard devant la cour de cassation.

De laquelle déclaration le comparant a requis acte que nous lui avons donné, et qu'il a signé avec nous.

**CAUTION** (*Réception de*). Voy. t. 5, p. 177.

**CAUTIONNEMENT DES GREFFIERS ET DES HUISSIERS.** Voy. t. 2, pages 23 et 25.

**CÉDULE.** Voy. t. 2, p. 27.

**CITATION.** Voy. t. 2, p. 82.

**COMMANDEMENT.** C'est un acte extrajudiciaire, fait par un huissier, en vertu d'un jugement ou d'un titre en forme exécutoire, par lequel on somme quelqu'un de payer, de donner ou de faire quelque chose.

*Formule de commandement.*

L'an, etc., à la requête du sieur Marquis (Paul-Antoine), rentier, habitant et domicilié à Marly, et qui élit domicile, en tant que de besoin, dans la demeure du sieur Jacques Frémond, épicier à Bougival, je (*immatricule de l'huissier*) ai signifié et donné copie au sieur Pierre Laville, propriétaire audit Bougival, d'un jugement contre lui rendu par M. le juge de paix de Marly le          dernier, dûment enregistré, avec commandement de s'y conformer, et de payer en conséquence au requérant : 1° la somme de 50 fr. pour les condamnations principales portées audit jugement ; 2° celle de vingt francs pour les frais, y compris ceux de l'enregistrement et de l'expédition ; 3° celle de          pour les frais du présent commandement ; lui déclarant qu'à défaut de ce faire dans les vingt-quatre heures, il y sera contraint par toutes les voies de droit. Et afin que ledit sieur Laville n'en prétende cause d'ignorance, je lui ai laissé, avec la copie du jugement ci-dessus mentionné, copie du présent exploit, en parlant à          . En foi de quoi          . Le coût est de

COMMERCE. Voy. t. 2, p. 92.

COMPARUTION VOLONTAIRE. Voy. t. 2, p. 116.

*Déclaration des parties qui demandent jugement.*

Aujourd'hui, etc., devant nous, juge de paix, etc., assisté de notre greffier, se sont présentés les sieurs Jacques Molard, propriétaire à Loriol, et Paul Laroche, cultivateur à Livron, lesquels nous ont dit qu'ils soumettaient à notre décision la contestation qui les divise, et dont ils nous ont exposé les motifs ainsi qu'il suit :

Le sieur Molard prétend (*énoncer les prétentions du demandeur.*)

A quoi le sieur Laroche objecte (*exposer les moyens du défendeur.*)

Lesdits comparants ont déclaré qu'ils nous donnaient pouvoir de statuer en dernier ressort (ou *en premier seulement*) sur leur différend, et ont signé (ou *déclaré ne le savoir*).

(*Signature des parties.*)

Nous, juge de paix, vu la déclaration ci-dessus, avons renvoyé la cause et les parties à notre audience du          , pour être fait droit ainsi qu'il appartiendra.

Donné en notre prétoire, le                    .

(*Signature du juge de paix et du greffier.*)

*Lorsque la contestation est simple et peut recevoir jugement, le juge de paix, après avoir entendu les parties, peut statuer sans délai. Alors on fait cette variante :*

Nous, juge de paix, vu la déclaration ci-dessus, et après avoir entendu les parties dans leurs moyens respectifs, avons rendu le jugement suivant :

Entre, etc. (*Suivre la formule ordinaire des jugements.*)

**CONCILIATION. Voy. t. 2, p. 147, 156 et 158. — Après** le procès-verbal de non conciliation, ajoutez :

*Mention à mettre sur le plumitif, en cas de non-comparution de l'une des parties.*

Citation à cejourd'hui, donnée le                  , à la requête du sieur             , au sieur             . Défaut prononcé à         heures, contre le sieur             , après avoir vainement attendu.

*Mention à mettre, dans le même cas, sur l'original ou sur la copie.*

Nous soussigné, juge de paix, etc., certifions que le sieur         , demeurant à             , n'a point comparu, ni personne pour lui, à notre audience de ce jour 20 août 1835, pour laquelle il avait été régulièrement cité à la requête du sieur             (*ou bien*) pour laquelle il avait fait citer le sieur             . En foi de quoi.

(*Signature du juge de paix.*)

**CONSEIL DE FAMILLE. Voy. t. 2, p. 167 et suivantes.**

1°. *Cédule de convocation d'office pour la nomination d'un tuteur et d'un subrogé-tuteur.*

Nous, juge de paix, etc., étant informé que le sieur Paul Mézard, propriétaire à             , vient de décéder laissant deux enfants mineurs dépourvus de tuteurs soit légaux, soit testamentaires ;

Attendu qu'en cet état il y a lieu à la tutelle dative ; vu l'art. 406 du Code civil ; ordonnons que le conseil de famille desdits mineurs sera convoqué à l'effet de délibérer avec nous sur la nomination du tuteur et du subrogé-tuteur dont les mineurs Mézard doivent être pourvus. En conséquence citation sera donnée aux sieurs : 1° Pierre Mézard, rentier, demeurant à             , oncle paternel des mineurs ; 2° Jacques Souchon, propriétaire au même lieu, 3° Adolphe Pons, notaire à             , ces deux derniers cousins germains desdits mineurs, et ses plus proches parents du côté de leur père ; 4° Benoit Franchet, menuisier à             , leur oncle par alliance du chef maternel ; 5° Isidore Crivel, négociant à             , leur cousin issu de germain dans la même ligne, et 6° André Liottier, praticien, ancien ami et conseil de la mère desdits mineurs, ce dernier appelé à défaut d'autres parents ou alliés dans le rayon de deux myriamètres, pour qu'ils aient à se réunir en notre hôtel le                 prochain, à            heures.

Donné en notre prétoire, le                                 .

2°. *Cédule de convocation sur la réquisition d'un parent.*

L'an, etc., devant nous, juge de paix, etc., s'est présenté le sieur Guillaume Alard , propriétaire à                 , lequel nous a exposé que son frère Philippe Alard, marchand de vins à             , est décédé laissant un enfant mineur sans tuteur légitime ou testamentaire, et qu'il y a lieu, par conséquent, à la nomination d'un tuteur et d'un subrogé-tuteur par le conseil de famille. C'est pourquoi il nous a requis de lui délivrer une cédule à l'effet de faire citer pardevant nous, au jour et à l'heure qu'il nous plaira indiquer, les sieurs (*noms, prénoms, profession et demeure des six membres du conseil*), lesquels sont les plus proches parents du mineur Alard, dans le rayon de deux myriamètres, savoir, les trois premiers du côté paternel, et les autres du côté maternel.

Sur ce, nous, juge de paix, avons ordonné que par          , huissier, les six individus susnommés seront cités à comparaître soit en personne, soit par un mandataire spécial, en notre hôtel, le             prochain, à          heures, pour délibérer avec nous sur la nomination d'un tuteur et d'un subrogé-tuteur au mineur Alard.

Donné en notre prétoire, le                                 .

3°. *Cédule pour nommer d'office un subrogé-tuteur, en cas de négligence de l'époux survivant.*

Nous, juge de paix, etc., attendu que la dame Cambon est décédée depuis un mois, laissant trois enfants en bas âge ; attendu que le sieur Cambon, leur père et leur tuteur légal, s'est immiscé dans la gestion de la tutelle sans avoir fait nommer un subrogé-tuteur, quoique nous lui en ayons officieusement adressé l'invitation ;

Vu les art. 420 et 421 du Code civil ;

Ordonnons que les sieurs (*six parents ou amis pris par moitié dans chaque ligne*) se réuniront en conseil de famille, sous notre présidence, en notre hôtel, le                 prochain, à          heures, pour procéder à la nomination d'un subrogé-tuteur aux mineurs Cambon ;

Ordonnons également que le sieur Cambon, tuteur légal, sera cité à se présenter audit conseil, si bon lui semble, mais sans participer à la délibération, qui sera prise tant en son absence qu'en sa présence.

Donné à                    , le                    .

4°. *Lorsque cette cédule est requise par un parent ou par un créancier, on la rédige ainsi qu'il suit :*

Pardevant nous, juge de paix, etc., a comparu le sieur Jacques Millet, propriétaire à                    , lequel nous a exposé que le sieur Pierre Cambon, épicier à                    , devenu tuteur légal de ses trois enfants mineurs depuis le décès de sa femme, arrivé le 15 du mois dernier, n'a fait aucune diligence pour faire pourvoir ses enfants d'un subrogé-tuteur, malgré l'invitation qui lui en a été plusieurs fois adressée par le comparant, et nous a requis, en conséquence, de lui délivrer cédule pour convoquer le conseil de famille, à l'effet de procéder à la nomination d'un subrogé-tuteur aux enfants Cambon.

Nous, juge de paix, déférant à ladite réquisition, avons ordonné que, par                    , huissier, les parents ci-après désignés des mineurs Cambon seront cités à comparaître en notre hôtel le                    prochain, à                    heures, pour délibérer, conjointement avec nous, sur la nomination dudit subrogé-tuteur ; ordonnons que pareille citation sera donnée au sieur Cambon pour assister, si bon lui semble, à la délibération, sans qu'il ait le droit néanmoins d'y prendre part.

Les membres qui composeront ledit conseil, sont (*désignation des six parents et amis*).

Donné en notre prétoire, le                    .

*La notification de ces cédules se fait en la forme ordinaire* (voy. t. 2, p. 27). *Il doit y avoir au moins un intervalle de trois jours entre la notification et le jour indiqué pour la réunion du conseil* (art. 411 du Code civil).

5°. *Procès-verbal de nomination d'un tuteur et d'un subrogé-tuteur, sur la réquisition d'un parent.*

L'an mil, etc., pardevant nous, juge de paix, etc., s'est présenté le sieur Guillaume Mard, propriétaire à                    , lequel nous a exposé qu'en vertu de notre cédule du                    , il a fait citer, par exploit de                    , huissier, en date du                    , dont il nous a représenté l'original dûment enregistré, les sieurs (*désignation des membres du conseil*) à se trouver cejourd'hui et à cette heure dans notre hôtel, aux fins de nommer un tuteur et un subrogé-tuteur aux enfants mineurs de son frère Philippe Alard, décédé le     ; que lesdits parents et alliés se sont tous rendus à la convocation, excepté le sieur           , et que le nombre des présents étant néanmoins suffisant pour constituer le conseil de famille, il nous requiert de les réunir sous notre présidence pour procéder aux nominations dont il s'agit, et a signé.

*(Signature du requérant.)*

Au même instant sont comparus les sieurs, 1°, 2°, etc. *(Désignation de chaque membre, avec son degré de parenté ou d'alliance, et la ligne à laquelle il appartient, ou son titre d'ami à défaut de parents et alliés)* ; et attendu que le sieur           , dûment convoqué, ne se présente point, ni personne pour lui, et qu'il ne nous a fait parvenir aucune excuse légitime, nous avons donné contre lui défaut, et l'avons condamné à une amende de cinquante francs, en vertu de l'art. 413 du Code civil.

Ayant ensuite constitué, sous notre présidence, le conseil, composé comme il est dit ci-dessus, nous sommes entrés en délibération sur les choix qu'il conviendrait de faire dans l'intérêt du mineur.

Les sieurs A. et B. ont été d'avis de confier la tutelle au sieur Guillaume Alard, oncle paternel dudit mineur; les sieurs C., D. et G. ont au contraire voté pour que le choix portât sur la personne du sieur Ambroise Marcel, oncle maternel.

Nous, juge de paix, ayant adopté l'avis des deux premiers, et notre voix étant prépondérante, il en est résulté que le sieur Guillaume Alard a été nommé tuteur à l'effet de régir et d'administrer la personne et les biens des mineurs Alard, ses neveux.

A l'égard du subrogé-tuteur, le conseil de famille, à l'unanimité, a été d'avis d'élire ledit sieur Ambroise Marcel, oncle maternel des mineurs.

Dont acte ; et ont les délibérants susnommés signé avec nous et notre greffier.

*La nomination du subrogé-tuteur, dans le cas ci-dessus, serait irrégulière, parce que, le tuteur ne pouvant y participer, et un des membres convoqués ayant fait défaut, le conseil de famille réduit à quatre membres, outre le juge de paix, ne serait plus en nombre suffisant pour délibérer. En pareil cas, la nomination du subrogé-tuteur doit être renvoyée à un autre jour, pour lequel*

*on convoquera les mêmes parents et amis, en leur en adjoignant
deux autres choisis de manière à ce que les deux branches soient
également représentées.*

6°. *Cédule en cas d'excuses à proposer.*

Pardevant nous, juge de paix, etc., est comparu le sieur
M..., lequel nous a dit que, par délibération du conseil de
famille des mineurs L....., tenu sous notre présidence
le            , il a été nommé tuteur desdits mineurs ; que
le procès-verbal de cette délibération lui a été notifié
le            , ainsi qu'il résulte de la copie qu'il nous a
représentée ; mais qu'il ne peut accepter lesdites fonctions,
par le motif que          . En conséquence, il nous a requis de convoquer les parents et amis dénommés au procès-verbal susmentionné, pour le jour et l'heure qu'il
nous conviendra de fixer, aux fins qu'ils délibèrent sur l'excuse proposée par le requérant, et qu'après l'avoir acceptée, ils procèdent à la nomination d'un autre tuteur.

À quoi nous, juge de paix, obtempérant, mandons
à            , huissier de notre justice de paix, de citer, à la
requête du sieur M. . . . . ., les parents et amis des mineurs L. . . . . ., dénommés audit procès-verbal, à comparaître et se trouver devant nous, le            prochain,
à       heures, en notre hôtel, pour entendre ladite excuse,
délibérer sur sa validité, et procéder, s'il y a lieu, au remplacement du sieur M. . . . . . dans les fonctions de la tutelle.

Fait à            , le            .

7°. *Délibération du conseil sur les excuses.*

L'an mil, etc., pardevant nous, etc., se sont présentés les
sieurs (*membres du conseil de famille*), lesquels nous ont exposé qu'en vertu d'une cédule délivrée par nous le            ,
ils ont été cités, à la requête du sieur M...., à se rendre cejourd'hui en nôtre hôtel pour délibérer sur l'excuse au
moyen de laquelle ledit sieur M.... prétend se faire décharger de la tutelle des mineurs L..... qui lui a été conférée
par délibération du            , et pour procéder à son
remplacement dans lesdites fonctions. Ils nous ont requis,
en conséquence, de les recevoir en conseil de famille, sous
notre présidence, et de nous occuper avec eux du double
objet sur lequel ils ont à statuer.

Obtempérant à leur réquisition, nous avons constitué le

conseil de famille, et fait appeler aussitôt le sieur M...., lequel a représenté que (*motif sur lequel l'excuse est basée*). C'est pourquoi il requiert le conseil de revenir sur la délibération prise le          , et de procéder à la nomination d'un nouveau tuteur; et a signé.

*(Signature du tuteur.)*

Le sieur M.... s'étant retiré de la salle de délibération, le conseil de famille a délibéré sur l'excuse par lui proposée, et considérant (*motifs de l'admission ou du rejet de l'excuse*), il a été d'avis à l'unanimité (*ou* à la majorité de *tant* de voix contre *tant*) qu'il n'y avait lieu à admettre ladite excuse, et en conséquence il a maintenu la nomination du sieur M.... comme tuteur des mineurs L....

(*Ou bien*) il a été d'avis que l'excuse proposée est légitime, et il a déclaré le sieur M.... déchargé de la tutelle à lui conférée par la délibération du          .

Et procédant sans désemparer à la nomination d'un nouveau tuteur, le conseil a fait choix à l'unanimité du sieur R...., oncle maternel des mineurs L...., lequel, ici présent, a déclaré accepter ces fonctions, et a signé avec nous, les autres membres du conseil, et notre greffier.

Fait en notre hôtel, les an, mois et jour que dessus.

8°. *Procès-verbal de nomination d'un subrogé-tuteur, sur la réquisition du tuteur légal.*

L'an, etc., pardevant nous, etc., a comparu le sieur Pierre Mathon, cultivateur, demeurant à Bagnols, lequel nous a exposé que Marie Blachère, sa femme, est décédée le     de ce mois, laissant deux enfants issus de leur mariage, Jacques et Philippe Mathon, tous les deux en état de minorité; que, voulant gérer la tutelle que lui défère la loi, il désire faire pourvoir ses enfants d'un subrogé-tuteur; et qu'en conséquence, il a convoqué à l'amiable (*ou* en vertu de notre cédule délivrée le          ) les sieurs (*désignation des six parents, alliés ou amis*), lesquels réunis en conseil de famille sous notre présidence, procéderont à la nomination dudit subrogé-tuteur. De quoi il a requis acte, et a signé.

*(Signature du tuteur légal.)*

Se sont aussitôt présentés les sieurs          , lesquels ayant été constitués par nous en conseil de famille, ont à l'unanimité choisi pour subrogé-tuteur des enfants Mathon le sieur Jacques Blachère, rentier, demeurant à          , leur cousin-germain du côté maternel. Ledit

Blachère, ici présent, a déclaré accepter cette fonction.
Dont acte, fait en notre hôtel, les an, mois et jour que dessus, et ont lesdits membres du conseil et le subrogé-tuteur signé avec nous et notre greffier.

9°. *Procès-verbal de nomination d'un curateur au ventre, sur la réquisition de la veuve.*

L'an etc., pardevant nous, etc., s'est présentée la femme Maillard, née Madelaine Souchon, demeurant à            , laquelle nous a exposé que son mari est décédé le              , et qu'elle est enceinte de six mois. C'est pourquoi elle requiert qu'il nous plaise recevoir et présider le conseil de famille qu'elle a invité à l'amiable (*ou* qu'elle a fait citer en vertu de notre cédule du           ) à comparaître aujourd'hui et à cette heure en notre hôtel, pour nommer un curateur à sa grossesse; et a signé.

*(Signature de la comparante.)*

Sont ensuite comparus (*désignation des membres du conseil*), lesquels ont dit qu'ils étaient prêts à délibérer sur l'objet de la convocation.

En conséquence, nous les avons constitués en conseil de famille, et nous les avons engagés individuellement à nous faire connaître leur choix.

L'unanimité s'étant réunie sur le sieur Maillard, frère du défunt, nous l'avons déclaré curateur à la grossesse de sa belle-sœur, en le prévenant qu'à la naissance de l'enfant, il en deviendra de plein droit le subrogé-tuteur, sans nouvelle formalité; ce à quoi le sieur Maillard a donné son consentement entre nos mains.

Dont acte, fait en notre hôtel, etc.

10°. *Nomination d'un tuteur provisoire à l'enfant dont la mère est décédée et le père a disparu.*

L'an, etc., pardevant nous, etc., sont comparus (*noms, prénoms, qualités et demeures des six parents*), lesquels nous ont exposé que François Milon, propriétaire à Orange, veuf de Marie Béraud, a disparu de son domicile depuis sept mois, sans avoir donné de ses nouvelles; qu'en cet état il y a lieu de nommer un tuteur provisoire à son enfant mineur, et qu'ils nous requièrent de procéder avec eux à cette nomination; et ont les susnommés signé, à l'exception de            , qui a déclaré ne le savoir.

*(Signatures.)*

Vu la déclaration ci-dessus, et l'art. 42 du Code civil;

Attendu que plus de six mois se sont écoulés depuis la disparition de François Milon dont l'absence n'a point été cependant judiciairement déclarée;

Attendu qu'il est urgent de pourvoir à la surveillance de la personne et des biens du mineur qu'il a laissé;

Nous avons donné acte aux susnommés de leurs comparution et déclaration, et les avons constitués en conseil de famille sous notre présidence.

Après quoi le conseil ayant délibéré avec nous, a déclaré à l'unanimité qu'il défère la tutelle à Jean Milon, aïeul paternel du mineur, lequel, ici présent, a promis d'en remplir scrupuleusement toutes les obligations.

(*Lorsque le mineur n'a d'aïeul dans aucune ligne*, on met :) A déclaré à l'unanimité nommer pour tuteur provisoire audit mineur le sieur Antoine Fumat, lequel a promis, etc.

Passant ensuite à la nomination d'un subrogé-tuteur, le conseil a unanimement fixé son choix sur le sieur Berton, etc.

### 11°. *Nomination d'un tuteur en remplacement de la mère qui refuse.*

Aujourd'hui, etc., devant nous, juge de paix, etc., s'est présentée Cécile Aubéry, veuve de Charles Souchier, propriétaire à Piolenc, laquelle nous a exposé que son mari est décédé le          dernier; qu'elle est ainsi devenue tutrice légale de Paul et de Catherine Souchier, leurs enfants mineurs; mais qu'étant dans l'impuissance d'exercer ces fonctions à raison de son incapacité absolue des affaires, elle a invité (*ou* cité) les plus proches parents et alliés de ses enfants, au nombre de six, pris également dans chaque ligne, à se réunir devant nous en conseil de famille, à ce jour et à cette heure, pour agréer sa démission et procéder au choix de son remplaçant dans ladite tutelle, nous requérant de vouloir bien admettre le conseil et présider à sa délibération; et a signé.

(*Signature de la mère.*)

Obtempérant à cette réquisition, nous avons fait entrer dans notre cabinet les parents convoqués, savoir : 1° etc., lesquels nous avons constitués en conseil de famille, sous notre présidence.

Après quoi, délibérant sur la demande de la veuve Souchier ;

Attendu qu'aux termes de l'art. 394 du Code civil, ladite mère peut toujours abdiquer la tutelle de ses enfants mineurs ;

Le conseil, à l'unanimité, a accepté la démission de ladite veuve de la tutelle qui lui était conférée par la loi ; et procédant à son remplacement, a nommé tuteur de l'enfant Souchier, aussi à l'unanimité, le sieur Nicolas Artaud, un des comparants, qui a déclaré accepter cette fonction.

Nous avons ensuite procédé à la nomination d'un subrogé-tuteur, et tous les suffrages se sont réunis sur le sieur Auguste Théron, membre du conseil, lequel a promis entre nos mains de remplir fidèlement les obligations que lui impose cette charge.

Dont acte, fait en notre hôtel les jour, mois et an que dessus ; et ont les susnommés signé avec nous et notre greffier.

12°. *Nomination d'un conseil spécial à la mère tutrice.*

L'an, etc., devant nous, etc., s'est présenté le sieur Mathieu Jacquetty, bijoutier à Saint-Paul-Trois-Châteaux, lequel nous a dit que, dans la prévoyance de son prédécès, qui rendra sa femme tutrice légale de leurs enfants, sachant que son inexpérience des affaires (*ou* la faiblesse de sa santé) ne lui permettra point de remplir convenablement, sans secours, les obligations attachées à cette charge, il s'est décidé à user du droit que lui confère l'art. 391 du Code civil, et qu'en conséquence il nomme pour conseil spécial à sadite femme, aux fins de l'assister dans tous les actes de la tutelle, le sieur Théodore Bancel, négociant au même lieu, qui lui a promis, cas échéant, de remplir cette mission. De laquelle nomination nous avons donné acte au comparant, qui l'a signé avec nous et notre greffier.

13°. *Délibération qui retire la tutelle au survivant des époux, pour cause de dol, lorsqu'il a commencé la gestion sans avoir fait nommer un subrogé-tuteur.*

L'an, etc., devant nous, etc., s'est présenté le sieur Nicolas Plumail, épicier à Pierrelatte, lequel nous a exposé qu'en vertu de la cédule par nous délivrée le            et signifiée par acte de            huissier, en date du

Il a fait citer à comparaître devant nous, à ce jour et heure, trois parents de la ligne paternelle et autant de la ligne maternelle des mineurs Fayard, pour délibérer en conseil de famille sur la proposition qu'il doit leur faire de retirer la tutelle à la mère desdits mineurs, par le motif que, depuis le décès de leur père, arrivé le          , elle n'a fait aucune diligence pour les pourvoir d'un subrogé-tuteur, et qu'elle a commis plusieurs actes frauduleux dans l'administration de la tutelle, soit en (*énoncer les actes*), soit en...., sur lesquels actes la veuve Fayard, qui a été également citée pour cejourd'hui, sera tenue de fournir des explications ; et a, le sieur Plumail, signé la présente déclaration.

(Signature.)

Sont ensuite comparus les sieurs (*noms, prénoms, qualités et demeures des membres du conseil*). Nous avons alors déclaré le conseil de famille légalement constitué, et ayant fait introduire la veuve Fayard, il lui a été donné connaissance des reproches de négligence et de dol élevés contre elle.

A quoi elle a répondu que, si elle n'a pas provoqué la nomination d'un subrogé-tuteur, c'est parce qu'elle ne croyait pas cette formalité nécessaire, et qu'elle désirait épargner des frais à ses enfants.

Quant aux reproches de dol, elle a déclaré, sur le premier fait, que.....

Sur le second, que.....

La veuve Fayard s'étant retirée après ces explications, le conseil a délibéré sur la demande en destitution de tutelle ;

Et considérant que les actes de dol imputés à la veuve Fayard sont établis par          ; que les explications par elles fournies ne détruisent point sa culpabilité ;

Considérant que sa négligence à faire nommer un subrogé-tuteur à ses enfants, avait pour but de favoriser les soustractions qu'elle a commises ;

Considérant qu'il y aurait danger pour la fortune des mineurs à en laisser l'administration entre les mains de leur mère ;

Vu les art. 421 et 447 du Code civil ;

Le conseil, à l'unanimité, a déclaré retirer à ladite veuve Fayard la tutelle de ses enfants mineurs, et lui faire défense d'en continuer la gestion à partir de ce jour.

Nous avons aussitôt fait rappeler la veuve Fayard dans le conseil de famille, et lui avons communiqué la délibération ci-dessus. Elle a déclaré y accéder (*ou ne vouloir y* accéder, et a requis acte de ses protestations et réserves), et a signé.

(*Signature de la tutrice.*)

Le conseil, après le départ de la veuve Fayard, s'est immédiatement occupé de la nomination du tuteur qui doit la remplacer, et le sieur Baptiste Triozon, qui a été nommé à l'unanimité, a déclaré accepter cette charge.

Délibérant ensuite sur le choix d'un subrogé-tuteur, toutes les voix se sont réunies sur le sieur Florent Lombard, qui a également accepté.

Dont acte, etc.

*Lorsque les faits de dol imputés au tuteur ne sont pas suffisamment établis ou sont expliqués d'une manière justificative par l'inculpé, on le maintient dans la tutelle, mais on nomme en même temps un subrogé-tuteur.*

14°. *Délibération qui maintient dans la tutelle de ses enfants la femme convolant à de secondes noces.*

L'an, etc., devant nous, etc., s'est présentée Victoire Fernaux, veuve de Pierre Tessier, demeurant à Loriol, laquelle nous a exposé qu'elle est tutrice des deux enfants issus de son mariage avec ledit Tessier, qu'elle a constamment rempli avec zèle et probité toutes les obligations que lui imposait ce titre ; que, dans l'intérêt même de ses enfants, ayant formé le projet de contracter un second mariage avec le sieur André Frémont, cultivateur à Clansayes, elle a, en vertu de notre cédule délivrée le                , convoqué le conseil de famille de sesdits enfants pour qu'il ait à délibérer sur la question de savoir si la tutelle doit lui être conservée ; que tous les membres de ce conseil se sont rendus à la convocation, et qu'elle nous requiert de vouloir bien les recevoir et présider à leur délibération ; et a signé.

(*Signature de la mère.*)

Nous, juge de paix, ayant obtempéré à cette réquisition, avons fait introduire dans notre cabinet les sieurs (*désignation des membres du conseil*) ; et après avoir déclaré le conseil de famille légalement constitué sous notre présidence, nous avons, conjointement avec les susnommés, délibéré sur la demande de la veuve Tessier.

Et attendu que la requérante s'est acquittée de tous les devoirs de la tutelle avec une louable exactitude ; que son administration a été sage et prudente; qu'elle a toujours manifesté une vive affection pour ses enfants;

Attendu, d'autre part, que le second mari dont elle a fait choix jouit d'une réputation qui est un gage de sécurité pour les intérêts des mineurs ;

Le conseil, à l'unanimité, a déclaré maintenir la veuve Tessier dans la tutelle des enfants qu'elle a eus de son premier mariage, et, en vertu de l'art. 396 du Code civil, lui a donné pour co-tuteur le sieur André Frémont, lequel répondra, solidairement avec elle, de toutes les conséquences de sa gestion.

Fait en notre hôtel les an, mois et jour que dessus; et ont les susnommés signé avec nous et notre greffier.

*Si le conseil de famille est d'avis de retirer la tutelle à la mère qui convole, il lui est facultatif de ne pas en exprimer les motifs, et le procès-verbal se termine ainsi :*

Le conseil, à l'unanimité, a déclaré n'y avoir lieu à maintenir la veuve Tessier dans la tutelle des enfants qu'elle a eus de son premier mariage. En conséquence, procédant à son remplacement pour le cas où le convol projeté s'accomplirait, il a nommé, aussi à l'unanimité, le sieur Jacques Mathon tuteur desdits enfants Tessier, pour, ledit Mathon, n'entrer en exercice de cette charge qu'après le mariage de la veuve Tessier. Ledit Mathon, ici présent, nous a déclaré accepter les fonctions conditionnelles qu'on lui confère.

Dont acte, etc.

15°. *Nomination d'un protuteur à un mineur domicilié en France, qui possède des biens dans une colonie.*

Aujourd'hui, etc., devant nous, etc., a comparu le sieur Auguste Dumas, praticien à Caderousse, lequel nous a exposé que son frère, Adrien Dumas, est décédé en cette même commune le                dernier; que sa succession est dévolue tout entière au sieur Théodore Dumas, son fils mineur, né de son mariage avec Suzanne Coron; que la plus grande partie des immeubles dont se compose cette succession sont situés à Alger; que le surplus se trouve dans le canton de Caderousse; que c'est donc le cas de nommer un protuteur pour l'administration des biens que le mineur possède à Alger; qu'en conséquence, et en sa qualité d'oncle paternel du mineur, il a fait citer, d'après la cédule que nous lui avons délivrée le                , les sieurs                , tous parents, alliés ou amis dudit Adrien Dumas ou de sa femme, à se rendre aujourd'hui et à cette heure dans notre hôtel, pour former un conseil de famille et nommer un protuteur au mineur Dumas.

De quoi il a requis acte, et a signé.

*(Signature du requérant.)*

Les susnommés s'étant aussitôt présentés, nous avons déclaré le conseil de famille légalement constitué sous notre présidence, et le résultat de sa délibération a été de nommer, à l'unanimité, le sieur Maret, ami dudit sieur Adrien Dumas, et qui demeure à Alger, protuteur du mineur Dumas, avec charge au sieur Auguste Dumas de donner connaissance audit sieur Maret de sa nomination (1).

16°. *Délibération pour régler la dépense annuelle du mineur et celle de l'administration de ses biens.*

L'an, etc., devant nous, etc., s'est présenté le sieur Thomas Delacour, propriétaire à Carpentras, lequel nous a exposé qu'il a été nommé tuteur de Paul Masson, par délibération du conseil de famille de ce mineur, en date du          ; que cette qualité lui impose le devoir de faire régler la dépense annuelle de son pupille et les frais d'administration de ses biens, et fixer la somme à laquelle commencera pour lui l'obligation d'employer l'excédant des revenus sur la dépense ; que, pour parvenir à ces réglement et fixation, il a convoqué devant nous pour ce jour et heure le conseil de famille dudit Masson, et qu'il nous prie de le recevoir et de présider à sa délibération ; et a signé.

*(Signature du tuteur.)*

Ont aussitôt comparu les sieurs (*membres du conseil*), lesquels, après avoir été constitués en conseil de famille, ont pris, conjointement avec nous, la délibération suivante :

Attendu que les revenus de Paul Masson peuvent être évalués à dix-huit cents francs, nets d'impôts ;

Attendu qu'une somme de douze cents francs est suffisante

---

(1) Ainsi qu'on peut en juger par la rédaction de cette formule, c'est le conseil de famille du lieu où la tutelle s'est ouverte, qui doit nommer le protuteur. Mais si le protuteur nommé s'excuse, ou, ce qui est la même chose, si le conseil de famille du lieu du domicile n'en a point nommé, il doit en être nommé un dans le lieu de la situation des biens. (*Toullier, Merlin.*)

pour subvenir aux frais de son éducation et de son entretien ;

Attendu que la gestion de ses biens ne peut pas entraîner plus de deux cents francs de dépense;

Le conseil, à l'unanimité, règle la dépense du mineur à douze cents francs par an, fixe à deux cents francs les frais de gestion, et arrête que les quatre cents francs d'excédant seront placés chaque année par le tuteur, et dans les six mois suivants au plus tard, de la manière la plus convenable aux intérêts du pupille, faute de quoi le tuteur sera passible de l'intérêt des sommes dont il aura négligé le placement.

*Lorsque les biens du mineur sont considérables et qu'ils exigent plusieurs gérants, on ajoute :*

Et sur l'observation faite par le tuteur, que l'administration des immeubles du mineur Masson ne peut être utilement gérée par une seule personne; que le nombre, l'importance et la dissémination de ces immeubles nécessitent le concours de plusieurs gérants ; le conseil de famille, reconnaissant qu'il est de l'intérêt du mineur d'employer plusieurs personnes à cette administration, autorise, à l'unanimité, le tuteur de Paul Masson à se faire aider dans la gestion de la tutelle par deux administrateurs salariés, dont le traitement annuel est fixé pour chacun à la somme de

De tout quoi nous avons dressé le présent procès-verbal, qui a été signé, etc.

Nota. *Le choix des gérants appartient au tuteur.*

17°. *Délibération sur les motifs de dispense allégués par un tuteur depuis l'acceptation de la tutelle.*

L'an, etc., devant nous, etc., a comparu le sieur Jean Masclet, lequel nous a dit qu'il a été nommé, par une délibération du conseil, en date du                     , tuteur d'Alexis Singeard, fils mineur de Paul Singeard et de Marie Blot ; qu'il a, depuis lors, rempli consciencieusement toutes les obligations que lui imposait cette charge ; mais qu'il lui est survenu récemment une légitime cause de dispense, laquelle consiste, etc. ; que voulant profiter du bénéfice de la dispense, il a amiablement convoqué le conseil de famille dudit mineur Singeard pour ce jour et heure, et qu'il nous prie en conséquence de le recevoir ; et a signé.

*(Signature du tuteur.)*

Se sont aussitôt présentés les sieurs (*désignation des membres du conseil*), lesquels, après avoir été constitués par nous en conseil de famille, et avoir délibéré sous notre présidence, ont été unanimement d'avis, comme nous, que le motif de dispense invoqué par le sieur Masclet est légal et parfaitement justifié. En conséquence, le conseil a déchargé ledit sieur Masclet de la continuation de la tutelle du mineur Singeard, sauf reddition du compte tutélaire ; et procédant à son remplacement, il a, toujours à l'unanimité, nommé le sieur Jacques Pons pour exercer lesdites fonctions, ce à quoi le sieur Pons a immédiatement adhéré.

Dont acte, etc.

18° *Autorisation à un tuteur pour accepter une succession dévolue à son pupille.*

Aujourd'hui, etc., pardevant nous, etc., a comparu le sieur Matis (Jean-Jacques) propriétaire à Bourdeaux, tuteur de son neveu Antoine Matis, lequel nous a exposé que le sieur Pérard, cousin-germain dudit Antoine, vient de mourir après l'avoir institué son légataire universel ; que ce legs paraît avantageux au mineur, d'après la fortune considérable dont jouissait le sieur Pérard ; qu'il croit de l'intérêt de son pupille de l'accepter, et qu'il a convoqué le conseil de famille à l'amiable pour ce jour et cette heure, afin d'obtenir l'autorisation requise, nous priant de le recevoir et de le présider ; et a signé.

(Signature du tuteur.)

Nous, juge de paix, obtempérant à cette invitation, nous avons fait introduire dans notre cabinet les sieurs            , que nous avons constitués en conseil de famille sous notre présidence ; et après avoir délibéré en commun sur l'objet de la convocation, considérant que les propriétés immobilières du sieur Pérard sont considérables ; qu'on ne lui connaît aucune dette ; que, d'ailleurs, une acceptation bénéficiaire ne peut compromettre la fortune personnelle du mineur, le conseil, à l'unanimité, a été d'avis d'autoriser le tuteur d'Antoine Matis à accepter, pour le compte de son pupille, et sous bénéfice d'inventaire, le legs universel fait à celui-ci par le sieur Pérard.

De tout quoi nous avons dressé le présent procès-verbal, etc.

*Lorsque le conseil de famille accorde l'autorisation de répudier un legs, on s'exprime ainsi :* Et après avoir délibéré en commun sur l'objet de la convocation, considérant que si

les immeubles qui composent la succession du sieur Pérard sont d'une valeur considérable, il résulte d'un certificat du conservateur des hypothèques, produit par le
sieur Matis, tuteur, qu'ils sont grevés d'inscriptions hypothécaires pour une somme supérieure à leur valeur; qu'il
est de notoriété publique qu'il existe en outre de nombreux
créanciers chirographaires du défunt, et qu'en cet état, le
legs universel fait au sieur Antoine Matis ne lui présente
aucun avantage; le conseil, à l'unanimité, a été d'avis d'autoriser le tuteur d'Antoine Matis à renoncer, pour son pupille, au legs universel contenu dans le testament du sieur
Pérard.

De tout quoi, etc.

*S'il s'agit de l'acceptation d'une donation, on fera les va-
riantes nécessaires.*

19°. *Autorisation pour former une demande en partage au nom
du mineur.*

L'an etc., pardevant nous, etc., s'est présenté le sieur
Légard ( Pierre - Mathieu ) propriétaire à la Celle - Saint-
Cloud, tuteur des enfants mineurs de Jacques Maynard et de
Catherine Masson, décédés, lequel nous a exposé qu'en leur
qualité d'héritiers légitimes de Claude Masson, leur oncle,
ils sont propriétaires par indivis avec le sieur Bergeron, leur
cousin-germain, demeurant à Vaucresson, d'un domaine
situé à la Celle-Saint-Cloud, consistant en terres labourables et bois; qu'il serait avantageux à ses pupilles d'obtenir le partage de ce domaine; et qu'à cet effet il nous prie
de recevoir le conseil de famille desdits mineurs qu'il a
convoqué pour ce jour et heure, et a signé.

(Signature du tuteur.)

Obtempérant à cette réquisition, nous, juge de paix,
avons fait inviter les sieurs                , membres dudit
conseil de famille, à passer dans notre cabinet, et après les
avoir constitués en conseil sous notre présidence, nous
avons délibéré avec eux sur l'objet de la convocation.
Comme les inconvénients de l'indivision ont été reconnus
par tous les membres, le conseil, à l'unanimité, a déclaré
autoriser le tuteur des enfants Maynard à provoquer en
justice le partage des immeubles ci-dessus désignés et à
y procéder dans les formes établies par la loi.

Dont acte, etc.

*20°. Autorisation au tuteur pour vendre les immeubles du
mineur.*

Aujourd'hui, etc., devant nous, etc., s'est présenté le
sieur Édouard Vernon, domicilié à Die, tuteur des enfants
mineurs du sieur Étienne Vernon, son frère, lequel nous
a exposé qu'il résulte de la comparaison de l'actif et du
passif de la succession dudit Étienne Vernon, que les dettes
de celui-ci excèdent de beaucoup le montant des valeurs
mobilières constatées par l'inventaire de ladite succession ;
qu'en cet état, il est indispensable, pour prévenir les poursuites auxquelles les enfants Vernon seraient exposés comme
héritiers de leur père, de vendre une partie des immeubles de la succession ; que, pour en obtenir l'autorisation,
il a convoqué à l'amiable, pour ces jour et heure, les membres du conseil de famille des mineurs Vernon, et qu'il
nous prie de vouloir bien les recevoir et les présider, et a
signé.

(Signature du tuteur.)

Aussitôt sont comparus les sieurs            , lesquels
formés en conseil de famille sous notre présidence, se sont
occupés avec nous de l'objet pour lequel ils ont été convoqués ;

Et, vu l'inventaire de la succession d'Étienne Vernon,
dressé le          , par le notaire M....; vu l'état des inscriptions hypothécaires qui grèvent les propriétés immobilières de la succession ; vu les autres pièces justificatives
produites par le tuteur ;

Considérant que l'excédant du passif sur l'actif disponible et sur le produit présumable de la vente du mobilier
est de dix mille francs ;

Considérant qu'il importe aux mineurs Vernon d'éteindre ce passif, soit pour s'exonérer des intérêts qu'ils auraient
à supporter, soit pour éviter des frais de poursuites ;

Le conseil, à l'unanimité, autorise le sieur Édouard Vernon à faire vendre, avec les formalités prescrites par la loi,
la maison (ou *le domaine*) dépendant de la succession d'É-
tienne Vernon, située à            , à la charge d'en employer le prix au paiement des créanciers dudit Étienne Vernon, et de placer l'excédant, s'il y en a, de la manière la
plus avantageuse pour les mineurs ; le tout, après avoir
fait homologuer la présente délibération par le tribunal
civil de l'arrondissement.

Fait en notre hôtel, les an, mois, et jour susdits ; et ont

les membres du conseil de famille signé avec nous et notre greffier.

### 21°. *Autorisation pour un emprunt.*

*Après avoir fait les changements nécessaires dans la première partie du modèle ci-dessus, on termine ainsi le procès-verbal :*

Attendu qu'il résulte des pièces produites et notamment du compte sommaire du tuteur, que le passif des mineurs excède leur actif disponible ;

Mais attendu que leurs revenus sont considérables, qu'on peut en consacrer chaque année une partie à l'extinction des charges qui pèsent sur eux, qu'il leur est dès lors plus avantageux de contracter un emprunt pour payer les dettes actuelles que d'aliéner leurs immeubles ;

Le conseil, à l'unanimité, autorise le tuteur des mineurs Vernou à emprunter, au taux légal, une somme de dix mille francs, qu'il emploiera à la libération desdits mineurs, laquelle somme sera remboursable dans le délai de cinq années, à raison de deux mille francs par an outre les intérêts, et pour sûreté de laquelle il hypothéquera une maison située à                , confrontant, etc. La présente délibération, au surplus, n'aura d'effet qu'après avoir été homologuée par le tribunal civil de l'arrondissement.

Dont acte, fait et clos les an, mois et jour ci-dessus, et signé, etc.

### 22°. *Autorisation pour transiger.*

Aujourd'hui, etc., pardevant nous, etc., s'est présenté, etc., lequel nous a dit qu'il existe une contestation entre les mineurs dont la tutelle lui est confiée et le sieur Chassan, au sujet (*expliquer l'objet du procès*) ; que l'intérêt desdits mineurs est de terminer ce procès à l'amiable, ainsi que cela résulte d'une consultation délibérée par trois jurisconsultes que le procureur du roi avait désignés à cet effet, et qu'il a mise sous nos yeux ; que le sieur Chassan est disposé à transiger sur les bases énoncées dans la consultation ; et que la loi exigeant pour cet acte l'autorisation du conseil de famille, il en a convoqué tous les membres devant nous pour ces jour et heure, nous priant de les recevoir et de présider à leur délibération ; et a signé.

(*Signature du tuteur.*)

A quoi obtempérant, nous avons fait entrer dans notre
cabinet les sieurs                 , lesquels, constitués par nous
en conseil de famille sous notre présidence, se sont livrés
à l'examen de la demande formée par le tuteur;

Et considérant (*rapporter ici les motifs sur lesquels est fondé
l'avis des trois jurisconsultes*);

Considérant que, d'après ces motifs, il y a un avantage
évident pour les mineurs à conclure la transaction pro-
jetée;

Le conseil, à l'unanimité, autorise le tuteur des enfants
Vernon à transiger pour ses pupilles avec le sieur Chassan,
sur les bases et aux conditions mentionnées dans la consultation de MM....., à la charge par ledit tuteur de faire homologuer cette transaction par le tribunal de l'arrondissement.

Dont acte, etc.

23°. *Autorisation au subrogé-tuteur pour consentir au tuteur le
bail des biens de ses pupilles.*

Aujourd'hui, etc., devant nous, etc., s'est présenté le
sieur Jacques Arnoux, tuteur, etc., lequel nous a exposé
qu'il désire prendre à bail les immeubles de son pupille,
s'il se trouve le plus fort enchérisseur lors de l'adjudication
publique qu'il en poursuit dans les formes ordinaires, et qui
est fixée au 1er novembre prochain; mais que, comme il ne
peut tenir cette adjudication que du subrogé-tuteur préalablement autorisé par le conseil de famille, il a invité
les membres de ce conseil à se réunir aujourd'hui devant
nous, ce à quoi ils ont consenti; et a signé.

*(Signature du tuteur.)*

Aussitôt ont comparu les sieurs                 , que nous
avons constitués en conseil de famille sous notre présidence. Après quoi, considérant qu'il est de l'intérêt du mineur d'augmenter le nombre des enchérisseurs pour le bail
de ses biens; que le tuteur offre toutes les garanties dési-
rables; le conseil, à l'unanimité, a autorisé le sieur Martin, subrogé-tuteur du mineur Vatel, à consentir au sieur
Arnoux, leur tuteur, le bail des biens dudit Vatel, dans le
cas où l'adjudication lui en serait faite comme dernier enchérisseur; et ce, aux clauses et conditions stipulées dans
le procès-verbal d'adjudication.

De tout quoi nous avons rédigé le présent procès-verbal, etc. (1).

24° *Autorisation à un tuteur pour provoquer la réclusion de son pupille.*

Aujourd'hui, etc., devant nous, etc., a comparu le sieur Mathieu Girard, tuteur, etc., lequel nous a exposé que son pupille, malgré les nombreux avertissements qu'il lui a donnés, s'est entièrement livré à la débauche ; qu'il se permet tous les jours de graves excès ; qu'il a notamment (*détail des griefs*) ; que voulant prévenir les suites fâcheuses d'une telle conduite, il a convoqué devant nous pour ces jour et heure le conseil de famille dudit mineur, afin d'obtenir son autorisation pour les mesures à prendre, et qu'il nous prie de le recevoir ; et a signé.

(*Signature du tuteur.*)

Obtempérant à cette invitation, nousdit juge de paix, avons fait introduire dans notre cabinet les sieurs        ; et après les avoir constitués en conseil de famille sous notre présidence, nous avons délibéré avec eux sur l'objet de la convocation.

Et attendu que les faits exposés par le tuteur sont de notoriété publique ; qu'ils sont connus de la plupart des membres du conseil ; qu'il est urgent d'y apporter une sévère répression ;

Le conseil, à l'unanimité, autorise le tuteur du mineur Lanot à requérir sa détention de M. le président du tribunal d'arrondissement, pendant un temps qui ne pourra excéder        mois.

De laquelle délibération nous avons dressé, etc.

25° *Autorisation pour le mariage du mineur non émancipé, qui n'a ni père ni mère, ni aïeul ni aïeule.*

Aujourd'hui, etc., devant nous, etc., a comparu le sieur Antoine Marvis, tuteur de, etc., lequel nous a exposé que son pupille est dans l'intention de contracter mariage avec demoiselle Angélique Chabrol ; que ce mariage pa-

---

(1) Il n'est pas absolument nécessaire que le bail des biens du mineur soit fait aux enchères publiques. Mais lorsqu'il a lieu sans cette formalité, et que le tuteur s'en charge, le conseil de famille, dans sa délibération, doit régler les conditions auxquelles le subrogé-tuteur est autorisé à le consentir au tuteur.

raît convenable et avantageux pour lui; qu'en conséquence, il a convoqué, etc.

Aussitôt se sont présentés les sieurs                    , lesquels nous avons constitués en conseil de famille, sous notre
présidence.

Après avoir délibéré en commun sur la demande formée
par le tuteur du mineur Charvet;

Attendu que la demoiselle Angélique Chabrol est un
parti convenable pour ledit Charvet;

Le conseil, à l'unanimité, donne son approbation au
mariage projeté, et autorise le tuteur dudit Charvet à y
faire procéder suivant les formes légales, ainsi qu'à assister
ledit mineur, au nom et comme représentant du conseil
de famille, dans les actes et conventions qui régleront les
intérêts des époux, conformément à l'art. 1398 du Code civil (1).

De laquelle délibération nous avons dressé procès-verbal, etc.

Nota. *Si c'est un mineur émancipé qui veut contracter mariage, il peut lui-même convoquer le conseil et lui demander l'autorisation. Le conseil doit toujours nommer un représentant pour
assister le mineur dans le contrat de mariage.*

**CONSERVATEUR DES HYPOTHÈQUES.** Voy. t. 2,
p. 193.

**CONTRAINTE PAR CORPS.** Voy. ci-dessus *Arrestation
d'un débiteur*.

**CONVENTIONS MATRIMONIALES.** Voy. t. 2, p. 254,
et ci-dessus, *Conseil de famille*, 25e formule.

**CURATEUR.** Voy. ci-après *Émancipation*.

___

(1) Le conseil peut nommer un autre que le tuteur pour être son représentant dans l'acte qui règle les conventions matrimoniales. Il peut
aussi tracer à son délégué, dans la délibération qui le nomme, les clauses,
conditions et donations qu'il autorise le mineur à souscrire; car, quoique
l'art. 1398 déclare que le mineur habile à contracter mariage, est habile
à souscrire toutes les conventions dont ce contrat est susceptible, comme
il ajoute : *pourvu qu'il ait été assisté, dans le contrat, des personnes dont le
consentement est nécessaire pour la validité du mariage*, il est évident que
le conseil de famille peut attacher à son consentement les conditions qui
lui paraissent convenables. Lorsque le conseil s'est contenté de donner
un pouvoir général à son délégué, il est censé s'en être rapporté à lui
pour l'examen des conventions matrimoniales, et son consentement suffit
pour rendre le contrat valable.

CURATEUR AU VENTRE. Voy. ci-dessus *Conseil de famille*, 9ᵉ formule.

# D.

DÉCLARATION DES PARTIES. Voy. ci-dessus *Comparution volontaire.*

DÉCLARATION DU TIERS SAISI. L'an, etc., devant nous, juge de paix, etc., assisté de notre greffier, s'est présenté le sieur Paul Saint-Denys, propriétaire, demeurant à Pierrelatte, lequel nous a dit que, par exploit de          , huissier, du          , le sieur Jacques Taillefer, demeurant à Marsanne, a fait saisir entre ses mains tout ce que le comparant peut devoir au sieur Cheylard, de Saint-Paul-Trois-Châteaux ; que, depuis, il a été assigné devant le tribunal de Montélimart pour y faire sa déclaration, ainsi qu'il résulte d'un exploit de          , huissier, du          ; mais que, voulant profiter de la faculté que lui donne l'article 571 du Code de Procédure, il vient affirmer devant nous qu'au jour de ladite saisie-arrêt, comme encore à présent, il ne devait et ne doit au sieur Cheylard que la somme de mille francs, restant de celle de quinze cents francs, montant d'un billet qu'il avait souscrit audit Cheylard le          , exigible le          , et sur lequel il a payé en deux fois la somme de cinq cents francs, savoir : trois cents francs le          , et deux cents francs le          ; déclarant en outre le sieur Saint-Denys qu'une autre saisie-arrêt a été formée entre ses mains, sur la même somme, à la requête du sieur Mézard de Lapalud, par exploit de          , huissier, du          . Le sieur Saint-Denys offre de payer, à l'échéance, la somme dont il est encore débiteur, à qui par justice sera ordonné, déduction faite de ses frais. Et, pour justifier ce que dessus, le comparant déposera au greffe du tribunal de Montélimart tant les quittances que les exploits sus-mentionnés.

Dont acte, fait et donné au sieur Saint-Denys, qui l'a signé avec nous, juge de paix, et notre greffier.

DÉNONCIATION. Voy. t. 2, p. 311.

DOMMAGE. Voy. *Code d'Instruction criminelle*, art. 148.

*Procès-verbal d'estimation de dommage.*

L'an, etc., nous, juge de paix, présidant le tribunal de police du canton de Valence, sur la réquisition qui nous a été faite par le ministère public près notredit tribunal (ou *par le sieur* , partie civile contre le sieur );

Nous nous sommes transporté au quartier de , dans une ferme appartenant au sieur , pour y procéder à l'estimation du dommage que le sieur est prévenu d'y avoir commis, en faisant (*énoncer la cause du dommage*).

Là, nous avons trouvé le sieur , partie civile, et le sieur , prévenu, que nous avions fait inviter à s'y rendre (ou *qui avaient été cités à la requête de*) ; et après avoir vérifié l'état des lieux et entendu les parties dans leurs observations respectives, nous avons évalué le préjudice causé par le sieur à la somme de .

*Si le juge de paix ne peut évaluer lui-même le dommage, on met, au lieu de cette dernière période :*

Et, après avoir reçu le serment du sieur , expert par nous nommé d'office, de donner son avis en ame et conscience, nous l'avons engagé à vérifier l'état des lieux et à prendre, auprès des parties, tous les renseignements nécessaires pour éclairer son opinion ; ce qu'ayant fait, ledit expert nous a déclaré qu'il estimait le dommage à la somme de .

De quoi nous avons dressé le présent procès-verbal, dont nous avons donné lecture à l'expert et aux parties, lesquels l'ont signé avec nous et notre greffier.

*Si c'est le ministère public qui requiert l'estimation, ce procès-verbal est visé pour timbre et enregistré en débet. Si c'est la partie civile, le procès-verbal doit être timbré et enregistré.*

*Commission pour faire estimer le dommage.*

Nous, juge de paix, président du tribunal de police du canton de, etc. ;

Sur la réquisition de , exerçant les fonctions du ministère public près de ce tribunal (ou *du sieur M....., partie civile contre L.....*) ;

Commettons, conformément à l'art. 148 du Code d'Instruction criminelle. M. le maire, ou, en cas d'empêchement, M. l'adjoint de la commune de , (ou *M. le commissaire de police de la ville de* ), afin de procéder par lui-même (ou *avec l'assistance du sieur N....., expert, que nous nommons d'office, ou bien avec l'assistance de l'expert qu'il lui plaira nommer*), à l'estimation du dommage que le sieur L.... est prévenu d'avoir, en contravention à l'art.          , commis dans une maison située à                , et appartenant audit sieur M...., et de faire cette estimation contradictoirement avec lesdits sieurs M..... et L......, ou eux dûment appelés.

De laquelle opération il dressera procès-verbal qu'il nous transmettra, pour être ensuite par le ministère public requis et par nous ordonné ce qu'il appartiendra.

Fait à          , le          .

*Même observation relativement au timbre et à l'enregistrement que pour le procès-verbal d'estimation ci-dessus.*

## E.

### ÉCHENILLAGE. Voy. t. 3, p.51.

*Exécutoire délivré au maire.*

Nous, juge de paix, etc. ;

Vu l'arrêté de M. le maire de Tulette, en date du          , par lequel il était enjoint au sieur Jean Musset, propriétaire au même lieu, de faire écheniller ses propriétés dans le délai de huitaine ;

Vu la réquisition de ce magistrat au sieur Mathieu, journalier, de procéder audit échenillage à défaut du sieur Musset, qui a négligé de le faire ;

Vu la quittance, en date du          , donnée par ledit Mathieu ;

Mandons et ordonnons, conformément à la loi du 26 ventôse an 4, art. 7, au premier huissier requis, de contraindre le sieur Jean Musset, par les voies ordinaires, à restituer à M.          , maire de la commune de Tulette, la somme de          , qu'il a payée au sieur Mathieu pour ses travaux d'échenillage dans la propriété dudit sieur Musset.

Fait à          , le          .

### ÉMANCIPATION. Voy. t. 3, p. 39, et t. 2, p. 90.

*Émancipation par le père ou la mère.*

L'an, etc., devant nous, etc., a comparu le sieur Paul Masson, charpentier, demeurant à Bagnols, lequel nous a déclaré que, reconnaissant à son fils Antoine, âgé de quinze ans révolus, une prudence au dessus de son âge et une capacité suffisante pour se conduire et administrer ses biens, il lui confère l'émancipation, en vertu de l'art. 477 du Code civil.

De laquelle déclaration nous lui avons donné acte, qu'il a signé avec nous et notre greffier, après lecture.

Fait à                , le                .

### *Révocation de cette émancipation.*

L'an, etc., devant nous, etc., a comparu le sieur Paul Masson, etc., lequel nous a exposé que, par déclaration faite devant nous le                185   , il avait émancipé son fils Antoine ; mais que la conduite de ce dernier ne répondant point aux espérances qu'il avait conçues, et craignant pour lui une ruine complète, d'après les obligations onéreuses qu'il a contractées dans l'espace de      ans, qui s'élevaient à une somme de              , et qui ont été réduites à celle de              , par jugement du tribunal civil de Montélimart, du                , enregistré le                , il nous demande acte de la révocation formelle qu'il fait de ladite émancipation.

### *Émancipation par le conseil de famille.*

Aujourd'hui, etc., devant nous, etc., s'est présenté le sieur Alexandre Cheysson, pharmacien à Saint-Paul-Trois-Châteaux, lequel nous a exposé que le sieur Théodore Marre, son cousin-germain, âgé de dix-huit ans accomplis, est encore dans les liens de la tutelle ; qu'il est cependant de notoriété publique que ledit Théodore Marre a toute l'intelligence requise pour gérer ses affaires sans les compromettre ; qu'il est dans le cas de recevoir l'émancipation ; que pour parvenir à ce but, le comparant, attendu que Théodore Marre n'a ni père ni mère, et que son tuteur n'a fait aucune démarche pour le faire émanciper, a convoqué à l'amiable les membres du conseil de famille pour ce jour et cette heure, et qu'il nous prie de le recevoir et de le présider, et a signé.

(Signature du comparant.)

A quoi obtempérant, nous avons fait introduire dans notre cabinet les sieurs                , lesquels, constitués en conseil de famille sous notre présidence, ont délibéré avec nous sur la proposition du sieur Cheysson.

Et considérant que Théodore Marre est d'une conduite irréprochable, qu'il a de l'instruction et l'habitude des affaires ;

Le conseil, à l'unanimité, a déclaré lui conférer l'émancipation.

Procédant ensuite au choix d'un curateur, le conseil, aussi à l'unanimité, a nommé, pour remplir ces fonctions, le sieur Mallet aîné, ici présent, lequel a déclaré accepter.

Dont acte, fait à          , le          , et signé, etc.

*La révocation de cette émancipation se fait dans la même forme, lorsqu'il existe les motifs énoncés dans le modèle de révocation ci-dessus.*

## ENQUÊTE. Voy. t. 3, p. 80 et suivantes.

Nota. *Le modèle de jugement rendu en dernier ressort après une enquête dont il n'y a pas lieu de dresser procès-verbal, que nous avons emprunté au formulaire de MM. Péchart et Cardon, contient deux erreurs qu'il importe de rectifier. D'abord, la demande sur laquelle il statue étant une complainte possessoire d'une valeur indéterminée, n'était pas susceptible d'un jugement en dernier ressort. En second lieu, il n'est pas vrai que le juge ait, dans tous les cas, la faculté d'entendre le témoin reproché, sauf à avoir tel égard que de raison à sa déposition. (Voy. Enquête, sect. 1re, n° 14, et Témoin, § 3, n° 7.) Il faut donc substituer au modèle proposé, t. 3, p. 88, le modèle suivant :*

*Jugement en dernier ressort après une enquête sans procès-verbal.*

Entre, etc., comparant l'un et l'autre en personne ;

Par sa citation du          , Pierre M.... a conclu à ce qu'il plaise au tribunal condamner le sieur Q.... à cinquante francs de dommages-intérêts et aux dépens, pour le préjudice qu'il lui a causé en traversant, dans toute sa longueur, avec sa charrette, le 10 du même mois, un champ qui appartient au susdit demandeur, et dont la récolte n'était point encore levée, ledit champ situé au quartier de          , et confrontant          .

La cause, portée à l'audience du          , le défendeur prétendit que l'endroit où il avait passé avec sa charrette ne faisait point partie du fonds du demandeur, et qu'au surplus le dégât causé par le passage d'une charrette dans un champ de blé ne pouvait être évalué plus de trois ou quatre francs ;

Sur quoi le tribunal, avant dire droit, ordonna que visite serait faite des lieux en présence des parties, cejourd'hui à          heures, et que le demandeur y produirait les témoins du fait dont il se plaint, sauf la preuve contraire.

En vertu de ce jugement, nous, juge de paix, assisté de notre greffier, nous sommes transporté, au jour et à l'heure fixés, sur le fonds désigné par le demandeur, où étant, nous avons procédé, ainsi qu'il suit, en présence des deux parties, à l'audition de trois témoins assignés à la requête dudit sieur M....

Le premier a déclaré se nommer....., et être cousin issu de germain du demandeur; sur quoi le défendeur s'est opposé à son audition, en vertu de l'art. 285 du Code de Procédure.

Attendu que la disposition de cet article est formelle, qu'il autorise à reprocher tout parent ou allié de l'une ou de l'autre des parties jusqu'au degré de cousin issu de germain; que l'expression facultative dont le législateur s'est servi *pourront être reprochés*, ne se rapporte qu'à la partie, et non point au juge; que ce dernier est tenu de faire droit au reproche lorsqu'il est élevé par une des parties et qu'il est reconnu fondé;

Attendu que l'art. 291 dispose formellement que si les reproches sont admis, la déposition du témoin reproché ne sera point ouïe;

Attendu que si l'art. 284 ordonne que le témoin reproché sera entendu dans sa déposition, cette prescription est relative seulement au cas où l'enquête est reçue par un juge commissaire, ou bien à celui où la cause est susceptible de deux degrés de juridiction, parce qu'alors, comme le reproche doit être apprécié par le tribunal de première instance, il est nécessaire que la déposition du témoin soit recueillie par écrit, afin que le tribunal puisse en faire usage, si le reproche ne lui paraît pas fondé;

Par ces motifs, nous disons que le reproche proposé contre le sieur          étant justifié, ce témoin ne sera pas entendu.

Le sieur               , second témoin, a déclaré se nommer             , n'être parent, allié, ni serviteur d'aucune des parties, et a prêté serment de dire la vérité.

Aussitôt le défendeur a reproché ledit témoin, comme ayant bu et mangé avec le demandeur, et à ses frais, depuis la prononciation du jugement qui a ordonné l'enquête. A quoi le témoin a répondu qu'à la vérité, il s'est trouvé avec le sieur M..... dans un repas qui a eu lieu à la maison de campagne de celui-ci il y a peu de jours ; mais que c'était un pique-nique donné à frais communs par plusieurs voisins, qu'il avait fourni son écot, et qu'il n'a donc pointbu et mangé aux dépens de qui que ce soit.

Attendu que des explications du témoin, qui ne sont pas contredites par le sieur Q...., il résulte que ledit témoin ne se trouve pas dans le cas de reproche prévu par l'art. 283, § 2 ;

Nous ordonnons que le sieur           sera entendu dans sa déposition.

En conséquence, le sieur           a déclaré que (*énoncer le simple résultat de la déposition*).

Le troisième témoin a déclaré se nommer           , et être le beau-père du demandeur. Nous avons fait observer aux deux parties que ce témoin n'aurait pas dû être cité, d'après la disposition formelle de l'art. 268 du Code de Procédure ; à quoi le défendeur a répondu qu'il connaissait la délicatesse parfaite du sieur           . et qu'il ne s'opposait point à ce qu'il fût entendu en témoignage.

Vu ledit art. 268, qui est ainsi conçu : «           » ;

Et considérant que la prohibition de la loi est impérative et tient à la morale publique ; que si le témoin, parent ou allié en ligne directe de l'une des parties, ne peut être assigné, il est évident qu'il ne peut être entendu ; par ces motifs, sans nous arrêter au consentement donné par le défendeur à ce que le sieur           fût admis au témoignage, disons que la déposition dudit sieur           ne sera point reçue.

Aucun témoin n'ayant été produit par le défendeur, et l'enquête étant ainsi terminée, nous avons entendu respectivement les parties dans leurs moyens et défense, après quoi nous nous sommes posé la question suivante :

Le sieur M.... a-t-il éprouvé quelque dommage par le fait du sieur Q...., et quelle en est la quotité ?

Attendu qu'il résulte de la déposition du témoin           , entendu malgré le reproche non fondé qui avait été proposé contre lui, que le jour indiqué dans la citation, le sieur Q..... a traversé, avec une charrette attelée de deux chevaux, le champ du demandeur non encore dépouillé de sa récolte ;

Attendu que la déposition de ce témoin, quoique unique puisque les autres n'ont pu être légalement entendus, mérite une entière confiance, soit à cause de la moralité dudit témoin, soit à cause de l'absence de tout motif qui aurait pu l'engager à induire la justice en erreur;

Attendu que de l'appréciation faite par le même témoin et par nous-même du dégât causé à la récolte du sieur M...., par le passage de la charrette du défendeur, il résulte que la demande du sieur M.... est exagérée;

Par ces motifs, nousdit juge de paix du canton de          , jugeant en dernier ressort, condamnons le sieur Q..... à payer au sieur M...., à titre de dommages-intérêts, la somme de trente francs à laquelle nous évaluons les dégâts commis, le condamnons en outre aux dépens, etc.

ENREGISTREMENT. Voy. t. 4, p. 41.

*Ordonnance pour faire délivrer d'un tiers un extrait des registres de l'enregistrement.*

Nous, juge de paix, etc.; vu la requête à nous adressée par le sieur          , de laquelle il résulte que ledit sieur          a intérêt à avoir un extrait des registres du préposé aux droits d'enregistrement au bureau de          , en ce qui concerne une obligation (*ou tel autre acte*) passée le          , entre le sieur          et le sieur          ;

Vu l'art. 58 de la loi du 22 frimaire an 7;

Enjoignons à M. le receveur de l'enregistrement au bureau de          , de délivrer au sieur          , moyennant salaire, copie certifiée de l'enregistrement fait sur ses registres, de l'acte sus-énoncé.

Donné en notre hôtel, le          .

ESTIMATION DE DOMMAGE. Voy. ci-dessus *Dommage.*

EXÉCUTION DES JUGEMENTS DE POLICE. Voy. t. 5, p. 178.

*Réquisitoire pour l'exécution de ces jugements.*

Nous, maire (*ou* commissaire de police) de la commune de          , exerçant les fonctions du ministère public près le tribunal de police de          ;

En vertu du jugement rendu par ce tribunal le          , qui condamne le nommé André Souchon, né à          , âgé de          , ferblantier, demeurant à          , à un emprisonnement de          jours;

Requérons tous huissiers ou agents de la force publique

de conduire et écrouer ledit André Souchon dans la prison de cette commune (*ou du chef-lieu du canton*) ;

Mandons et ordonnons au gardien de ladite prison de recevoir et garder ledit André Souchon pendant le temps déterminé par le jugement sus-énoncé ;

Requérons tous dépositaires de la force publique de prêter main-forte, en cas de nécessité, pour l'exécution du présent.

Fait à          , le          .

EXÉCUTOIRE. Voy. t. 3, p. 182, et ci-dessus, v° *Échenillage*.

EXPÉDITION. Voy. t. 3, p. 183.

EXPERT. Voy. t. 3, p. 83, 86, 87 et 192.

*Cédule pour appeler un expert.*

Nous, etc., vu la requête du sieur Joseph Gros, propriétaire à Mirmande ;

Vu le jugement par nous rendu le          dernier, entre le requérant et le sieur Jacques Benoît, maçon, domicilié au même lieu, par lequel il a été ordonné, au sujet de quelques petits ouvrages faits par ledit Benoît à la maison du sieur Gros, sur la valeur desquels ils n'ont pu s'accorder, que ces ouvrages seraient visités et estimés par nous, avec l'assistance du sieur Terras, architecte, demeurant aussi à Mirmande, que, d'office, nous avons nommé expert ;

Mandons et ordonnons à tout huissier près notre tribunal, de ce requis, de citer ledit sieur Terras à se rendre mardi prochain, à onze heures du matin, dans la maison dudit sieur Gros, rue de          , n°          , auquel lieu nous nous transporterons également, assisté de notre greffier, pour faire, en présence des parties, la visite et l'estimation des ouvrages ci-dessus mentionnés.

Donné en notre hôtel, le          .

*Cette cédule se signifie dans la même forme que les autres.*

*Affirmation et dépôt d'un rapport d'experts, lorsqu'ils n'ont pas encore prêté serment.*

Aujourd'hui, etc., pardevant nous, etc., assisté de notre greffier, sont comparus dans notre prétoire les sieurs (*noms, prénoms, qualités et demeure des experts*), lesquels nous ont présenté le rapport qu'ils ont rédigé le          de ce mois, en exécution du jugement par nous rendu le          , enregistré le          , dans la cause du sieur          contre le sieur          , duquel rapport, qui a été rédigé en présence des parties, les comparants ont affirmé, par serment, la sincérité, après quoi ils l'ont remis en dépôt entre les mains de notre greffier, qui a signé le présent acte avec les experts et nous, juge de paix.

*Acte de dépôt au greffe d'un rapport d'experts, lorsqu'ils ont déjà prêté serment, ou qu'ils en sont dispensés par les parties.*

Aujourd'hui, etc., se sont présentés au greffe de la justice de paix du canton de          , les sieurs (*experts*), lesquels ont déposé entre les mains de nous, greffier, un rapport de visite (*ou* d'estimation) par eux dressé le          , en vertu d'un jugement rendu le          , entre B. et C.; ledit rapport, écrit sur          pages de papier timbré de telle dimension, commence par ces mots :          et finit par ceux-ci :          . Duquel dépôt nous avons rédigé le présent acte, pour servir ce que de raison, et ont lesdits experts signé avec nous, greffier.

F.

FAUX. Voy. t. 3, p. 199.

Jugement qui donne acte d'une déclaration d'inscription<br>en faux.

Entre le sieur A...., etc., demandeur aux fins de la citation du          , enregistrée le          , comparant en personne d'une part ;

Et le sieur B...., etc., défendeur aux fins de ladite citation, d'autre part.

Le demandeur a conclu à ce que le sieur B..... fût condamné à lui payer la somme de cent francs, montant d'un billet qu'il lui a souscrit, pour cause de prêt, le          . et qui a été soumis à l'enregistrement le          .

Le défendeur a répondu que la signature apposée au bas de ce billet n'est pas la sienne, et qu'il est dans l'intention de s'inscrire en faux contre ce billet, si le demandeur persiste à en faire usage.

Le sieur A..... a répliqué que la dénégation du sieur B..... est une mauvaise chicane pour s'exonérer du paiement d'une dette légitime ; que la signature apposée au bas de ce billet est bien celle du sieur P...., et qu'il persiste à se servir de ce titre pour provoquer une condamnation contre son débiteur.

Sur quoi, considérant que la loi prescrit aux juges de paix de s'abstenir de la connaissance des incidents relatifs aux dénégations d'écriture ou inscriptions de faux ;

Nous, juge de paix, donnons acte au sieur B..... de sa déclaration qu'il entend s'inscrire en faux contre le billet sus-énoncé, en date du                , enregistré le                ,
que nous avons à l'instant paraphé *ne varietur ;* renvoyons les parties devant les juges compétents pour connaître de l'inscription de faux, et disons qu'il sera sursis au jugement du fond jusqu'à ce qu'il ait été statué sur cette question préjudicielle.

Ainsi prononcé, etc.

*Un jugement à peu près semblable doit être rendu en cas de dénégation d'écriture.*

**FLAGRANT DÉLIT.** Voy. t. 2, p. 311 et suivantes.

**FRANCISATION D'UN NAVIRE.** Voy. t. 1, p. 35.

## G.

**GARANTIE.** Voy. t. 3, p. 255.

*Demande en garantie contre un individu domicilié dans le ressort de la justice de paix saisie de l'action principale.*

L'an, etc., à la requête du sieur Adolphe Roux, rentier, demeurant à Orange, je soussigné (*immatricule de l'huissier*) ai exposé au sieur André Milon, propriétaire en la même ville, parlant à                , que, par exploit de                ,
huissier, du                de ce mois, le sieur Paul Fumat a cité le requérant à comparaître mardi prochain devant M. le juge de paix du canton d'Orange, pour (*conclusions de la citation*). Comme le sieur Milon doit garantir le sieur Adolphe Roux des suites de l'action intentée par ledit Fumat, attendu (*motifs de l'appel en garantie*), j'ai, audit nom, donné au sieur Milon citation à se trouver le même jour, mardi,                de ce mois, à                heures, en l'auditoire de la

justice de paix de cette commune, pour se joindre au requérant afin de repousser la demande du sieur Fumat ; et dans le cas où il interviendrait quelque condamnation contre le requérant au sujet de cette demande, s'entendre, ledit sieur Milon, condamner à relever le sieur Roux de ladite condamnation tant en principal qu'accessoires, avec dépens envers toutes les parties, auxquels ledit Milon sera également condamné. Et afin qu'il n'en prétende cause d'ignorance, je lui ai donné copie tant de la citation susmentionnée que du présent exploit, parlant comme dessus.

En foi de quoi, etc.

*Si la cause avait déjà été portée à l'audience, et qu'il y eût eu renvoi pour l'exercice de la garantie, la citation devrait être ainsi conçue :*

L'an, etc., à la requête, etc., *jusqu'à* comparaître mardi dernier devant M. le juge de paix du canton d'Orange, pour (*conclusions de la citation*). Le sieur Roux s'est présenté au jour indiqué, et a demandé délai pour mettre en cause ledit sieur Milon, qui lui doit garantie, attendu, etc. Ce délai lui a été accordé, et M. le juge de paix a ordonné que ledit Milon serait appelé à l'audience du          prochain. En conséquence j'ai, à la même requête, cité le sieur Milon à comparaître ledit jour          , à          heures, devant M. le juge de paix du canton d'Orange, pour, etc.

*Lorsque le garant est domicilié hors du canton, il doit être délivré une cédule pour commettre un huissier de la justice de paix de son domicile.*

## I.

INFORMATION. Voy. t. 2, p. 315.

INTERROGATOIRE SUR FAITS ET ARTICLES. Voy. t. 3, p. 388.

## J.

JUGEMENT. Voy. t. 4, p. 5, 6, 9, 11 et 19; et t. 3, p. 162.

*Extraits des jugements, portant peine d'emprisonnement, qui ont été rendus, pendant le          trimestre de l'année          , par le tribunal de police de                    .*

| Nos d'ordre. | NOMS, prénoms, profession, âge, domicile et lieu de naissance du condamné. | NOMS, prénoms, profession et demeure de la personne lésée. | NATURE de la contravention. | LIEU de la contravention. | LOIS appliquées. | Condamnations prononcées. |
|---|---|---|---|---|---|---|
| 1 | Pierre A., né à          , âgé de          , boucher, demeurant à | Point de partie lésée. | Négligence dans le nétoyage de la voie publique, en récidive. | Bollène, rue du Marché. | Art. 471, § 3, et article 474 du Code pénal. | Un jour d'emprisonnement, 5 f. d'amende, et les frais. |
| 2 | Jean B., etc. | André P., etc. | Injures. | Etc. | Etc. | Etc. |
| 3 | . . . . . | . . . . . | . . . . . | . . . . . | . . . . . | . . . . . |

Pour extraits délivrés par nous, greffier du tribunal de police de          , pour être transmis à M. le procureur du roi, conformément à l'art. 178 du Code d'Instruction criminelle.

Fait à          , le                    .

*Certificat négatif.*

Nous, juge de paix du canton de          , certifions que, pendant le          trimestre de l'année          , il n'a été rendu par le tribunal de police de ce canton, aucun jugement portant peine d'emprisonnement.

En foi de quoi j'ai délivré le présent certificat pour être transmis à M. le procureur du roi, conformément à l'article 178 du Code d'Instruction criminelle.

Fait à                 , le                 .

# L.

### LEVÉE DE CADAVRE. Voy. t. 2, p. 512.

*Procès-verbal de levée d'un cadavre.*

L'an, etc., nous, etc., agissant en notre qualité d'officier de police judiciaire, informé par la clameur publique (*ou par le sieur*                 ) qu'un cadavre a été trouvé à tel endroit, nous sommes transporté, assisté de notre greffier et de M. le commissaire de police (*ou du maire ou de son adjoint*) dans le lieu qui nous a été désigné, où étant, nous avons vu, étendu sur le dos, le corps d'un homme qui paraissait privé de vie, et dont voici le signalement : taille de                 , etc. Ses vêtements se composent de..... Une large blessure se fait remarquer à la partie droite antérieure de la tête.

Pour nous assurer positivement de la réalité de la mort et de la cause qui a pu la produire, nous avons invité le sieur (*médecin ou chirurgien*) que nous avions mandé à cet effet, à faire la visite de ce cadavre. À quoi le sieur                 s'est empressé d'obtempérer, après avoir préalablement prêté serment entre nos mains de faire son rapport en son ame et conscience.

Cette opération terminée, le sieur                 (*médecin ou chirurgien*) nous a déclaré que (*insérer le rapport*), et il a signé, après lecture faite.

Nous avons ensuite interrogé, sur la découverte du cadavre et sur toutes les circonstances relatives à l'événement que nous sommes appelé à constater, les témoins suivants, qui s'étaient rendus sur le lieu à notre invitation.

Le premier a déclaré se nommer, etc.

Attendu qu'il résulte tant de la déposition de ces témoins que du rapport du médecin, que la mort de l'individu dont le cadavre est sous nos yeux parait être le résultat d'un accident et non pas d'un crime, nous avons laissé ledit cadavre à la garde du sieur                 , demeu-

rant à                    , que nous chargeons de lui faire donner
la sépulture.

Et de tout ce que dessus avons dressé procès-verbal pour
être transmis à M. le procureur du roi près le tribunal de
première instance de                    .

Fait à                    , le                    .

**LEVÉE DE SCELLÉS.** Voy. t. 5, p. 40.

# M.

**MANDAT D'AMENER.** Voy. t. 2, p. 325.

# O.

**OPPOSITION.** Voy. t. 4, p. 203.

**OUTRAGE.** Voy. t. 1, p. 191, et ci-après, v<sup>is</sup> *Trouble ou
Tumulte.* Le modèle donné pour ces deux cas peut servir,
avec quelques modifications, pour celui où le juge de paix
est insulté dans l'exercice de ses fonctions judiciaires.

# P.

**PLAINTE.** Voy. t. 4, p. 243.

**PROCÈS-VERBAL.** Voy. t. 4, p. 309, et t. 1, p. 116.

# R.

**RÉCUSATION.** Voy. t. 4, p. 367.

*Acte de récusation.*

L'an, etc., à la requête du sieur P...., etc., je soussigné
(*immatricule de l'huissier*) me suis transporté au greffe de la
justice de paix du canton de                    , où etant et parlant à M.                    , greffier de cette justice, je lui ai
déclaré que le requérant récuse M. le juge de paix dudit
canton dans le procès qu'il a devant ce magistrat contre le
sieur S..... Le motif de cette récusation est que, etc. En
conséquence, j'ai requis mondit sieur                    , greffier,
de communiquer immédiatement cette récusation à M. le
juge de paix, afin qu'il puisse fournir sa réponse dans le

délai de deux jours, aux termes de l'art. 46 du Code de Procédure, et d'apposer son visa sur le présent original dont copie lui a été laissée parlant comme dessus. En foi de quoi. Le coût est de

*(Signature de la partie.)*     *(Signature de l'huissier.)*

### *Acquiescement du juge de paix.*

Nous, juge de paix, vu la récusation signifiée à notre greffier le             , par exploit de             , huissier, déclarons y acquiescer purement et simplement.

Fait en notre prétoire, le             .

### *Refus du juge de paix.*

Nous, etc., vu la récusation, etc., et attendu que le motif sur lequel elle s'appuie n'a aucun fondement, déclarons n'y avoir lieu d'y acquiescer.

Fait, etc.

**REQUÊTE CIVILE.** Voy. t. 4, p. 384.

### *Requête.*

A M. le juge de paix du canton de             .

Le sieur Paul Mounier, agriculteur, demeurant à Carpentras, a l'honneur de vous exposer que, par jugement émané de votre tribunal, en date du             , il a été condamné à payer au sieur Joseph Ledoux, propriétaire au même lieu, la somme de             , pour (*énoncer le motif de la condamnation*).

Comme ce jugement est basé sur une erreur matérielle, puisque (*énoncer les faits qui donnent ouverture à la requête civile*), l'exposant est dans l'intention de l'attaquer par requête civile.

A ces causes, il vous supplie, M. le juge de paix,

Vu 1° la consultation ci-jointe délibérée par trois avocats ayant plus de dix ans d'exercice près le tribunal de Carpentras, dûment timbrée et enregistrée;

2°. La quittance du receveur de l'enregistrement au bureau de Carpentras, en date du             , constatant le dépôt fait aux termes de la loi par l'exposant, de la somme de             , pour l'amende envers le fisc et les dommages-intérêts envers la partie adverse, s'il y a lieu;

De l'autoriser à faire citer devant vous, à l'audience qu'il vous plaira indiquer, le sieur Joseph Ledoux, pour voir dire et ordonner que la présente requête sera entérinée, le jugement ci-dessus du             , rétracté, et les parties remises au même état où elles étaient auparavant; qu'en conséquence le sieur Ledoux sera tenu de restituer à l'exposant la somme de             , qu'il a indûment exigée de lui en vertu dudit jugement, et ce, avec intérêt depuis le jour du paiement, et dépens auxquels ledit sieur Ledoux sera condamné; et que la somme consignée lui sera rendue par le receveur de l'enregistrement, sur la représentation qui lui sera faite de la décision à intervenir; et ferez justice.

(Signature de la partie.)

Ordonnance du juge de paix.

Vu la requête ci-dessus, et les pièces y mentionnées:
Nous, etc., permettons de citer le sieur Joseph Ledoux pour l'audience du             prochain, à             heures.
Donné à             , le             .

Notification de la requête.

L'an, etc., à la requête du sieur Paul Mounier, etc., je soussigné (immatricule de l'huissier) ai signifié et donné copie au sieur Joseph Ledoux, etc., 1° d'une consultation délibérée par trois avocats du barreau de Carpentras, le             , enregistrée; 2° d'une quittance du receveur de l'enregistrement à Carpentras, en date du             , de la somme de             , pour les causes y exprimées; 3° d'une requête présentée par le requérant à M. le juge de paix de la ville de Carpentras, le             , et de l'ordonnance dont ce magistrat l'a répondue, le             , laquelle pièce a reçu la formalité de l'enregistrement le même jour. Et en vertu de cette ordonnance j'ai cité le sieur Joseph Ledoux à comparaître le             , à             heures, devant M. le juge de paix de la ville de Carpentras, au lieu ordinaire de ses audiences, pour répondre et procéder sur le contenu, fins et conclusions de ladite requête; par suite entendre dire et ordonner que (copier les conclusions de la requête). Et pour que ledit sieur Ledoux n'en prétende cause d'ignorance, etc.

Jugement qui admet la requête civile.

Entre Paul Mounier, etc., demandeur, d'une part;
Et Joseph Ledoux, etc., défendeur, d'autre part.

v.                                                             ᵈ

En fait : par requête du          , le demandeur a exposé que (*rappeler les faits et les moyens*). En conséquence il a conclu à ce que. . . . .

Le défendeur a répondu que. . . . .

En droit : les moyens de la requête civile sont-ils admissibles et justifiés ?

Considérant que les moyens sur lesquels Paul Mounier appuie sa demande sont au nombre de ceux que la loi autorise :

Considérant qu'il résulte des pièces produites, que......

Le tribunal, jugeant en premier (*ou* dernier) ressort, entérine la requête civile, rétracte le jugement rendu le     . remet les parties au même état où elles se trouvaient auparavant ; ordonne que la somme de          , payée par Mounier à Ledoux, comme contraint et forcé, en exécution dudit jugement, sera restituée audit Mounier, ainsi que l'amende et les dommages-intérêts par lui consignés entre les mains du receveur de l'enregistrement ; condamne Joseph Ledoux aux dépens, taxés à          , etc.

*Jugement qui rejette la requête civile.*

*Copier le modèle ci-dessus jusqu'au dispositif, et mettre :*

Attendu que les moyens présentés par le demandeur à l'appui de sa requête civile n'entrent point dans la catégorie de ceux que reconnaît l'art. 480 du Code de Procédure ;

(*Ou bien*) attendu que les formalités prescrites par la loi n'ont pas été remplies ;

(*Ou bien*) attendu que les moyens présentés comme donnant ouverture à la requête civile n'ont pas été justifiés par le demandeur ;

Le tribunal déclare Paul Mounier non recevable (*ou* mal fondé) dans son action, le condamne à l'amende de     . et à          francs de dommages-intérêts envers le défendeur, autorise ce dernier à retirer ladite somme des mains du receveur de l'enregistrement du bureau de Carpentras, qui l'avait reçue en dépôt, condamne le demandeur aux dépens, liquidés à la somme de          , non compris le coût et la levée du présent jugement.

RÉQUISITION *pour obtenir main-forte.* Nous, juge de paix, etc., officier de police judiciaire, requérons, en vertu de la loi, M. le commandant de la gendarmerie de     (*ou tel autre chef de corps*) d'envoyer à l'instant même auprès de

nous, une force armée suffisante pour protéger les opérations auxquelles nous procédons (*ou nous allons procéder*)
à            , rue de            .

Donné à            , le            .


S.


## SERMENT. Voy. t. 5, p. 50.

*Prestation de serment d'un employé de l'octroi ou des contribu-
tions indirectes, etc.*

L'an, etc., devant nous, etc., a comparu le sieur            ,
lequel nous a dit qu'il vient d'être nommé (*désigner l'emploi*), et que, voulant entrer en exercice sans retard, il nous
prie de recevoir son serment conformément à la loi; et a
signé.

Nous, etc., vu la commission délivrée le            , par
M.            , enregistrée le            , nous avons reçu le
serment que le comparant a prêté entre nos mains, de fidélité au roi des Français, d'obéissance à la Charte constitutionnelle et aux lois du royaume, et de bien et fidèlement remplir ses fonctions.

De quoi nous lui avons délivré acte, etc.


## T.


## TAXE. Voy. t. 5, p. 257.

*Taxe des témoins en matière criminelle.*

Taxé, sur sa réquisition, à N.... (*indiquer la qualité ou profession*), témoin entendu dans la procédure instruite à l'occasion de (*désigner d'une manière spéciale l'espèce du crime, du délit ou de la contravention*), la somme de            ,
pour            jours, en vertu de l'art. 27 du réglement du
18 juin 1811 (*et, suivant le cas, de l'art. 2, § 1er, du décret du 7
avril 1813. S'il s'agit de gardes champêtres, de gardes forestiers
ou de gendarmes, il faut ajouter l'art. 3, § 2 ou 3, du même
décret.*)

Et attendu que le témoin ne reçoit aucun traitement à
raison d'un service public, et qu'il n'y a pas de partie civile
en cause (*ou que la partie civile a justifié de son indigence*),
ordonnons que ladite somme sera payée sur les fonds gé-

néraux des frais de justice criminelle par le receveur de l'enregistrement au bureau de            .

Ledit témoin a déclaré savoir (*ou ne savoir ou ne pouvoir*) signer.

A            , le            .

*Si le témoin s'est transporté à plus d'un myriamètre de sa résidence, on met :* la somme de            , pour            myriamètres parcourus, en vertu de l'art. 2 (*ou* 3) du décret du 7 avril 1813.

*Taxe ou mandat qui doit être délivré, en vertu de l'art. 135 du réglement du 18 juin 1811, au témoin qui se trouve hors d'état de fournir aux frais de son déplacement.*

Nous, juge de paix, etc., vu la copie de l'exploit de citation délivré à N....., pour comparaître en témoignage pardevant la cour (*ou* le tribunal) de            , département de            ; vu le certificat ci-joint, délivré par le maire de la commune de            , constatant l'impossibilité où se trouve le témoin de fournir aux frais de son déplacement ;

Mandons au receveur de l'enregistrement établi à            , de payer audit N.... la somme de            .

A            , le            .

(*Cette somme ne doit pas excéder le montant de l'indemnité qui est due pour aller.*)

## TÉMOIN DÉFAILLANT. Voy. t. 3, p. 372.

*Réquisition pour faire amener, en vertu d'un jugement, un témoin défaillant.*

Nous, maire (*ou* commissaire de police) de la commune de            , exerçant les fonctions du ministère public près le tribunal de police de            ;

Vu le jugement de ce tribunal, en date du            , qui ordonne que le sieur Auguste Pons, menuisier, demeurant à            , sera contraint de venir à l'audience du            , donner son témoignage dans le procès de Paul Ménard ;

Requérons tous huissiers ou agents de la force publique d'appréhender au corps ledit sieur Auguste Pons, et de le conduire à l'audience de police désignée dans le jugement ci-dessus ;

Requérons tous dépositaires de la force publique de préter main-forte, en cas de nécessité, pour l'exécution du présent.

Fait à                     , le                     .

**TIERCE-OPPOSITION.** Voy. t. 5, p. 139.

*Formule de tierce-opposition principale.*

L'an, etc., à la requête du sieur B...., etc., je soussigné (*immatricule de l'huissier*), me suis transporté au domicile du sieur P.... (*nom et demeure de celui qui a obtenu le jugement attaqué*), où étant et parlant à               , je lui ai exposé que le requérant reçoit un notable préjudice du jugement rendu le              dernier, par M. le juge de paix du canton de               , au profit dudit sieur P...., contre le S...., lors duquel le requérant n'a été ni représenté ni appelé ; et attendu que (*moyens sur lesquels la tierce-opposition est fondée*), j'ai déclaré au sieur P.... que ledit sieur B.... se rend tiers opposant au jugement ci-dessus énoncé. C'est pourquoi j'ai cité ledit sieur P.... à comparaître le             de ce mois, à              heures, devant M. le juge de paix de              , en son prétoire, pour voir statuer sur cette tierce-opposition ; ce faisant, voir dire et ordonner que le jugement attaqué sera regardé comme non avenu par rapport au requérant ; qu'en conséquence (*énoncer les modifications ou changements que l'on réclame dans la sentence attaquée*) et que le sieur P.... sera condamné aux dépens. Et afin, etc.

**TROUBLE OU TUMULTE.** Voy. t. 1, p. 192.

*Procès-verbal d'arrestation des personnes qui troublent l'ordre ou excitent du tumulte dans un lieu où se fait publiquement une instruction judiciaire.*

L'an, etc., nous, etc., présidant le tribunal de police de cette commune, certifions qu'au moment où nous tenions l'audience publique et procédions au jugement de la cause entre M.... et S...., le nommé V...., menuisier, demeurant à               , s'est permis de (*énoncer les signes d'approbation ou d'improbation, ou les discours qui ont occasioné le trouble*). Nous nous sommes contenté d'abord de recommander audit V.... le respect qui est dû à la justice ; mais sans égard à notre observation, il a continué à troubler l'audience. Alors nous avons ordonné à l'huissier de service de l'expulser du prétoire, ce à quoi le sieur

V.... a résisté, en proférant de nouveaux cris. Par ces motifs, et vu l'art. 504 du Code d'Instruction criminelle, nous avons donné ordre qu'il fût saisi à l'instant et conduit à la maison d'arrêt pour y être détenu pendant vingt-quatre heures, avec injonction au gardien de ladite maison de le recevoir sur l'exhibition qui lui sera faite de ce procès-verbal, lequel a été lu audit V.... par B..... huissier de service, qui est chargé de mettre la présente ordonnance à exécution.

Fait en notre prétoire, le

TUTELLE OFFICIEUSE. Voy. t. 5, p. 243.—*Lorsque le mineur a ses père et mère, ou l'un d'eux, le procès-verbal doit être dressé ainsi qu'il suit :*

*Premier modèle.*

Aujourd'hui, etc., devant nous, etc., assisté de notre greffier, se sont présentés le sieur Masclar (Antoine), propriétaire à Crest, la dame Marie Bourgeat, son épouse, et le sieur Paul Moutat, marchand au même lieu, veuf de Marguerite Cassard, lesquels nous ont déclaré, savoir : ledit Masclar, qu'étant âgé de plus de cinquante ans, comme il résulte de son acte de naissance qu'il nous a exhibé, et se trouvant sans enfants ni descendants, il a témoigné au sieur Moutat le désir de devenir le tuteur officieux de son fils Adolphe, âgé de douze ans, dont l'acte de naissance nous a également été représenté : ce à quoi le sieur Moutat a consenti, ainsi qu'il l'a déclaré en notre présence, aux clauses et conditions ci-après stipulées.

*Art.* 1er. Le sieur Masclar s'oblige, dès ce jour, à nourrir, soigner, entretenir le mineur Moutat, à lui donner une éducation convenable, et à lui faire apprendre un métier ou une profession.

*Art.* 2. Il s'oblige également, lorsque le pupille aura atteint sa majorité, ou à l'adopter pour son fils, ou à lui donner une somme de mille francs pour acheter les instruments nécessaires à l'exercice de sa profession, etc.

Le sieur Masclar ayant adhéré à ces conditions, et son épouse ayant déclaré qu'elle donnait son approbation à la tutelle officieuse dont son mari voulait se charger, nous, juge de paix, avons octroyé acte aux comparants de leurs comparution, demande et consentement, et avons en conséquence investi le sieur Antoine Masclar de la tutelle officieuse d'Adolphe Moutat, aux conditions que nous venons de faire connaître.

Dont acte, fait et lu aux parties, qui l'ont signé avec nous et notre greffier, les an, mois et jour ci-dessus.

*Si le pupille est orphelin, on adopte la marche suivante :*

*Deuxième modèle.*

L'an, etc., devant nous, etc., s'est présenté le sieur Antoine Masclar, etc., lequel nous a exposé que n'ayant aucun descendant, et étant âgé de soixante ans, ainsi qu'il appert de son acte de naissance qu'il a mis sous nos yeux, il a pris la résolution de se charger, comme tuteur officieux, du sieur Adolphe Moutat, âgé de quatorze ans, fils du sieur Paul Moutat, son ami intime, et de dame Marguerite Cassard, tous deux décédés; qu'en conséquence il a convoqué devant nous, à l'amiable, les plus proches parents paternels et maternels dudit orphelin, au nombre de six, pour délibérer, en conseil de famille, sur la proposition du comparant, et il nous a prié de recevoir ledit conseil et de le présider; et a signé.

(*Signature du tuteur officieux.*)

Nous, juge de paix, ayant accédé à cette invitation, nous avons fait introduire aussitôt dans notre cabinet les sieurs (*noms, prénoms, qualités et demeures des trois parents ou amis qui représentent chaque ligne*);

Lesquels étant constitués par nous en conseil de famille, sous notre présidence, et après en avoir délibéré avec nous, en l'absence du sieur Masclar, ont unanimement été d'avis que la proposition de ce dernier était toute dans l'intérêt du mineur, et qu'il y avait donc lieu à consentir que le sieur Masclar fût investi de la tutelle officieuse du mineur Adolphe Moutat, aux conditions suivantes :

*Art.* 1er, etc.

*Art.* 2, etc.

Nous avons alors fait appeler le sieur Masclar pour lui communiquer la délibération du conseil de famille. Il nous a dit qu'il acceptait les conditions ci-dessus, et qu'il promettait de les exécuter fidèlement.

Sur quoi nous avons déclaré le sieur Antoine Masclar tuteur officieux de l'orphelin Adolphe Moutat, et avons rédigé le présent procès-verbal qui a été signé par tous les membres du conseil, par le sieur Masclar, par nous et notre greffier, les an, mois et jour que dessus.

TUTEUR nommé par le dernier mourant des père et mère.

*Déclaration devant le juge de paix.*

Aujourd'hui, etc., devant nous, etc., assisté de notre greffier, s'est présenté le sieur Antoine Roche, médecin, domicilié à Mornas, lequel nous a déclaré que, voulant profiter du droit que lui donne l'art. 397 du Code civil, il nomme pour tuteur à Pierre et Delphine Roche, ses enfants mineurs, issus de son mariage avec feu Thérèse Mongez, le sieur Adolphe Martin, docteur en droit, demeurant audit Mornas, dans les lumières, la délicatesse et l'amitié de qui il a une pleine confiance.

Et comme néanmoins le sieur Roche ne s'est décidé à charger M. Martin, son ami, de cette pénible mission, qu'à cause de l'éloignement du sieur Mongez, aïeul maternel de ses enfants, que des affaires retiennent en Allemagne pour plusieurs années, la présente délation de tutelle n'aura effet que jusqu'à l'époque du retour à Mornas dudit sieur Mongez, lequel remplacera alors le sieur Martin dans ses fonctions de tuteur.

Dont acte, fait et lu au comparant qui l'a signé avec nous et notre greffier, à          , les jour, mois et an ci-dessus.

FIN DU CINQUIÈME ET DERNIER VOLUME.